KB262459

우리말 문법의 양상

우리말 문법의 양상

우리말 문법의 양상

한 영 목

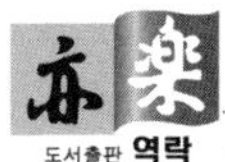

도서출판 역락

　오늘날의 지식·정보화 시대는 보다 훌륭한 내일을 열망하고 있다. 학문도 보다 훌륭한 미래의 업적을 요구하고 있다. 올해로 대학 강단에 선 지가 31년째이다. 그간 여러 면에서 우리말 문법의 양상을 고찰하려고 하였다. 그러나 일관성을 좇는 일은 쉬운 일이 아니었다. 여기 수록된 글들은 지금까지 발표한 문법론에 관련된 논문의 일부를 모은 것이다. 이 논문들은 지은이가 틈틈이 써온 작업의 편린들이다. 그것도 일관된 분야라기보다 문법학사, 문법론, 방언 문법, 문법 교육에 관련된 내용들이다.

　이러한 글들을 모은 뜻은 그간의 작업에 대한 반성이기도 하다. 이 글들을 다시 만지면서 느끼는 감정은 불만 그 자체이다. 그러면서 그 내용을 고치지 못하는 것도 어쩔 수 없는 내 자신의 자유라고 자위하고 있다. 지금 돌이켜 보면, 이런 내용들은 부끄러운 기억으로 나타난다. 그런데도 내용을 고치지 않고, 그대로 책으로 묶어내기로 한 데는 큰 용기가 필요하였다. 이는 지난날을 반추하고, 새롭게 나아가고자 함이다. 나아가 새로운 변화를 모색하고 싶은 의지에의 소산이기도 하다.

　이러한 연구들을 바탕으로 하여, 이 책에서는 4부로 나누어 그 내용을 다루고자 하였다.

　제1부는 문법학사에 관한 것이다. 지은이의 초창기 문법학사에 대한 관심은 유길준, 김규식의 문법서에 제기된 통사론, 특히 구문도해에 대한 것과 정렬모의 문장론에 대한 연구에서 출발한다. 이들은 당시의 문법서와는 다른 양상을 보이고 있기 때문이다.

　제2부에서는 현대 문법론에 대한 논의로 관형사와 접두사의 한계와

기본문과 중주어문의 구성, 그리고 산문의 대화에 나타나는 어휘들의 문법에 관한 것이다.

제3부에서는 충남 방언의 문법론적 양상을 고찰하였다. 보조 용언 '-번지다', -쌓다'의 성격과 '-벼'와 '-깨미'의 구문, 그리고 어말 어미 '-데'와 '-댜'에 관한 통사론적 논의이다. 요즘 들어, 지은이는 우리의 것에 대한 흥미와 관심이 커졌다. 그것은 지역 방언이야말로 우리의 소중한 문화재로서의 지켜야 할 대상이기 때문이다. 이러한 요인들은 충남 방언에 대한 문법론적 현상에 대한 관심으로 나타났다.

제4부에서는 문법 교육에 대한 논의의 일부를 모았다. 문법 교육도 우리말의 응용이라는 점에서 빼놓을 수 없는 주요한 요인이다.

지난해 외부 연구 용역을 3건이나 수행하면서, 이 책을 구상하였다. 정말 힘든 나날이었다. 그런데 인문대학 학장의 일까지 맡게 되었다. 그러므로 이번 교정과 색인 등의 작업은 권순구 박사, 김덕신, 최유택, 박숙희, 강지수, 김소연 선생에 의하여 전적으로 이루어 졌다. 이 자리를 빌어 고마운 마음을 전한다. 나아가 역락 이대현 사장님의 배려와 권분옥 님의 노고에 대해 감사 드린다.

모든 것을 인내하면서 새벽 기도를 드린 아내에 대한 감사의 마음을 이 책으로 대신하고, 누리의 첫 잉태의 소식과 새미의 교육대학원 졸업, 선욱의 입대, 이 모두는 하나님의 큰 은혜이다.

2004년 8월

한 영 목

▌차 례

제1부　문법학의 흐름

제2부 문법 인식

제 4 부ㅤ문법 교육

제 1 부

문법학의 흐름

1. 머리말

1.1. 국어의 구문도해는 구문의 성분을 분석하여 그 구조를 쉽게 이해하려는 관점에서 출발하였다. 구문도해는 문법이론의 변천에 따라 전통문법식 도해, 기술언어학의 직접구성 성분요소를 분석하는 IC(Immediate Constituents) 분석, 변형생성문법에서 시도한 수지도(tree diagram)로 발전하여 왔다. 국어문법은 그 이론과 방법론을 수용하는 과정에서 구체적인 검증과정을 거치지 아니하여 각 문법 논저마다 다른 모양으로 그려져 있다. 그러한 바탕에서 국어 문법에서 구문도해는 초창기 유길준(1909), 주시경(1910), 김희상(1911) 등에서 시도된 이래 꾸준히 추구되었다.

그러나 그들간에도 구문 분석에 사용된 도해법은 각각 그 특징을 달리하였다. 주시경(1910)은 좀 독특한 전통문법 도해의 변이형으로 국어의 특성을 고려하였고, 김희상(1911)은 영어의 Reed & Kellogg식인 전통문법 도해로 구문을 분석하였다. 그 당시 이론적 배경은 전통문법이지만 구문도해에서 상당한 거리를 발견할 수 있는 유길준(1909)이나, 김규식(1909·1912)의 방법은 특기할 만하다.[1]

---

1) 한영목(1988)에서 전통문법에 나타난 구문 도해를 ① 전통 구문도해법, ② 성분분석식, ③ 구조분석식으로 분류하여 고찰한 바 있다.

물론 유길준(1909), 김규식(1911) 등에서 다룬 구문도해법은 구조문법의 IC 분석과는 이론적인 측면에서 볼 때 상당한 거리감이 있지만 단순히 구문 구조만을 지시하기 위하여 시도된 성분 분석의 도해 자체와도 차이점을 발견할 수 있다. 그것은 IC 분석의 도해는 '직접 구성요소와 궁극 구성요소 간의 차이점을 보이는 것'으로 선형순서와 계층구조 등의 문법적 관계를 나타내는 데 비해서 그들의 분석법은 다소 미흡하기 때문이다.

"What the diagrams show is a difference between ultimate constituents and immediate constituents(Bolinger & Sears 1981 : 79)."

1.2. Gleason(1965 : 138)은 구문 기술(記述)은 단어와 다른 요소와의 분류나 그것들간의 관계를 진술하는 두 방법이 있는데 후자의 경우는 다양한 기교가 필요하기 때문에 문법학자들 사이에 사용된 방법은 많은 차이점을 노정한다고 하였다. 그것은 같은 이론적 방법을 적용하더라도 구문도해로 구문 관계를 표출하는 데서 상당한 차이점을 발견할 수 있는 타당한 이유가 될 것이다.

이런 면에서 볼 때 유길준과 김규식의 문법에 대한 이론적 근거가 비록 전통문법에서 출발하였다 해도 구문 분석상 IC 분석법에 근접하여 있다는 점은 부인할 수 없다. 김석득(1983)에서도 '유길준의 문장의 해부는 IC 영역으로 들어갔다고 볼 수 있으나 불완전한 점이 없지 않다'고 논의한 바 있다. 김규식의 '구어의 해부법'에 대해서도 김민수(1964)는 'IC 분석 원리가 그대로 적용된 것'으로 보았고, 고영근(1983)도 'IC 분석 방법을 따른 것'으로 고찰한 바 있다.

1.3. 그렇다면 전통문법식 구문도해와 IC 분석과의 기교적 차이는 무엇인가?

그것을 Gleason(1965 : 138-141)은 다음과 같은 세 가지 접근법으로 제시하였다.

(1) "One approach would start by identifying these three major sentence elements,……"

(2) "A second approach also recognizes (1) as a subject-verb-object sentence and starts recognizing these elements."

(3) "The third approach is less concerned with major sentence elements."

(1)과 (2)가 전통문법식 구문도해라면 (3)은 IC 분석법이 될 것이다. 그것은 전통문법의 Reed & Kellogg식 구문도해는 구문의 위치에 의하여 주요한 문장요소인 주어, 목적어, 서술어를 쉽게 인식할 수 있기 때문이다. 초창기 전통문법의 경우 (1)과 (2)의 방법으로 구문을 분석하면서도 문장요소의 구조적 관련성보다 어순에 관심을 두고 분석한 유길준, 김규식 등의 구문 분석법은 IC 분석법에 근접하였다.[2]

그것은 Reed & Kellogg 분석법이 어순과의 관계보다도 구문의 구조적 관계에 중점을 두기 때문이다. 물론 IC 분석에서 문장을 분해(parsing)하는 방법상의 큰 변화는 그 분석의 기능을 교육적인 면보다는 과학적인 문장 분석에 대한 이론적인 면이 강조되었고, 규범적인 것보다는 기술적인 면을 중시하게 되었다(Karttunen & Zwicky, 1985 : 3). 그러나 유길준, 김규식 등의 분석은 기술언어학에서 다룬 IC 분석과는 상당한 차이점을 노정하고, 불완전한 점도 없지 않다. 물론 IC 분석은 계층구조와 구성성분간의 관계를 명백히 보여주지만 통사범주의 정보를 나타내지 못한 반면 유길준, 김규식의 도해는 통사범주를 기술하여 도해하였다. 문장에

---

2) 유길준(1906·1907)의 경우 '도치구'에 대한 설명과 예문이 있으나, 분석을 하지 않았다. 그러나 그의(1909)에서는 도해는 없으나 문장 성분을 지시한 바 있다. 따라서 유길준은 도해의 과정에서 어순을 중요시한 점도 있지만 '문장의 각 본원으로 분해하여 그 구조를 지시하는 것'으로 파악한 듯하다.

IC 분석에도 불연속체와 정형문이 아닌 문장을 도해하기가 어려웠고, Francis(1954)나 Nida(1960) 등에서 해결하기 위한 시도가 있었으나 충분히 해결된 것은 아니다. Gleason(1965 : 115)에서도 "……and word order is often most difficult to describe meaningfully"라 하였다.

명칭을 붙인 도해는 구문분석을 훨씬 강력하게 만들 수 있고, 구성체 내의 내적 구조의 무한한 가능성과 계층의 양면을 나타낼 수 있다(Bolinger & Sears, 1981 : 80-81).

1.4. 그러므로 본고에서는 전통문법의 이론을 수용하면서도 문장분석에서 전통문법의 도해와는 상당한 거리가 있고, 오히려 IC 분석법에 근접한 유길준과 김규식의 구문도해와 그들의 영향 아래 이루어진 전통문법에서 산견되는 구문분석법을 고찰하여 국어 구문도해의 발전과정의 한 편린을 살펴보기로 한다. 필자는 그 일차적 작업으로 유길준의 "조선문전"(1906)류와 "대한문전"(1909)을 대상으로 하여 그의 문장론에서 나타나는 '문장의 해부'와 구문의 특정을 고찰하기로 한다.

2. 문의 성격

2.1. 국내인으로서는 최초로 문법서를 저술한 유길준의 문법서들은 국내 문법서 가운데 인쇄된 최초의 작업으로 논의되고 있는 최광옥(1908)의 "대한문전"과 문장론은 거의 일치하고, 그 예를 보인 문장의 분석도 같다. 이미 김민수(1957·1979)에서 작자 미상의 "조선문전" 등이 유길준의 고본임을 밝힌 바 있다. 따라서 최광옥(1908)은 유길준의 필사본으로 보고 논의하지 않기로 한다.[3]

본고에서 다룰 유길준의 저술은 "대한문전"(1909)과 그 이전에 유인(油印)되어 나온 "조선문전"(1906), "대한문전"(1907)을 중심으로 고찰하기로 한다. 그것은 전자와 후자의 경우 문장론 자체에도 많은 차이점을 발견

---

3) 이에 대한 논의 가운데 최이권(1977)에서는 문제의 "대한문전"이 최광옥의 저술일 수 있다는 가설을 제기하였다.

되고, '문장의 해부'라는 항목이 설정되어 구문도해가 시도되어 구분할 필요가 있기 때문이다.

2.2. 유길준(1909) 이전의 "조선문전"류와 "대한문전"(1907)에서 문장에 대한 관점은 '인간의 사상을 형상(形象)으로 발현(發現)한 것이고, 그 형상은 문자이니, 언어가 서로 모여 사상을 완결할 때 그 길이에 관계없이 성립되고, 주어와 설명어를 갖추어야 한다'는 입장에서 출발하였다. 여기서 언어라는 개념은 단어인 품사를 뜻하는데, 유길준(1906 · 1907 등)의 품사체계는 '명사, 대명사, 동사, 형용사, 부사, 후사, 접속사, 감탄사' 등 영문법체계를 수용하고 있다. 그것은 그 당시 분석주의적 입장에서 단어를 규정하고 있으나, 문장분석에서는 성분의 직능에 따른 분석법을 시도한 것과는 사뭇 대조적이다. 유길준의 유인본에서는 구문도해로서의 '문장의 해부'를 시도한 것이 아니고, 성분요소와 '주부, 설명부, 객부'까지만 분석을 하였기 때문에 문장의 종류 등까지는 고려되지 않았다.

2.3. 유길준(1906)은 문장을 '단문, 복문, 연구문(聯構文)' 등 3분법으로 분류하고 있다. 단문은 하나의 주어와 설명어를 가지며, 복문은 두 개 이상의 주어와 설명어를 포함하고 있는 문장을 뜻한다. 연구문은 두 문장을 연결하여 한 문장을 구성하는 문접속과 하나의 주어에 여러 개의 객어와 설명어, 여러 개의 주어에 하나의 객어와 설명어가 오는 대등 구접속을 의미한다. 이것은 동일 성분요소의 생략에 의한 접속문 축소나 간격화(gapping) 현상으로 볼 수 있다. 그 당시 주시경(1910 : 44)에서도 "저 사람이 노래하면서 가오."를 네 가지 방법으로 분석하여 생략요소를 ( ) 안에 표시하고 있는 것을 발견하게 된다. 이러한 방법들은 변형문법의 심층구조와 같은 것을 고려하였음직하다. 그러나 다음 예문에서 보는 것처럼 단문과 복문, 연구문 등이 혼동하기 쉬운 단점을 지닌다.

                ┌主   ┌說明 ┌主   ┌說明
(1) 말ᄒᆞ기난 쉬우나 힝ᄒᆞ기ᄂᆞᆫ 어려우니라.   (단문)

(2) 孝悌忠信은 身을 立ᄒᆞᄂᆞᆫ 大本이오……   (복문)

          ┌主 ┌主 ┌客   ┌─────說明
(3) 忠과 孝는 國體의 精華라 할지니라   (연구문)

(4) 달 붉고 셔리 차다   (연구문)

■ ■ ■ 유길준 1907 : 38–39

2.4. 문장을 구성하는 성분요소로 '주어, 설명어, 객어(목적객어, 표준객어), 수식어'로 나누어 설명한다. 또한 수식어가 주어, 객어, 설명어에 첨부하여 그 의의를 수식하는 '수식어 + 피수식어'의 관계는 부(部)를 구성한다. 수식어는 '첨부하는 원어(原語) 위에 놓이는 것이 정칙(定則)'이라고 하여 원어(문장의 본원, 1909)는 오른쪽에, 부는 왼쪽에다 기술하였다. 특히 생략성분을 [ ]로 묶고, 성분명을 기술하였다. 이것은 (7)에서 주시경(1910)이 생략된 성분자리에 [ㅅ]으로 표시한 방법과 좋은 대조를 이룬다. 정칙문이 아닌 전도된 도치문(1909 : 110 참조)의 경우 도해에서 한 선으로 연결한 분석법은 유길준이 어순을 중시하여 도해하였다는 것을 반증하기에 충분하다(유길준, 1906 : 29-30).

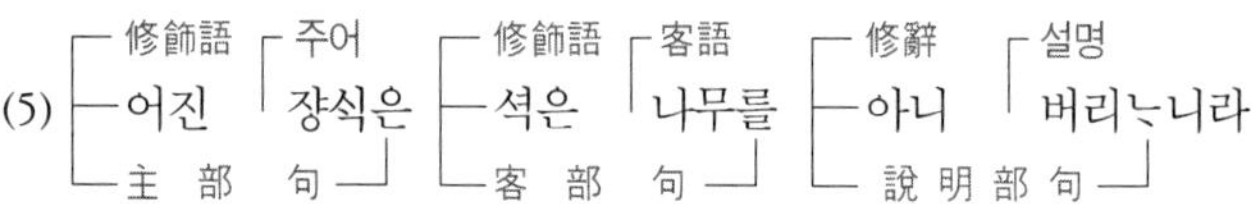

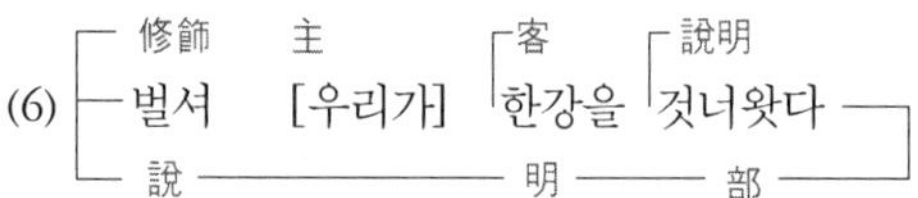

■ ■ ■ 필자가 띄어쓰기와 가로로 도해함

(7)

ㅅ　　ㅅ　　먹
ㅅ　　ㅅ　　는다

■ ■ ■ 주시경, 1910 : 52

3. 문의 분석

3.1. 유길준(1909) "대한문전"에서는 유인본 "조선문전"류와는 몇 가지 점에서 상당한 차이를 발견하게 된다.

우선 문장의 의의를 '사람의 성음(聲音)을 한 무리의 문자로 기록하여 일정한 사상을 완결하고 표출하여서 다른 사람에게 미치고 후세에 전함을 얻는 것'으로 구체적이고도 언어의 전달행위까지 거론하고 있다.[4] 품사체계도 후사가 접속사에 흡수되었고, 그 대신 첨부사를 품사체계에서 다루고 있다. 김석득(1983 : 220)은 '동사, 조동사, 형용사, 접속사 등에서 낱말과 품사의 경계가 모호하고, 혼동되는 것은 분석이나 종합이라기보다는 혼합체계'라고 논의한 바 있다. 첨부사는 동사, 형용사와 기타 첨부사에 첨부하는 것으로 보고 있는데, 명사 어미 '로, 에, 처름(처럼), 갓히(같이)' 등이 붙는 경우를 첨부사로 분류하였다.

3.2. 문장은 단문, 복문, 중문으로 분류한다. 연구문 대신 중문이라는 명칭으로 쓰이고 있으나, 그것을 연구문 혹은 쌍관문이라 하여 하등 차이가 없다. 그러나 단문은 문장의 조직상 절을 포함하지 않은 한 개 혹

---

4) 유길준(1909 : 2)에서 사상을 표시하는 방법으로 '성음으로 발(發)하는 소리(語)와 문자로 표하는 글자(文)'를 구분하였으나, 그의(1906)에서는 '언어는 사람의 사상을 성음으로 발하는 것'으로 보았다.

은 두 개 이상의 본원으로 성립되고, 복문은 부속절을 포함한다고 하여 차이를 보인다. 중문은 다른 절과 대등한 자격이 있는 '독립절'을 포함한 것(예문 : 산은 높고, 물은 곱다)으로 접속조사(연결어미) '~고, ~며' 등 문접속만으로 한정하였다.[5] 문장의 본원(성분)은 문장의 조직상 필요한 언어의 부분으로 보고, '주어, 설명어, 객어, 보족어, 수식어' 등 다섯 가지로 설정하였다. 문장의 본원이 늘어난 것은 객어 중 목적객어는 객어로, 표준객어는 보족어로 세분하였기 때문이다.

그러면서도 '주어와 설명어(서술어)가 없는 것은 문장으로 성립될 수 없다'고 하여 문장의 최소 기본 자질을 주어와 설명어로 파악하였다. 문장의 성립요건은 적어도 '하나의 주어와 설명어를 포함하는 단어군'이 된다(Robert, 1954 : 292 참조, "A sentence is a group of words containing a subject and predicate"). 이것은 변형생성문법의 S → NP + VP의 개념과 유사하다. 김규식(1909·1912)에서 언급한 '적신구어'의 개념과 같은 것으로 파악할 수 있는데 이것은 문장을 성립하는 최소한 여건은 주어와 서술어가 필수적임을 의미한다.[6]

또한 '본원의 부분'은 수식어가 주어, 설명어, 객어, 보족어와 결합하여 그 의미를 한정하는 것을 말하는데 이것을 주부, 객부, 보족부, 설명부 등 4부로 설정하고, 그 예를 도시하였다.

---

5) 오늘의 언어 이론에서 본다면 유길준(1906) 등에서 논의된 '단문은 하나의 주어와 설명어를 가진다'는 관점은 그의(1909)보다 타당한 견해다. 그러나 예문 "말ᄒ기ᄂ 쉬우나 힝ᄒ기ᄂ 어려우니라."를 주·설명관계로 파악하여 단문으로 보고 있으나 복문이다. 복문도 '대한문전(1909)'에서 '부속절을 포함한다'고 본 견해는 내포문을 가지는 경우이므로, '조선문전(1906)'에서 '두 개 이상의 주어와 설명어를 포함한다'고 본 견해가 더 타당성과 설득력이 크다. 후자의 복문에 대한 관점은 접속문의 구접속과 관련지을 수 있다. 중문은 대등접속의 문접속에 해당하는 경우고, (1906) 등에서 연구문 가운데 "1개의 주어에 수개의 객어와 설명어, 수개의 주어에 1개의 객어와 설명어가 있다"고 하여 구접속까지 연구문으로 다루었다.

6) 김규식(1909 : 91)에서 '적신구어'의 개념은 "2개 사자(詞字)로 성립된 구어"로 최소한 제목어와 설명어로 구성된다.

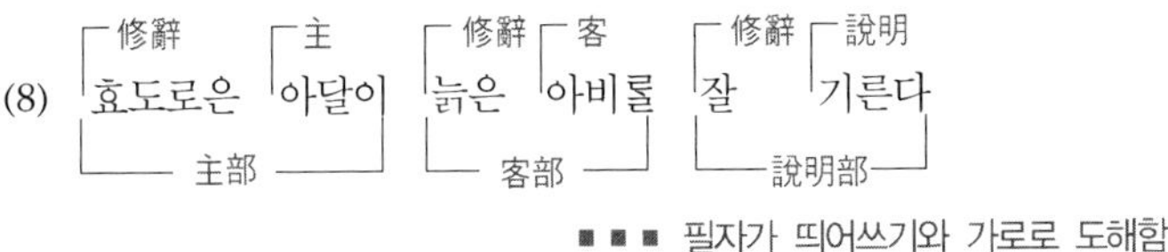

(8) 효도로은 / 아달이 / 늙은 / 아비롤 / 잘 / 기른다

■ ■ ■ 필자가 띄어쓰기와 가로로 도해함

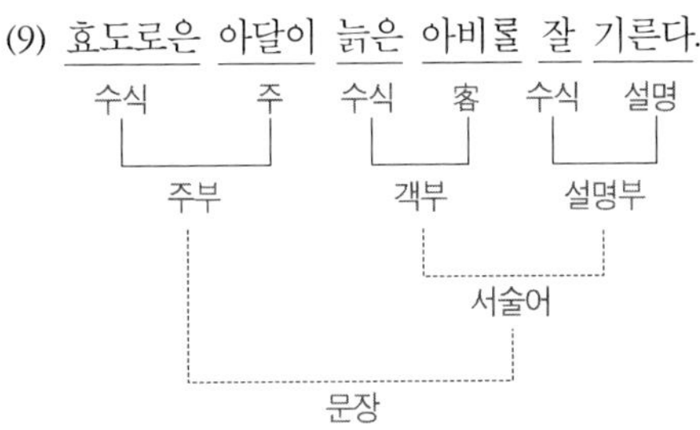

(9) 효도로은 아달이 늙은 아비롤 잘 기른다.

■ ■ ■ 필자가 Nida의 종합식으로 도해함, 점선 이하 필자

여기서 본원의 부를 구성하는 '주부, 객부, 보족부'는 NP의 개념과 같고, '설명부'는 VP와 같은 의미로 사용되었다. 물론 '문장의 부분'에서 다룬 구(句)와는 차이가 있는 것으로 논의하였다. 사실 구의 개념은 명사구(밝은 달밤에 기럭이의 소래), 형용사구(멀히 가는 사람), 첨부사구(거울처럼 물이 맑다)가 주어와 설명어 중 하나가 부족하여 절을 이루지 못하는 경우를 뜻한다. 그러나 수식과 피수식어의 관점에서 본다면 부(部)와 구(句)의 관계는 개념상 큰 차이가 없다(유길준, 1909 : 114-116 참조).

3.3. 구문도해를 별도로 다룬 저술은 유길준(1909)에서만 나타나는데 '문장의 해부는 문장을 그 성분(본원)으로 분해(分解)하여 그 짜임(구조)을 지시하는 것'으로 보았다. 문장의 성립에는 그 본원이 일정한 위치에 따라 순정(順正, 정문)과 전도(顚倒, 도치문)를 구분하였다.7) 특히, '문장의 본

7) 이는 국어의 어순과 관계되는 문제로 유길준(1909 : 108-112)에서 '본원의 배열'에서 아래와 같이 언급하고 있다.
① 주어는 머리에, 설명어는 말미에 위치
② 객어는 주어와 설명어의 사이에, 보족어가 있으면 그것의 위나 아래에 위치
③ 보족어는 객어의 위나 아래에, 객어가 없으면 주어와 설명어 사이에 위치

 제부 문법학의 흐름

원은 전후관계나 종래의 관계에 따라 그 일부를 생략할 수 있다'고 보았으나, 오직 '주어, 객어, 보족어'에 국한됨을 밝히고 있다.8) 본원의 작용에 따라 정문과 도치문을 판별하되 그 절차는 먼저 설명어를 지출(指出)한 후 객어, 보족어 순으로 그 본원을 판명하고 나서 수식어를 고구(考究)하는 것이 옳다고 하였다(유길준, 1909 : 127). 이것은 문장에서 서술어의 직능을 강조하고 있다는 뜻이 될 것이다. 문장의 해부는 복문이나 중문은 단문에 비하여 그 절차가 복잡할 뿐 그 법칙은 차이가 없다고 하였으며, 그 구조를 지시하여 해부하는 예를 보이고 있다.

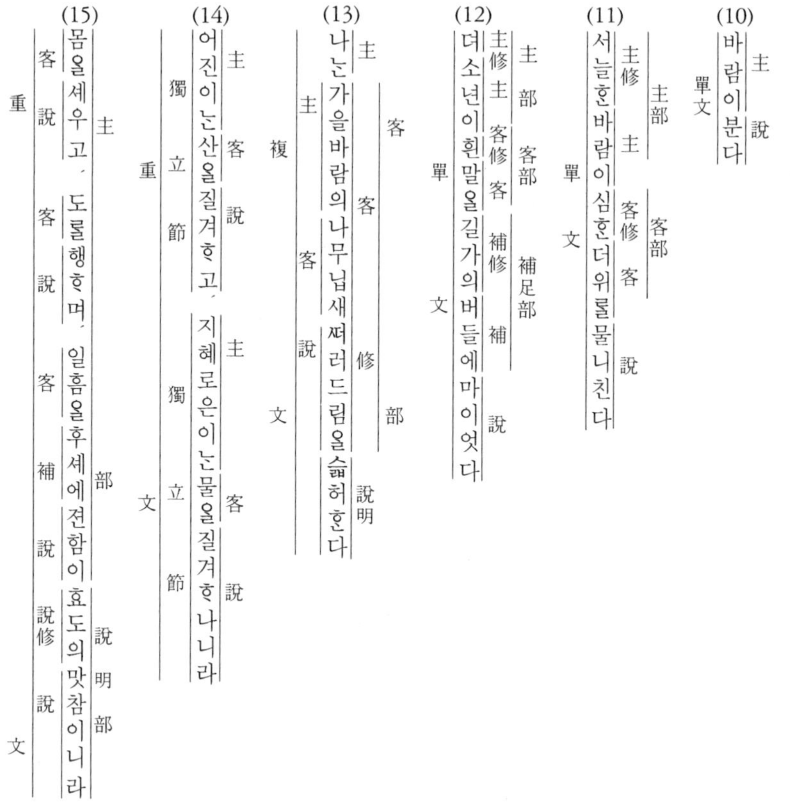

(10) 〔單文〕
바람이〔主〕 분다〔說〕

(11) 〔單文〕
主部 ― 서늘혼〔主修〕 바람이〔主〕 ／ 客部 ― 심혼〔客修〕 더위를〔客〕 ／ 물니친다〔說〕

(12) 〔單文〕
主部 ― 뎌〔主修〕 소년이〔主〕 ／ 客部 ― 흰〔客修〕 말을〔客〕 ／ 補足部 ― 길가의〔補修〕 버들에〔補〕 ／ 마이엇다〔說〕

(13) 〔複文〕
나는〔主〕 ／ 客部 ― 가을바람의〔主〕 나무닙새〔客〕 써러드림을〔修〕 ／ 슯허혼다〔客·說·說明〕

(14) 〔重文〕
獨立節 ― 어진이는〔主〕 산을〔客〕 질겨호고〔說〕 ／ 獨立節 ― 지혜로은이는〔主〕 물을〔客〕 질겨호나니라〔說〕 〔複文〕

(15) 〔重文〕
主部 ― 몸을〔客〕 세우고〔說〕 ／ 도를〔客〕 행호며〔說〕 ／ 일흠을〔客〕 후세에〔補〕 젼함이〔說〕 ／ 說明部 ― 효도의맛〔說修〕 참이니라〔說〕

---

④ 수식어는 수식되는 (피수식어) 말의 위에 위치

8) 유길준(1909) 설명어를 중시하여 구문 관계를 파악하고 있는 징표가 될 것이다.

위 도해의 방법은 구조문법의 IC 분석과 비교하여 고려해 볼만한 가치가 충분하다. 문장을 해부한다는 의미도 당시 전통문법의 도해와는 차이가 있다.[9] 전통문법의 도해는 성분의 직능을 주어진 위치에 나타내는 평면적 도식이기 때문이다. 따라서 전통문법의 도해는 선형순서와 계층구조를 제대로 나타낼 수 없다. 그러나 유길준(1909)은 선형순서와 문장의 구조를 불완전하나마 표현하려 한 의도는 높이 살만하다.

그 분석법을 살펴보면 종으로 쓰인 문장의 오른쪽 단어에 본원의 명칭인 주·객·보·설과 수식어는 수식하는 본원에 따라 '주수, 객수, 보수, 설수'로 적고 있으나, '본원의 부분'에서는 '수식'만을 표시하였다. 다음 단계로 '본원의 부분'인 '주부, 객부, 보족부, 설명부'를 적고, 문장의 종류인 '단문, 복문, 중문'은 왼편에서 문장 전체를 선을 긋고 적었다.[10]

3.4. 특히 우리의 관심을 끄는 것은 문장의 분석을 형태소 중심의 분석식이 아니고, 어휘 중심의 종합식을 택하였다는 점이다. 그럼에도 불구하고 유길준(1909 : 108)에서 "객부, 보족부와 설명부를 주부에 대하여 서술부로 칭하여" 문장을 주부(NP)와 서술부(VP)로 파악한 점은 상당히 고무적인 현상으로 받아들여지지만 실제 예문까지 들어 분석하면서도 문장의 해부에서는 그러한 방법론이 수용되지 못하고, 객부와 보족부를 설명부와 연결하는 중간단계를 표시하지 않은 것은 참으로 아쉽기만 하다. 이러한 문제점은 뒷날 김규식(1909·1912)에서 수정되었으나, 그는 문장 전체를 연결하지 않은 단점이 있다.

(16) <u>야만은</u> <u>귀신을</u> <u>위하나니라</u>
　　　제목어　목적어　　설명어
　　　　　　설명부
　　　　　■ ■ ■　김규식, 1909 : 91(필자가 가로로 도해함)

---

9) 한영목(1988)의 구문도해의 정의를 참조할 것.

10) 그러나 "몸올 세우고, 도롤 힝ᄒ며, 일홈올 후셰에 전홈이 효도의 맛참이니라."의 문장은 본원을 왼쪽에, 본원부분을 오른쪽에, 문장 종류는 본원 다음에 표시하여 일관성이 없어 보인다.

　김규식(1909)의 도해법은 목적어까지 설명부로 분석한 방법은 유길준의 분석법보다는 진일보한 것이지만 전체 문장으로 묶지 않은 점은 바람직하지 않다. 이러한 김규식의 분석법은 전통문법자들인 박상준(1932), 이완응(1929), 심의린(1936), 이희승(1949), 김민수(1960) 등에서 나타나고 있다. 물론 그들의 주요한 도해는 전통문법의 도해를 중심으로 기술하여 문장론을 전개하였다.

(17) 서늘혼 바람이 심한 더위를 물리친다.

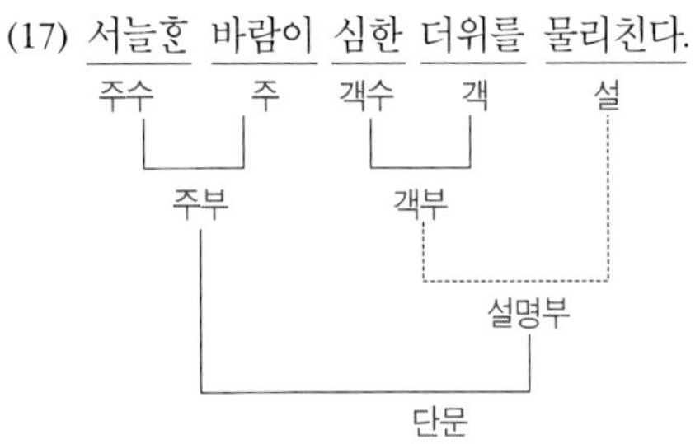

　■ ■ ■ 필자가 Nida 종합식으로 도해한 것임. 점선 연결은 필자

　도해 (17)은 유길준(1909 : 127)에서 분석한 '문장의 해부'를 필자가 Nida(1960)의 분석식으로 도해한 것으로 점선은 유길준의 도해에서 분석이 나타나지 않는 부분이지만, 그래도 전체 문장의 해부에서 파악한다면 상당히 IC 분석에 접근해 있다. 기술언어학자들은 문장은 단어(형태소)의 유의미한 집합으로 배열된 구조이므로 이러한 배열 순서—일정하고, 체계적인 구성체—의 원리를 가장 간결하면서도 포괄적으로 기술할 수 있다고 하였다. 이러한 문장의 유의미한 구조는 IC 분석의 계층관계에 의하여 가장 잘 설명할 수 있고, 이 방법은 성분들의 선형연속체로 그 구조를 명백히 기술한다(Gleason, 1965 : 149). 그러나 유길준의 '문장의 해부'는 엄밀하게 설정된 방법이나 절차에 따라 분석한 것이 아니기 때문에 김석득(1983)에서 "IC 영역에 들어갔다고 볼 수 있으나 불완전한 점이 있다"는 견해는 타당하다.

　도해 (13)에서 "나는(주) [가을의(주) 나뭇닢새(객) 쩌러트림올(설)] 슳허

흔다(설명)"처럼 보문구조로 파악한 것은 상당히 고무적인 현상이다. 유길준(1909)에서 복문은 절을 포함하는 것으로 보고, 절을 '명사절, 형용사절, 부사절'로 구분하였다. 이것은 명사보문, 관계화, 부사화 내포문으로 고려할 수 있다. 그러나 그것을 객부로 파악하여 목적어절로 본 것을 왜 "객수"로 처리하였는가에 대한 명백한 설명이 없어 상당히 불완전하고 분석상 여러 문제점도 표출되고 있다. 이 점은 객어를 명사형 어미와 격어미[11] '~ㅁ을'로 파악하였다고 보기는 어렵다. 유길준(1909 : 117-118)에 있는 예문에서 "봄빛이 나븨의 춤추는 그림자롤 **짝하야** 니르럿다."를 형용사절로 잘못 설정하여 객어 '그림자롤'까지 밑줄을 긋고 있는 경우가 발견되기 때문이다.[12]

　단어는 형태소 중심의 분석주의에 크게 접근하면서도 도해에서는 단어나 품사분류와는 달리 실질 어휘단위의 문장성분을 중심으로 분석하였다. 특히 띄어쓰기가 전혀 되지 않은 상태에서도 어휘 중심의 분석은 주시경(1910), 김두봉(1916·1922), 이상춘(1925), 최현배(1943) 등이 체언과 토를 분리하여 분석한 도해와는 상당한 차이를 느끼게 한다.[13] 물론 유길준처럼 어휘형태소와 문법형태소를 구별하지 않은 도해법이 김희상

---

11) 유길준(1909 : 78)에서 '언어의 중간에 삽입하여 전후승접(前後承接)하고, 상하 연속하여 그 뜻을 상통하는 말'을 접속사로 분류하고 있어 조사류어를 접속사에 포함하는 품사분류를 시도하였다.
12) 그것은 유길준(1909 : 117)의 명사절의 경우는 "달의 밝음? <u>해의 빗</u>이라."(띄어쓰기 필자)에서 '달의 밝음'까지 보고 있기 때문이다.
13) 최현배(1934 : 186)에서 다음과 같은 IC 분석식 도해는 토를 체언과 분리하지 않고 있는 것이 보이나, 그는 모든 전통문법식 도해에서는 체언과 '줄표(－)'로 토를 분리하였다.

　　저 산이 매우 높다.(필자가 가로로 도해함).

(1911 · 1927), 이완응(1929 : 191), 심의린(1936 : 136-138) 등에서도 산견된다.

　　3.5.　유길준(1909)의 문장론에서 새롭게 제시된 항목은 '총주어'와 '복주어, 복설명어, 복객어'의 설정이다. 이 '복주어' 등은 유길준(1907)에서 복문으로 다루었으나, "대한문전"(1909)에서 단문으로 처리하면서 설정된 것이다. 그러나 총주어의 개념은 오늘날 '중주어, 이중주어' 등으로 논의된 것으로 유길준의 독특한 업적이다. 그러면 '복주어'와 '총주어'에 대하여 살펴보기로 하자.

　　"개와 말이 간다."에서 "개와 말"이 공동으로 설명어(간다)의 복주어가 된다고 유길준은 인식하고 있다. 이것은 [[개가] NP [간다] vp]S + [[말이] NP [간다] vp]S → [[1 + 2] + [3 + 2]]2 → ϕ인 Harris의 이원 변형 (이맹성, 1965 참조)으로 볼 수 있다.

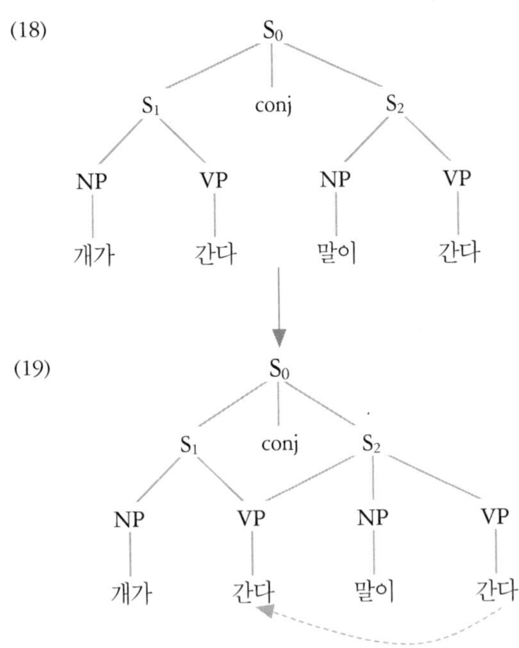

이 복주어는 김완진(1970)에서 논의한 '와'는 구접속과 문접속의 기능을 가진다고 할 때 접속문의 축소에 의해서 생성된다. 물론 유길준(1907 : 38)이 접속문으로서의 기능을 강조했다고는 보기 어렵지만 이것을 복문으로 파악한 점은 음미할 가치는 충분하다. 유길준(1909)에서는 복문은 단순히 내포절만을 의미하고, 중문은 선후행절의 의미론적 관계에서 독립적 성격을 띤 경우이므로 등위접속이 될 것이다(이익섭, 임홍빈, 1983). 물론 유길준(1909)에서 변형적 방법을 모색한 것은 아닐지라도 동일한 서술어를 삭제하고, 마지막 한 서술어만을 남기는 방법과 동일지표(index)를 가지는 NP를 삭제하는 접속문 축소의 방법을 모색한 것 같다. 그것은 간격화(gapping)에 의한 접속문 축소의 예는 찾아 볼 수 없어 등위접속에 해당되는 것만을 '복' 개념으로 파악한 듯하다. 그러므로 유길준(1909)에서는 복문이나 중문 대신에 '복주어, 복설명, 복객어'를 설정하였다.

특히 총주어의 설정은 중주어 문제에 대하여 시사하는 바가 크고, 화제(topic)와의 관계에서도 논의하여야 할 것이다. 유길준(1909 : 93)은 다음과 같이 총주어를 설명하였다.

> 總主語라 ᄒᆞ는 者는 一主語가 他主語以上에 存在ᄒᆞ야 他主語及其動作若形式을 總하는 者……

> "가을은 달이 밝소"에서 '가을'이 총주어가 된다. 그것은 '가을'이 주어 '달'과 설명어 '밝소'을 통함으로 문장의 주어가 되기 때문에 총주어로 다룬다.[14]

---

14) 중주어에 대한 논의는 생성문법의 영향 아래 상당히 진척되었다. 박병수(1983)에서 주어와 문장술어라는 견해와 박승빈의 문주(文主)의 설정은 유길준의 총주어와 비교하여 생각할 필요는 있다. 특히 박병수(1983)의 문장술어에 대하여 총주어로의 인식 가능성은 논의하지 않기로 한다. 박상준(1932)에서 '저 청년은 몸이 튼튼하고, 뜻이 굳다'에서 '주어 + 주어 + 술어 → 주어 + 설명구어'로 파악하고 있지만 자세한 논의는 없어 유길준의 '총주어'의 개념과는 다르다.

S [가을은 s [달이 밝소]] → Topic + Sentence
[$\bar{S}$ [가을은] NP [s [[달이] NP [밝다] VP] VP] S] VP]

(20)

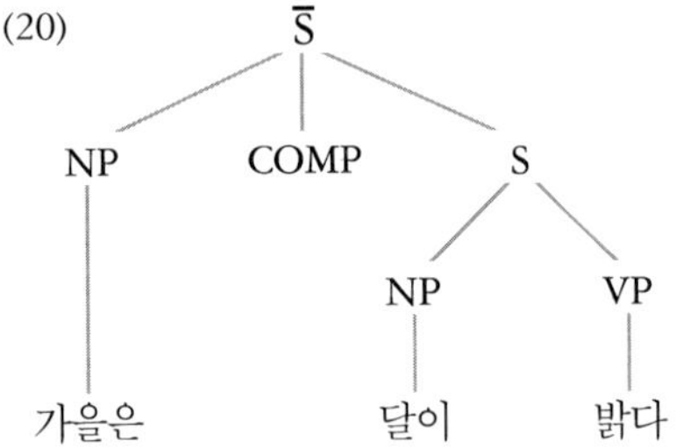

그러나 Greenberg(1984)에서 논의된 $\bar{S}$ → Topic $\bar{S}$, $\bar{S}$ → COMP $\left[\begin{smallmatrix} \bar{S} \\ S \end{smallmatrix} \right]$을 적용한다면

(21)

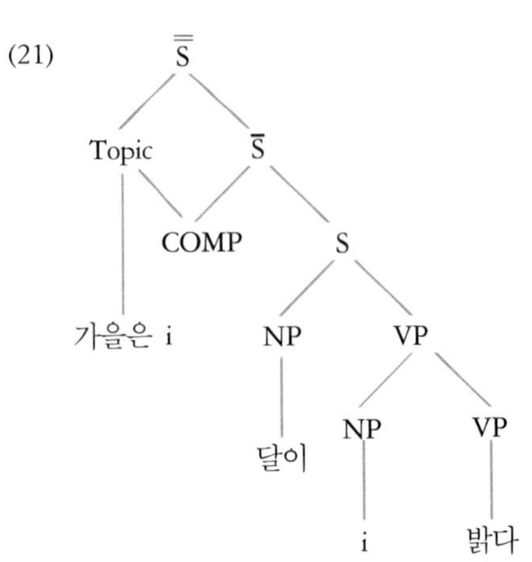

$[\bar{\bar{S}}$ [Topic 가을은 i] [$\bar{S}$ [COMP] [S 달이 i밝다]]]

이 경우 총주어(주제어)를 주어로 이동하여, 주어를 문장머리로 옮기면 총주어(주제어)가 된다. 따라서 '가을은 달이 밝다 → 달이 가을은 밝다'로 '달이 밝은 것은 가을이다'의 보문구조가 가능하나, '*가을이 밝은 것은 달이다'로 비문이 된다. 물론 모든 중주어문의 주어들이 자동적으로 이

동하여 주제어(총주어)가 될 수는 없다. 유길준(1909)에서 이에 대한 자세한 언급이 없고, 예문도 "차이나는 짜가 넓고, 사람이 만흐되…" 하나밖에 없어 속단할 수는 없으나[15] 총주어에 대한 논의는 뒷날 박승빈(1931·1935)의 '문주 + 주어', 김윤경(1946)의 '큰임자 + 작은 임자'와 홍기문(1947) '대주어 + 소주어'에 영향을 끼쳤을 것이다.

김석득(1983 : 225-26)에서 '복주어와 총주어'의 개념적 차이는 속구조의 차이에서 오는 것이고, 총주어는 '모문장 주어'에 해당하므로 심층에 두 개의 문장이 있다는 변형구조론의 임시를 주기도 하는 것으로 논의하였다. 물론 이에 대한 분석이 없어 어떻게 생각했는지는 확실치 않다. 그러나 주어 '달이'와 설명어 '밝다'를 통괄한다고 할 때 문장주어로 인식했을 가능성이 크다.

4. 맺음말

지금까지 논의한 내용을 요약하여 결론으로 대신한다.

1. 유길준의 '문장의 해부'는 국어 전통문법에 나타난 IC 분석법에 근접해 있다. 물론 기술언어학의 IC와는 이론적 차이가 있지만, 전통문법의 Reed & Kellogg식의 도해와는 달리 불완전하나마 선형순서와 계층구조를 고려하였다.

2. 도치문의 경우 성분 요소의 자리로 이동하여 분석하지 않고, 선으로 연결하여 어순을 중시하였다.

3. 유길준의 유인본에서는 부(피수식어 + 수식어)—주부, 객부, 설명부까

---

15) 이 경우는 총주어가 두 개 이상의 절에 관계하고 있다. 따라서 유길준(1909)에서 총주어는 하나의 서술어에 대한 중주어와 중문에서 여러 개의 '단문(절)'에 대한 총주어의 개념으로 쓰인다.

지만 분석하였으나, "대한문전"(1909)에서는 '문장의 해부'라는 항목을 설정하고 문장 전체를 분석하였다. 특히 분석에서 성분 명칭 등을 붙여 단순한 IC 분석보다 강력한 문장 분석을 도모하였다. 전통문법식 도해가 위치에서 문장의 직능이 나타나는데 비해 유길준의 분석은 주어진 어순 그 자체에서 시도되었다. 그러나 객부와 설명부를 묶는 서술부가 설정되지 않은 단점이 있다.

4. 문장 성분요소는 '주어, 객어, 보족어, 설명어, 수식어'로 나누었고, 주어와 설명어를 문장의 최소요건으로 보았다.

문장의 종류로 단문, 복문, 연구문(1906)에서 단문, 복문, 중문(1909)으로 설명하고, 문장의 종류까지 기술하였다.

5. 문장 분석은 형태소 중심의 품사분류와는 달리 어휘중심의 문장의 직능에 따른 성분을 고려하였다.

6. '복주어, 복객어, 복설명어'를 설정하여 유인본의 복문을 단문으로 처리하였다. 따라서 복문은 내포문과 보문으로 한정하였다. 이 '복' 성분은 접속문의 축소로 볼 수 있다.

7. 총주어는 이중주어문에서 문장 머리에 오는 주어를 뜻하므로 문장 주어의 개념에 가깝다. 이러한 총주어, 복주어 등의 설정은 변형적 방법을 모색한 것으로 파악한다.

8. 생략부분은 [ ] 속에 기입하고 성분명을 기술하였다.

9. 유길준의 '문장의 해부'는 미흡하지만 IC 분석의 방법론적 원리를 모색하였고, 그 분석법은 김규식, 박상준, 이완응, 심의린 등의 문법에 계승되었다. 앞으로 이들 문법에 나타난 구문도해를 계속하여 고찰하기로 한다.

● ● ● 참 고 문 헌

강복수(1972), 『국어문법사연구』, 형설출판사.

______(1971), 「국어문법에 미친 외국문법의 영향」, 『한메 김영기선생 고회기념 논문집』, 형설출판사.

고영근(1983), 『국어문법의 연구』, 탑출판사.

김규식(1909), 『대한문법』, 유인본.

김민수(1957), 「대한문전 고」, 서울대학교 논문집, 인문 사회과학 5.

______(1971), 『국어문법론』, 일조각.

김석득(1983), 『우리말연구사』, 정음문화사.

김완진(1970), 「문법속의 '와'와 구접속의 '와'」, 『어학연구』 6권 2호, 서울대어학구소.

김희상(1911), 『조선어전』, 경성 : 보급서관.

박병수(1983), 「문장 술어 의미로 : 중국어 구문의 의미 고찰」, 『말』 8집, 연세대 어학연구소.

유길준(1906), 『조선문전』, 유인본.

______(1907), 『대한문전』, 한성 : 육문관.

______(1909), 『대한문전』, 한성 : 육문관.

이맹성(1965), 「변형분석시론」, 『언어교육』 1권 2호, 서울대어학연구소.

이익섭 · 임홍빈(1983), 『국어문법론』, 학연사.

주시경(1910), 『국어문법』, 경성 : 박문서관.

최광옥(1908), 『대한문전』, 안악군 면학회.

최이권(1977), 『최광옥 약전과 유전문제』, 동아출판사.

최현배(1934), 『증등조선말본』, 경성 : 동광당서점.

한영목(1988), 「한국어 구문도해 연구」, 충남대학교 대학원 박사학위논문.

Bolinger · Sears.(1981), Aspects of Language, New York : Harcourt Brace Jovanvich, Inc.

Chomsky. N.(1981), Lectures on Government and Binding, Dordecht : Foris Publications.

Gleason. H.(1965), Linguistics and English Grammar, New York : Holt Rinehart and Winston.

Karttunen·Zwicky. et al. eds.(1985), Natural Language Parsing, Cambridge Univ. Press.

Nida. E. A.(1960), A Synopsis of English Syntax, Norman Okla : Summer Institute of Linguistcs.

Sells. P.(1985), Lecture on Contemporary Syntactic Theory, Ventural Hall : Center for The Study of Language and Information.

Wardhaugh. R.(1977), Introduction to Linguistics, 2nd ed. New York : McGraw-ill Book Co.

「'유길준' 문법에서의 IC 분석 고찰」, 어문연구 제20집, 1990. 10, 어문연구회, pp. 335-349.

김규식 문법의 통사론 

1. 머리말

김규식(대한문법, 1909·조선문법, 1912)에 나타난 문법관은 진보적 성향을 지니고 있다. 문법에 대한 김규식의 견해는 "사상을 언어로 발표하거나 문자로 기록하는 데 정재(整齋)한 규례(規例)를 정하여 논리(論理)한 것"으로 보고, 인류의 관습과 풍속의 발달과 더불어 언어도 변화하며, 문법 또한 개혁되는 것으로 파악하였다. 이러한 관점은 문법이 언어와 문자의 문란을 제거하고, 제반 문화의 개발에 진취케 하는 것으로 규범적인 면도 보인다. 그러나 문법은 현행 언어나 문장의 체제를 따라 법례를 정하여야 한다는 면과 언어의 변화에 따른 문법의 개혁을 수용한 기술언어학적 관점도 나타나 있다(문법개의 참조).

김규식은 문법 연구의 단계를 "聲音及 韻, 詞字學, 文章法"의 세 부문으로 논의하여 광의적인 입장에서 문법을 고찰하였다. 김규식의 문법 가운데 사자학(詞字學)은 품사론에 해당한다. 이 사자학은 '1) 품사학, 2) 변사법, 3) 어원학'으로 구성된다. 그 중 변사법은 "사자가 작문에 입용될 때에 각 그 상관되는 사의(思意)를 표하기 위하여 각 품사의 어미가 변화되는 법식"으로 어미 변화법을 의미한다. 변사법은 통사론의 범위에서 다루어도 무방하겠지만, 본고에서는 김규식 문법의 "문장법"에 나타난 통사론에 관한 연구에 국한한다. 따라서 김규식의 문법에서 논의한 문장법을 중심으로 구문분석에 대한 관점을 고찰하기로 한다. 문장법에 관한 논의는 사자학에 포함된 '변사법(變詞法)'에서도 고찰할 수 있어 김규식의 문법은 통사론 중심으로 구성되었다고 볼 수 있다.[1] 김규식의 문장법은 '사자(단어)가 합하여 구어(句語)를 이루는 것을 설명하고 해설하는 것'으로 '1) 구어 이자(二字)의 범위, 2) 구어의 분석, 3) 구어 성립의 차서를 연구'하는 삼분법을 취하고 있다. 이것은 '적신구어(赤身句語)'와 수식에 의한 문장의 확장과 분석, 어순에 대한 논의를 통하여 국어 통사론의 전반적인 내용을 다루고 있음을 보여준다. 문장법도 '적신구어에서부터 구어의 분석, 구어의 차서(어순), 구어의 해부'까지 국어통사론의 전반적인 문제까지 범위를 잡고 있다.

특히 구어의 분석에서 나타난 IC 분석법에 의하여 문장을 '해부'하는 관점은 유길준(1909)의 구문분석의 해부와 맥을 같이 하고 있다(한영목 1988·1990 참조). 그 당시 이론적 배경은 전통문법이지만 구문도해법은 상당히 진보적인 성향을 보인다. 물론 유길준이나 김규식이 시도한 구문분석은 기술언어학의 IC 분석과는 이론적인 측면에서 많은 차이를 노정하고 있다. 그러나 문장의 구조적 관계보다도 어순과의 관계에 치중하고, 불완전하나마 문장의 계층구조를 나타내고, 통사범주의 정보를 기술하여 특색 있는 분석을 시도한 점은 높이 살 만하다. 특히 문장분석에서 시도한 절차에 대한 순서를 기술한 점은 그 당시 다른 문법가와는 달리 독특한 면을 노정하고 있다. 전통문법의 이론적 테두리에서 문장론을 기술하면서도 전통문법의 도해와는 달리 구문도해를 시도한 김규식의 문법관은 확실히 진보적이라고 할 수 있다.

본고는 이러한 김규식의 문법에 나타난 문법관과 통사론에 대한 논의와 '문장의 해부'의 특징을 고찰하여 국어 구문도해의 변천과정의 한 단

---

1) 김민수(1977 : 19)에서 변사법이란 다분히 문장법의 성격이므로 구문중심의 문법으로 보았다. 그리하여 김규식의 3부의 비율을 실질적으로 4 : 34 : 62로 처리하였다.

면을 필자의 " '유길준' 문법에서의 IC 분석 고찰"에 이어 다시 한번 모색하여 보기로 한다(한영목, 1990). 김규식의 문법에 나타난 전반전인 문법관에 대한 고찰은 후고로 미룬다.

2. 문장의 특징

2.1. 김규식 문법에서 문장법은 '단어들이 모여 한 구어(문장)를 이루는 방법을 해설하는 것'을 말한다. 여기서 구어라 함은 사자를 취합하여 하나의 완전한 사상을 발표하는 것이다(1909 : 88). 김규식은 구어에 대한 개념은 '완전한 사상을 발표하면 그 문장이 길고 짧음에 관계없이 구어로 성립되는 것'으로 간주하였다. 구어는 최소한 '제목어'와 '설명어'의 이개(二個) 사자(단어)로 구성된다는 문장 구성상의 기본요건을 설정하였다. 그러나 일개 사자(동사)만으로도 구어를 구성하는 경우도 있다는 점을 김규식은 설파하였다.[2] 그것을 권재선(1988 : 227)에서는 "김규식은 단어문을 인정하고 그것이 나타나지 않는 성분의 인지를 '은각(隱覺)'된 것"으로 파악하여, '은각은 동사문의 심리적 분석이고 문성분의 생략은 아니라'고 하였다. 그러나 김규식은 문장을 이루는 최소한의 단어의 수를 '둘'로 한정하여 제목을 이루는 단어와 설명을 나타내는 사자가 필수적임을 논의하여, 생략된 사자를 복원할 수 있을 때에 한하여 은각으로 처

---

2) 김규식의 문법에서 사자는 일개 심상만 발표하고 구어는 완전한 사상을 발표하는 것으로 보았다.

<pre>
사자 ┌ 1개자
     └ 幾개자(사절, 사구)   ┐ 1개 심상
구어 ─────────────────── 완전한 사상
</pre>

그러므로 김규식의 문법에서 문장만이 완전한 사상을 나타내는 것으로 보아 1개 사자로 성립된 구어는 문요소의 생략으로 파악하고 있다.

리하였다.

이러한 관점은 유길준(1909 : 127)에서 '문장의 성분 중 전후 관계나 종래의 관계에 따라 그 일부를 생략할 수 있다.'고 하였으나, 주어, 객어, 보어에 국한된다. 서술어의 생략은 불가한 것으로 파악하여 서술어의 기능을 강조한 유길준(1909)을 김규식도 따랐을 가능성이 높다(한영목, 1990 참조). 예를 들어 (1)에서 "오나라"라는 설명어(서술어)는 제목어(주어)가 되는 사자 '너'가 은각되었다고 보았다.

(1) (너)　　오나라
　　　제목어　　설명어
　　　　　└─────┘
　　　　　　　구어

이것은 그 당시 주시경(1910 : 52)에서 생략된 문요소를 'ㅅ'이나 '동굴 암이(동그라미)'로 속뜻을 표시하였으며, 유길준(1906 : 29)도 [ ] 안에 생략된 단어를 기술하고 통사범주를 표시한 것과 좋은 대조를 이루고 있어 김규식이 그것을 계승한 것으로 볼 수 있다(한영목, 1990 : 339 참조). 물론 김규식이 'S → NP + VP'의 기본적인 문의 개념에서 출발하였고, 삭제 변형된 요소의 복원을 은각으로 이해하였다고 하더라도 그것을 오늘날의 변형문법의 테두리에서 탈락으로만 볼 수는 없다. 왜냐하면 제목어의 생략에 의한 설명어만으로 된 문장을 설정했으나 그 자체가 단어문이라고 보기도 어렵기 때문이다. 단어문이라면 그것은 생략된 성분을 복원할 필요가 없거나, 할 수 없는 경우에 한정하기 때문이다. 이 점은 국어문형에서 거론된 서술어만으로 구성된 기본문형의 설정과 깊은 관계가 있기에 더욱 그렇다. 결국 김규식은 국어에서 제목어보다는 설명어에 더 큰 비중을 두고, 서술어만의 문장을 기술한 것은 표면구조에서 논의하고, 속구조에서 은각을 인정한 셈이다. 따라서 김규식(1909)에서 생략성분은 속구조에서 파악이 가능하다는 점을 제시하고 있지만, 그 자체가 곧 변형문법의 삭제규칙과 결부시키기에는 다소 미흡하다. 그러나 서술어만의 문장이 성립한다고 기술하여 동사 중심으로 통사론을 이해한 점은 높이 살 만하다.

　2.2. 김규식(1909 : 89-91)에서 '사상을 발표하는 성질에 따른 구어'의 종류는 문장 종결의 서술형의 유형에 해당하는 것으로 '1) 포고(布告)구어, 2) 문(問)구어, 3) 명령(命令)구어, 4) 제의(提意)구어'로 분류하고, '감탄구어'는 한 종류의 구어로 등급(等級)할 수 있으나 실상은 다른 종류의 문장과 같이 쓰이는 것으로 파악하였다. 포고구어는 그 사실을 설명적, 선언적, 운위적(云謂的)으로 발표하는 것이므로 평서문에 해당한다. 문구어는 그 의아적인 것을 해득하기 위하여 여하한 사실을 묻는 의문문이다. 명령구어는 타인의 행동을 명하거나 요구하거나 청하는 사상을 발표하는 것으로 명령문에 해당된다. 제의구어 또한 타인이 행할 바나 다른 사람이 자기와 함께 동작할 것에 대하여 의견을 제출하는 모양으로 사상을 발표하는 것이므로 청유문과 같은 개념이다.

　따라서 김규식(1909)에서 문의 종류는 문장의 서술형(종결법)에 따라 평서문, 의문문, 명령문, 청유문, 감탄문으로 분류한 셈이다. '사상을 발표하는 성질을 따른 문'의 구별은 박승빈(1935 : 340)의 "문의 체법"이나 홍기문(1947 : 360-1)에서 언급한 "어법", 이희승(1949)에서 논의한 "문체법"과 같은 개념이다.[3]

　2.3. 김규식(1909)에서의 구어의 범위는 '1) 원부분, 2) 구어의 수식, 3) 구어의 확장'으로 볼 수 있다. 물론 김규식에서 구어의 수식은 원부분인 적신구어에 다른 수식성분의 첨가를 말하고, 구어의 확장은 원부분이 다른 품사로 교체되거나 적신구어에 다른 품사가 수식어로 첨가되는 경

---

3) 박승빈(1935 : 340-3)에서는 문의 체법으로 '평서문, 의문문, 명령문, 감탄문'을 들었다. 홍기문(1947 : 360-1)에서는 어법으로 '설명법, 의문법, 명령법, 공동법, 약속법, 감탄법'의 체계를 주장하였다. 또한 이희승(1949)과 남기심, 고영근(1985 : 340-55)에서는 '문체법'이라는 용어를 사용하고 있다.

우를 의미한다. 그러므로 구어의 확장은 구어의 범위에서 다루지 않고, 구어의 분석에서 논의하고 있다. ‘구어의 부분’은 문의 성분(요소)에 해당한다. 이것을 ‘원부분(主成分)’과 ‘구어의 수식(修飾成分)’으로 나누어서 다루었다. 문장의 원부분은 제목어(주어)와 설명어(서술어)로 구성된다. 이 제목어와 설명어의 두 단어로 성립된 문장을 ‘적신구어’라고 한다. 이것은 기본문형과 같은 개념으로 사용하였다.[4] 이러한 관점은 유길준(1909)에서 ‘주어와 설명어가 없는 것은 문장으로 성립될 수 없다’는 견해와 맥을 같이 한다. 일개 사자로 성립되는 제목어와 설명어는 ‘단순제목어’와 ‘단순설명어’인데 여기에 다른 성분이 첨가하여 수식하거나 확장할 수 있다. 이것을 ‘수식을 득한 적신구어’로 다루었다.[5] 따라서 김규식의 문성분은 주성분에 제목어와 설명어, 수식성분에 목적어, 수식어(형용사, 부사, 접속사로, 이것은 관형어, 부사어, 접속어와 같은 개념이다)로 세분할 수 있다. 그러나 ‘수식 + 피수식어’의 관계에서 피수식어인 ‘목적어’를 원어(元語)로 파악하고 있는 점이 흥미롭다. 이것은 김규식의 문법체계에서 목적어를 수식어로 기술하면서도 원어로 본 것은 복잡설명어로 다룬 ‘형동사문’과 ‘동격명사문’에 대한 논의와 더불어 이에 따른 타동사문에 대한 문형해석상의 오류이다.

■ **2.3.1.** 김규식 문법에서 ‘부(部)’는 제목어나 설명어에 다른 사자를

---

4) 고영근(1983 : 36)에서는 이 “적신구어를 기본문형과 핍동(逼同)하다”고 보았다.

5) 이러한 관점은 Chomsky(1957 : 45)의 핵문(kernal sentence)이나 파생문의 관계로 볼 수 있다. Stockwell(1977 : 10)에서도 모든 문장을 핵문으로부터 파생된 문장들의 두 범주 가운데 하나에 속하는 것이 편리하다고 보았다. 그러나 적신구어가 핵문이라면 수식을 득한 적신구어는 파생문의 개념으로 보아야 하기 때문에 변형문법에서 말하는 핵문의 개념과는 다르다.

첨부하여 그 사의를 수식, 확장된 요소로 뜻한다. 이는 NP나 VP와 같은 의미다. 구어가 수식을 득하여 확장되는 방법은 다음과 같은 일곱 가지가 있다.

> (3) 1) 목적어를 득흠 = 보결사를 득흠
>   2) 제목어와 목적어를 형용사로 수식흠
>   3) 부사로 설명어를 수식흠
>   4) 형용사나 부사가 첨부흠을 득흠
>   5) 후사를 활용흠
>   6) 접속사를 간용(間用)흠
>   7) 대명사를 장용(掌用)흠
>
> (4) <u>야만은 귀신을 위하나니라</u>
>   제목어　목적어　　설명어
>   　설명부

■ ■ ■ 김규식, 1909 : 92

> (5) <u>其人이 여러 군사를 率ᄒ였다</u>
>   제목어　수식어　목적어　　설명어
>   　（형）설명부

■ ■ ■ 김규식, 1909 · 1912 : 74

■**2.3.2.** 김규식(1912 : 74)에서는 목적어를 보결사로 대체하여 사용한다. 이것은 설명보결사에 대한 기술을 고려한 듯하다. 설명보결사는 '동격동사－이다'에 선행하는 '설명명사'와 '설명형용사'는 수식을 득하는 것으로 보고, 그러한 서술어를 불완전자동사 자격으로 설명어가 된다고 보았다. 김규식(1912)에서 단순설명어는 자동사와 불완전 자동사로 분류되고, 타동사는 목적어인 명사보결사를, 불완전자동사는 설명형용사와 설명명사의 보결사를 요한다.[6] 이러한 관점은 '－이다'에 대한 품사설정

---

6) 김규식(1912)에서 동사는 1) 타동사, 2) 자동사, 3) 동격동사, 4) 조동사로 분류하였다. 형용사의 관형형을 형용사로 품사를 분류하였기 때문에 서술어로 쓰이는 형용

에 대한 논의와 동사의 하위분류로 파악한 계사(繫辭)와 관련시켜볼 때 흥미 있다. 그러나 김규식(1912)에서 '-이다'를 '형동사'로도 파악하고 있지만, 이 점은 잘못된 견해가 될 것이다.

(6) <u>其人</u>이　<u>學員</u> 이라
　　제목어　설명보결　설명어
　　　　　　설명부

■■■ 김규식, 1912 : 74

'형용사로 제목어와 목적어를 수식'하는 것은 관형어로 명사(NP)의 원 의미를 첨부, 제한, 변화하기 위하여 사용된다. "선한 사람이 듬을다"에서 제목어의 관형어로의 수식은 'NP → Det + N'의 개념으로 '부'를 이룬다. 부사로 설명어를 수식하는 경우도 설명부로 확장되는 개념이다. 다만 '형용사(관형어)'나 부사어가 첨부하는 경우 수식어가 둘 이상 겹칠 때는 '양개형' 수식어가 되고, 부사로 형용사(관형형)를 수식할 때는 수식어가 된다. 문장의 분석에서 각각의 구성요소로 파악하고 있으면서도 하나의 선으로 연결하고, 다시 수식으로 분류하여 중심어에 대한 연결이 그 좋은 예가 될 것이다. 그것은 부사의 경우 '매우, 잘'을 각각의 구성요소로 파악하고, 연결하여 '수식'으로 다루고 있는 것과 차이를 드러내고 있기 때문이다. 나아가 성분명의 기술도 '語'자를 생략하여 다루게 된다(김규식, 1909 : 94).

사는 동사로 변체(전성)하는 것으로 파악하였다. 그러나 김규식(1912 : 17-8)에서 형용사와는 달리 '형동사'를 설정하였다. 그것은 설명어에서 '-이다'와 형용사를 병용하여 쓰되 묘언(描言) 동사가 간략하여 지는 것으로 주장하였다('형동사 → 형용사 + 이다' = 됴타 → 됴흔 + 이다).

이 집이 됴타 ⟶ 이 집이 됴흔이다
　　　　　　　　이 집이 됴흔 집이다(동격명사)
　　　　　　　　이 집이 됴흔 것이다(대명사)

결국 김규식은 '늙다, 늙어가다'와 동류의 동사는 무형적 동작을 나타내기 때문에 형동사로 처리하지 않았다.

(7) 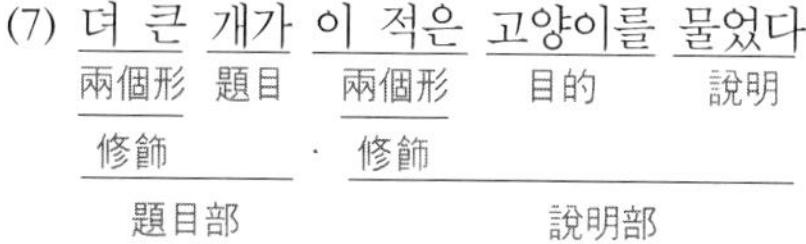

(8) 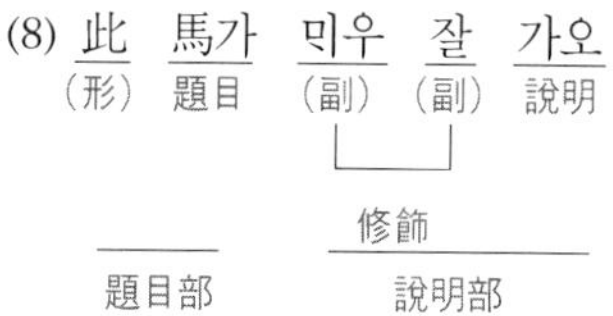

설명어가 '부사절(명사 + 후사)'로 수식을 득할 때는 '부'를 구성하지 못하는, '절'로 다루었다. 이는 이희승(1949) 등의 문법에 나타나는 '어절(語節)'과 같은 뜻이지만 약간의 차이가 있다. 김규식(1912)에서는 '그 원인이 되는 명사가 후사(後詞)를 얻는' 경우는 부사어로의 직능하는 사절(詞節)로, 하나 이상의 단어가 하나의 품사자격으로 작용한다(김규식 1912 : 9 참조).[7] 그러므로 절은 부보다 하위단위가 된다.

(9)

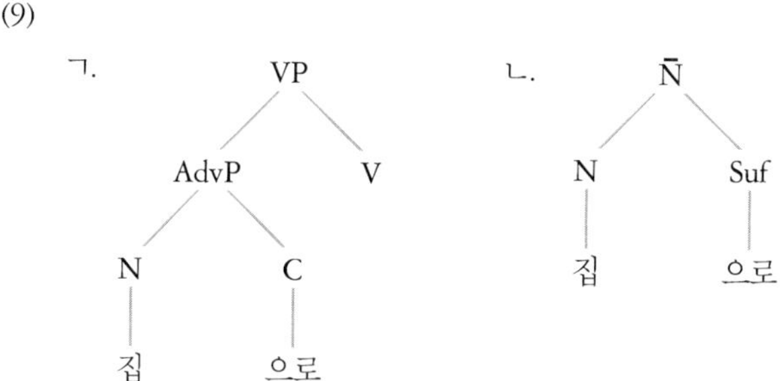

■**2.3.3.** '적신구어'에 수식을 얻는 또다른 경우는 접속사로 단어들이 서로 접하게 하거나, 문장을 연접(連接)하여 본래의 문장을 복잡하게 하는

---

7) 김규식은 사자가 취합하여 '사절, 사구, 구어' 단위로 구성된다고 한다.

것이다. 물론 김규식(1909 : 41)에서 접사는 "詞字나 詞句를 連接ᄒ거나 相屬ᄒᄂᆞᆫ 詞字"라고 정의하고 있다. 따라서 김규식에서의 접속사의 개념은 '접속조사, 연결어미, 접속부사' 등을 망라하는 개념으로 쓰인다. 그렇지만 접속에 대한 명칭은 붙지 않고, '(接)'으로만 기술하고, '(形), (副)'와 동류로 취급하여 하나의 독립된 문요소로 설정했다고 볼 수는 없다. 더구나 접속사는 '사자나 사구를 연결하거나 상속하는 것(김규식, 1912 : 34)'으로 '순전한 접속사'와 '타접속사'인 그것을 간용(間用)하여 복잡하게 하는 수식어의 일종이다.

(10) ㄱ. <u>비록</u> 힘은 <u>업스나</u> 내가 가보겟소
　　　　순접　　　　　어미접
　　ㄴ. <u>쩍과</u>　술먹는 <u>것도</u>
　　　　接　　　　　　　接

■ ■ ■ 유길준, 1909 : 110 참조

(11) <u>빅를</u> <u>삿더니</u> <u>그거시</u> <u>찌진</u> <u>거시더라</u>
　　목적　설명(접)　(대)　(형)　(대)설명
　　　└──┘　　원제목　　　원설명부
시기적응종구 즉 원설명부수식　　　　(이 구어에는 응종구에 제목어가 은각됨)

■ ■ ■ 김규식, 1912 : 76ㄴ에서는 원제목어와 원설명부를 연결하였다.

　　김규식의 문법에서 수식으로 다룬 '대명사의 장용(掌用)'은 오늘날의 대용어와 같은 개념으로 파악될 수도 있다. 그러나 '관계적 대명사'는 의존명사에 해당하는 것으로 '바(意思關係), 것, 자(形體關係)' 등이 있다. 오늘의 문법에서 본다면 보문소에 해당하며, 이러한 요소를 수식적 개념에서 적신구어를 확장하는 것으로 파악한 점은 시사하는 바 크다.

3. 문의 유형

3.1. 김규식(1909 : 96)에서 문의 유형은 문장을 분석하는 '구어의 분석'에서 다루고 있다. 구어의 분석은 '그 성립된 체제를 '등류(等類)'로 제한, 세분하고, 그것을 해석하여 연구함'을 의미한다. 구어의 분석은 구어가 성립된 체제를 분등(分等)하는 것으로 보고, 구어의 등류(종류)는 1) 단순 구어, 2) 복잡 구어, 3) 연결 구어로 세분하였다. 문의 유형은 유길준의 방법론을 수용하여 삼분법 체계로 설정한 셈이다.[8]

3.2. 단순구어는 단 한 개의 제목어와 일개 설명어로 단순한 사상을 발표하되 확실하고, 완전한 동사 자격을 갖춘 동사가 단 하나뿐인 문장을 말한다(김규식, 1909 : 96).[9] 그러므로 단순구어는 중복된 사상을 발표하지 않는 단문을 의미한다. 또한, 단순구어의 원체격은 하나의 적신구어로 성립된 것으로 설명하고 있어 '구어의 범위'에서 살펴본 것처럼 적신구어와 근사하며 수식을 득한 경우도 설명어가 하나이고, 다른 문장에 응종(應從)되거나 연접하지 않은 문장을 뜻한다. 따라서 단순구어의 원체격은 일개 적신구어로 성립되고, 수식을 득한 경우는 확장된 단순구어가 된다. 이 확장된 단순구어는 원체격의 각 부분이 수식을 득한 것으로 파악하고 있다. 수식을 득한 문장은 '원부(제목어 + 설명어)'와 '속부(첨부되어 수식하는 단어)'로 나누었다. 그러므로 구어의 범위에서 다룬 '부'의 개념에서 크게 벗어나지 않는다. 이 단순구어는 다음과 같이 분류할 수 있다.

---

8) 전통문법의 경우 문의 유형은 2−5분법 체계로 나타난다.
   김희상(1911)의 '단구어, 복구어', 유길준(1909)의 '단문, 복문, 중문(연구문)', 안확(1923)의 '단문, 복문, 중문, 혼합문', 김두봉(1916)의 '홋월, 줄월, 겹월, 덧월, 모월' 등 다양하게 나타난다.

9) 김규식(1909)에서 적신구어의 구성은 '적신구어 → 단순제목어 + 단순설명어'인데, 단순제목어는 '명사', 단순설명어는 '동사'를 기저성분으로 잡고 있어, 다른 품사의 제목어, 설명어로의 전성은 변화로 보았다.

(12) 단순구어 ┌ 등류구어(적신구어)
            └ 확장된 단순구어(수식을 득한 구어) → 속부 + 원부

(13) ㄱ. 희가 빗최오
        제목 설명

     ㄴ. (열대의) 태양기가 (쏘홀 온전히) 熱 케 혼다
         屬部   元部   屬部   元部

이것을 '확장의 방법'으로 보고 다음과 같이 설명하였다.

1. 대명사나(변사 부정법의) '동사적 명사(명사형)'가 명사의 자격으로 제목어의 작용을 이룬다. 명사형의 경우는 '누구에게는 죽음이 어렵다.'로 보아 확장에서 다룰 수가 있다. 그러나 '그가 산다'의 대용어로 보아 선행절의 '누구는 (그가, 자기가) 산다.'로 속 구조를 설정했는지는 알 수 없지만 확장으로 본 점은 더 고려할 필요는 있다(그가 산다. 죽음이 어렵다. 자기가 平安하다).

2. 목적어가 역시 위와 동일한 작용으로 성립된다. 이것은 적신구어를 타동사는 고려하지 않은 데서 기인한다. 구구조 규칙(PS규칙)의 'S → NP + VP, VP → NP + VP'의 유도과정을 이해하였다고 할 수는 없지만 '구어분석의 실제'를 보면 설명어는 3번, 목적어는 4번 순으로 자리매김하였다. 따라서 김규식의 기본문형이라는 입장에서 보면 목적어는 잉여적일 수밖에 없다(귀남이가 그것을 됴화혼다. 귀남이가 잠을 질긴다. 귀남이가 자기를 됴화혼다).

3. 원제목어와 목적어가 각종으로 변화, 첨가, 제한, 증감의 확장을 한다. 이는 주어와 목적어부를 형성하는 것으로 파악하여 'NP → Det + N'의 개념이다.

1) 형용사(관형어)로 확장
   우리 父親이 모든 사람들을 請하엿소
2) 소유격 명사로 확장(N + 의 + N 구조)
   '大皇帝의 죠칙'
   '그 사룸의 죽음'

3) 동격명사로 수식

　　<u>法皇</u> 나파륜이 <u>영국대장 월링톤</u>과 싸왓다(1912 : 78에서는 佛皇)

4) 명사가 후사를 연접한 사절로 확장

　　'우물 엽헤 집'

　　'언덕 아래 섭'

5) 분사절로 확장(내포문의 관형사절)

　　'짐지고 가는 사름'

　　'물먹는 소를 찌렷다'

　2)는 '[N + 의] + N'의 관형어 구성이다. 3)은 'N + ϕ + N'으로 '법황 나파륜'은 '법황인 나파륜 → 나파륜이 법황이다'의 개념으로 파악한 듯하다. 이것은 설명어의 확장에서 보어문의 'NP + 이다'를 동격으로 해석하였기 때문이다. 4)는 부사격에 의한 명사구 한정이다. 5)는 관형사형으로 명사구를 한정하는 내포문과 같은 면이 고려된 듯하다('물먹는 소 → (소가 물을 먹는다) 소').

　4. 설명어가 그 체세(體勢)를 따라 여러 종류(幾種)로 확장한다. 이는 우리말의 서술어가 '동사, 형용사, 명사 + 이다'가 되지만 자동사문을 기본으로 설정하고 있음을 알 수 있다. 또한 VP → Adv + V의 수식어로 확대되는 것까지 고려하였다.

1) 불완전한 설명어가 그 설명을 완전케 하는 동격명사나 묘언형용사
　　를 활용한다.
　　"이 책이 한 <u>寶具</u>요"(동격명사).
　　"개가 사오납소"(형동사).

2) 설명어가 타동사되는 때는 목적어로 확장한다(1909 : 99에서는 제목).
　　"라마왕 가이사가 <u>갈니고롤</u> 정벌하엿다."

3) 설명어가 부사나 부사절로 확장한다.
　　"내가 <u>일즉</u> 니러낫소."
　　"내가 <u>내 집으로</u> 간다."

1)은 문형으로 볼 때 동사문을 기본으로 잡고, 명사문과 형용사문의 설정을 내포한다. 2)는 타동사문으로 목적어를 취하는 것이다.

3.3. 김규식(1909)에서는 서술어가 될 수 있는 요소를 '자동사, 형동사, 명사 + 이다, 타동사'로 보았으므로 적신구어는 '제목어 + 설명어'이지만 실제로 1) 제목어 + 단순동사문(자동사문), 2) 제목어 + 복잡설명어문 → ㄱ) 제목어 + 동격명사, ㄴ) 제목어 + 형동사로 확장된다. 김규식의 경우 확장의 개념이 교체와 혼동되어 사용되고 있다. 그러나 타동사문은 설정할 수 있으나, '목적어'는 '수식요소'이므로 적신구어는 될 수 없다.[10] 이러한 기본문형의 설정은 한 자리(일항) 서술어와 두 자리(이항) 서술어로 구분, 처리하여 진보적인 성향을 보인다. 결국 단순구어는 '구어의 범위'에서의 내용과 유사하다.

3.4. 김규식의 문법에서 복잡구어는 한 개의 원제목부와 한 개의 설명부로 성립되되, 설명부에 둘 이상의 확실한 동사가 있어야 한다. 이는 '원구(元句, 모문)'와 '속구(내포문)'의 구조를 의미한다. 속구는 1) 명사구, 2) 형용사구, 3) 부사구로 내포문의 보문화, 관계화, 부사화와 같은 뜻으로 사용하였다. 물론 접속문의 종속접속까지도 포함하는 개념이다.[11] 따라서 복잡구어는 '속구(내포문, 종속문) + 원구(모문)'로 구성되기 때문에 1) 내포문(명사화, 관계화, 부사화) + 모문, 2) 종속접속 + 모문으로 된다. 명사

---

10) 김규식(1909)에서 설정될 수 있는 기본문형은 다음과 같다.

   ① 제목어 + 설명어(자동사문)

   ② 제목어 + 형동사(형용사문)⎤

   ③ 제목어 + 동격명사(명사문)⎦ 복잡설명어

   ④ 제목어 + (목적어) + 타동사(타동사문)

   이것은 S → NP + VP, VP → NP + VP로 다루어 당시의 문형 설정보다 앞서 있다.

11) 종속 접속문과 문장 수식 부사절에 대한 논의는 별개의 문제로 본다. 김규식의 문법에서 문장 수식 부사절과 성분 수식 부사절의 개념을 파악한 것은 아니다.

구는 원구에 제목어나 목적어의 작용이 있다고 보아 단순한 명사로 대용할 수 있다.

(14) 이 일이 엇더케 되엿는지 내가 알 수 업다.

屬句   元句

(15) <u>사롬이 셩닌거시</u> 나타낫더라.(제목 명사구)

또한 설명어를 완실(完實)케 하는 동격명사의 작용을 들어 동격명사구를 설정하였다. "죄는 <u>천리를 어긔는 거시라</u>"에서 동격명사구는 서술보문으로 파악한 것으로 보인다. 그러나 "우리의 직분을 행하는 거시……"에서 형용사구로 파악한 점과 혼동된다. 물론 김규식에서의 형용사구는 관형사절과 같은 개념이다. 부사구도 '부사의 자격으로 동사, 형용사, 타 부사의 사의를 변화하는 것'을 말한다. 이 부사구도 부사처럼 '처소, 시기, 급량, 확실, 의아, 연유, 품행 부사구'로 분류하였다.

속구의 층은 원구를 중심으로 문미에서 가까운 순위로 계층을 기술하였다.

(16) 가   나   다   라   마
     4   3   2   1   원구

3.5. 연결 구어는 '한 개 이상의 단순구어나 복잡구어를 동체(同體)로 연접한 것'으로 대등접속문에 해당된다.

(17) 해가 돗고 이슬이 졋더라 → 양개 단순구어가 연접
     겨울이 되면 夜가 長하고 주가 短하며 夏가 되면 晝가 長하고 夜
     가 短하다 → 양개 복잡구어가 연결

또한 연결구어에는 '약성(略省)한 연결구어'가 있다. 이것은 한 개 제목어나 여러 개 설명어를 활용하거나, 여러 개 제목어가 한 개 설명어로 발표되는 것'을 의미한다. 김규식이 변형적 방법을 모색한 것이 아닐지라도 동일한 요소를 삭제하고, 마지막 요소를 남기는, 동일 지표를 가지는 요소의 생략을 통한 접속문의 축소적 방법을 고려한 것으로 파악된다.

(18) ㄱ. 내몸이 곤흐고 압흐다
　　　→ [내몸이 곤흐고] S_1 + [내몸이 압흐다]S_2
　　ㄴ.

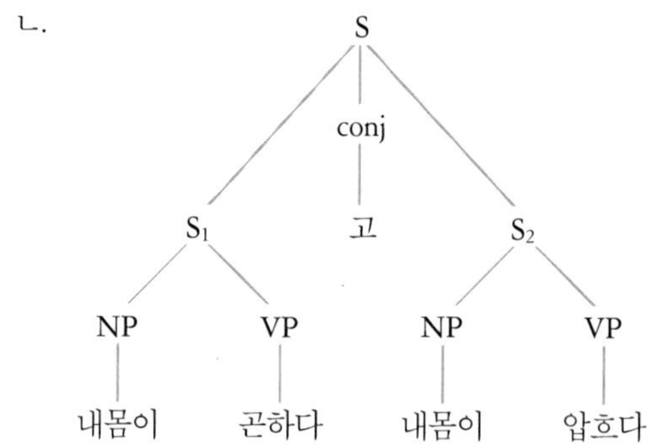

(19) 김주사와 한참서와 이참판이 온다
　　→ [김주사가 온다] S_1 + [한참서가 온다] S_2 + [이참판이 온다] S_3.

(18)은 "兩句語에 同致의 題目語를 一題目語로 發表"하기 때문에 생략한 문장으로 파악하고 있다. (19)는 동치 설명어 '온다'를 하나의 설명어로 연결한 문장으로 다루었다. 그러므로 김규식의 연결구어는 유길준의 '연구문(중문)'과 같이 구접속까지 기술하고 있다. 물론 유길준(1909)에서 논의한 '복주어'와 '복설명어'의 개념과는 달리 '동치의 제목어'와 '동치의 설명어'가 1제목어와 1설명어를 발표하는 것으로 파악하였다. 이것은 접속문의 축소라는 관점에서 볼 때 유길준의 '복구어'와 같은 개념이다 (한영목, 1990 : 345 참조). 김규식은 이러한 연락관계와 접속 및 속구의 관

계를 나타내는 것을 접속사와 접속어미를 활용하는 것으로 보았다.
따라서 김규식(1909)에서 다룬 연결구어는 다음과 같다.

(20)　　　　　　┌ 동치로 연접 ┌ 단순구어 + 단순구어
　　　　　　　　　│　　　　　　├ 복잡구어 + 복잡구어
　연결구어　　　│　　　　　　├ 동일 제목어 삭제
　　　　　　　　　└ 약성한 연결 └ 동일 설명어 삭제

4. 분석의 실제

구어를 등류로 분석하는 예식은 '구어의 분석'에 포함되어 있다. 그
방법은 1) 단순구어, 2) 복잡구어, 3) 연결구어의 분석 순서로 기술하고
있다. 김규식에서 시도된 구성체에 대응하는 숫자를 주어 분석하는 방법
은 상당히 발전적 방법론이다.[12] 물론 그 방법이 분석 절차상의 문제점
이 없는 것은 아니다. 제목어와 설명어의 확장된 요소의 분석에서 순서
의 차이를 발견하게 된다. 김규식의 문장분석의 방법을 고찰하기로 하자.

4.1. 김규식(1909 · 1912)에서 제시된 (23)의 분석은 ① 주어(NP), ② 관
형어(Det), ③ 서술어(VP), ④ 목적어(NP), ⑤ 관형어, ⑥ 부사어(Adv) 순으
로 자리매김을 하였다. 그 결과 문장의 주성분과 부속성분에 대한 구분
이 없기 때문에 '적신구어'와 같은 문장은 그 구성이 ①과 ③으로 나타
나는 결과를 가져온다.

---

12) 분석 절차를 나타내는 과정에 숫자를 부여한 방법에 다소 문제가 없는 것은 아니
다. Jacobs & Rosenbaum(1968 : 10-15)과 김민수(1971 : 319)에서 제시된 방법을
참조할 것.

단순구어를 분석하는 체식(體式)의 방법과 순서는 아래와 같다.

    (21) 1) 제목어를 택출(擇出)
         2) 제목어의 확장이나 부속의 부분을 지적
         3) 설명동사를 지적하며, 불완전한 설명어인 경우에는 보결사도
           지적
         4) 타동사인 설명어는 목적어를 지적
         5) 목적어의 확장이나 부속을 지적
         6) 설명어에 부사적 부속을 지적

    (22) 우리 先生 崔生員이 그의 아는 글을 其房內에서 其兒孩들의게
        只今精誠시러히 가르쳐 쥰다(김규식, 1909 : 103에서는 제목어 분
        석이 없음).

1) 제목어	최생원
2) 제목어의 확장	우리 선생
3) 설명어	ㄱㄹ쳐쥰다
4) 목적어	글을
5) 목적어의 확장	㉠ 그의, ㉡ 아는
6) 설명어의 부사적 부속	㉠ 그 방안에서, ㉡ 정성스러히, ㉢ 지금, ㉣ 그 아희들의게

(23) 우리 최생원이 아는 글을 아희들에게 가르친다

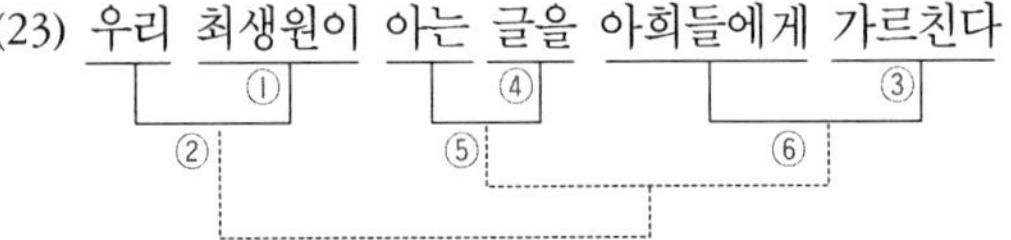

4.2. 복잡구어의 분석도 단순구어의 분석과 같은 순서로 진행한다. 즉 명사구를 포함한 예시와 보결사를 득한 경우, 형용사를 포함한 예시를 분석하고 있다. 특히 이러한 경우는 원분석(元分析)과 내포절의 분석으로 나누고 있다(김규식은 이것을 甲의 분석과 乙의 분석 등으로 세분함).

우리는 다음과 같은 예문의 분석을 통하여 김규식이 시도한 방법론에

접근해보기로 하자. 이 예문에서 '우리가 그리 가겠다고'를 목적어 명사구로 해석하여 분석하는데, 그 분석의 방법과 절차는 같다. 이것은 목적어 상승 변형과도 거리가 멀다. 또한 여격인 '그사람다려 → 그 + 사람 + 다려(指名格語尾)'를 처소부사절로 분석하여 ⑥의 숫자를 부여하였다.

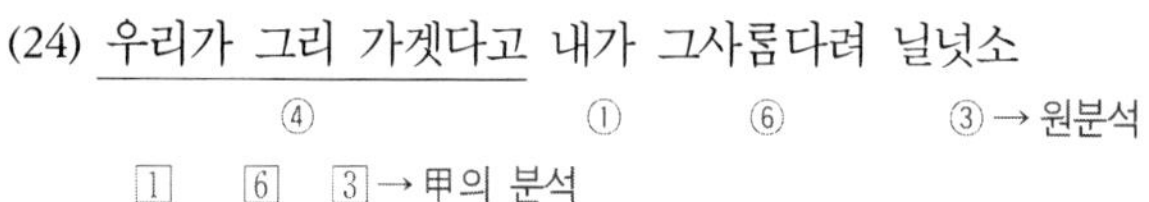

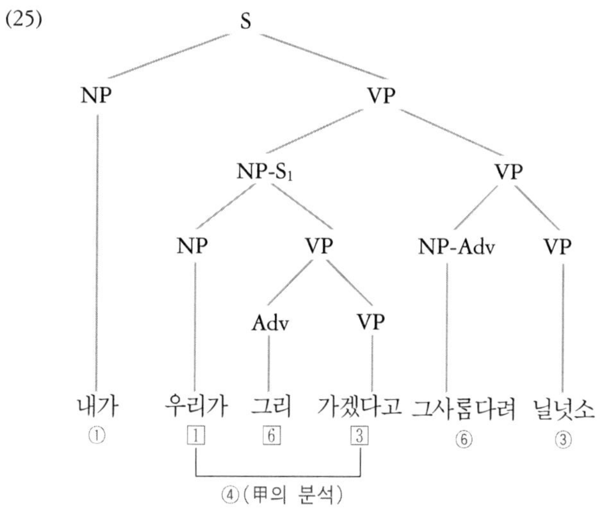

　특히 전통문법의 구문도해에서 해결할 수 없었던 어순이 도치된 문장에 대해서도 김규식의 방법론을 적용하면 문성분과 짜임을 아무런 문제 없이 제시할 수 있는 장점을 지닌다. 물론 김규식(1909)에서 이 어순에 대한 논의는 '구어 성립의 차서'에서 다루고 있다.[13] 다른 학자들의 문

---

13) 김규식의 어순(구어 성립의 차서)은 다음과 같다.
　① 수식어가 매양 그 원어 앞에 온다.
　② 명사, 대명사는 수식어 뒤에, 후사나 연접 접속사는 附用함.
　③ 동사와 형동사는 제목어나 목적어, 그 수식어 뒤에 온다.

법과 특별히 다른 내용은 없다.

(26)과 같은 예문은 내포문의 관계화 구문을 분석하고 있다. 문장 직능과 범주에 따라 숫자를 제시하여 당시 전통문법의 도해와는 상당히 다른 면모를 보여주고 있음은 상당히 고무적인 현상이 아닐 수 없다.

> (26) <u>져 건너편에 우리 보눈</u> 져산이 디단히 높다.
>   2)   1)   6)   3) → 원분석
>   ⑥   ①   ③ → 甲의 분석

4.3. 연결구어는 연결된 분구(分句)를 그 체세에 따라 분석한다. 김규식(1909 : 108)에서 이 문장분석을 수식(數式)으로 기호화를 시도하고 있다. '복잡체세된 것은 복잡체세로 분석하여 '甲乙丙'이나 '一二三'을 칭호하여 공합(共合)할' 것을 주장하였다. 이는 김규식 문법만이 지니는 독특한 문장분석이 될 것이다. 김규식이 제시한 방법은 단순구어 '甲'과 복잡구어 '乙'이 접속사로 연결되고, '乙1'은 '乙'의 부속구어로 성립된 것을 '수체(數體)'로 나타내었다.[14]

> (27) '그사롭은갓다(甲)' '그러ㅎ나' 내병이날쩌스지(乙1) 나눈여기잇
>   기로작졍ㅎ엿다(乙)
>   {甲 + (乙 + 乙1)}

또한 생략된 연결구어는 그 제거된 부분을 총괄적으로 설명하여야 한

---

④ 형용사는 형용하는 경우 명사 앞에, 형동사로 작용할 때는 명사 뒤에, 접속어는 뒤에 놓인다
⑤ 부사는 수식하는 동사, 형용사, 타부사 앞에 놓인다
⑥ 순전접속사는 한 구어의 初頭(1909 : 110 初副)나 양구어 사이에, 다른 접속사는 연접하는 사자나 사구 사이에 놓인다.

14) 이러한 김규식의 분석법에 의하면 '순전접속사'에 해당하는 접속부사인 '그러나, 그러면' 등이 문장과 문장을 연결하는 경우에는 이 분석이 가능하더라도 단락과 단락을 연결할 때는 설명하는 데 어려움이 여전히 남는다.

다고 주장하고 있다. 이러한 방법은 대등 구접속문과 같은 개념으로 이해하고 있는 것이다.

(28) 개고리와 악어난 물과 뭇헤 산다 → S_1) 개고리가 물에 산다
S_2) 악어가 물에 산다
S_3) 개고리가 뭇헤 산다
S_4) 악어가 뭇헤 산다

5. 문장의 해부

구어 해부법은 부록편에 있다. 문장을 해부하는 방법은 첫째 품사학으로 해부하고,[15] 둘째 어원학으로 해부하며, 셋째 문장으로 해부하는 삼단법을 설정하였다. 품사학과 어원학은 단어와 관련된다. 문장은 단어가 결합하여 구성하는 구어의 '범위', '분석', '차서'의 삼조(三條)로 세분되지만, 이들 관계가 서로 밀접하기 때문에 하나로 묶어 논의하고 있다. 이러한 해부법은 당시 다른 문법서와는 달리 문장분석상의 방법론적인 입장에서 고려할 때 상당히 앞선 면모를 보이고 있다.

우선 품사학으로 해부하는 방법을 살펴보면 문장에서의 직능과 수식 관계 등의 통사범주를 나타내고, 명사의 경우는 현대 문법의 의미자질 표시의 초보적인 입장으로 이해할 수도 있다. 그 방법은 다음과 같다.

(29) '하 더 적은 개가 이 큰 말의 비와 다리를 지금 물엇고나'
'하' 감탄사
'더' 지시대명사적 형용사('개'를 지시홈)

---

15) 김규식(1909)에서 각 단어는 '품사학, 변사법, 어원학'의 3단으로 구별하되, 품사학과 변사법은 하나로 묶어 해부하는 입장을 보인다.

    '적은' 수량적 형용사(원급식 '개'를 지시홈)

    '개' 보통명사(단수, 주격, 보통성 즉 제목어)

    '가' 주격어미('개'의 주격어미)

    '이' 지시대명사적 형용사('말'을 지시홈)

    '큰' 수량적 형용사(원급식 '馬'를 제한홈)

    '말' 보통명사(단수, 소유격, 보통성이니 즉 '의' 어미를 활용홈으로 형용 자격
                  을 成 ㅎ야 '비'와 '다리'를 형용홈)

    '의' 소유격어미('말'의 소유격어미)

    '비' 보통명사(단수, 목적격, 중성이니 즉 동사 '물엇고나'의 목적어)

    '와' 증가적 동등접속사('비'와 '다리'를 접속홈)

    '드리' 보통명사(단수, 목적격, 중성 즉 동사 '물엇고나'의 목적어)

    '를' 목적격어미('비'와 '다리'의 목적격어미)

    '물엇' 타동사(주동사 직설법, 과거시, 제3인칭, 단수 즉 제목어 '개'의 설명어)

    '고나' 포고구어토

■ ■ ■ 김규식, 1912 : 87-88

나아가 '어원학으로 해부하는 방법'은 명사의 근본과 변체된 내력 등 원내용과 변화된 부분을 기술하는 것이다.[16]

문장으로 해부함은 구어의 범위를 정하고, 그 성립된 체제를 분석하며, 그 어순에 대한 설명을 진술하는 것이다. 이러한 방법은 지금까지 논의된 내용에 포함되어 있다.

우리는 지금까지 논의한 김규식(1909) 문법에서의 통사론적 특징과 문장의 해부를 다음과 같이 종합하여 구문도해로 기술할 수 있다.

---

16) 김규식(1909 : 112-13)에서 국어 '말'은 근본이 한자어인 '馬'가 변체되어 '말'이
    되었는데, 'ㄹ'은 화음적(和音的) 변체로 붙는다고 보았다.

(30)

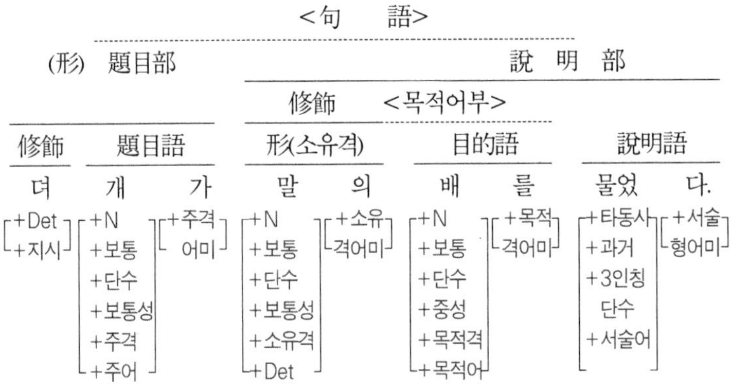

■ ■ ■ 점선, 〈 〉안 내용은 필자가 정리함

6. 맺음말

지금까지 다룬 내용을 요약하여 결론으로 대신한다.

1. 김규식 문법의 '문장법'은 '적신구어'의 개념 도입과 수식에 의한 문장의 확대와 분석, 어순에 대한 논의로 국어 통사론의 전반적인 내용을 다루고 있다.

2. 속구조에서 '은각'을 인정하여 서술어(동사)만의 문장을 설정하였다. 이것은 김규식의 문법체계에서 통사론을 동사 중심으로 이해한 것으로 파악된다.

3. 문의 종류는 '포고구어, 문구어, 명령구어, 제의구어'로 분류하고, '감탄구어'는 네 구어와 같이 쓰인다고 보았다.

4. 문의 요소는 원부분과 수식으로 분류하였다. 원부분은 제목어와 설명어로 구성된 적신구어를 이루고, 수식성분은 목적어와 수식어인데, 목

적어는 제목어와 설명어처럼 '원어'로 기술하였다.

5. 부(部)는 원부분인 제목어와 설명어에 다른 사자(단어)를 첨부하는 문의 확대와 같은 개념이다. 첨부되는 요소는 목적어, 형용사(관형어), 부사, 후사, 접속사, 대명사 등이다. 그러나 '명사 + 후사'는 부를 구성하지 않고, 절을 구성한다. 이는 어절과 같은 개념이다. '대명사의 장용'은 대용어의 직능과 같다.

6. '-이다'를 동사로 분류하여, 'N + 이다'는 동격동사로, 형용사와 결합하면(표흔 + 이다) 형동사로 파악하였다.

7. 문의 유형은 '단순구어, 복잡구어, 연결구어'의 삼분법 체계를 이룬다. 단순구어는 등류구어(적신구어)와 확장된 단순구어(확대문)로 '속부 + 원부'로 구성된다. 단순구어는 다음과 같이 설정된다.

ㄱ) 제목어 + 자동사(자동사문)
ㄴ) 제목어 + 동격명사(명사문) ┐
ㄷ) 제목어 + 형동사(형용사문) ┘ 복잡 설명어
ㄹ) 제목어 + (목적어) + 타동사(타동사문)

8. 복잡구어는 속구(내포문, 종속접속문)과 원구(모문)로 구성된 문장구성을 의미한다.

9. 연결구어는 단순구어나 복잡구어를 동치로 연결한 대등접속문과 같다. 특히 동일지표를 가지는 요소의 생략을 '약성(略省)한 연결구어'로 보는데, 이는 유길준의 '복구어'와 같은 개념인 접속문 축소가 된다.

연결구어 ┌ 1) 단순구어 + 단순구어 ┐ 동치로 연접
        ├ 2) 복잡구어 + 복잡구어 ┘
        ├ 3) 동일 제목어 삭제 ┐ 약성한 연결
        └ 4) 동일 설명어 삭제 ┘

10. 문장을 분석하는 방법은 문성분의 순서에 따라 숫자를 부여하였다. ① 제목어, ② 제목어의 수식, ③ 설명어, ④ 목적어, ⑤ 목적어의 수식, ⑥ 설명어의 부사어 순으로 자리매김하여 숫자를 부여하였다. 복잡

구어의 분석에도 원분석과 내포절의 분석으로 구분하였다(甲, 乙의 분석 등으로 세분함). 연결구어의 분석에서 수식(數式)을 사용하였다{[甲 + (乙+乙 1)]}. 이러한 분석법은 구문도해의 면에서 볼 때 그 당시에는 상당히 진보적인 성향을 보였다고 말할 수 있다.

11. 구어의 해부는 1) 품사학으로, 2) 어원학으로, 3) 문장으로 해부하는 방법을 적용하였다. 이것은 형태소를 중시하고, 문장에서의 직능과 문법단위와 범주까지도 고려하였다.

문장의 해부는 결국 구문도해에 해당한다. 그 방법은 전통문법의 도해와는 달리 문장의 범위를 정하고, 체제와 어순에 따라 그 성분을 IC 분석에 근접하게 분석하였다.

12. 따라서 김규식(1909 · 1912)에서는 서구의 언어이론을 따르면서도 우리말의 특성을 고려하여 통사론 중심의 문법체계를 수립하였다.

● ● ● 참 고 문 헌

강복수(1972), 『국어문법사연구』, 형설출판사.
고영근(1983), 『국어문법의 연구』, 탑출판사.
권재선(1988), 『국어학발전사』, 우골탑.
김규식(1909), 『대한문법』, 유인본.
______(1912), 『조선문법』, 유인본.
김두봉(1916), 『조선말본』, 신문관.
김민수(1977), 「김규식, '대한문법'의 연구」, 『인문논집』 22집, 고려대 문과대학.
______(1971), 『국어문법론』, 일조각.
______(1980), 『신국어학사』, 일조각.
김석득(1983), 『우리말연구사』, 정음문화사.
김희상(1911), 『조선어전』, 보급서관.
남기심·고영근(1985), 『표준국어문법론』, 탑출판사.
박승빈(1935), 『조선어학』, 조선어학연구회.
안 확(1923), 『조선문법』, 회동서관.
이광정(1987), 『국어품사분류의 역사적 발전에 관한 연구』, 한신문화사.
이익섭·임홍빈(1983), 『국어문법론』, 학연사.
이연옥(1991), 「김규식, '대한문법'의 후사고」, 『어문논집』 1집, 한국어문학연구소.
이정식(1974), 『김규식의 생애』, 신구문고 13, 신구문화사.
이희승(1949), 『초급국어문법』, 박문출판사.
유길준(1909), 『대한문전』, 육문관.
주시경(1910), 『국어문법』, 박문서관.
한영목(1976), 「국어의 기본 문형론」, 『어문연구』 9집, 어문연구회.
______(1988), 「한국어 구문도해 연구」, 충남대학교 대학원 박사학위논문.
______(1990), 「'유길준' 문법에서의 IC 분석 고찰」, 『어문연구』 20집, 어문연구회.
홍기문(1947), 『조선문법연구』, 서울신문사.
Chomsky, N.(1957), Syntactic Structures, Mouton.
______(1981), Lectures on Government and Binding, Foris Publications.

Gleason, H.(1965), Linguistics and English Grammar, Holt Rinehart and Winston.
Jacobs, R. A. & Rosrnbaum, P. S.(1968), English Transformational Grammar, Blaisdell Publishing Co.
Nida, E. A.(1960), A Synopsis of English Syntax, Summer Institute of Linguistics.
Stockwell, R. P.(1977), Foundations of Syntactic Theory, Prentice-Hall,Inc.

「'김규식' 문법에서의 통사론 연구」, 어문연구 제22집, 1991. 12,
어문연구회, pp. 9-28.

1. 머리말

우리는 정렬모(1946 · 1948) 문법에서의 통사론, '감말의 상관론－문장론'에 대한 논의를 통하여 우리말 문법사에서 독특한 위치를 점하고 있는 정렬모 문법의 한 면모를 확인하려고 한다.[1] 정렬모(1946 · 1948)에서 '말씀'은 언어의 목적이고, '감말'은 말씀의 재료이고, 낱뜻은 감말의 재료이며, 소리는 낱뜻의 수단이라고 논의하고 있다. 따라서 정렬모는 '낱뜻→감말→월'은 생각을 나타내는 언어구조의 세 계단, '말씀의 됨됨(內面)'을 이루는 것으로 파악하였다. 이는 정렬모 문법에서 통사론은 단순한 문장보다는 말씀의 단계로 파악한 점에서 상당히 고무적인 견해로 볼 수 있다. 정렬모(1946 : 168)에서 문법의 역할은 '말이 낱뜻에서 시작하여, 낱뜻이 감말로, 감말이 가르월로 세 단계를 밟아서 말씀을 구성하는 과정을 이야기하는 것'이고, 문법연구는 '가르말'까지로 보고 있다.

정렬모 문법의 특징은 통사론을 '감말론', 즉 품사론에서 다루며, 한 문장에는 임자말(주어)과 풀이말(서술어)이 꼭 필요한 것은 아니므로 단어

---

1) 정렬모(1946)에서 "감말의 상관논"(syntax)을 문장론이라고 하는 것은 적당한 이름이 아니라고 주장하였다. 따라서 정렬모(1946)에서의 감말(단어)의 상관론은 감말과 감말과의 상대적 관계를 뜻한다. 우리는 정렬모 문법의 감말의 상관론, 즉 문장론을 통사론으로 통일하여 논의하기로 한다.

문, 즉 주어 없는 서술어문을 논의하고 있는 것이다. 또한 국어 문법 유형에서 볼 때, 정렬모의 "조선어문법론"(1927-8)은 국어 문법사에서 '절충식'(최현배, 1930)에 앞서 조사와 어미를 단어로 인정하지 않는 '종합식'을 지향한 선구적 업적이다.[2]

그럼에도 불구하고 정렬모의 문법은 마쓰시다의 이론에 아주 밀접하게 근접해 있어 무비판적 수용이라는 한계를 벗어나지 못하였다. 외래 문법 이론의 수용과 자생적 문법이론의 한계라는 점 때문에 정렬모의 문법에 대한 평가가 폄하되어서도 안 될 것이다. 그 당시 우리의 학문적 풍토에서 자생적 이론은 한계에 부딪칠 수밖에 없었다. 그런 점에서, 우리말 문법의 자생적 이론의 한계로 말미암아 외래 이론을 수용할 수밖에 없었던 시대적 상황에 처한 모방과 수용에 대한 이해가 필요하다.[3]

정렬모(1928, 한동 2-1 : 9)에서도 문법학은 "언어의 구성법칙을 연구하는 것이므로 성음(聲音)과 사상과 문자에 관하여는 그 언어의 구성상에 관계되는 점만을 문법학의 범위"로 잡고 있다. 나아가 언어는 모두 '원사(原辭), 염사(念詞), 단구(斷句)의 세 단계를 거쳐 설화(說話)에 이르는 것'으로 파악하고, 문법학은 '원사론, 염사론, 단구론(syntax)'의 셋을 합한 것이지만, 단구는 단사(單詞)나 연사(連詞)로 되기에 염사이기 때문에 단구론은 불필요한 것으로 파악하고 있다. 물론 정렬모(1927, 한동 2-1)에서 '문장법'을 음운, 단어, 단어법과 더불어 독립된 연구부문으로 설정하여 '문의 조직에 관한 모든 법칙'으로 국어 연구에 가장 중요한 것으로 논의한 바 있다. 그러나 정렬모(1927 · 1948)에서 통사론은 감말(염사) 아래 감말의 상관론(相關論)에서 설정하고 있다. 이 감말의 상관론은 '감말이 다른 감

---

2) 한영목(1994 · 1998)에서는 우리 문법사에서 논의된 '종합식'은 정렬모(1946)에서 정렬모(1927)로 앞당겨 기술하여야 타당함을 제기한 바 있다.

3) 정렬모(1928, 한동 3 : 12)의 "나의 독창적 편견이 안이라 내외 문법학을 참고하여 그 합치된 정신을 취한 것이므로 …… 우리 문법 연구에 새 경향을 주게 될 것임을 확신한다"는 패기와 정렬모(1946)에서 "이 책의 조직은 전적으로 그를(松下) 모방한 것이다"라는 고백에서 당시의 학문적 분위기를 동시에 볼 수 있다.

말과 결합하여 덧감말을 이루는 관계'를 말하는 것이다.

그러면 정렬모(1946 : 31-32)에서 통사론에 대한 견해는 어떻게 나타나는가를 살펴보기로 하자.

> 서양문전은 흔히 감말성질논(Etymology), 월논(yntax)의 두 분놔를 세워있다. … 서양문전의 감말논, 월논은 단독논, 상관논 이어야 할 것이다. … 덧감말이 월이 되느냐 아니 되느냐 하는 의논은 덧감말의 성질논의 한 쪼각 이어야 할 터인데 그것을 월논에서 말하지 아니하면 아니되게 된 것이다. 그것 때문에 월논은 감말의 상관논 이라고 생각하면서도 월의 단독논까지 겸한 듯한 모순에 빠진 것이다.

정렬모(1946)에서 통사론은 문법 영역에서 따로 세우지 않고 '감말논' 즉 품사론에서 다루고 있다. 월에 대한 정렬모의 입장은 '감말은 월의 성분으로 자기만의 힘으로 관념을 나타내는 것이고, 그것이 월의 조건을 갖추면 문장'으로 파악하였다. 그러므로 정렬모(1946)에서 통사론의 범위는, 1) 덧감말과 성분에 대한 문제, 2) 성분과 성분과의 통합관계, 3) 성분의 벌임, 4) 성분간의 어울림(조응)의 네 문제이다. 우리는 이런 사실을 직시하면서 정렬모(1946 · 1948)의 문법론에 나타난 '월'과 '감말의 상관론'에 대하여 통사론이라는 전제 아래 그 특징을 기술하고자 한다.

2. 월의 특징

2.1. 월의 성격

정렬모(1946 : 17-8)에서는 감말도 절대성과 독립성(종지성)의 두 가지 조건만 갖춘다면 하나의 월이 될 수 있다. 월은 '덧감말'뿐만이 아니라 '홑감말'로도 성립될 수 있는 조건을 갖춘 것으로 논의한 바 있다. 이는 한 단어만으로도 문장이 될 수 있음을 의미한다.[4] 월에는 임자말과 풀이말이 반드시 있어야 한다는 것은 잘못이라고 본 정렬모(1946 : 13)의 견해는 다음과 같다.

> "월에 대하여 세간에서 오해가 있다. 그 것은, 월에는 반듯이 임자말이 있다고 생각하는 것이다. 따라서 임자말이 없으면 월을 이룰 수 없게 된다. 그러나 그 것은 잘못 이다. 임자말이 없는 월은 많이 있다."

따라서 정렬모 문법에서 월의 조건(말씀의 요건)은 '감말이 단정의 뜻이 있고, 감말의 형태로 보아 절대성을 가지며, 빛으로 보아 독립성―즉 '마칠빛'을 가진 것으로 한 단어만으로도 말씀이 될 수 있다'고 정의하였다. 물론 그것은 "그렇다, 옳소" 등 물음과 대답이라는 전제와 "아아" 등의 독립 성분도 문장이 될 수 있다는 것이다.[5] 그러나 정렬모(1946 : 18)에서는 엄밀한 의미에서 진정한 월은 절대성과 독립성을 갖추어야 자격이 있지만 월로서의 통각(統覺)이 필요하다는 입장을 밝히고 있다.

이런 단어문에 대한 논의는 일찍이 국어문법에서 논의된 바 있다. 유길준(1909)의 '문장의 성분 중 전후관계나 종래의 관계에 따라 그 일부를 생략할 수 있으나, 그것은 주어, 객어, 보어에 국한했고', 김규식(1909)의 경우도 '구어'는 제목어(주어)와 설명어(서술어)로 구성된 문장이 기본 요건으로 설정하면서도 일개 사자(단어로 동사)만으로도 문장이 구성된다는 주장을 제기한 바 있다(한영목, 1990 · 1991). 물론 김규식(1909)에서 이 경우를 '은각'으로 보아 주시경의 생략[6]과 같은 의미이므로 단어문이라고

---

4) 이런 관점은 기술언어학에서도 논의된 바 있다.
   "Some sentence would be seem to contain only a single word."(Bloch · Trager 1942 : 71)
5) 정렬모(1948 : 61-2)에서는 감동사로 쓰인 '사람!'이 단순한 낱뜻이나 감말이 아니라 버젓한 '말씀'을 이루는 가장 간단한 홑말씀으로 보았다.
6) 주시경(1910)에서는 "먹는다"는 '임이듬과 씀이듬'이 '속뜻'으로 존재함을 표시하

보기 어렵지만, 이런 논의들이 정렬모(1927·1946·1948)의 문법론에 계승
되어 무주어문으로 나타난 것은 어쩌면 자연스러운 현상일 것이다(한영
목, 1998).

정렬모(1946)에서 나타난 무주어문은 한 낱말로 된 문장뿐만 아니라
'주체관념이 현상의 개념 속에 숨어 있어 개념으로서 떨어지지 아니하므
로 임자말을 낳지 아니하는' 경우도 있다.

> (1) "대단히 더워졌습니다."
> "갑자기 추운걸."
> "친구하고 갑니다."
> "말 마라, 듣기 싫다."

이러한 예들은 화용론적 입장에서 다룬 무주어문과는 다른 표현이다.
그러므로 정렬모(1946)에 나타나는 '임자말 없는 월' 즉 무주어문의 개념
은 일관된 이론에서 일탈되었음을 알 수 있다. 주어생략문과 소형문을
무주어문으로 취급하려는 입장을 견지한 셈이다. 이러한 논의는 표면구
조를 강조하여 심층구조에서의 주어를 간과해 버린 것으로 치부할 수도
있다. 하나의 서술어는 주어에 대한 일치소와 논항을 가진다는 생성문법
의 관점에서 볼 때는 상당히 일탈된 논의가 될 수도 있을 것이다. 따라
서 정렬모 문법에서의 월은 절대성과 독립성을 구비하여야 하며, 최소한
'주어와 서술어'로 구성된다는 일반적인 인식을 벗어나 의사소통으로 성
립될 수 있다면, 그것은 문장으로 성립된다는 입장에서 출발하고 있다.

2.2. 월의 갈래

정렬모(1946)에서는 월의 짜임을 '홑월(simple sentence), 줄월(complex sen-

기 위하여 'ㅅ'으로 생략된 부분을 표시하였다.

tence), 겹월(compound sentence)’ 대신 단정의 성질에 따라 ‘사유적 월’과 ‘직관적 월’로, 단정에 있는 생각의 갈래를 따라 ‘홑가래월’과 ‘겹가래월’로, 뜻이 끝나느냐에 따라 ‘홑월’과 ‘덧월’로 분류하고 있다.7) 이러한 월의 분류는 정렬모 문법에서의 특징으로 볼 수 있으나, 그런 방법이 우리말에서 적용될 가능성은 적어 보인다. 그것은 다분히 주관적 판단에 따른 월의 분류이기 때문이다. 물론 정렬모(1946 : 205)에서 ‘딸림’과 ‘딸림마디’로 구분하는데 이것은 ‘덧감말’과 구별된다. ‘딸림마디’는 절(clause)이며, ‘마침빛’으로 부분으로는 마친 것이고 전체로서는 종속하는 것이므로 ‘딸림’은 종속하는 말로 ‘얹침말’이다.

정렬모(1927, 한동 7 : 9)에서 ‘단구’는 월과 같은 의미로 폭넓게 쓰이고 있다. 정렬모(1927)에서는 단구를 “설화(說話)의 단위이니 단정(斷定)을 나타내는 한 덩어리로 된 언어”라고 정의하고 다음과 같이 분류하였다.

(2) 범은 맹수이라(有題的) ┐
    이리 오너라(無題的) ┘ 사유(思惟)적 단구

    앗 지진!(개념적) ┐
    아차!(비개념적) ┘ 직관(直觀)적 단구

‘단구는 의미가 끝난 것으로 아무리 길더라도 의미가 끝나지 아니하면, 한 단구를 이루지 못하고 의미가 끝진 데까지 가서 비로소 한 단구가 되는 것’으로 논의하였다(정렬모, 1927, 한동 7 : 10). 월은 그 나타내는 단정에 따라 ‘사유적 월’과 ‘직관적 월’로 나눈다. 사유적 월은 ‘제목 있음’과 ‘제목 없음’으로 분류하고, 직관적 월은 ‘개념적’, ‘주관적’인 구별

---

7) 정렬모(1946 : 204)에서 “흔한 조선문전은 가르월(문장)을 홑월, 겹월, 줄월 세 가지로 나눈다.” 그러나 이런 분류는 영문법에 의한 것으로 홑가르월에 해당되는 월이라고 주장하고 있다.
     내가 가겠다 ·· 홑월
     내일 좋거든 가마 ┐
     그가 말을 내게 말하라 ┘ ························· 겹월
     나는 다라야를 좋아하고, 그는 모란을 좋아한다 ········ 줄월

을 하여 기술한다. 그러나 제목 있음과 제목 없음의 다름이 보조사 생략
의 유무와 관련지어 논의한 것은 잘못된 견해이다. 나아가 정렬모(1946 :
201)에서는 '가르월'에서 격조사 '이/가'와 '처들말' 즉 보조사 '은/는, 도'
의 쓰임으로 제목 있고 없는 가르월로 분리하여 설명한다. 그리고 월을
개념적, 주관적으로의 구별도 어떤 특징을 주지는 못한다.

> (3) 오늘은 보름날 이다 ······ 제목있음 ⎤ 사유적 월
>   달 밝다 ························· 제목없음 ⎦
>   여보게 ·························· 개념적   ⎤ 객관적 월
>   아닐세 ·························· 주관적   ⎦

　또한 정렬모(1946)에서는 월을 단정에 있는 생각의 갈래를 따라 '홑가
래월'과 '겹가래월'로 나누었다. 생각의 갈래가 하나이냐, 문장에서 둘 이
상으로 나누어지느냐에 따른 분류이다. 홑가래월은 생각의 갈래가 철두
철미하게 하나인 문장이다("아름다운 달빛이 창에 비추이도다.", "이 몸이 죽어
가서 무엇이 될고 하니······ 백설이 만건곤할 제, 독야 청청하리라."). 반면, 겹가래
월은 생각의 갈래가 월의 어느 부분에서 둘 이상으로 나누어진 문장을
의미한다. 겹가래월은 문장 가운데 대구(對句)로 구성되고, 그 월 가운데
서 한번 통일되어 있는 문장을 말하고 있다.8) 그러므로 시조 한 편이 홑
가래월이 될 수도 있다. 이러한 월의 분류는 주관적인 것으로 해석된다.
　나아가 정렬모(1927 · 1946)에서는 월의 범위를 단락의 범위까지 잡게
되었다. 정렬모(1927)에서의 연단구(連斷句)는 '두 개 이상의 단구가 서로
관련하여 한 덩어리가 된 것'으로 '내부에서 보면 두 개 이상의 단구이
지마는 한 덩어리로 외부에서 보면 한 개 단구로 취급할 수 있는 것'이
라 하였다. 따라서 이 연단구는 아래 (4)－ㄷ · ㄹ에서 보는 것처럼 단락

---

8) "깍아 세운 듯 한 삼방 고개루 누런 소들이 몰리어 오른다.
　　꾸부러진 두 뿔을 들먹이고 가는 꼬리를 두루면서 간다.
　　갈모 쓰고 채쭉 든 소장수야, 산길이 험하여 운다고 마라
　　떼어두고 온 젖먹이 송아지, 눈에 어른거려 우는 줄 알라."(정렬모, 1946 : 14)

적 성격이 짙은 월이 된다. 정렬모(1946 : 15)에서 (4)는 "종래 여러 문법 책에서 홑월, 줄월, 겹월이란 것은 모두 홑월이라"고 논의하고 있다. 그 것은 처음부터 끝까지 한 줄기로 중간에 끝난 데가 없어 두 월로 볼 수 없기 때문이라고 하였다.

    (4) ㄱ. 밝은 달이 솟아 올랐다.
         ㄴ. 달 밝고, 서리 쳤다.
         ㄷ. 이 몸이 죽어죽어 골잘번 고쳐 죽어
            뼈다귀 흙이 되어 넋이라도 있고 없고
            님게 둔 한갈맘이야 가실 줄이 있으랴

■ ■ ■ 정렬모, 1946

         ㄹ. '청춘에 곱던 양자, 님으로 다 늙었다'
            '이제 님이 보시면, 날인줄 아오실가'
            '진실로 알기 곧아오시면 곧애 죽다 설우랴'

■ ■ ■ 정렬모, 1927

사실 정렬모(1946)에서의 홑월과 덧월의 분류는 월이 끝났느냐 아니냐 에 따른 분류이다. 홑월은 문장을 한 줄기 생각의 단위로 파악하여 두 문장으로 나눌 수 없다고 보고 이것이 기존 문법의 홑월, 줄월, 겹월이 될 수 있다고 기술한다. 덧월은 둘 이상의 월이 어울려서 한 문장이 된 것으로 문장에 끝진 데가 있는 월이라 하여 이것을 월의 부사화로 논의 하고 있다. 그러나 다음 정렬모(1946 : 15)에서 제시한 (5)를 살펴보기로 하자.

    (5) ㄱ. 자아, 이 밤중에 어디루 간단 말이냐!
         ㄴ. 사랑이 어떻더냐, 둥그더냐, 모지더냐
         ㄷ. 청산리 벽계수야, 수이 감을 자랑 마라,
            한 번 창해에 가면 다시 오지 못하리라.
            명월이 만공산할 제 쉬어 감이 어떻리.

정렬모(1946)에서는 (5)를 덧월로 제시하고 있다. 이러한 분류는 독립어와 문장이 연결되는 부사어의 경우로 상정하였음을 알 수 있다. 이러한 논의는 영어의 복문이나 합성문에 해당되는 것으로 전체를 하나의 월로 다루었다. 정렬모(1946 : 201-205)에서 이것을 '딸림'과 '딸림받음', '딸림구'와 '주장구'로 처리하고 있다.9) 이러한 논의는 정렬모(1946 : 228-229)에서 논의하는 '성분의 조응(절받음)'과 관련된다. 정렬모가 제시한 '조건법', '반문법', '반대법'은 절과 절의 관계로 딸림과 딸림받음과 같은 맥락에서 이해된다. 정렬모(1946)에서 제시하고 있는 월의 분류는 독특하지만 많은 문제점을 내포하고 있다. 적어도 (5)-ㄷ의 경우는 전체를 하나의 월로 보기에는 많은 문제점을 내포한다. 그것은 정렬모 문법에서 문장의 단위를 말씀의 단위로 설정하고 의사소통의 화용론적인 단락도 한 문장으로 보려는 입장을 지나치게 견지하려고 하였기 때문이다.

3. 덧감말의 관계

정렬모 문법에서 '감말'은 자기만의 힘(단독)으로 관념을 나타내는 월의 성분으로 파악하고 있다. 감말은 절대성과 독립성이 있다면, 단독으로 월이 될 수도 있다. 정렬모 문법에서 '감말의 상관론(문장론)'은 통사론에 해당된다. 정렬모 문법에서 통사론은 가르월(문장)의 성질을 논의하는 것이 아니라 감말과 감말의 관계를 말하는 것이다. 따라서 대체로 가르말은 덧감말이고, 그것은 단정으로서의 뜻을 구비할 것과 절대성, 독

---

9) ㄱ. [[(읽기가(임자) + 좋거든(서술)]딸림, [내가(임자) + 가겠다(서술)]딸림받음]

　ㄴ. [[병때문 일 것이다]딸림마디, [그는 자주 빠진다]주장마디]

립성을 요구하고 있다(정렬모, 1946 : 168).

덧감말은 두 감말이 어울려서 한 감말을 구성하는 것으로 반드시 두 성분으로 성립하므로 문 성분간의 호응과도 같은 개념이다. 덧감말의 성분은 종속어로 '임자말, 객어, 보탤말, 딸림말, 없침말'과 이에 대응하는 통솔어로 '서술말, 귀착말, 형식말, 딸림받는말, 없침받는말'로 구성된다. 이 두 성분은 '종속과 통솔'의 관계이다. 정렬모 문법에서 이 관계는 수식관계 이상으로 문에서의 종속과 접속 관계까지 포괄하는 개념이다. 따라서 정렬모 문법에서 감말은 단어, 구, 절, 나아가 문장까지 포괄하는 개념으로 쓰인다.

특히 정렬모 문법의 덧감말 분석에서 시도된 월의 '분해도'인 구문도해는 구조문법의 IC 분석의 종합식 체계와 같다. 그 분석은 교점에 통사 정보를 주고 있어 Chomsky에서 시도한 표면구조의 수지도(tree diagram)와 같다. 정렬모(1946)에서 "말본에는 속 법칙과 겉 법칙이 있는 것"으로 구분하여 단순한 표면구조 이상의 심층구조에 대한 고려가 월의 분석에서 계층구조의 단계까지 정연하게 응용되고 있다. 그 당시 우리 문법에서 시도된 전통 구문도해보다는 상당히 진보적인 분석 방법이었다(한영목 1988·1992).

3.1. 성분 관계

덧감말의 성분과 성분의 관계는 종속과 통솔의 관계로 통일되며, 감말의 상관론은 이 관계로 일관된다. 이 성분관계는 다섯 가지로 나누어 논의하고 있다. 정렬모(1946)에서 설정한 성분관계는 종래 문법의 '주어, 서술어, 객어, 보어, 수식어'는 불합리한 분별법으로 덧감말의 해부(구문 도해)가 안 되는 경우가 많기 때문에 상대적 관계로 파악하려고 하였다((7) 도해 참조).

첫째, 주체 관계로 임자말은 서술말에 종속하고, 서술말은 임자말을 통솔한다(꽃이 핀다. 산이 높다.). 그러므로 임자말은 월의 임자, 주어로 보려는 입장은 잘못이라고 논의한 바 있다.

둘째, 객체 관계는 객어와 귀착말과의 관계를 뜻한다. 귀착말은 주로 목적어와 서술어의 관계이지만, (6)의 예처럼 부사격 표지로 실현되는 부사어, 또는 내포문의 서술어도 포함한다.

(6) 꽃을 꺾는다.   산에 오른다.
    벗과 사귄다.   시골루 나려간다.
    꽃보다 곱다.   사람으로 하여금
    배를 타는(사람이 많다)

(7)

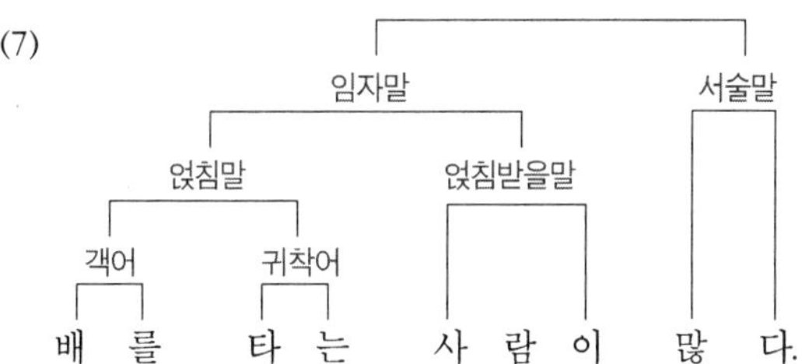

셋째, 실질 관계는 실질과 형식의 두 개념이 같은 의식 안에 어울리는 경우이다. 이 경우는 접미사 '하다'에 의한 동사화와 본용언과 보조용언에 의한 구성을 의미한다. '공부 한다'에서 '공부'는 보탤말(보어)로 실질말이고, '한다'는 형식말로 논의하고 있다(정렬모, 1946 : 171). 본용언과 보조용언을 구별한 점은 동사 합성어와는 별개로 다룬 것으로 이해된다. 그러나 '-하다'에 의한([[공부] N + [하다] V] V) 파생은 동사 전성의 문제이고, 상징어는 '하다'나 '거리다'에 의하여 동사로 전성이 가능하기 때문에 단어형성에 관련된 것을 '동사구'로 해석하여 실질 관계로 논의한 점은 잘못이다.

(8) 공부 한다.　　　　　출렁출렁 한다.
　　먹어 버린다.　　　　가르쳐 준다.
　　줄어 간다.　　　　　붉어 진다.

넷째, 딸림 관계는 '딸림말과 딸림받을말'로, 정렬모(1948)의 수용 관계와 같은 것으로 수용어와 피수용어를 뜻하는 것이다. 이것은 속성의 개념과 본체의 개념으로 나누어지는데 전자가 후자에 종속되지 않고, '씀(용)'에 종속하는 것으로 부사어와 서술어의 수식 관계라고 말할 수 있다.

(9) 곱게 핀다.　　　　　보면 안다.
　　주니 받는다.　　　　먹지 아니한다.
　　하기 어렵다.　　　　다시 말한다.

다섯째, '얹침 관계'는 속성의 개념이 본체의 개념 속에 종속하는 경우로 관형어와 머리어 관계와 같다. '얹침말'은 관형어이고, '얹침받을말'은 명사인 머리어이다. 다만 '풋나물' 구성의 파생어를 얹침 관계로 파악한 것은 문제로 남는다.

(10) 높은 산　　　　　　먼 시골
　　가는 사람　　　　　그 사람
　　두 말　　　　　　　바다의 복판
　　새 나라　　　　　　풋 나물
　　어느 곳

3.2. 성분의 통합 관계

3.2.1. 임자말과 서술말

정렬모(1946)에서 임자말과 서술말은 상대적 성분이다. 이 두 관계는 서로 의지하여 생기는 것으로 파악하였다. 임자말과 서술말의 덧감말은 수식과 피수식 관계로 종속부와 대표부로 설정하였는데 이는 구와 같은 개념이다. '둥근 달이'는 '달이 둥글다'의 변형 관계로 파악되지만, 정렬모(1946 : 174)에서는 '둥근 달이'의 대표부는 '달이'로, '달이 둥글다'의 대표부는 '둥글다'로 논의하려고 하였다.

<pre>
(11) 둥근   달이   산 우에   뜬다
    (종속부) (대표부) (종속부)   (대표부)
     └─ 임자말 ─┘   └─ 서술말 ─┘
</pre>

임자말과 서술말의 재료는 주어와 서술어가 될 수 있는 모든 품사를 들고 있다. 임자말의 경우 '임자빛'과 '두루빛'의 명사로 구분하고, 부사는 '혹은', 동사의 임자빛은 동사의 어미에 '이/가' 붙은 '가다가, 가던이' 등을 세우고 있어, 지나치게 형태에 의존하는 결과를 초래하였다. 서술말의 재료는 동사(동사, 형용사)와 서술태 명사로 구분하였다. 특히 '큰 임자말'과 '작은 임자말', '도튼 임자말'의 설정은 주제어와 문장 서술어 개념을 도입한 것으로 보인다. 정렬모(1948 : 51)에서는 '도임자와 도풀이'를 설정하여 그것을 더욱 분명히 하였다.

<pre>
(12) ㄱ. 저 이가   손이   아구가   세다
     (도튼 임자말)(큰 임자말)(작은 임자말)(서술말)
</pre>

■ ■ ■ 정렬모, 1946 : 179

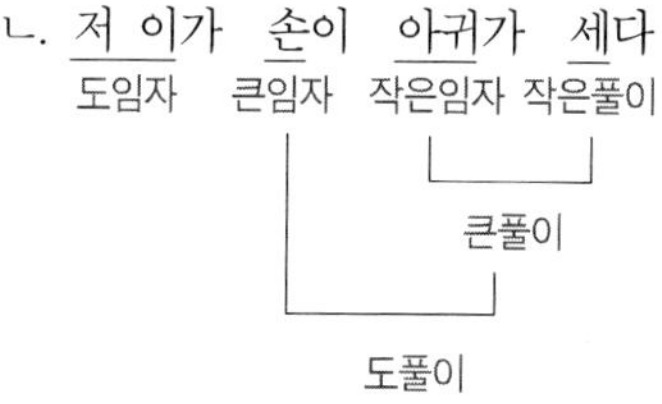

■ ■ ■ 정렬모, 1948 : 51

▌3.2.2. 객어와 귀착말

객어는 덧감말의 맞재비인 귀착말에 종속하여 객체 관계를 구성한다. 정렬모(1946 : 180)에서 귀착말은 객어에 대한 관계만을 나타내므로 '상착적'이고, 임자말과 서술말은 '상대적'이기 때문에 구분하고 있다. "[사람이(임자말) + (책을(객어) 읽는다(귀착말)상착적)서술말]" 상대적 객어의 재료는 '객격적 빛의 모든 품사로, 명사와 동사의 객격'이고, 귀착말의 재료도 귀착성 동사와 귀착성 부사로 보았다. 그러나 이런 논의는 지극히 주관적인 분류이다. 예를 들어 부사격(산에, 붓으로, 소에게서, 남과)도 객어와 귀착말 관계를 구성한다. 귀착성 부사의 경우를 살펴보면, '풍월로 써, 벗과 함께, 나 처럼(더러, 한테, 하고)' 등을 귀착말로 잡고 있다. 따라서 이런 문법적 논의는 해석에 따라 다양한 분류가 가능하고, 다른 관계로도 다룰 수 있는 모순을 낳고 있다.[10]

▌3.2.3. 보탤말과 형식말

정렬모(1946)에서 보탤말은 형식말에 결합하여 실질적 뜻을 보충하고, 종속하는 관계이다. 그러므로 형식말은 보탤말을 통솔하여 자체에 없는 실질적 뜻을 보충하지만 덧감말의 대표부이다. 보탤말은 종속부로 보아 형식말의 재료인 '형식명사', '몸갈이 없는 동사를 받는 조동사', '명사를 받는 조동사'를 들고 있다.[11] 정렬모 문법에서 동사의 두루빛인 '찬성 한다, 출렁출렁 한다, 반듯하다" 등의 구성은 단순 형식말로 '[[찬성]N + [하다]V]V'의 동사 파생어이고, "돌 이다, 붓 이다, 아니 이다"는 '[[돌]N + [이다]V]V'의 명사 받는 조동사 구성의 단어형성 관계이

---

10) 'X 한다'는 객체 관계의 귀착성 동사이지만, 실질 관계의 동사의 두루빛에서 다루고 있다.

11) 단순 형식말은 '① 형식명사 : '것, 따위', ② 형식동사 : 조동사, 접두형식동사, 더부사리형식동사, ③ 형식부사 : 귀착부사(하여금), 접속사(및), 접두부사(못)'로 분류하고 있다(정렬모, 1946 : 187).

다. 그러나 '공부를 한다'는 객어와 귀착말 나아가 서술말(동사구)로 보아 단어형성과 구분한다.

그러면 정렬모 문법에서 형식동사 가운데 '딸림받음말'이 되는 조동사 구성(벗어 버린다, 먹고 있다)에서 'V₁＋V₂'의 연속 동사의 보조동사를 대표부로 설정한 점은 우리의 관심을 끌고 있다. 나아가 동사의 객격인 '딸림말' 구성인 '보기 좋다, 가지 못한다, 먹어 보았다, 먹고 싶다' 등도 보조동사를 대표부로 잡은 점은 정렬모 문법의 독특한 동사 체계라고 말할 수 있다.

▌3.2.4. '딸림말'과 '딸림받는말'

딸림말은 덧감말을 구성하는 한 요소로 후행하는 딸림받는말을 꾸미는 종속어이다. 그러므로 딸림말은 '보충어와는 달리 다른 말을 조절하여 그 뜻을 자세히 하는 것'이다(정렬모, 1946 : 189). 딸림말은 '예사딸림말, 처들딸림말(제시어), 마침딸림말(종구)'로 나누었지만, 예사딸림의 대등접속 구성인 "봄은 가고, 여름은 온다"와 마침딸림말의 접속 구성과는 논란의 여지가 많다. 특히 '처들딸림말'은 제목말, 특제말(만, 조차, 까지, 마저 등)의 보조사에 의한 구성이다.

딸림구는 가르월이 종속화하여 딸림말이 된 것이다. (13)에서 밑줄 친 곳이 딸림구로 덧가르월을 구성한다(정렬모, 1946 : 197). 현재 국어문법에서 본다면, 독립어로 한 문장을 구성한다.

> (13) ㄱ. <u>아차</u>, 잊어 버렸다.
> ㄴ. <u>애들아</u>, 어서 이리 오너라
> ㄷ. <u>장안</u>, 한쪼각달, <u>만호</u>, 옷다듬는 소리

그러나 '서술태로 된 딸림구'는 종속 구성으로 1) 감동적 종속(<u>가련</u>, 양류는 상심의 나무), 2) 귀착적 종속(<u>알았으라</u>, 그가 그런 거짓말을 하다니.), 3) 설

명적 종속(<u>세월이 덧없어라</u>, 이몸의 늙음이여.), 4) 접속적 종속(<u>선생은 잠간 기</u><u>대리시오</u>, (그라면) 내 장차 모시러 오리다.), 5) 대등한 종속(<u>죽느냐 사느냐</u> 할 판이다.) 등 덧가르월을 이룬다.

'딸림받을말'의 재료는 명사, 동사, 부사가 있다. 그 중에도 정렬모(1946)에서 '동사 첫가래를 받는 조동사'는 딸림받을말이 되어야 함을 주장하고 있다(먹어 버린다/제낀다, 먹고 있다, 붓이라고 한다). 그것들은 '보탤말을 취할 수 없는 조동사'로 딸림말을 취하는 것으로 논의하였다.

▎3.2.5. '얹침말'과 '얹침받는말'

정렬모(1946)에서 '얹침관계'는 얹침말과 얹침받는말과의 덧감말 구성에 대한 논의이다. 이 얹힘은 관형 구성과 머리어의 관계로 볼 수 있다. "높은 산"이나 "<u>조선에 있는</u> 가장 높은 산"에서 밑줄 친 곳이 얹침말로 종속부이다. 그런데 정렬모(1946)에서는 딸림말의 겹침에 대하여 명확한 선을 긋지는 아니 하였다. 그것은 (14)와 같이 '있는'만을 얹침말이라 하여도 좋고, '산'만을 얹침받는말로 보아도 좋다고 하였는데, 이는 덧감말의 대표부는 덧감말을 대표한다고 보았기 때문이다.

(14)

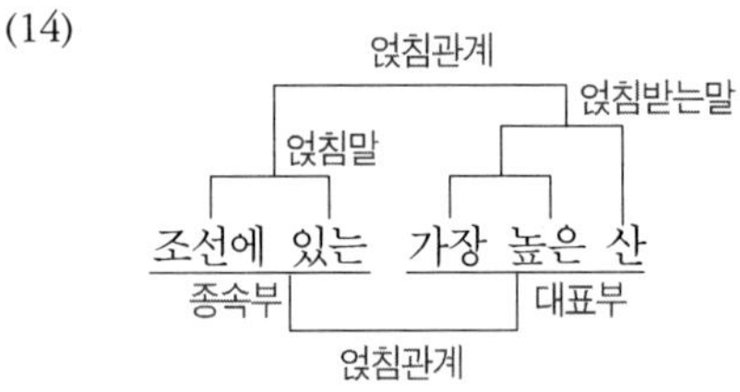

▎3.2.6. 통합 관계의 홑겹

정렬모(1946) 문법에서 덧감말에 대한 논의는 통합관계의 홑겹에서 동등한 '나라니가락'의 설정이다. 이는 한 '통속말'에 동등한 두 개 이상의

종속말과의 통합관계의 설정이다(<u>꽃도 열매도</u> 있다. <u>화차며 윤선을 탄다.</u>).[12]

3.3. 성분의 배열

'성분의 앉침'은 단어 배열의 어순에 대한 논의가 된다. 정렬모(1946)에서는 덧감말의 성분 배열은 종속말이 앞에 오고 통솔말이 뒤에 놓이는데, 이는 어김없이 일관된 일정한 법칙에 지배되는 것으로 보았다. 그러나 의식작용의 방향은 종속에서 통합으로, 통합에서 종속으로 흐를 수 있는데, 전자는 '바로앉침'이고, 후자는 '거꿀앉침'이다.

정렬모(1946)에서 성분의 간접관계는 IC 분석에서 친소관계에 대한 논의가 된다.[13] 감말의 통합력의 친소관계는 '실질관계, 귀착관계' 순으로 나타나고, 소원한 관계는 '딸림마디와 임자마디' 또는 '처들말과 딸림받는말'로 보고 있다. 따라서 친밀한 종속관계가 대표부에 가까이 위치하는 것으로 논의하였다.

정렬모(1946)에서 겹칭 종속말에 나타나는 개념을 '새것'과 '옛것'으로 구분하여 논의한다. 그러므로 '옛 개념은 사태가 기정된 것으로 기정 개념이고, 새 개념은 앞으로 사태를 결정하다는 미정의 신정 개념'이다. '새 개념'은 어순의 위치와 발음의 강조에 의하여 표현된다. 새 개념은 어순으로 볼 때, 동작에 친밀하게 표현되는데, 옛 개념은 '고유 개념'이므로 '신생 개념'이 뒤에 따른다.[14] 특히 새 개념을 명료히 할 때는 낡

---

12) 그러나 정렬모(1946 : 210)에서는 "솔 푸르고, 모래 흰, 바다 언덕"은 나라니가락 가르윌을 이룰 수 있지만, 나라니가락의 통합 관계는 아니라고 보았다.

13) "아이가 나쁘게 된다."에서 '아이가'와 '나쁘게'는 '된다'로 말미암아 간접 관계가 구성된다는 것이다.

14) ㄱ. 일요일에 남을 찾아 간다. → '남'이 새 개념
   남을 일요일에 찾아 간다. → '일요일'이 새 개념
   ㄴ. 달에 구름이 끼었다. → '달'이 고유 개념, '구름'이 신생 개념
   구름이 달에 끼었다. → '구름'이 고유 개념, '달'이 신생 개념

은 개념인 종속말 끝에 휴지를 두고, 그 뒤의 종속말에 힘을 넣어 발음하는 방법을 제시하고 있다. (15)-ㅁ은 서술성의 긍정과 부정에 대한 것으로 문말 어말어미의 발음을 강조하는 것으로 논의하였다. 그러나 정렬모(1946 : 221)에서 새 개념과 옛 개념의 표현은 화용론적인 면에서 초점(신정보)과 화제(구정보)의 이론으로 볼 수 있지만, 그 해석의 전개는 다분히 주관적인 면이 강하게 드러난다.

(15) ㄱ. 책상, <u>위에</u> 놓여 있다.　　→ '위' 강조
　　　ㄴ. 책상 위에, <u>책이</u> 있다.　　→ '책' 강조
　　　ㄷ. 책상 위에 책이, <u>펼쳐저</u> 있다. → '펼쳐' 강조
　　　ㄹ. 책상 위에 책이 펼쳐저, <u>있다.</u> → '있다' 강조
　　　ㅁ. 책상 위에 책이 펼쳐저 있다. → 강조 긍정

■ ■ ■ 밑줄 필자

물론 문장에서 초점이 놓이는 곳은 억양(발음 강조)이 올 수 있다. 나아가 화자가 의미의 중심을 어디에 두느냐에 따라 초점이 서술어의 바로 앞에 올 수도 있고, 문 머리나 문 끝에 올 수 있기 때문이다.

4. 제목말

정렬모(1948 : 69)에서 제목말은 '는/은, 도' 등 제목태인 조사에 의한 주제어 구성을 의미한다. 정렬모(1946 : 221)에서 제목태로 '는/은'은 '따로태', '도'는 '함께태', 그리고 '홀로태'를 설정하여 의미론적 차이를 밝히고 있다.15) '이/가' 의 쓰임은 '예사태'로 '제목태'와 구분하고 있다.

(정렬모, 1946 : 218-21)

15) 정렬모(1946 : 163)에서 '홀로제목태'는 '도움낱뜻을 달지 아니한' 제목말 구성으

제목태는, "작정된, 변치 못할 개념을 딸림인 개념으로서 나타낼 경우에는 반드시 쓰는 것"(정렬모, 1946 : 222)인데 '이러한 쓰임은 엄정한 규칙으로 우리말의 생명'이라고 논의한 바 있다.

정렬모(1946)에서는 한 문장에 여러 번 나타나는 '겹칭의 제목말'은 중주어 개념으로 파악하고 있다. 우리말 문법사에서 중주어는 유길준(1909)에서 논의한 '총주어 + 주어', 박승빈(1935)에서의 '문주 + 주어', 박상준(1932)의 '주어 + 주어 + 술어 → 주어 + 설명구어', 김윤경(1946)에서 '큰임자 + 작은 임자' 등으로 나타나 정렬모(1946)에서는 이러한 개념들을 참고하여 수용하였을 것이다(한영목, 1998). 그러므로 (16)에서 "코끼리는"은 큰제목말로 문의 제목이고, "코는"과 "눈은"은 작은제목으로 일부분만의 제목말이다(정렬모, 1946 : 225).

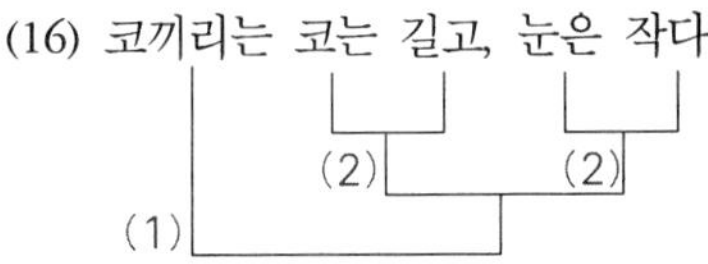

정렬모(1946 · 1948ㄱ : 69-70)에서는 '큰제목 + 작은제목' 또는 '첫째제목, 둘째제목' 등으로 부르고 (17)과 같이 숫자로 표시한다. 또한 정렬모(1948ㄴ : 51)에서는 '도임자 + 큰임자 + 작은임자 + 작은풀이 → 도임자 + 큰임자 + 작은풀이 → 도임자 + 도풀이'로 분석하고 있다(한영목, 1998).

> (17) ㄱ. 이 구두는 가죽은 품은 좋으나 좀 얇다"
>   〔1〕   〔2〕   〔3〕
>   ㄴ. 나는 오늘은 오전 중은 당신댁에도 그 사람에게도 가 있을 수는
>   〔1〕 〔2〕   〔3〕   〔4〕   〔5〕   〔6〕
>   없다.

로, "저친구, 뇌댁 이신지, 나 모르겠소."에서 "저친구는", "나는"에 가까운 뜻이므로 제목뜻만 남기는 것으로 보았다.

(17)-ㄱ에서 '폼'은 셋째 제목에 해당한다. 정렬모의 관점에서 주제어 표지를 '제목'으로 이해하고, 이 제목은 여러 겹침 구조로 나타남을 지적한 것이다. 그러나 '도, 은/는'에 의한 표지로 제목말을 잡은 (17)-ㄴ 과 같은 문장은 문제점을 내포하고 있다.

정렬모(1946)에서는 주어를 논리학적 임자말과 문법학적 임자말로 구분하여 쓰고 있다. 논리학적 임자말은 제목말이고, 논리학적 서술말은 판정말로, 그들 관계는 주관적 관계로 보아 문법학적 임자말과 서술말과는 다르다고 주장한다.16) 임자말과 서술말의 관계는 순 관념적 관계가 아닌, 객관적 관계라는 것이다. 판정의 대상을 '사체의 주체로 생각하느냐, 사체의 객체로 생각하느냐'에 따라 구분할 수 있다. 서양말과는 달리 우리말은 주체와 사체 개념은 자유이기 때문에 어떠한 사체의 개념일지라도 판정의 대상이 되는 것이다. 그러나 이런 구별은 애매한 경우가 많고, 분류를 위한 분류처럼 보인다. 다음 (18)을 참고해 보자(정렬모, 1948 ㄴ : 75).

(18) ㄱ. 문법학적 : 나무가 자란다.　　　　　　→ 임자말 + 서술말

　　　　　　　나무는, 자라는 것이다.　　　　→ 제목말 + 판정말

　　　ㄴ. 논리학적 : 전짜자는 누구나 싫어한다.　→ 임자말 + 서술말

　　　　　　　그는 전짜자 이다.　　　　　　　→ 임자말 + 서술말

　　　　　　　고로 그는 누구나 싫어한다.　→ 임자말 + 서술말

한편, 정렬모 문법에서 '제목 있는 가르월'과 '제목 없는 가르월'로 나누어 기술하고 있다. 후자는 판단 대상의 개념을 쳐들지 않고 예사태로 판정한 단정을 나타내는 것을 뜻한다. 제목 있는 가르월은 판단 대상의 개념을 쳐들어서 판정한 단정을 나타내는 문이다. 그러므로 제목 있는 가르월에는 반드시 제목말이 있어야 한다. 이러한 논의는 주격토 대신

---

16) 이것을 주제와 평언의 관계로 볼 수 있지만, "일찍은(제목말) 나는 일어날 수 없다(판정말)"로 본 것은 다분히 '제목태'에 의한 분류이다(정렬모, 1946 : 228).

보조사에 의한 주제어 구성과를 구분하는 것 외에는 별다른 의미는 없다.

> (19) 꽃이 피었다. 꽃이 여기 없다. → 제목없는 가르월
> 꽃은 피었다. 꽃이 여기는 없다. → 제목있는 가르월

■ ■ ■정렬모, 1946 : 201

그러나 정렬모 문법에서 제목이 문의 대표부(서술어)에 관계하지 않고 종속부에만 관계되면, 제목 있는 가르월로 다루지 않고 있다. "국어는 알아도, 한문은 모르는 학생이 많다."의 대표부는 '많다'이다. 그러므로 '국어는'은 '딸림구'인 '알아도'에, '한문은'은 '모르는'에 종속되므로 '많다'와 관계가 없으므로 제목 있는 가르월이 아니라고 논의하였다(정렬모, 1946 : 201). 따라서 정렬모 문법에서 제목말의 설정은 우리말에서 주제어 설정이라는 긍정적인 측면을 부각한 점에서 높이 평가할 수 있지만, 지나치게 논리적 비약이 나타나고 있다.

5. 맺음말

우리는 지금까지 정렬모 문법에서 나타난 감말의 상관론, 즉 문장론을 통사론으로 보고 논의를 진행하였다. 정렬모 문법의 감말의 상관론에서 논의된 통사론적 특징을 간단히 요약하여 맺음말로 갈음한다.

정렬모(1946)에서 통사론은 단어와 단어의 관계이므로 별도로 통사론(syntax)을 세우는 것은 불필요하기 때문에 품사론에 해당하는 '감말의 상관론–문장론'에서 다루고 있다. 정렬모 문법에서는 '낱뜻, 감말, 말씀'의 세 단계로 파악하여, 문법 연구는 '가르말'까지로 보고 있다.

정렬모(1946)에서 월은 단정의 뜻이 있고, 절대성과 독립성을 갖추어야

하기 때문에 '홑감말'도 문장을 이룰 수 있다. 그러므로 월에는 주어와 서술어가 꼭 필요한 것은 아니므로, '임자말 없는 월'은 주어생략문과 소형문을 무주어문으로 상정하였다. 나아가 월의 갈래는 단정의 성질에 따라 '사유적 월'과 '직관적 월'로, 단정의 생각에 따라 '홑가래월'과 '겹가래월'로, 뜻이 끝나느냐에 따라 '홑월'과 '덧월'로 분류하였다. 그 결과 정렬모 문법에서 월은 생각의 단위로 정의하여 분류하였다.

정렬모 문법에 나타난 통사론적 단위는 감말과 감말에 의한 덧감말의 상관에 있다. 덧감말은 종속어와 통솔어의 통합을 이룬다. 이 종속과 통솔은 단어, 구, 절, 나아가 문장까지 포괄하는 개념이다.

정렬모(1946)에서는 덧감말의 성분은 '주체관계, 객체관계, 실질관계, 딸림관계, 얹침관계'로 구성된다. 특히 정렬모 문법에서 접미 파생과 연속동사 구성에서 보조용언 등 형식말을 대표부, 통솔어로 논의한 점이 특이하다. 덧감말의 성분의 통합관계는, '임자말과 서술어, 객어와 귀착말, 보탤말과 형식말, 딸림말과 딸림받는말, 얹침말과 얹침받는말'과의 호응과 수식 관계를 다루었다. 정렬모 문법에서 문장 서술어의 개념을 도입하여 '도임자와 도풀이', '큰임자와 큰풀이'를 설정하였다. 특히 정렬모(1946)의 '성분의 앞침'에서 겹칭 종속말에 나타나는 개념을 '새것'과 '옛것'으로 구분하여, 새 개념은 미정의 신정 개념이고, 옛 개념은 기정의 기정 개념으로 보았다. 새 개념은 어순과 발음법(억양)의 강조로 표현되는 것으로 논의하고 있는데 신정보와 구정보, 화제와 초점의 관점에서 고려할 수 있다.

정렬모 문법에서 제목말의 설정은 상당히 고무적인 견해이다. 제목말과 판정말의 설정은 주제어와 문장 서술어이며, 겹칭의 제목말은 중주어의 개념과 같다. 다만 그것이 지나치게 형식화하여 '는/은, 도' 와 같은 제목태인 주제어 표지와 연관시켰다.

정렬모(1946·1948)에서 시도된 '월의 분해도(구문도해)'는 IC 분석의 종합식과 같으면서도 교점에 통사 정보를 기술하고, '층다리(계층 구조)'를 표시한 수지도와 별 차이가 없다. 이는 그 당시의 구문도해보다 상당히 진보적인 것으로 해석할 수 있다.

아무튼 정렬모 문법은 마쓰시다 문법의 모방과 수용의 한계 속에 논의되고 있지만, 그 당시의 학문적 풍토와는 달리 다각적으로 우리말에 대한 이론을 전개시킨 것은 후대의 문법 기술에 많은 영향을 끼쳤다. 정렬모의 문법론에 대한 보다 정밀한 고찰은 앞으로의 과제로 남는다.

●●●**참 고 문 헌**

강복수(1972), 『국어문법사연구』, 형설출판사.

고영근(1983), 『국어문법의 연구-그 어제와 오늘-』, 탑출판사.

권재선(1992), 『국어학 연구사』, 우골탑.

권재일(1992), 「'우리말 말본 연구' 분야에 대하여」, 『한글』 216, 한글학회.

김규식(1909), 『대한문법』, 유인본.

김규식(1912), 『조선문법』, 유인본.

김두봉(1923), 『깁더 조선말본』, 상해 : 글벗집.

김민수(1960), 『국어문법론연구』, 통문관.

김민수(1989), 「국어학사의 재조명-정렬모 『신편고등국어문법』」, 『주시경학보』 제4호, 탑출판사.

김석득(1983), 『우리말 연구사』, 정음문화사.

김종택(1973), 「무주어문과 주어 생략문」, 『국어교육론지』 1, 대구교대 국어과.

김진형(1999), 「정렬모(1946), 『신편고등국어문법』」, 『형태론』 1권 1호, 박이정.

김태한(1981), 「주어에 대한 소고」, 『언어연구』 1, 대구언어학회.

김하수(1992), 「'일반언어학' 분야에 대하여」, 『한글』 216, 한글학회.

김형기(1968), 「격과 형의 관계-및 접미사 '이'에 관한 문제-」, 『국어학의 제문제』, 1993, 태학사.

남기심(1968), 「그림씨를 풀이말로 하는 문장의 몇 가지 특질」, 『한글』 142, 한글학회.

박승빈(1935), 『조선어학』, 조선어학연구회.

신명균(1933), 『조선어문법』, 상식보급회.

여찬영(1981), 「백수 문법에 대하여 (1)」, 『긍포 조규설 교수 화갑기념 국어학 논총』, 형설출판사.

여찬영(1993), 「백수문법의 문장론」, 『한국전통문화연구』 8호, 효성여대한국전통문화연구소.

유길준(1909), 『대한문전』, 동문관.

이광정(1987), 『국어품사분류의 역사적 발전에 관한 연구』, 한신문화사.

이길록(1974), 『국어문법연구』, 일신사.

이승욱(1969), 「주어의 통사에 관한 고찰」, 『국문학논집』 3, 단국대 국어국문학과.

이익환·권경원 공역(1992), 『화용론』, 한신문화사.

정기호(1991), 「정렬모 말본의 윤곽」, 『동아어문논집』 창간호, 동아어문학회.

정기호(1996), 「정렬모 말본과 마쓰시다 말본의 비교」, 『우전 김형주 선생 화갑 기념논총 국어학 연구의 오솔길』, 간행위원회.

정렬모(1927-8), 「조선어문법론」, 『한글 동인지』 제1권 2, 3, 4, 6, 7호 제2권 1, 2호.

정렬모(1946), 『신편고등국어문법』, 한글문화사.

정렬모(1948ㄱ), 『초급국어문법독본』, 고려서적주식회사.

정렬모(1948ㄴ), 『고급국어문법독본』, 고려서적주식회사.

주시경(1910), 『국어문법』, 박문서관.

최현배(1930), 「조선어의 품사분류론」, 『연희전문 문과연구집』 1, 연희전문출판부.

한영목(1976), 「국어의 기본 문형론」, 『어문연구』 9집, 어문연구회.

한영목(1988), 「한국어 구문도해 연구」, 충남대학교 대학원 박사학위논문.

한영목(1990), 「'유길준' 문법에서의 IC분석 고찰」, 『어문연구』 20집, 어문연구회.

한영목(1991), 「'김규식' 문법에서의 통사론 연구」, 『어문연구』 22집, 어문연구회.

한영목(1992), 『국어 구문도해 문법론』, 한신문화사.

한영목(1994), 「정렬모의 단어관」, 『우리말 연구의 샘터 연산 도수희교수 화갑기 념논총』, 간행위원회.

한영목·이금영(1994), 「중주어문에 관한 연구」, 『언어』 15, 충남대 어학연구소.

한영목(1995), 「국어 기본문 구성 연구」, 『학림』 제14, 충남대 국어국문학회.

한영목(1998), 「정 열모 문법의 몇 문제」, 『한글』 240·241, 한글학회.

한학성(1995), 『생성문법론』, 태학사.

松下大三郎(1978), 『改撰標準日本文法』, 東京 : 勉誠社.

Bauer, L(1983), English Word-formation. Cambridge Univ. Press.

Bloch·Trager(1942), Outline of Linguistics Analysis. Baltimore ˙: Waverly Press.

Bloomfield, L(1933), Language. New York : Holt, Rinehart & Winston.

Chomsky, N(1965), Aspects of the Theory of Syntax. Cambridge, Mass : MIT Press.

Chomsky, N(1981), Lectures on Government and Binding, Dordrecht : Foris.

Hockett, C. F(1958), A Course In Modern Linguistics. New York : The

Macmillan Co.

Jensen, T(1990), Morphology-Word Structure in the Generative Grammar. John Benjamin Publisher Co.(한영목 외 옮김(1994), 『형태론－생성문법에서의 단어 구조』, 태학사).

Li・Thompson(1976), "Subject and Topic : A New Typology of Language", Subject and Topic. ed. Li, C. N.Y. : Academy Press.

Nida, E. A(1960), A Synopsis of English Syntax. Norman Oklna : Summer Institute of linguistics.

Ramstedt, G. J(1939), A Korean Grammar. Helsinki : Suomalais-Ugrilainen Seura.

Saussure. F. de(1916), Course de Linguistique. Paris : Payot.

Stockwell, R. P(1977), Foundations of Syntactic Theory. Englewood Cliffs : Prentice-Hall, Inc.

「정렬모 문법의 통사론 연구」, 어문연구 제31집, 1999. 6,
어문연구학회, pp. 25-47.

제 2 부

문법 인식

1. 머리말

1.1. 국어 문법에서 품사 분류에 대한 논의는 대부분 어휘류에 국한시켜 왔다. 이러한 견해는 변형 생성문법의 도입과 초기 단계에서 상당히 다각적인 검토와 검증을 바탕으로 전통적 품사 분류는 국어 문법에서 중요한 역할을 수행하지 못하는 것으로까지 전개되었다. 그 결과 우리가 문제삼은 관형사에 대한 정확한 이해와 통일을 보지 못하고, 그 품사 설정에 따른 논의는 최현배(1967, 새로운 말본), 이희승(1967, 새문법) 등 학교 문법의 범주를 벗어나지 못한 채 심재기(1979)에 이르러 부정되고 있다.[1]

국어 관형사가 꾸밈말로 명사와 구조적 관계를 가지는 직능을 가지고 있기 때문에 문장에서 생략되어도 의미가 완전하지만 후행 명사류 없이는 독립적으로 쓰일 수 없다. 달리 말하자면 보다 큰 언어 형태(linguistic form)를 구성하는 명사류에 선행하는 위치어로서 한정하는 기능만을 하고 있는 것이다.[2] 국어 문장구조상 체언을 한정하는 관형어(+Det)는 크

---

[1] 심재기(1979 : 113)에서 "어느, 무슨, 웬 정도가 불명한 어원이라 할지라도 그 몇 단어들을 독립품사로 분리시키는 것은 그 의의가 크게 상실되는 것"으로 보고 있다.

[2] Bloomfield, L.(1933 : 170), "When a linguistic form occurs as part of a lager form, it is said to be in included position ; otherwise it is said to be in absolute position and to constitute a sentence."

게 관형사와 용언의 관형사형, 체언의 관형화($N_1 + N_2 \to DN + N$)로 구별될 수 있다. 이들에 대한 정확한 이해와 국어 문장의 표면 구조상 격과 형의 변화에 따른 관형어의 다양성을 고려하여야 할 것이다. 특히 우리가 문제삼은 체언 접두사($Px + N$)는 그 특성이 관형사와 유사하여 그 한계설정에 대한 많은 업적에도 불구하고 경계가 불분명한 상태에 있다. 이러한 대부분의 원인은 지금까지의 연구가 통사구조의 통합관계보다는 어형론(word formation)적 입장에서 어휘의 의미자질에 집착한 결과이기도 하다.

자연 언어에 대한 의미 설명에 따른 주요한 방법은 a) 단어의 뜻에 대한 본질을 설명, b) 문장의 의미의 본질을 정의, c) 의사 소통 과정을 설명함으로써 시도하는 방법[3])을 고려하여야 함에도 불구하고 대부분 어휘가 지니는 어원적 의미에 지나친 관심을 기울여 왔다. 모든 낱말들은 사전적 의미 외에도 함축적 의미와 정서적 연상에 따른 의미, 화용론적 의미의 다양성이 있음을 지적할 수 있다.[4]) 그러므로, 국어의 관형사와 체언 접두사의 관계에 대한 논의는 그 낱말이 지니는 형태·직능·의미의 총체적 파악으로써 그 해결이 가능해질 것이고, 나아가 어휘적 의미와 통사적 의미 등의 문법적 관계를 고려할 때, 그 한계의 애매성은 해소될 것이다.

1.2. 지금까지 관형사는 활용상의 특징만을 강조하여 체언 앞에 놓이어, 그 체언이 "어떤" 것이라고 꾸며주는 낱말[5]) 정도로 정의된 것을 좀 더 명확한 검증을 통하여 그 품사로서의 자격을 살펴 어휘가 되지 못하

---

3) Kempson, R.(1977), Semantic Theory, Cambridge Univ. chap. 2 참조. 허광일 외 2인 역(1980), 의미론, 탑출판사

4) Saussure는 "모든 어휘는 그 원천에 있어서 개인적 창조이며, 특히 집단적 창조"로 보고, Osgood도 "개인에 있어서 한 낱말의 완전한 의미는 문화적 환경과 경험의 종합(the sum total of experience)"으로 보았다.

5) 정인승(1967 : 25) 참조.

는 접두사와의 관계를 구분하고자 한다.

물론, 본고는 대체로 1) Det와 Px의 차이, 2) 소위 수관형사와 수사와의 품사 설정상의 문제, 3) 지시관형사에 대한 관계 등을 고려하여 관형사와 체언 접두사(Px + N)에 대한 문제와 차이를 졸고(1980)에 이어 다시 한 번 밝히고자 한다. 논의의 대상은 공시적 관점에서 우리말 어휘를 중심으로 하여 변형 관계를 고찰하고자 한다.

2. 관형사와 접두사의 위치

2.1. 관형 구성

우선 관형사의 연구에 선행하여 국어의 관형어화에 대한 구조부터 고찰하고, 관형어의 특성을 살피기로 하자.

(1)

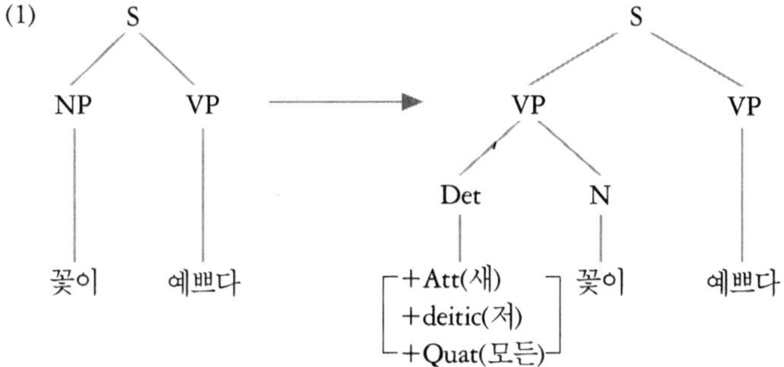

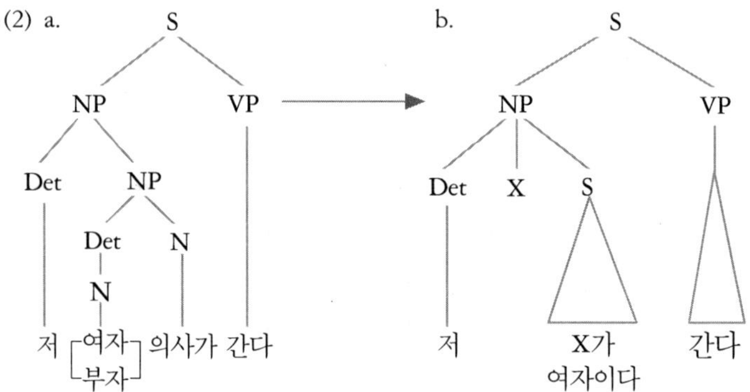

(2)의 경우 변형은 b)로 가능하다.[6] $N_1 + N_2$의 복합어(Compound word)의 통사론적 구성과 구별할 필요가 있다.

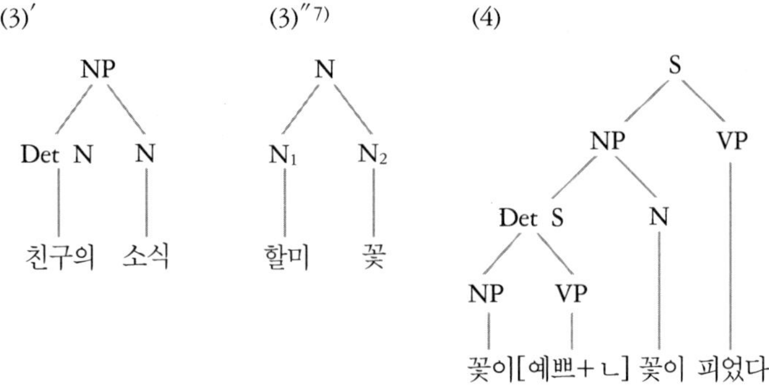

이상을 요약하면 [+Det]의 자질은 다음과 같다.

---

6) a) 여자 의사 → 여자인 의사 → 여자가 의사다 → 여의사
   b) *의사 여자 → 의사인 여자 → 의사가 여자다 → *의사 여자
   Baker, C.L.(1975 : 120), "Ungrammatical Phrase also arise if a surface noun phrase is derived by reducing more than one underlying predicate nominal."

7) 할미꽃 → 할미 같은 꽃 → ⎡ a) 꽃이 할미와 같다. ⎤
   　　　　　　　　　　　　 ⎣ b) 꽃이 할미 같다. ⎦
   로 통사론적 구성을 이룬다 하더라도 '할미꽃 → *할미의 꽃'으로 분리되지 않는다.

(5)

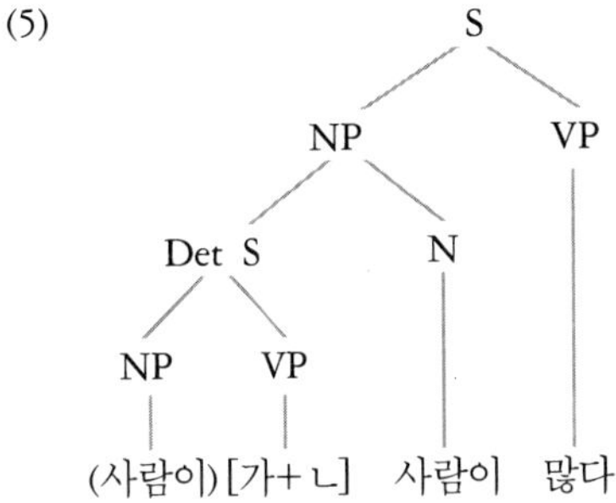

(6) ＋ Det ＋ N → [(관형사·체언·동사·형용사)＋N]

  1. Det ＋ N

    ㄱ) 새 책, 헌 책 → Att ＋ N

    ㄴ) 저 여자, 어느 사람 → Deictic ＋ N

    ㄷ) 온갖 사람, 여러 책 → Quant ＋ N

  2. N_1 ＋ N_2(N_1 ＋ 의 ＋ N_2) → 친구의 소식, 금산 인삼

  3. V ＋ N → 가는 세월, 갈 사람

  4. Adj ＋ N → 예쁜 꽃

■**2.1.1.** 명사가 명사를 꾸미는 수식관계를 가지고, 두 명사의 구조와 위치를 살펴보기로 한다.[8] 다음은 최현배(1961)에서 보여준 두 명사간의 의미 기능이다.

  ㄱ) 소유(N_1이 가진 N_2) : 나의 책 ← 내가 가진 책 ← 내가 책을 가졌다.

  ㄴ) 관계(N_1에 대한 N_2) : 나의 언니

  ㄷ) 소재(N_1에 있는 N_2) : 동래의 온천

  ㄹ) 소산(N_1에서 나는 N_2) : 제주의 말

  ㅁ) 소기(N_1에서 일어난 N_2) : 한국의 전쟁

  ㅂ) 비유(N_1과 같은 N_2) : 서시의 미

  ㅅ) 대상(N_1에 대하여 찍은 N_2) : 어머니의 사진

---

8) 명사의 관형화에 대하여는 김영송(1973), 심재기(1979)를 참조할 것.

> ㅇ) 소성(N₁이 이룬 N₂) : 신라의 통일
> ㅈ) 명칭(N₁이라 하는 N₂) : 백두의 산
> ㅊ) 소속(N₁에 붙는 N₂) : 한강의 근원
> ㅋ) 소작(N₁이 지은 N₂) : 충무공의 거북선

N_1에 대한 N_2의 관형구조는 다양한 의미기능을 지니고 있다. 특히 심재기(1979)서 "(ㅌ) 수량(N_1로 셈하여 지는 N_2) 천 명, 만 대, 백 번, (ㅎ) 지정(N_1라고 가리키는 N_2) 이 사람, 그 집"을 관형 구조[9]에 포함시켜 관형사(Det)를 독립 품사로 분리시키기 않은 점을 들 수 있다.

이들 명사의 관형화는 N_1의 개념화는 N_2가 후행함으로 의미가 완결되는 동심구조(endocentric construction)를 구성한다. 이 점은 복합명사(N_1·N_2)와 Px + N의 구조에서 유사하게 변형시킬 수 있다.[10] 다만 + Det요소 [N_1 + 의 + N_2]와 [N_1 + 인 + N_2]에 '~의'와 '~이+ㄴ'의 삽입이 문제시될 수 있다.

> (7) 들소 ← 들에서 자라나는 소
> 맏아들 ← 맏이로 난 아들
> 소설책 ← 소설을 수록한 책

■**2.1.2.** 용언의 관형사형은 다음과 같다.

> (8) 간 사람, 아름다운 꽃　　　가는 사람, 자는 범
> 　　갈 사람, 아름다울 꽃　　　가던 사람, 아름답던 꽃

용언의 관형 표지는 '~ㄴ', '~ㄹ' 등이지만, 김봉모(1983)에서 '-ㄴ,

---

9) 이러한 관형어의 변형은 서정수(1969, 1978)에서는 다음과 같다.
　① N_1 + 이 + N_2를 + V형(소유·소행·소작위주)
　② N_2 + 이 + N_1 + ad + V형(소재·소속·소관·소산·소기·유사)
　③ N_2 + 이 + 적 + 이 + N_1 + A_fx형(동일 또는 동질)
10) 비통사적 구조를 지니는 합성명사는 문장구조를 변형시킬 수 없다. 정정덕(1982
　　: 215~237) 참조.

−ϕ’은 ‘−은’을 대표로 잡아 ‘~은’만을 관형 표지로 보고, 심재기(1979)
는 ‘~ㄴ’, ‘~ㄹ’을 의미기능상 [±결정성]의 자질을 부여하였고, ‘−더’,
‘−았/었’ 등에 대해서는 유보했다. 용언의 관형화는 의미불변동의 이론
에 의하여 전부 내포문으로 다룰 수가 있다.

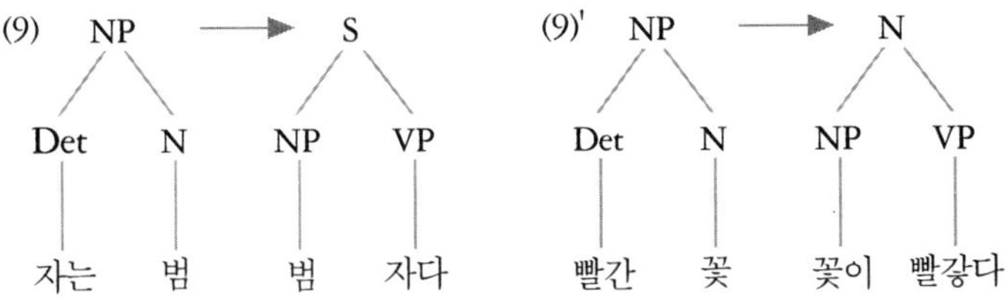

▌2.1.3. 그러면, 본고가 문제삼은 Det + N과 Px + N의 한계를 규명
하기 위하여 Det와 후행 명사와의 관계를 살피기로 하자.

> (10) a) 그 온갖 노력 → 온갖 그 노력
>
> $X + Y + N \to XN + YN \to Y + X + N$
>
>   b) 어느 새 아침 → 새 어느 아침
>
> $X + Y + N \to XN + YN \to X + (Y + N) \to ?Y + (X + N)$
>
>   c) 옛 친구 소식
>
> $X + N_1 + N_2 \to X + (N_1 + N_2) \neq *X + (N_2 + N_1)$

Det는 분리성을 지니고 있다. 다만 [옛 + N_1 + N_2]의 관계에서는
‘옛’의 호응상 $N_1 \cdot N_2$에 관계되지 않을 수도 있고, Det의 삽입은 어색
하다. R.P. Stockwell(1977 : 101~102)에 의거하여 Det를 도해하면 다음과
같다.

(11)

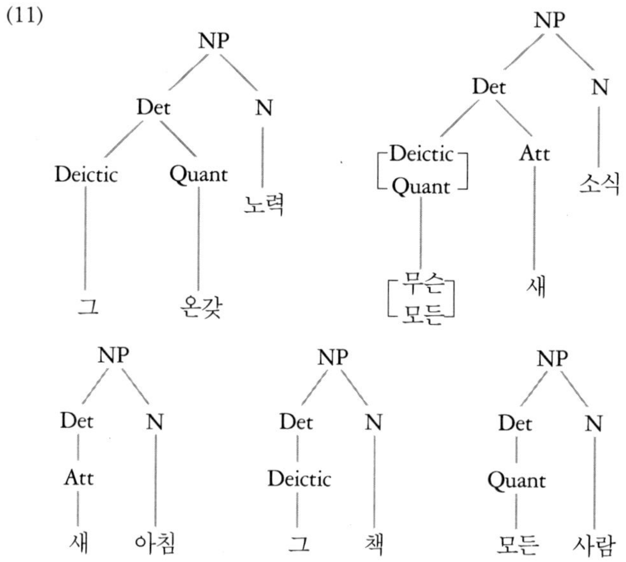

Det → (Deictic) (Quant) (Att)의 구조로 생산적인 문장을 이룬다.

　　여기서 "[Att + N → 새소식] →

　　　새소식 ← 새로운 소식 ← 소식이 새롭다

　　　*새나 ← 새로운 나 ← 내가 새롭다"

로 변형하여 다룰 수 없다. 달리 말하자면 관형사는 체언을 수식하는 불
변화사라고 할 수 있지만 의미가 같은 + Det자질과는 구별해야 한다.

(12)

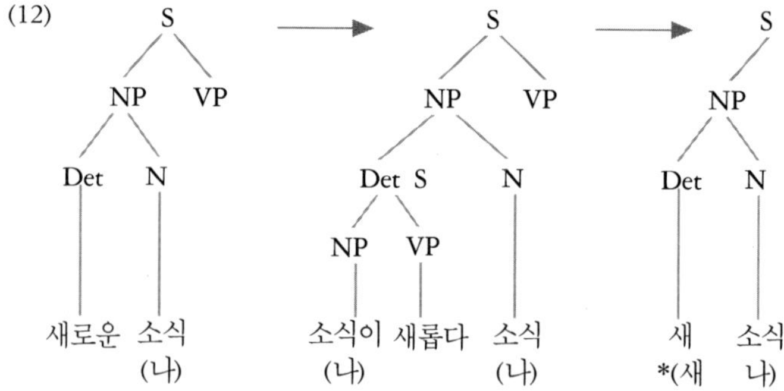

▌2.1.4. 지금까지 살핀 관형어의 구조를 중심으로 하여, 그 특성과 정의를 검증하기로 하자.

관형어는 문장의 구조 속에서 체언과 관계하여, 심층구조의 의미 자질을 표현하고, 또 가치를 지닌다. 언어라는 문장은 그 길이에서 제한이 없는 것처럼 복잡한 문을 조직하는 것도 임의로 할 수 있다.[11] 관형어도 그 표현상의 정확성과 후행 명사류의 의미를 한정·제한하는 의미를 지니는 확대문이다. 다만 문장구조상 '소식이 새롭다', '새로운 소식', '새 소식'의 의미가 같을지라도, 위치나 구성상의 특질을 고려해야 한다. 어휘 의미보다는 그 문장구조에 대한 파악이 선행되어야 한다.

Det + N의 구조에서 Det + X + N의 요소를 삽입할 수 있을 때 관형어라고 말할 수 있다. 예를 들어 $N_1 + N_2$의 구조는 'N_1 + 의 + X + N_2'는 관형 표지 '~의'가 도입될 수 있는 구조에 한하여서 다른 요소가 개재되는데 이러한 경우만을 관형어로 잡을 수 있다.

> (13) 신라의 그 찬란한 문화 → 신라의 문화
> 　　　민주적 발전 → 민주적인 발전 → *민주적의 발전
> 　　　세시발 기차 → 세시발인 기차 → 세시발의 기차.
> 　　　*밀 저 가루, 밀가루

등에서 관형 표지 이외의 연결은 의미의 유사성이 없기 때문이다. 따라서 관형어는 체언과 관계하는 동심구조를 가지면서 분리성을 지닌다.

> (14) 가는 저 세월, 피어나는 저 모든 꽃, 모든 저 꽃, 새 우리 살림

또한 단어는 홀로 독립하여 문장을 이룰 수 있지만[12] 관형어는 단독

---

11) Fowler, R.(1971 : 63), An Introduction to Transformational syntax, Routledge & Kegan Paul.
　　"Det and Aux are obligatory. That is to say, there are always some features of their underlying meanings present in sentence, even no morpheme marks the fact in surface structure."

으로 쓰이지 못하고 중심어와 함께 나타난다. 그렇기 때문에 관형사는 독립성이 있고, 접두사는 독립성이 없다는 식의 논리는 애매하다.

2.2. 품사 설정

　관형사와 접두사의 한계 설정을 위해서는 품사 설정에 대한 논의가 요구될 것이다. 품사 분류는 단어의 형태(form), 의미(meaning), 직능(function)의 세 면을 고려해야 할 것이다. 그러므로, 품사 분류에 선행하여 단어로서 독립성 즉 자립성을 지니느냐의 문제가 Det + N과 Px + N의 해결 관건이 된다.

　물론, 이 품사 분류가 인간의 언어적 방법의 절대적 보편적 자질을 지닌 것이 아님을 Bloomfield(1933)은 다음과 같이 지적하였다.[13]

> "It is a mistake to suppose that our part-of-speech system represents universal features of human expression."

　그러나 품사 분류가 불필요한 것이라고 하더라도, 품사의 구별 없는 문법체계는 생각할 수 없는 것이므로 무엇을 기준으로 하여 어떻게 그것을 정의하느냐의 문제가 요구된다. Chomsky(1965 : 3)에서와 같이 과거에 이루어진 개념을 정확히 규정하여 현재 어떠한 가치를 지니는가를 평가하여 기왕의 업적을 적절히 활용해야 할 것이다. '전통적 문법의 품사 분류가 단어에서 시작한 것이라면, 이 원칙에서 벗어나지 말고 이의 체계를 더 보완해야 하고',[14] 다만 몇 개의 단어들로 존재하더라도 품사로 설정할 가치와 필요가 있다.

---

12) Bloch, B. & Trager, G.L.(1942 : 71),

　　"Some sentence would be seen to contains only a single word(Go! Yes.)."

13) Bloomfield, L.(1933 : 198) 참조.

14) 이병찬(1969 : 11)에서 재인용.

품사분류상 단어의 자격은 대단히 중요하다. 특히 Det ＋ N과 Px ＋ N
의 경우 분리성만을 제외한다면, 그 구별의 방법은 모호해질 만큼 유사
하다.

유창돈(1965)은 관형사의 정의에서 '본래 다른 품사들이 전용되어 관형
사적 기능을 하였던 것이 장구한 시일을 지나는 동안 관형사로 고정화하
게 된 것이 오늘의 관형사란 품사'임을 밝혔다.[15] 직능면에서 살펴본다
면 체언 접두사와 유사하다. 접두사도 구체적 의미를 가지고 있거나 어
원을 밝힐 수 있어 그 한계 설정이 어렵더라도 현재 국어에서 그 구체적
의미의 변동과 본래의 어원적 특성을 잃어 단어로 존재하지 못한다면 Px
로 볼 수밖에 없다.

2.3. 관형사와 접두사의 차이

지금까지 국어 문법에서 거론되어 온 관형사와 접두사의 한계에 대한
주장과 그 문제점을 살피기로 하자.

2.3.1. 단어의 자격으로 구분하려는 주장을 들 수 있다. 이 견해로
양주동·유목상(1967), 이길록(1979 : 160)에서는 단어의 자격이 있으므로
띄어 쓴다는 입장을 밝혔다. 도수희(1967·1976)에서 다음과 같이 언급하
였다.

> "접두사와 관형사의 구별은 그것이 자립형(free form)이냐, 비자립형
> (bound form)이냐의 기준에 의한다."

여기서, 자립어가 발화과정에서 의미를 가지고 홀로 말해질 수 있는
어떤 요소라 하더라도 관형사는 홀로 쓰일 수는 없다. Bloch ＆ Trager

---

15) 유창돈(1965 : 1) 참조.

(1942)에서도 "An fraction that can be spoken alone with meaning internal speech is a free form,······"이라고 언급하였다.

또한 N.C. Stageberg(1967 : 109)에서 주장하는 입장도 자립어를 단어로 보고 있다.

> "A word is a free form that cannot be divided wholly into smaller free form."

그러나 이들의 정의에서 free form의 영역을 어디까지 잡을지가 의문이다. 의미만 가지고 나눈다면 접두사도 '어휘적 접사'로 체언에 붙어 사전적 의미를 꾸며주기[16) 때문이다. 쓰임으로 나눈다면 관형사는 의사 전달을 완전히 드러내지 못하고, 후행하는 중심어인 명사와 함께 쓰이는 단위이므로 체언 접두사와 구별이 용이하지 못하다.

> (15) 새$_1$희망의 새$_2$해가 밝았다.

에서 새$_1$은 관형사로, 새$_2$는 접두사로 모든 문법서에서 취급하고 있다. 삽입, 도치나 분리성으로 본다 해도 김민수(1971 : 112~116)에서 '들기름'과 '들짐승'을 전자는 접두사, 후자는 준동사적(semisyntactic) 요소로 다루는데 이 자립형에 대한 보다 분명한 정의가 있어야 할 것이다.

■**2.3.2.** 맞춤법에 따른 문제는 이인모(1967, 새문법)와 강윤호(1967, 정수문법), 이명권·이길록(1967, 문법), 김민수(1967, 문법) 등이 동조하고 있다. 이숭녕(1967, 고등국어문법)에서도 '복합어로서의 굳어진 정도'에 따른 실정이 그것이다. 이 경우 다소, '맞춤법의 명령을 들음이 원칙'이라 하여 이 띄어쓰기를 주장하였으나, 국어 표기법상 띄어쓰기에 대한 인식부족으로 정확한 기준이 될 수 없다.

---

16) 김완진·이병근(1979 : 99)에서 어휘적 접사와 문법적 접사로 분류하였다.

(16) 헛웃음, 웃어른, 첫아들(맞춤법)
   헛 노력, 웃 사람, 첫 성공(관형사)

이 경우 연음현상과 관계가 있지, 맞춤법과 관계는 적다.

(17) $C^h\partial s + V \rightarrow C^h\partial t + V \rightarrow C^h\partial + tV(CV + CV)$
   $C^h\partial s + CV \rightarrow C^h\partial t + CV \rightarrow C^h\partial t + CV(CVC + CV)$

■**2.3.3.** 두 낱말 사이에 휴지(pausing)로 접두사와 관형사를 구별하려는 견해로 양주동·유목상(1967)을 들 수 있다. Hockett(1958)에서도 "A word thus any segement of a sentence bound by successive point *at which pausing is possible.*"로 휴지에 의하여 단어를 규정하고 있다.[17]

/그 책/, /새 옷/, /새해/, /외기러기/, /헛수고/, /헛일/, /참깨/ 등에서 휴지는 다 가능하다. /허두숨/, /우더른/, /처다들/로 연음현상이 나타나는 것이지 휴지에 의한 식별방법은 선용되지 못한다.

W.N. Francis(1958)에서 연접(junctures)만의 구별은 불만임을 다음과 같이 밝혔다.

(18) He is a friend of mine
   / ^{2}hîy + iz + ə + ^{3}frénd + əv + màyn^1# / 6단어 인식
   / ^{2}hìyzə + ^{3}fréndəmàyn^1# / 2단어 인식

■**2.3.4.** 단어의 용법과 직능, 사용빈도에 따른 구별로 이인모(1967), 허웅(1967), 이명권·이길록(1967), 강윤호(1967), 이응백·안병희(1979, 문

---

17) Robinson(1964)도 문장의 전후에서 일어나는 순간적 휴지에 의한 단어의 구별을 주장하였다.
   Langacker(1973), "문장을 발화할 때, 단어와 단어 사이에, 단어의 중간에서도 중단을 뚜렷하게 둘 수 있으나, 대개는 그렇게 하지 않는다. ……단어가 개개의 음으로 분할되는 것을 직감적으로 느끼게 되는데, 그것은 단어와 단어 사이에는 틈(space)을 남기고, 단어 개개의 음을 독립된 기호로써 나타내기 때문이다."

법) 등을 들 수 있다.[18] 최현배(1980 : 668)에 "매김씨는 비교적 독립적으로 쓰이나, 앞가지는 비교적 독립성이 박약하고, 일정한 임자씨와 쓰임"을 주장하였다.

$$(19)\ \text{첫}+\begin{bmatrix}+N\\+Count\\+Mass\\+Abstract\\+Human\\\vdots\\Fn\end{bmatrix}\qquad(20)\ \text{숫}+\begin{bmatrix}+N\\\pm Count\\-Astract\\-Mass\\+Human\\-Maried\\\vdots\\Fn\end{bmatrix}$$

(21) a. 첫집, 첫사랑, 첫말, 첫해, 첫술, 첫차, 첫사람
　　 b. 숫음식, 숫보기, 숫처녀, *숫꿈, *숫술
　　 c. 개살구, 개옷나무, 개떡, 개자식, 개꿈……

위의 예에서 관형사와 접두사 구조인 Det + N과 Px + N과의 호응, 빈도수와 다양성의 문제로 그 상이점을 해결할 수 없을 것 같다. 또한 직능만을 문제삼는 경우, 활용성의 유무에 둔다면 Det + N이나 Px + N의 구조에서 관형사나 접두사가 활용하지 못함은 당연하다.

■**2.3.5.** 관형사는 곡용하지 않고, 활용도 하지 않는 불변화어[19]로 취

---

18) 서정수(1982 : 110), 신국어학개론, 형설출판사.
　　 "접두사는 주로 어근이나 어간의 뜻을 한정하는 구실을 한다. 이런 점에서 관형사와 비슷하나, 그 분포가 한정된 구속형이라는 점이 다르다."하고 예를 들어 접두사(새)는 '새빨간', '새노란' 등 몇 개의 어근에 어울리는 한정성이 있으나, 관형사 '새'는 명사와 두루 쓰인다고 하였다.

19) 김완진, 이병근(1979 : 110) 참조.
　　 최현배(1980 : 578)에서는 "매김씨는 그 꾸미어지는 씨(임자씨)의 앞에 가며 그 꼴[語形]은 끝바꿈[活用]같은 달라짐[變化]이 없으며, 또 다른 토의 도움을 입는 일이 없느니라."라고 하였다.

급할 수 있다는 형태면을 중시하였다. 대부분의 Det + N, Px + N의 경우 너무나 유사한 직능·형태 등 때문에 형태면만을 강조하면 상당한 혼란을 야기시킬 수 있다. '다른', '어떤', '크나큰' 등을 어형만으로 관형사로 취급한 문법서와 사전류를 산견할 수 있기 때문이다.

> (22) 그 분은 생김새가 <u>어떤</u> 사람이더냐(형용사)
>   이것은 <u>어떤</u> 사람이라도 합니다(관형사)
> (23) 품종이 <u>다른</u> 사과가 많이 있다(형용사)
>   <u>다른</u> 품종의 사과가 많이 있다(관형사)
> (24) 크나큰 사람

'크나큰'은 '크나크다'의 관형사형으로 볼 수 있는데, 일부 사전류, 국어사전(양주동), 현대국어대사전(이숭녕), 국어사전(김민수·홍웅선) 등에서는 관형사로 처리되어 있다. 이와 같은 속성을 지닌 '높디높은', '길디긴' 등을 관형사로 수록해야 한다는 번거로움이 수반되고, 의미의 유사성에 따른 직능상의 문제만 고려한다면, 언어적 환경만으로 품사를 규정하는 오류를 범할 수밖에 없다. 따라서 '<u>크나큰</u>'은 Det−Adj + N → DA + N 구조로 보겠다.

'사과가 품종이 다르다 → 품종이 다른 사과 → 다른 품종의 사과'

'사과가 다른 품종이다 → 다른 품종의 사과 → 사과의 품종이 다르다 → 품종이 다른 사과'로 변형되기 때문에 NP에 선행하는 '<u>다른</u>', '<u>어떤</u>'은 형용사의 관형사형 Adj+N → DA+N으로 처리함이 타당하다. R.P. Stockwell(1967)에서

> "Many adjectivelike words appear in this set, but they do not have the predicative quality of true adjectives ;
> The other complaint······
> *The complaint is other."

반면에 C.L. Baker(1975 : 118)에서 NP에 선행하는 참형용사의 실현은 다음과 같이 심층구조에서 나타난다.

    (a) the red apple

    (b) the x(x apple) (x red)

    (c) the x apple red → *the red apple*

    (25) 늦살구 → 살구가 익는 게 늦다 → 늦게 익는 살구 → 늦살구 → *살구늦다

2.3.6. 이은정(우리 문법) 등에서 "용언의 기어(基語)가 되는 '숫, 외, 새'" 들과 같은 형태소를 관형사로 다루려는 의도를 찾을 수 있다. /숫하다, 숫스럽다/, /외롭다, 외지다/, /새롭다/로 Sx를 붙여 확대 변형이 가능하다면, Det + N 구조로 볼 수 있으나, 아래(26)의 관형 변형은 의미의 차이가 나타난다. Wittgenstein의 말대로 '어휘의미란 그 어휘단위의 그 언어에 있어서의 용법'인 것이므로 '숫·외' 등에 접미사를 첨가하여 다루는 것은 의미차이가 있고, 파생어와의 관계에서 문제를 해결하기 어렵다.

    (26) 외아들 ← *외로운 아들, 외길 ≠ 외딴 길(Det + N)

        숫보기 → *숫진보기, *숫한보기

또한, 성기철(1971 : 328)에서 " '헛되다'는 Px + V 구조 대신에 R + Sx 구조로 볼만하다"는 견해를 밝혔는데, 이 경우 품사 변화를 일으키는데 그 해답을 구할 수 없다.[20] 그러므로 허웅(1966)에서 "그 연결의 절대적 자유는 없기 때문에 관형사는 체언만을 규정하는데 접두사는 제약이 없

---

20) '헛자다, 설자다' 등에서 '헛 + 자다'의 구조를 'R + Sx'로 볼 수 없기 때문에 'Px + V' 구조로 보아야 될 것이다. 이 점을 동족 목적어와의 관계에서 다루겠다.

으므로 용언과 더불어 낱말이 된다"는 점은 음미할 필요가 있다.

(27) 헛잠 → 헛잠을 + 헛잠자다 → 헛자다

■**2.3.7.** 형태소 음절면에서 관형사와 접두사를 구분하는 방법으로 원용된 것이 음절수였다. 관형사는 이음절 이상도 많으나, 접두사는 거의 일음절이라는 견해를 들 수 있다. '까막, 모다기, 옹달, 내리, 배내' 등의 형태소에서 문제를 제기할 수 있으나, 절대적인 기준이 되지 못한다. '까막, 옹달'은 유연성의 문제이고, '내리'는 부사와 접두사를 공유하는 형태소로 관형사는 아니다. '모다기, 배내' 등은 2.3.8에서 다룬다.

■**2.3.8.** 가장 논리적인 식별방법으로 제기된 것은 김민수(1971), 김영송(1973) 등에서 주장한 두 형태소 사이에 어근이 개재할 수 있느냐의 삽입변형의 선용에 있다.

(28) 새 큰 정책 / 온 넓은 세계 / 각 큰 도서관

이 방법도 postposing NP와 분리하여 다른 요소를 삽입할 때 의미나 구조상 모호성을 완전히 해결하지 못하는 경우도 있다.

(29) 까짓 큰 돈, *온 그 하루, *새 무슨 일, 새 큰 일

또한 관형격 조사(DN + 의 + N)의 개재여부로 그 설정한계를 구별하려는 주장도 나타났으나, '책장수, 들소'와 같은 굳어진 낱말에 형태소를 삽입하는 것 자체가 어색하므로, 문법구조상 Det + N이라기보다는 N + N의 복합어 구조로 볼 수 있다.21)

---

21) Stageberg, N.C.(1967 : 109).
   "Word compounds cannot be divided by the insertion of intervening material between the two part, but grammatical structures can be so divided."

들의 소/배내의 병신/모다기의 매/와/책의 장수/집의 사람/ 등에서 차라리 Det + N이라기보다는 N + N특성이 승하다.

그리고 관형 표지 '-ㅅ-', '-적-' 등을 삽입할 수 있는 '배내적 병신, 배냇 병신' 등으로도 문제해결에 접근할 수 있다.[22]

■**2.3.9.** 지금까지 관형사와 접두사의 한계설정에 대한 논지들을 살펴보았다. 그러나 그 한계에 대한 의문이 구체적으로 해결에 접근하지 못하였다. 대부분, 단어의 자격에 따른 품사설정, 독립적 직능, 형태소간의 어근의 개재(내부구조의 확대, 띄어쓰기, 발음상의 휴지, 용언형성의 접미사를 취하는 경우) 등 부분적 논의만으로는 충분히 그 문제를 파악하지 못한다.

관형사는 특성상 포함어로 단어여야 하고, 분리성 및 독립성을 지녀야 하며, 형태변이를 일으키지 않는다. 반면 접두사는 독립성과 분리성이 없고, 기어의 문법적 기능을 바꾸지 못하는 의미만 지닌 요소로 볼 수 있다.

3. 관형사의 성격

모든 낱말은 형태어, 어휘어, 의미어로 나눌 수 있다.[23] 품사 설정시 고려되어야 할 것은 단어의 형태, 직능, 의미의 면이다.

본고가 짊어진 문제는 Det + N과 Px + N의 한계설정에 있는 한, 어휘와 의미에 대한 언어구조에 관련되는 것이다. 지금까지 검토한 관형사

---

22) '*그적 사람, *새적 꽃, *큰적 나무' 등에서 관형어에서 N만을 제외하고 성립되지 않는다.

23) Lamb, S.M.(1969 : 46), Lexicalogy and Semantics ; Linguistics, Voice of American Forum Lectures, "Let us therefore distinguish the *morphological word, the lexical word,* and *the semantic word.*"

와 접두사의 구별은 단어에 중점을 두고, 그것의 직능·호응도 등을 구체화하여 Det + N과 Px + N의 관계만을 모색하기로 한다.

3.1. 관형어의 어휘의미 구조

S.M. Lamb(1969)에서 어휘와 의미구조에 치중하여 낱말의 현상을 고찰한 바 있다.[24] 그 방법을 원용하고 그래도 Det와 Px의 개념이 모호한 경우 다른 해결방법을 모색하겠다.

■**3.1.1.** 한 낱말은 다의성을 지닌다. '맨손, 맨 끝, 맨 푸성귀 → 맨1−Px, 맨2,3−Det'의 의미를 내포한다. '개살구, 떡살구, 늦살구, 을살구, 풋살구'에서 '개, 떡, 늦, 을, 풋(+살구)'는 다의성을 지니지 못하고, 살구에 대한 의미를 구체화시킨 데 불과하다. *'개(N)+살구 → 개의 살구'로 볼 때 살구라는 기어에 개살구는 유래한다. 그것은 유연성과 관련된다.

■**3.1.2.** 두 번째는 동의성에 대한 문제가 된다. 다의나 동의는 복의(multiple meaning) 현상이 복합적으로 나타난다. 동의성을 낮게 하는 요인으로 여러 현상이 있다.[25]
'개₁집 → 개가 사는 집, 개₂살구'에서 개1,2는 동의성을 지닌다고 할 수 없다. '올 벼 → 이른 벼, 늦살구 → 늦은 살구, 첫여름 → 초여름, 첫사랑 → *초사랑'으로 동의성으로 처리할 수 없다. 그러나 '첫아들 → 맏아들'에서는 동의성을 갖는다.

■**3.1.3.** 구문요소, 즉 어휘가 구문요소로 분석될 수 있는 경우와 배합

---

24) Lamb, S.M(1963 : 45-54) 참조.
25) 최창렬(1982 : 227~228) 참조.

관계상 형태와 의미를 나눌 수 있다.

암말 → [female + 말], 수소 → [male + 소], 총각 → [+ Human, + Adult, + Male, − Married]의 의미자질을 지니고 있다.[26] 그렇다면 '암, 수'의 경우 남자 → [+ male, + Human] 여자 → [− male, + human]의 자질을 가지고 있기 때문에 구태여 Det + N 구조로 분석할 필요가 없다. 특히 '암나사, 수나사'에서 '암, 수'는 idom적 대용어 구실을 하기 때문에 기어의 의미를 구체화시키는 Px로 보기로 한다.

    (30) 외아들 → 외×아들 → *외롭다×아들
         외나무다리 → *외롭다×나무다리
         윗+어른 → 웃×어른, 옛집 → 옛(날·적)×집
         들국화 → 들×국화 → 들에서 피는 국화 → 들국화
    (31) 이 사람이 위다 → 윗 사람(웃사람)

(30)은 문법적 구조로 볼 수 있고, (31)도 변형으로 연결이 가능하다. '웃누이, 웃목, 웃방, 웃옷' 등은 '위(웃) Vs. 아래'로 의미대립이 일어난다.

    (32) X_1 [Det + N_2 + N_1 + V] + N_2 + V

'철수 [그 옷을 위에 입다] → 철수 [그 위에 입는 옷] → 철수 [그 웃옷] 입다'로 관형 변형의 과정을 거쳐, '위(웃)'는 사전적 어휘뿐만 아니라 다의성으로 볼 때 복합어를 만드는 조어능력을 갖추고 있어 Det로 처리할 수 있으나, '위(웃) Vs. 아래'로 품사분류상 명사적 자질을 지니고 있어 복합어 구조로 다룬다(N + N).

또한, 어소와 의의소 사이에 매개단위를 동일시 할 수 있는 sememic sign N은 어소 N뿐만 아니라 다른 어소까지 포함한다.

---

26) Leech, J.(1974 : 96-105) 참조.

(33) 닭의 장, 소의 고기, 위의 사람
    닭장,   쇠고기,   윗사람(웃사람)
    논밭 → 논∧밭, 논×밭, 어러 집→여러×집
    개집 → 개의 집, 개살구 → *개의 살구[27)]
    돌집 → 돌의 집, 돌감 → *돌의 감

▌**3.1.4.** 단어의 배합에 있어 어떤 어휘들은 그들 개개의 의미와는 다른 뜻을 가지는 경우가 있다.

(34) 춘추 → 나이, 돌아가다 → 죽다, 소 같다 → 미련하다
    소고집 ← 고집이 소 같다 → 소의 고집[28)]
    선무당 ← 무당이 설다 → 설은 무당
    낮이 설다 → 낮선, (낮)선 바람 → 바람이 설다
    선떡 ← 떡이 설다 → 떡이 설익다
    선무당 → *익은 무당, 선잠 → *익은 잠, 설은 소리 : ϕ

'선, 설'은 '익은'과는 의미대립 관계가 아니므로 Px + N 구조로 다루겠다.

▌**3.1.5.** 단어의 쌍들이 반의적 의미를 갖는데 이 반의어의 성립에 의하여 Det와 Px의 관계를 모색하기로 한다.[29)] J. Aitchison(1978)처럼 반의어의 성립 조건으로 ㄱ) 부정, ㄴ) 표준성, ㄷ) 역을 들 수 있다.

(35) 윗목 : 아랫목, 윗분 : 아랫분, 여기 : 저기, 이 책 : 저 책
    올벼 : 늦벼, 개살구 : 떡살구, 개떡 : ϕ, 찰떡 : 메떡
    참꽃 : 개꽃, 참중 : 돌중, 참깨 : 들깨

---

27) '개집, 돌집'에서 '개', '돌'은 복합어 구조이고, '개살구, 돌감'에서는 Px + N 구조다.

28) 그러나 '옹고집 → *옹기 같은 고집'으로 Px + N 구조다.

29) Leech, J.(1974)에서는 대상의 특성과 인간의 인식양식을 종합하여 반의어를 구성하는 요건을 여섯 가지로 나눈다.

풋고추 : ϕ, 숫총각 : 숫처녀(총각 : 처녀), 숫음식 : ϕ
새옷 : 헌옷, 새집 : 헌집
맏아들 : 막내아들, 맏물 : 끝물
홀아비 : ϕ(홀어미, *홀아들)

[개, 떡, 찰, 숫, 홀…… + N]의 구조상 의미대립은 [참 : 개, 돌, 들]로 어휘에 따라 달리 나타난다. '개떡 : *참떡, 돌배 : 참배, 돌능금 : *참능금'이 가능하지 못하므로 이 형태소들은 P : ~P라기보다는 기어의 의미를 제한, 강화하는 Px + N의 구조로 처리함이 마땅하다.

'맏아들 : 막내 아들', '맏물 : 끝물' 등의 '맏'은 '첫'과 동의성을 지니고 의미 대립도 있다. '나는 아버지의 아들 가운데 맏(막내)이다.'로 단어로 쓰이기 때문에 '맏'은 N + N의 복합어 구조로 처리하고 '맏 + N Vs. ϕ'의 '맏'은 Px + N으로 보겠다.

▌3.1.6. 어떤 단어의 의미는 다른 어휘의 의미에 내포된다. 그것을 taxonomic hierarchy라고 부르는 구조로 살펴보자.

(36) 식물-나무 ┬ 참 나 무 ┬ 돌배나무
　　　　　　 ├ 배 나 무 ┼ 참배나무
　　　　　　 ├ 감 나 무 └ 아그배나무
　　　　　　 └ 살구나무

(36)에서 배나무가 [x돌·참·아그]x + 배]n₁ + 배]n₂로 [X + N₁]와 *[X + N₂] → [돌배·참배·아그배]로 성립되나 [*돌나무·참나무·아그나무]의 관계에서 '돌·참·아그'는 N₁ + N₂를 한정한 Det + N의 구조로 보기 어려워 Px + N의 구조로 보겠다.[30)]

---

30) X + N₁ + N₂ → 돌배나무에서 *X + N₂ → 참나무는 상위 계층 X + N₁에 해당된 한다. 또한 N₁ + N₂ → *N₂ + N₁으로 성립되지 않는다.

(37) 물 → ⎡ a. 맹물   b. 찬물 ⎤
　　　　⎣　　뜨물　　　더운물 ⎦

　b는 '물이 차다→찬물'로 관형 변형이 성립되지만 a는 *'맹하다 물 → 맹물'에서 '맹'과 '뜨'의 의미 대립도 없어 Px이다. 3.1.5.에서 '올·늦·떡·개·풋 ' 등도 하위계층으로 Px임을 밝혔다.

3.2. 관형사의 통사구성

　Fowler(1971)과 Jacobs & Rosenbaum(1968)의 의미 특성에 따른 Det의 명사와의 결합성을 살펴보기로 하자.

(38) Det + N → 새　⎡ + N
　　　　　　　　　　│ + Count　　과일, 책
　　　　　　　　　　│ + Mass　　 술, 모래
　　　　　　　　　　│ + Concrete　집
　　　　　　　　　　│ + Human　　사람, 아들
　　　　　　　　　　│ + Abstract　 사랑, 꿈
　　　　　　　　　　│ ± Proper　　 *철수, 서울
　　　　　　　　　　│　　⋮
　　　　　　　　　　⎣　　Fn

(39) Px + N → 풋　⎡ +N
　　　　　　　　　　│ ± Count　　과일, *책
　　　　　　　　　　│ − Mass　　 *술, *모래
　　　　　　　　　　│ ± Human　　머슴, *사람
　　　　　　　　　　│ + Abstract　 사랑, 꿈
　　　　　　　　　　│ − Proper　　 *철수, *사랑
　　　　　　　　　　│　　⋮
　　　　　　　　　　⎣　　Fn

등에서 '숫'보다 '새'가 명사와의 결합은 상당히 보편적이다.

'새₁아침, 새₂해'에서 새₁−Det. 새₂−Px로 다루고 있으나, '그해, 저해, 한해'에서 '그, 저 → +Deictic, 한 → Quant'의 자질을 포함함으로 '새해, 새날'의 '새'도 Det로 처리하는 것이 타당할 것 같다.

Fowler(1971)에서 NP에 이미 Det적 자질을 가지고 있고, N은 Det와 결합이 강하고, 이때 Det의 자질을 복사하기 때문에 Det의 특성은 표면 구조에 나타나는 것으로 이해된다. 그렇다면 일부 사전류(새한글사전, 한글학회 편), 국어대사전(이희승 편), 새우리말 큰사전(신기철, 신용철 편)에서 주장하는 '바로', '도로'는 Det의 한정에 따른 NP와의 호응 등을 무시하는데 이를 살피기로 하자.

> (40) 바로 나, 바로 그 책, 바로 저기, 바로 셋[31]
> *Det + 나, 여러 그 책, *Det + 저기, *새 셋

Det + N 제한과는 다른 양상을 보여주므로, 부사로 처리하는 것이 좋을 것 같다.

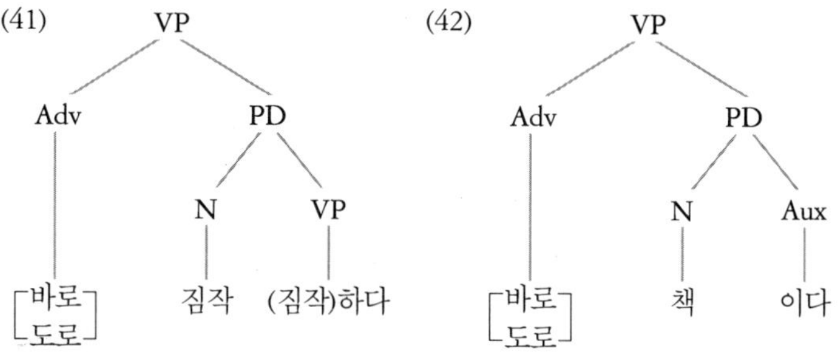

특히, '도로'는 '어찌씨가 체언을 꾸미는 경우' 관형사로 보려는 최현

---

31) '바로'의 연결은 '바로 + (+ Det + N, N + 이다, + deictic)'과의 호응은 높다. 그러나 '바로 + 책, 바로 + 사람, 바로 + 짐작, 바로 + 진리' 등에서는 어색하다. 또한 '도로'의 경우는 그 연결이 '바로'보다 비생산적이다.

배님 등의 견해도 있으나, '도로'의 경우 'N + 하다'와 'N + 이다'에 선행하여 실현되기 때문이다.

3.2.1. 'N + 하다'와 직접 구성하는 형태소를 살펴보기로 하자. 성기철(1971)에서는 'Px + N하다'의 구조를 기피한다고 하였으나, '딴, 생, 갖은, 참, 옛, 새, 맞, 헛' 등은 'X + N하다'로 구성한다. 다만, '생 → 날'은 의미 차이를 보여준다.[32]

> (43) a. 생두부, 생고기, 생감, 생가죽
> 　　　날두부, 날고기, 날감, 날가죽
> 　　b. 생도둑, *생강도, *생상제, 생부모, 생사람, 생문자, 생과부
> 　　　날도둑, 날강도, 날상제, *날부모, *날사람, *날문자, *날과부
> 　　c. 생트집, 생고생, 생이별
> 　　　*날트집, *날고생, *날이별

$$
(44)\ \text{생} + \begin{bmatrix} \text{N} \\ + \text{Mass} \\ \pm \text{Human} \\ + \text{Abstract} \\ - \text{Proper} \\ \vdots \\ \text{Fn} \end{bmatrix} \qquad \text{날} + \begin{bmatrix} \text{N} \\ + \text{Mass} \\ + \text{Human} \\ - \text{Abstract} \\ - \text{Proper} \\ \vdots \\ \text{Fn} \end{bmatrix}
$$

의미자질로 볼 때 '날 + N하다'는 기피되고 있다. 우리는 이제 삽입·대치 변형에 의하여 'X + N하다'의 구조로 분석한다.

> (45) X + N → X + R + N
> 　　새 부모 → 새 양부모, 헌옷 → 헌 이 옷
> 　　옛집 → 옛 고향의 집

---

32) '날일하다'에서 '날'은 명사 자질의 'N + N하다'로 복합어를 구성한다.

온갖 큰 사랑, 외딴 저 길, 온 넓은 세계

국어에는 'Px + Px + N'의 구성을 회피하기 때문에 삽입 변형으로
분리가 가능하면 Det로 잡을 수 있다.

(46) 날고기를 먹다 → 날로(생, 그, 모든) 고기를 먹다 → *고기를 날 먹다.
    [(X + (으)로 + N] → X + (으)로 + R + N → [X + (으)로]Adv + R + N
    참말 하다 → 참 그 말하다
    첫 공사하다 → 첫[번 · 째]로 [새 · 저 · 온] 공사를 하다.
    X + (Sx + 로) + N → [X + (Sx + 로)] + R + N → Ord + R + N
    옛 사업 → 옛적(새, 그, 모든) 사업, 배내적 병신
    [X + DN적] + N → [X + DN적] + R + N
    배내의 병신, 소의 고기, 들의 국화

'참'의 분리는 의미변화와 품사변화를 수반하고 있어, '참 + N'은 'Px
+ N'으로 보고, '날'도 Px로 본다.

▍**3.2.2.** Cognate object와 'N+하다'에 나타나는 다른 요소들을 더 살
펴보기로 하자.

(47) 늦잠자다 → 늦잠을 + 늦잠자다 → 늦자다
    헛잠자다 → 헛잠을 + 헛잠자다 → 헛자다

'헛 · 늦 · 설' 등은 Det+V 구조라기보다는 Px+V 구조다. 모든 관형
사는 [*Det + Cognate Object]의 동사화된 어근과 직접 구성을 회피하
기 때문이다.

(48) 맞절하다 → 절을 맞다 → 마주 절하다 → 절을 마주하다
    맞혼인하다 → 혼인을 맞하다 → 마주 혼인을 하다
    맞바둑 두다 → 바둑을 맞두다 → 마주 바둑을 두다

'맞 → 마주'로 본다해도 '맞 + N + V → N + 맞 + V'로 변형된다면 Det가 아닌 Px로 보는 것이 타당하다.

3.3. 지시 관형사

NP에 속하는 Det자질 중에 중심어인 N을 지시하는 요소들이 있다. 이것을 지시관형사(Demonstrative, Proximative Deictic)로 부른다.

(49) Deictic
　　　이, 그, 저, 요, 고, 조⋯⋯(정지시 Det)
　　　어느, 무슨, 웬, 여느, 아무⋯⋯(부정지시 Det)
　　　+Deictic → 다른, 어떤(+Adj)
　　　위, 아래, 오른, 왼(+N)

이들에 대하여 부정적 견해도 있으나 도수희(1976)에서 " '이·그·저' 의 본적은 관형사에 두고 접사와의 결합에 의한 파생으로 타품사에의 전 성"을 주장한 바 있다. 본고에서는 Det와 Px에 대한 관점에 있으므로 간 략히 +Deictic적 자질에 대한 검토만으로 그 설정의 타당성을 모색한다.

　　1) Deictic, Quant, Att 중 Deictic이 선행한다.[33]
　　　　그 어느 날, 그 새 책, 저 여러 사람, 이 무슨 일, 이까짓
　　2) '이 엄청난 일 → 이 일이 엄청나다'와 같이 N에 관계한다.
　　3) +Mass를 두루 지정할 수 있다.
　　　　저 술, 이 강물, 저 밀가루, 무슨 술, 웬 강물, 어느 밀가루
　　4) +Proper를 대용할 수 있으나, 품사 전성을 한다.
　　　　철수의 모자 → 이·그·저(이·놈·사람)의 모자

---

33) 서정수(1978 : 514)에서 " '그'는 강조, '그 어느'가 한 덩어리가 되어 Dem을 이룬 다."

5) Det → 이·그·저 + $\begin{bmatrix} +N \\ +Mass \\ +Count \\ +Human \\ +Proper \\ +Abstract \\ \vdots \\ Fn \end{bmatrix}$ 어느 + 무슨 $\begin{bmatrix} +N \\ +Mass \\ +Count \\ +Human \\ -Proper \\ +Abstract \\ \vdots \\ Fn \end{bmatrix}$

정지시 Det는 고유명사와 호응하나, 부정지시 Det는 +Proper와 구성을 기피한다. 또한 어형의 변화 없이 NP와 호응을 하고, 단어로서의 충분한 자격을 갖추었으므로 어원을 따져 그 어원의 품사를 적용하기보다는 유창돈(1965)에서와 같이 관형사로 고정된 것으로 볼 수 있다.[34]

[+deictic]으로 볼 수 있는 '어떤, 다른' 등은 [Adj + N] 구조이나, '이것, 저것' 등은 체언적 자질이다. Det + Sx → 이 + 것(분), 새 + 것, Px + Sx → 풋 + 것, 날 + 것 등의 구성은 체언을 구성하기 때문이다. 관형사는 토나 접사와 어울려 활용이나 곡용을 하지 않는 불변화어이기 때문에 체언류와는 구별해야 하고, Det + Sx → +N의 경우, 그 품사의 본적은 본고가 다룰 성질의 것이 아니다.

3.4. 수관형사의 성격

국어의 수량에 관한 자질을 +Qunat로 설정하여 수량적 개념을 나타내는 수사의 Cardinal과 Ordinal에서 수량 관형화 자질을 검토하기로 하자. 그러나 본고가 다룰 내용은 종래의 소위 수관형사와 Det에 있다.

---

34) 유창돈(1965 : 1)에서 '현재말은 관형사를 고유한 품사로 볼 수 있으나, 사적으로 한정어에 속하는 품사는 존재하지 않고, 다른 품사들이 전용하여 관형사의 기능을 하고, 장구한 시일이 지나는 동안 자연히 관형사로 고정되었음'을 밝혔다.

▌3.4.1. 그러면 수관형사와 관형사와의 관계를 살펴보기로 하자.

(50) 한 사람→*사람 한→사람 하나→한 명(분)
일곱 사람→사람 일곱→일곱 명(분)[35]

Ramstedt(1939 : 54~59)에서 Adjective form으로서의 수사에 해당하는 '한 + N'을 'as the first part of a compound'로 보거나, 비분리성 때문에 복합어와 같다면 '일곱'의 경우는 한 형태소의 동일한 의미를 두 개의 직능에 의한 두 품사로 설정하는 모순성이 있다. 이것은 지나치게 직능만을 강조하여 설정된 것이다.[36]

김민수(1971 : 151)에서 '수관형사와 가산어, 수사는 비가산어라도 무방하게 호응함'을 밝힌 바 있으나 다음의 예에서 그 차이를 발견할 수 없다.

*(51) 한 물, 한 진리, 한 저기, 한 소, 한 나무, 한 신
*(52) 하나 물, 하나 진리, 하나 저기, 하나 소, 하나 나무, 하나 신

+Count이면서도 [Cardinal Num]을 기피하고 있는데, 이는 '소, 나무, 신' 등은 '마리, 그루, 켤레' 등 그들을 대신하는 소위 명수사(조수사)를 가지고 있기 때문이다. R. Fowler(1971)에서 논의된 Det의 realization rule을 적용하자.

(53) 그 소를 사다. → 그(한) 소를 사다(한 마리) → *저 한(하나) 소를 사다
그 한 마리(의) 소를 사다 → 그 소 한 마리를 사다 → 그 소 하나 사다

---

35) 사람이 하나다 ➡ ┌ 하나의 사람 → 한 사람 → 한 분(명)
　　　　　　　　　 └ 사람 하나 → 하나의 사람 → *사람의 하나 ┘

36) 이응백(1979 : 25) "……수사와 형태가 달라지는 일이 있으나, 대부분 같은 형태로 문장에서의 구실만 달리 하는 것"이라 하였고, 이은정(1967), 허웅(1967)도 같은 입장이다. 유창돈(1965)에서는 관형사 대신에 관수사라는 명칭을 사용하였다.

$$(54)\ X+\begin{bmatrix}\pm\,\text{PI}\\ +\,\text{Deictic}\\ +\,\text{Quant}\end{bmatrix}+\text{소}+Y$$

$$X+[\text{그}+\sim\text{의(NDm)}]+\text{Quant}+\text{소}+Y$$

$$X+\text{저}+\text{Quant}+\sim\text{의}+\text{소}+Y\rightarrow\text{저 한 마리의 소}$$

따라서, 수관형사라 불리는 '한, 두, 세' 등은 관형사로 처리하지 말고, 수사로서 +Quant자질을 지닌 +Det(관형어)에 포함되어야 할 것이다.[37]

$$(55)\ *\text{Cardinal(한, 두, 하나, 둘}\cdots\cdots)+\begin{bmatrix}+\text{N}\\ +\text{Mass}\quad \text{물, 우유, 가류}\\ -\text{Count}\quad \text{꿈, 진실, 사랑}\\ +\text{Proper}\quad \text{철수, 영수}\end{bmatrix}$$

▌**3.4.2.** Ordinal numerals는 a) 첫째, 둘째⋯⋯, b) 제일, 제이, 제삼⋯⋯, c) Car N + Sx 등이 있으나, '첫째' Quant만을 문제삼아 Det와 Px의 한계설정의 문제를 밝히기로 한다.

Quant(여러, 모든, 온) + [+Mass, −Count]와의 호응이 가능하다. 그러나 '−Count N + 하다'와의 구성을 기피한다.

$$(56)\ \text{Quant(여러, 모든, 온, 각)}\begin{bmatrix}+\text{N}\\ +\text{Mass}\\ \text{물}\\ \text{우유}\\ \text{모래}\end{bmatrix}\vee\begin{bmatrix}\text{N}\\ -\text{Count}\\ \text{꿈, 진리}\\ \text{사랑}\end{bmatrix}\vee\begin{bmatrix}*\text{N}\\ (-\text{Count N하다})\\ \text{진실하다}\\ \text{고상하다}\\ \text{순결하다}\end{bmatrix}$$

---

37) R.P. Stockwell(1977 : 58)

"Both entites and events can be count ⋯⋯Quantifiers serve that function with noun."

N.C. Stageburg(1967 : 336)에서 +Mass, +Count N 앞에서 Det는 수의적으로 생략된다고 한다.

(57) 여러 바다, 첫 진리, 온갖 진실, 몇몇 임금, 모든 소

(57)에서 보여준 것처럼 수사와는 다른 양상을 보이고 있다. 또한 NP 앞에서 '첫'은 Ord Num의 제한성을 벗어나, 수의적인 제약성을 보여준다. 그러므로, Quant의 자질을 상실한 경우는 접두사로 볼 수 있으나, 그와 동등한 의미기능을 지니면 Det로 볼 수 있다.

(58) 첫사랑 = 첫째 사랑 → 첫째의 사랑 → 처음 사랑
(59) 첫여름 = 초여름 → *첫째 여름
*(60) 몇 꿈, 몇 먼지, 몇 도덕, 몇 강물
(61) 몇몇 꿈, ?몇몇 먼지, 몇몇 결론, 몇몇 강물

(59)와 같이 '첫 = 초'의 등식이 성립하는 경우는 Px + N구조로 다룬다. '몇'은 '몇몇'보다 NP와의 호응에서 상당한 제약을 보여준다. '몇몇'은 [−Det Quant + N]의 자질을 충족하는 형태로 처리할 수 있으나, [몇 + N]의 자질은 Card + Sx의 구성의 기어가 된다.

(62) 몇 사람이 간다 → 사람 몇(명)이 간다.
(63) 첫째, 첫 번, 첫 해, 첫 분, *첫 적
     몇째, 몇 번, 몇 해, 몇 분, *몇 적

'몇'과 '몇몇'은 (62), (63)에서 보여준 것처럼 Ord Num과 같은 직능을 가지며, 단어로서의 의미와 형태를 구비하고 있으므로 Det + N의 구성을 이룬다.

▌3.4.3. 지금까지 다룬 Quant를 정리하면 다음과 같다.
+Quant
ⅰ) Cardinal Numerals
a. 하나, 둘, 셋, 넷·········(NP → NDm + N)

         b. 한, 두, 세, 네……… ┐
         c. 일, 이, 삼, 사……… │ (NP → NDet + N)
         d. 한둘, 두서, 대여섯… ┘

    ii) Ordinal Numeral
         a. 첫째, 둘째, 세째, 네째……
         b. 제일, 제이, 제삼, 제사……
         c. [Cardinal + Sx] : 한 장, 한 마리, 두 권, 세 홉……
    iii) Qunat → Det(관형사)
         a. Univ Quant : 온, 모든, 온갖
         b. /Det Quant : 여러, 몇, 몇몇, 각, 뭇

따라서, '한, 두, 세' 등은 수사의 변이형태로 처리하여 관형 표지 없이 관형어로 쓰일 수 있는 이형태로 보고, Quant만을 Det(관형사)로 처리하고자 한다.

3.5. 접두사 유형

이제 접두사에 대하여 살펴보기로 하자. 접사에는 접두사와 접미사, 접요사로 크게 나누어 생각할 수 있다. 그러나 접요사는 조음적 역할만을 수행할 뿐이므로 진정한 의미에서 접사의 기능은 뜻을 더하는 것과 조어적인 것으로 요약된다.[38] Px+N의 Px는 Sx와는 달리 의미를 첨가하는 기능만 지니고 있다. 이 접두사에 대한 의미기능은 이미 밝혔으므로 생략하고, 그 분류만을 간략히 살펴보자.

접두사에 대한 분류를 크게 관형사성 접두사와 부사성 접두사로 보려는 입장은 최현배, 이인모, 이을환 등을 들 수 있다. 반면에 이희승, 이

---

38) 최현배(1980 : 659) 참조.

명권, 이길록 등은 '체언 앞에 오는 접두사, 용언 앞에 오는 접두사'로 그 명칭만을 달리 사용, 분류한다고 보겠다. Bauer. L.(1983)에서는 접두사의 분류를 크게 class-changing fixes와 class-maintaining fixes로 나누었다. 후자에 속하는 접두사는 다시 ① 명사 어근, ② 동사 원형, ③ 형용사 원형에 전적으로 사용되는 접두사와 ④ 명사와 동사에 부가되는 접두사, ⑤ 명사와 형용사에 부가되는 접두사, ⑥ 동사와 형용사에 부가되는 접두사, ⑦ 명사, 동사 및 형용사에 부가되는 접두사로 세분하였다.39)

　본고는 Det와 Px의 관계에 있는 만큼 Px에 대한 자세한 의미 분류는 지양하고 크게 '관형사성 접두사(Px + N)'와 '부사성 접두사(Px + V)'로 분류하고, 그 하위분류로 부사성 접두사를 동사와의 호응, 형용사와의 호응으로 나눈다.

▌3.5.1. 관형사성 접두사(Px+N)

가막(까막)-, 가랑-, 갈-, 갓-, 강-, 갖-, 곁-, 곰방-, 군-, 날-, 넛-, 능-, 늦-, 대-, 덧-, 돌-, 동아-, 둘-, 들-, 뜨-, 막-, 말-, 맞-, 맨-, 맹-, 메-, 무-, 민-, 벌-, 불-, 생-, 선-, 설-, 쇠-, 수-, 숫-, 앗-, 알-, 암-, 애-, 얼-, 엇-, 열-, 오-, 오도-, 옥-, 올-, 옹-, 응달-, 외-, 이-, 일-, 잔-, 조랑-, 좀-, 차-, 찰-, 참-, 첫-, 팔-, 풋-, 한-, 핫-, 해-, 햄-, 햇-, 헛-, 홀-, 홑-

▌3.5.2. 부사성 접두사

❶ 동사와의 호응(Px + V)

간-, 갓-, 걸-, 검-, 곁-, 거머-, 깔-, 내-, 늦-, 다가-, 덧-, 데-, 되-, 드-, 들-, 맞-, 매-, 몰-, 무르-, 박-, 복-, 부-, 비-,

---

39) Bauer, L.(1983 : 216~220) 참조.

밧-, 설-, 싸-, 악-, 알-, 얼-, 엇-, 엿-, 옥-, 을-, 일-, 줄-,
짓-, 처-, 쳐-, 치-, 헛-, 휘-, 휩-

❷ 형용사와의 호응(Px + Adj)

결-, 덧-, 덩-, 드-, 메-, 무-, 별-, 부질-, 비-, 새-, 샛-, 설
-, 숙-, 숫-, 시-, 알-, 얄-, 얼-, 외-, 좀-, 짓-, 차-(Px + Px),
짙-, 참-(Px + Px), 팡-, 포-, 휘-(※ 지면 관계상 접두사 예는 생략함).

4. 맺음말

본고는 명사류(+Noun)에 선행하는 관형어, 특히 관형사와 체언 접두사
에 대한 한계성을 살펴보았다.

4.1. 관형어는 중심말에 대하여 한정하는 동심구조의 속성을 가지고
있다. 이 관형어는 $N_1 + N_2$, V Det + N(V + N, Adj + N)은 통사적 구성
이나, Det + N과 Px + N은 통사적 구성이라고 보기가 어렵다. $N_1 \cdot N_2$
는 통사적이든 비통사적이든 관형어로 보지 않고 복합어로 보았다.

4.2. 기왕의 관형사와 접두사에 대한 연구는 단어의 자격, 직능, 형
태소간의 어근의 개재, 휴지, 맞춤법 등의 개별적 논거로 문제해결에 구
체적으로 접근되지 못하였다.

4.3. 품사 설정은 단어에서 출발하여 의미, 형태, 직능을 고려하여야
한다. 따라서 단어의 의미, 형태구조에 중점을 두어 Det와 Px의 단어로
서의 가능성을 개진하였다. 또한 Postposing N과의 호응과 변별성, 의미

특성, 삽입·도치 변형 등으로 Det와 Px를 구분하였다.

4.4. 관형사는 불변화어이고, 활용과 곡용이 되지 않으므로 '다른, 어떤'은 관형사형으로, '~의' 삽입을 받는 경우 복합어로, '바로, 도로'는 부사로 처리하였다. 관형사는 중심어 앞에서 꾸밈 관계가 성립됨으로 확대에 의한 분리방법이 선용된다.

4.5. 접두사는 중심어의 문법관계를 바꾸지 않고, 조어와 의미를 한정하는 기능을 지니므로 구체적 의미 여부와 용언의 기어가 되는 것 등으로 관형사를 설정하려는 방법은 지양하였다(헛, 참, 풋, 외, 설→Px).

4.6. 관형사의 하위분류는 Det → [Att(성상)·Deictic(지시)·Quant(수량) + N]으로 나눈다.

① 소위 수관형사는 수사의 관형어로 처리하고, Quant → Univ. −Det로 설정하였다.

② Deictic는 정지시와 부정지시 관형사로 세분하였다. 이, 그, 저, 요, 고, 조……, 정지시, 어느, 무슨, 웬……, 부정지시, +Deictic → 어떤, 다른, (+Adj)위, 아래, 오른, 왼(+N)

③ 성상관형사와 접두사의 구별이 가장 난해하다.

　• Att → 새, 헌, 딴, 까짓, 외딴……

　• +N → 들, 배내, 파랑, 검정…… 등

4.7. 접두사의 하위분류는 다음과 같다.

Px → ┌ Px + N　　　　　 : 풋, 개, 늦, 선, 쇠, 헛, 찰…… ┐
　　　└ Px + VP ┌ Px+V : 간, 갓, 덧, 매, 복, 싸, 처…… │
　　　　　　　　└ Px+Adj : 덧, 덩, 드, 메, 새, 숙, 얄…… ┘

4.8. 본고는 Det + N과 Px + N의 관계만을 고려하여 Px + VP의 문제는 해결하지 못하였으나, 후일을 기해 +Det 자질의 통사의미 기능을 중시하여 Px의 전반적 구조를 다루기로 한다.

● ● ● 참 고 문 헌

강돈묵(1984), 「한국어의 접두사 연구」, 충남대학교 대학원 석사학위논문.

고영근(1974), 『국어접미사 연구』, 백합출판사.

김계곤(1978), 「현대국어의 조어법 연구」, 『눈뫼허웅박사 환갑기념논문』.

김봉모(1983), 「매김말의 특성」, 『부산 한글』 2집.

김민수(1971), 『국어문법론』, 일조각.

김영송(1973), 「국어의 관형변형」, 『부산대 논문집(인문사회과학)』 제16집.

김형기(1964), 「“국민의 할 바”라는 “국민의”는 과연 주어인가?」, 『충남대 논문집
        (인문사회과학)』 제4집.

도수희(1967), 「대용언에 대하여」, 『어문연구』 제5집.

도수희(1976), 「이, 그, 저의 품사문제」, 『어문연구』 제9집.

서정수(1978), 『국어구문론 연구』, 탑출판사.

성기철(1971), 「동사류어의 어간 구조와 접사」, 『김형규박사 송수기념논총』, 일
        조각.

심재기(1979), 「관형사의 의미기능」, 『어학연구』 15권 2호.

유창돈(1965), 「관형사사 고구」, 『국어국문학』 제30호.

이병찬(1969), 「독일어의 품사 분류고」, 『논문집(서울대 교양과정부)』 제1집.

정정덕(1982), 「합성명사의 의미론적 연구」, 『한글』 제175호.

최창렬 외(1982), 『국어의 의미구조 ; 국어학개론』, 정화출판문화사.

최현배(1980), 『우리말본』, 정음사.

한영목(1980), 「관형사의 연구」, 『장암 지헌영선생 고희기념 논총』, 형설출판사.

Baker, C.L.(1975), The Role of Part-of-Speech Distinction in Generative
        Grammer, *Theoretical Linguistics*, Vol 2, No. 1/2.

Bauer, L.(1983), *English Word-Formation*, Cambridge Univ. Press.

Bloch & Trager(1942), *Outline of Linguistic Analysis*, Baltimore.

Bloomfield, L.(1933), *Language*, Holt, Rinehart & Winston, Inc.

Chomsky, N.(1965), *Aspects of Theory of Syntax*, Cambridge, Mass : MIT Press.

Fillmore.(1968), The Case for Case ; *Universals in Linguistic Theory*, Holt, Rinehart & Winston, Inc.

Flower, R.(1971), *An Introduction to Transformational Syntax*, Routledge & Kegan Paul. London.

Francis, N. W.(1958), *The Structure of American English*, The Ronald Press, Co.

Gleason, H.A.(1961), *An Introduction to Descriptive Linguistics*, Holt, Rinehart & Winston, Inc.

Hockett, C.F.(1958), *A Course in Modern Linguistics*, The Macmillan.

Lamb, S.M.(1963), Lexicalogy and Semantics, *Linguistics*, The Macmillan.

Langacker, R.W.(1973), *Language and Its Structures*, Harcourt Brace Jovanovich, Inc.

Leech, G.(1974), *Semantics*, Penguin Book.

Kempson, R.M.(1977), *Semantic Theory*, Cambridge Univ. Press.

Robinson, R.H.(1964), *General Linguistics ; An Introductory Survey*, Longman.

Rosenbaum, P. & Jocobs, S.R.(1968), *English Transformational Grammar*, Walthan, Mass Ginn.

Stageberg, N.C.(1967), *An Introductory English Grammar*, Holt, Rinehart & Winston, Inc.

Stockwell, R.P.(1977), *Foundations of Syntactic Theory*, Prentice-Hall, Inc.

Ullman, s.(1967), *Semantics ; An Introduction to the science of meaning*, Basil Blackwell.

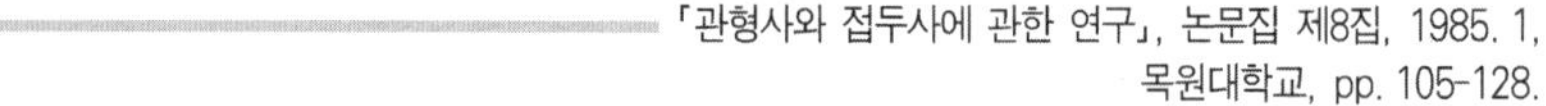

「관형사와 접두사에 관한 연구」, 논문집 제8집, 1985. 1, 목원대학교, pp. 105-128.

1. 머리말

문(文)은 문법적인 단위로 분석이 가능하다. 문은 형태소나 낱말의 연결체로 말하는 이의 생각과 느낌을 나타내어 듣는 이에게 전달되어 완벽한 의사소통으로 이루어진다. 문의 구성은 우선 그 소리가 어떻게 구성되었는지를 자세하게 밝힐 수 있는 음운규칙과 그 형태소들의 구성을 밝힐 수 있는 통사규칙과 그 문이 표현하고자 하는 의미가 무엇인가를 규명하는 의미규칙을 가지고 있다. 이러한 관점에서 국어의 문은 의미전달이라는 과정에서 이해할 수 있다. 그러나 '사람이 창조할 수 있는 문(文)의 수는 무한하고, 한 언어의 문법에 의하여 부과된 제한은 없으며, 문법은 문의 길이를 제한할 수도 없다. 문법은 가장 긴 문이나 가능한 문의 최대 수를 명시하지 못하므로 끝이 개방적'이다(Stockwell, 1977 : 5). 이런 관점에서 우리의 논의는 모든 문은 몇 개의 기본문형에서 확대·변형·생성된다는 가정 아래 출발한다.

국어의 기본문 구성에 대한 논의는 다각적인 검토가 이루어졌다. 이들 논의는 대체로 표면구조를 중심으로 연구되었다고 볼 수 있다. 우리는 국어 문형의 설정을 표면구조뿐만 아니라 심층구조의 언어심리적 측면에서도 고찰하고자 한다. 그것은 국어의 모든 복잡한 문의 기저구조는 의미와 밀접한 관계를 맺고 있으며, 나아가 형태와도 밀접한 관련을 맺는 구조의 두 유형을 가정할 수 있기 때문이다(Robinson, 1980 : 274). 상황 맥락에서 볼 때 발화된 언어 자료는 심리적인 측면과 언어 수행과는 괴리 현상을 보일 수 있다. 나아가 국어는 문법적 기능을 담당하는 조사에 따라 상당한 의미 차이를 보이고 있다.

    (1) 철수는 순이가 좋아한다.
    (2) 철수가 순이는 좋아한다.

언어 장면을 통하여 확인할 수 있는 토의 직능에 따라 국어는 서술어에 강한 의미를 내포하고 있어 (1)의 행위주는 '순이'이고, (2)는 '철수'가 행위주이므로 완전히 다른 문장이다. '—는'이 주제어로 직능하기 때문이다. 그러므로 우선 심층구조의 심리면뿐만 아니라 표면구조에 나타난 언어현실을 중시하여 문형을 살펴보고자 한다.

'사람이 창조할 수 있는 문(文)의 수는 무한하고, 한 언어의 문법에 의하여 부과된 제한은 없으며, 문법은 문의 길이를 제한할 수도 없다. 문법은 가장 긴 문이나 가능한 문의 최대 수를 명시하지 못하므로 끝이 개방적'이다(Stockwell, 1977 : 5). 이런 관점에서 우리의 논의는 모든 문은 몇 개의 대표적인 기본문형에서 확대·변형·생성된다는 가정 아래 출발한다.

김민수(1958)에 의하면, 문은 무한수의 단어들로 구성되는 유한한 규칙인데 국어의 문형은 720개 이상 추출할 수 있다. 이들은 기본문형에서 유도된 문으로 볼 수 있다. 이 유도문은 크게 기본문의 생성과 복합문의 생성으로 나뉜다.

기본문의 생성은 확대와 변형에 속하는 개념이다. 다만 등위적 구조는 접속문의 성격을 띠므로 변형에서 다룰 성질의 것으로 보아 유도문에 속한다. 또한 '이차적 형태'를 취하는 문형의 경우도 유도문인 변형에 속한다고 볼 수 있다. 기본문의 확장은 부속성분인 수식어에 의하여 확대

된 문형을 의미하고, 문의 구조지수를 바꾸는 경우는 모두 변형문의 개념에 포함시키기로 한다. 따라서 문 구성의 유형은 크게 단문과 복문으로 나눈다. 기본문의 확장과 변형인 단문은 서술어 하나에 참여어가 하나 이상이며, 수식어가 붙는 문을 의미한다(서술사 : 동사, 형용사, 체언서술어는 수식어도 복문 구성). 복문은 서술어가 둘 이상으로 구성되는 문 유형이다. 그러나 본고에서 다룰 기본문은 단 하나의 서술어로 구성되거나 서술어와 결합하는 하나 이상의 참여어로 구성된 문형만을 대상으로 한다.

2. 문의 성격

2.1. 기본문을 이해하기 위하여 문의 일반 특성을 살펴보자. 문은 형태소와 단어들이 구성 결합하여 화자의 의도를 전달한다. 그것은 Stageberg(1967 : 168)에 따르면, 임의적 형태로 단어의 연결체로 말하지 않고 상당히 주의 깊게 문형으로 단어를 배열하기 때문이다. 우리는 문에서 단어들을 분석해 낼 수도 있고 그것들이 문 안에서 어떠한 기능을 하는가도 알 수 있다.

그러므로 문은 문법적 단위이다.[1] 문은 낱말이나 형태소를 연결체로 가능한 문법 단위로 화자의 생각과 느낌을 완벽하게 표현하여 의사소통을 이룬다. 완전한 문은 통사규칙, 음운규칙, 의미규칙이 있어야 한다. 그리하여 그 문이 어떻게 구성되었는지를 밝힐 수 있어야 하고, 어떻게 발음되었는지도 밝혀야 되며, 그것이 표현하고자 하는 뜻이 무엇인지도 밝힐 수 있어야 한다. 그러자면 의사소통의 관점에서 화자의 의도가 들

---

1) 우리 전통 문법에서도 이러한 개념이 있었다. 예를 들어, 신명균(1933 : 83-84)이 "여러 가지 품사 즉 단어를 집합하야 한 생각을 완전하게 표시하는 것"으로 문장을 정의한 바 있다.

는 이에게 어떻게 전달되는가가 중요하다. 물론 언어 생활에서 화자의 의도가 전적으로 듣는 이에게 같게 전달되지는 않는다.

Chomsky(1957)는 "언어는 문의 (유한 또한 무한) 집합이며, 길이에 유한하고, 요소의 유한집합으로 구성된다"고 정의하며, Postal(1964 : 137)에서도 문법적 발화의 잘 구성된 연결체로 다룬다. 그러나 Palmer(1971)는 "문에 대한 논리적 정의는 불가능하고 아무 도움이 되지 못한다. 구두언어의 많은 부분이 문자언어에서 의미하는 문으로 구성되지 않고, 불완전하고, 중단되고, 비완성인 문이다. 말은 발화, 분리된 조각으로 형성되지만 문과 일치하는 경우가 드물다. 따라서 문에 관한 언어학적 정의는 문의 심층구조에 의해서 내려져야 한다. 문은 단어나 단어의 일부인 어떤 특정한 요소가 일정한 순서로 되어 있다"는 관점이다.

그러므로 문은 완전한 뜻을 전달하는 말의 독립 단위로 완결성을 갖춘 언어 활동의 핵심 단위로 정의할 수 있다. 우리는 이러한 논지에 따라 국어의 기본문 구성을 고찰하기로 하자.

2.2. 기본문의 설정에 대한 논의에서 Chomsky류의 문법에서 주장하는 핵문(kernal sentence)은 유한수의 문으로 무한수의 문을 대표하려는 데 그 의도가 있기 때문에 구별하기로 한다.[2] 이 핵문은 심층구조와 표면구조가 같은 변형을 거치지 않은 문으로 [+단문, +긍정, −변형]을 의미한다. 핵문은 적어도 하나의 서술어로 구성되고, 접속어를 포함하지 않고, 부정, 명령 의문과 같은 2차적 형태를 취하지 않은 문장이 된다 (Stockwell, 1977). Harris와 Chomsky 등이 주장한 핵문에 대하여 Katz & Postal(1964)은 변형에서 볼 때 문의 의미에 아무런 영향을 제거하지 않고는 성립할 수 없다고 반론을 제기하였다.

---

2) "Thus every sentence of the language will either belong to the kernal or will be *derived from* the string underlying one or more kernal sentence by a sequence of one or more transformations"(Chomsky, 1957 : 45).

물론 핵문과 기본문형을 같게 보지는 않지만 좀더 문형에 대한 개념 규명에 집착하여 이 관계를 고찰해 보자. 문형이란 말이 구조 문법에서는 하나의 행동으로 해석되고, 말에는 몇 개의 유형으로 관습화되었다는 입장이다. Lado 역시 언어와 관습을 주장하여 기본문을 정의하였다. 그러나 문법에서 보는 규칙은 실제적인 규칙이지 명령이 아니므로 본질적으로 자의적이기 때문에 '언어는 관습'이라는 모순을 찾을 수 있다.

Mehler & Miller의 결론에 따르면 20개의 단어로 생성되어지는 문은 무수하다고 한다(박병수, 1973 : 92). 이 무수한 문을 생성하는 것은 바로 각각의 단어가 문을 축적함으로써가 아니라 그 언어 단위들의 배합 과정의 규칙 설정으로 가능한 것이다. 따라서 Wardhaugh(1977)에서 '어느 언어나 기본적인 구조 유형을 가지고 있고, 이 기본 유형을 확장 또는 변형하는 과정을 거치므로 문을 구성한다'는 점은 상당히 시사적인 면을 제공한다. Stockwell(1977 : 10)에서 모든 문을 언어학적인 측면에서 기본문과 파생문으로 분류하였는데, 그것은 그 구조상 '기본적(basic)이거나 핵심적(atomic)인 문과 그 핵문으로부터 파생된 문'들의 두 범주 가운데 하나에 속하는 것이 편리하다는 주장과 같다. 특히 Chomsky(1965)에서 한 언어의 포괄적 연구에는 기본문의 개념이 필요 없다는 부정적 견해에도 불구하고,[3] 우리는 국어의 기본문형은 문형간의 관계 규명에 필요한 것으로 보아 기본성분만으로 생성되는 대표 문형을 산출하기 위한 예비 작업으로 기왕에 주장되어 온 기본문형을 검토하기로 한다.

2.3. 기본문형에 대한 논지를 전개한 기왕의 업적들에서 그 정의를 찾아 볼 수 있다(김진우, 1969 : 85-103). 아무리 복잡한 구조의 문이라도 몇 개의 문형의 결합으로 분석 기술이 가능하여 소수의 기본문형으로 무

---

3) "The notion 'kernal sentence' has …… an important intuitive significance, but since kernal sentence play no distinctive role in generation or interpretation of sentence." (Chomsky.N, 1965 : 18).

한수의 문을 생성할 수도 있다. 기본문은 모든 문을 대표할 수 있는 기본성분으로 조직된 단문이다.

이제 우리는 문 규칙 설정의 대표적 유형을 찾으려는 학자들의 작업을 살펴보기로 한다. 남기심(1968)은 문의 결합으로 "소수의 기본문형이 무한한 수의 문을 만들어 내는 것을 가능하게 하는 것"으로 보고, 그것은 문을 생성하는 대표적인 것으로 변형을 거치지 않은 본래의 기본문으로 잡고 있다. 김민수(1971)는 '문의 수는 무한하나 이 잡다한 것은 어떤 기저 형식에서 파생한 변이로 보아 문의 기본이 되는 틀을 문형으로 취급하고 관용성과 공통성이 많아서 기본이 되며 모든 문에 공통되는 문을 대표하는 본보기와 같은 겨냥대'라 하였다.

그러므로 기본문이란 기본 성분들로 구성된 단문으로 기본적인 문법 구조를 지닌 모든 문의 대표적인 것으로 무한수의 문을 변형·생성·확대할 수 있는 변형을 거치지 않은 원문형(原文型)을 말하는 것이다.

■**2.3.1.** 국어 문법에서 기본문형을 설정한 학자도 많고, 그들이 설정한 기본문형의 수도 각양각색으로 나타난다(천기석, 1973 : 59-85). 대체로 기본문형을 문의 기본성분만으로 설정하려는 입장과 독립성분과 수식성분까지도 설정하려는 소수의 견해도 나타난다(한영목, 1976 참조). 특히 문 요소로 보어를 인정하는 입장에서는 보어문이 추가로 설정된다. 이 경우 서술어를 중심으로 동사문, 형용사문, 체언문을 설정하는 입장(최현배, 고영근 등)[4]과 그것을 '주어 + 서술어'로 처리하고, 보어문, 객보문 설정 등으로 대별할 수 있다. 정인승(1967)에서 "국민들이 그분을 국부라고 부른다"의 문형은 인용문으로 처리할 수 있다. 김민수(1971)에서 변형문법의 의미에 입각하여 분류·설정한 작업으로 $S \rightarrow NP + VnP(+Aux)$에서 "개

---

4) 최현배(1967)에서 보어문은 'N + 이다' 구문으로 체언문에서 다룰 수 있다. 고영근 (1969)의 분류 방식의 특징은 최현배와 같으나 동사문을 자동사문과 타동사문으로 분리하여 타동사 서술어에서만 나타나는 목적어를 살렸다.

가 발광(인가 보다) 한다"로 변형될 수 있어 의존 용언을 부가하여 기본문형으로 잡았다는 점이 특색이다.[5]

이맹성(1968)은 12개의 기본문형을 설정하나, 다분히 의미와 체언의 격중심으로 처리된 것 같아 혼란을 야기한다.

> (3) ① NPs V-t-ta(아이가 운다)
> ② NPs NP_0 V-t-ta(아이가 우유를 먹는다)
> ③ NPs NP_1 / Pr NPo V-t-ta(내가 김군에게 책을 주었다)
> ④ NPs NP_1 / Pr V-t-ta(김군이 대학에 다닌다)
> ⑤ NPs NPs V-t-ta(물이 얼음이 되었다)
> ⑥ NPs A-t-ta(국이 맵다)
> ⑦ NPs NPs A-t-ta(내가 그가 싫다)
> ⑧ NPs NP_1 / Pr A-t-ta(한국이 일본에 가깝다)
> ⑨ NPs NPr NPs A-t-ta(한국이 미국과 관계가 깊다)
> ⑩ NP_1 NPs E-t-ta(그에게 자동차가 있다)
> ⑪ NPs NP_1 / Pr NPs E-t-ta(내가 김씨와 안면이 있다)
> ⑫ NPs NC-t-ta(김군이 학생이다)

■ ■ ■ 필자가 예문을 우리말로 고쳤다

⑤의 경우 "물이 + [물이 + 얼다]음(이/로) + 되다"를 가정할 수 있다. ⑦과 ⑩의 문형을 살펴보면 그 변형문이 같음을 알 수 있어, 기본문형 설정상의 의문점을 제시하고자 한다. 특히 ⑩은 '그가 자동차를 갖(고 있) 다'로 볼 수 있다.

■**2.3.2.** 기타 문법서에서는 대동소이하다. '독립어 + 문장(I + S)'을 기본문형으로 설정한 이을환(1968, 최신문법), 이용주 · 구인환(1967, 국어문법),

---

5) 김민수 · 이기문(1968, 표준중등문법)에서 '주어 + 서술어 + 서술어(꽃이 + 피지 + 않는다)'로 분류했다. 또한 변형문법에서 의존 용언을 따로 분리하려는 경향도 있으나, 이것은 문제점이 많아 재론의 여지가 있다. 이 경우 핵문의 유도문으로 처리된다.

강복수·유창균(1970, 문법), 한국어교육연구회(1966, 고등국문법), 이명권·
이길록(1968, 문법) 등에서 나타난 독립어 그 자체는 독립성분으로 문과는
직접 관련이 없이 따로 서는 개별적인 것이므로 기본문형 설정과는 구분
해야 한다. 또 이명권·이길록(1968)은 '문장 + 접속어 + 문장(S + C + S)'
을 기본문형으로 처리하나, 이 점은 문장과 문장을 접속한 경우라면 복
문이 되므로 기본문형의 설정 자격(단문)이 상실된 것이다. 강윤호(1972,
정수문법)에서 보어와 부사어 관형어를 포함시키는 5형식으로 분류하고
있으나, 한정어와 수식어를 기본문형으로 설정한 것은 기본성분이 아니
므로 문제삼지 않는다.

2.4. 지금까지 살펴본 바 통일된 기본문형의 설정이 없었다는 점, 기
본문형의 개념 파악의 빈곤, 문 성분의 적용에 대한 확고한 기준 없이
문의 의미나 형식에 얽매여 설정한 것 등 수 많은 과오와 그것을 시정하
려는 의도를 찾을 수 있었다. 그러나 정립할 만한 기본문형의 설정은 여
러 문제점을 제기하고 있는 실정이다. 이제 장을 바꾸어 그 내재된 문제
점을 밝히고 기본문형의 설정에 들어가고자 한다.

3. 기본문 구성

3.1. 우리는 국어에서 기본문형의 설정에 따른 문제가 지나치게 지엽
적 성분까지 고려한 데서 오는 혼란을 살펴보았다. 언어는 화자의 의도
에 따라 기존 체계가 창조적 성격을 띠는 것으로 이해하지만 너무나 고
답적 관념에 사로잡히는 오류는 지양되어야 하겠다. 기본문형 자체도 따
지고 보면 모국어 화자에게 얼마만큼 효용성 여부에 대한 의문에도 불구
하고, 언어교육에서 그것의 중요성을 이해할 수 있다. 기본문형은 언어

사용의 효용성과 활용성, 많은 문형으로 생성된다는 사실에 따른 언어 체계의 질서 유지를 생각해 볼 필요가 있는 것이다. 특히 어린이가 몇 개의 단어를 활용하여 아주 간단한 말(주로 단어말)일망정 문형에 따라서 확대·생성하여 사용하고 있기 때문이다. 그러나 성인의 언어에서 문장은 기본 문법 관계를 형식적으로 제한하는 추상적 기저구조를 가지고 있으므로 언어를 배우는 것은 문장의 표면구조와 심층구조를 식별하기에 필요한 것이다. '어린이의 문장은 표면형보다는 심층구조가 풍부하다' 하나, 언어습득상의 입문적인 구문과는 구별되어야 할 것이다.

이제 필자는 기본문형의 책정에 부수되는 7개의 문제를 제시하고, 기본문형을 추출하고자 한다.

① 국어의 도치문은 이동 변형으로 처리한다.

② 격과 형의 관계는 자유롭게 변이되므로 기본문형은 기본성분으로 책정한다.

③ 보어는 기본성분으로 인정하지 않는다.

④ 주어 없는 문장은 그것이 임의로 생략 안 된 경우는 서술어문으로 고려되어야 한다.

⑤ 서술어 중심으로 기본문형을 설정한다.

⑥ 목적어는 타동성을 요구하는 특수한 문법적 자질을 지닌다.

⑦ 주제어의 특성을 고려한다.

3.2. 우선 우리는 서술어문에 대하여 논의하기로 하자. 서술어(Predicate)는 문을 완결하는 요소의 집합을 이루고 그 의미를 지배하는 가장 중요한 기본성분으로 문의 그 의미를 제한·한정하여 동작과 행위와 상태 및 지정을 보이는 직능을 한다.[6] 전재호·박태권(1982 : 155)에서 '표면구조를 중심으로 할 때 문에서 중심되는 성분은 서술어이며, 그것은

---

6) "Roughly speaking a predicate is a semantic units that describes an action, state, quality or the like."(Langacker, 1972)

문을 구성하는 데 통어적인 필수요소이다. 따라서 서술어는 문의 주요성분'으로 보고 있다.[7) Hockett(1958 : 201)에서도 문형의 핵은 서술어 구성성분에 있음을 밝힌 바 있다. 이 서술어는 몇 개의 참여어로 문을 이루는 중요한 요소이며, 문을 마무리하는 성분으로 보기로 한다.

서술어만으로 구성된 주어 없는 문장이 존재하느냐 않느냐가 논의의 쟁점이 된다. 전통문법에서 주어는 문장의 주가 되는 것으로 파악한 데서 그 필수성을 확인하려는 의도가 이런 문제의 연결관계로 처리하여야 할 것이기 때문에 주어 없는 문장은 이미 언어 장면에서 인정되어 왔었다.[8) 김규식의 경우 주어가 없는 문장은 '은각'으로 처리하였다(한영목, 1993). 고동혁(1992 : 146-158)에서 '특수문형'에서 'ㄱ 무술어문형, ㄴ 무주어문형, ㄷ 생략문형, ㄹ 함축문형, ㅁ 강조문형'으로 처리하여 김민수 (1971)의 소형문과 같은 개념이다. 그러나 본고에서 다룰 서술어문은 이와는 달리 논리적 주어가 없는 서술어만의 문형을 의미한다.[9) 이승욱 (1969 · 1973)은 "국어에서 동작이나 성질 · 상태의 주체를 나타내는 방법이 문법화될 때 반드시 '주어–서술어'라는 기본문형으로 되지는 않는다. 오히려 국어의 기본문형의 특질은 '서술어문'이며, 따라서 주어는 서술의 주변적 성분 단위가 되는 것"으로 파악하여, 주어가 없는 경우를 '주어 생략문'과 '무주어문'으로 구분하는 대신 문장의 주성분은 오직 서술어뿐임을 밝혔다.[10)

국어의 경우 가장 핵심적인 문성분이 문미에 집결된다는 언어 현실로 볼 때 가능한 언어의 복잡화를 피한 생략이 급심하여 주어 생략도 가능

---

7) 전재호 · 박태권(1982)에서 주어 · 목적어 · 관형어 · 부사어를 문의 부속성분, 독립어를 독립성분으로 파악한 개념에 동의하지 않는다.

8) 이승욱(1969)에서 기본문형의 특질을 '서술어문'으로 잡아, 김종택(1973)의 '무주어문'과 '주어 생략문'과는 의견을 달리한다. Ramstedt(1938)도 내용은 다르나 '주어 생략문'으로 보고 있다.

9) "There are few predicates that do not have logical subjects at all……"(Stockwell, 1977 : 53).

10) 전재호 · 박태권(1982 : 155)에서도 서술어만을 문의 주성분으로 보았다.

한 것으로 가정할 수 있다. 필자는 발화된 언어를 그대로 분석한다는 견해를 밝혀, 주어 없는 서술어문을 설정한 바 있다(한영목, 1974).

    (4) 잘 먹겠습니다.
    (5) 내내 바람뿐이다.

    (4)에서 의미상으로 주어를 추출해 낼 수는 있다. 변형문법에서 'S → NP + VP'라는 기본에 따라 심층구조에 주어를 설정할 수 있다(송석중, 1967 : 36). 그러나 (5)는 주어를 추출할 가능성이 희박하다. 구태여 문장을 재구하여 '오늘'이라는 시간적 자질의 주어를 가정할 수 있으나, 그런 임의적이고 의도적인 해석은 불가하다. 정확한 주어를 추출해 낼 수가 없어, 주어의 생략이라기보다 주어가 없는 문의 성립으로 보아야 할 것이다. 즉 주어가 없는데도 상대방이 불편없이 대화를 이해한다(김태한, 1981 : 17). 이런 경우를 무주어문이라는 술어 대신에 서술어문이라는 명제로 부르기로 한다. 문장이 주어와 서술어의 절대적 형식을 요구하는 것이 아니고, 말을 끝지게 하는데 그 의의가 있기 때문이다(김형기, 1967).

    Gardiner(1932)의 주어가 표현 안 되고 서술어만 나타나는 경우와 Ramstedt(1938)에서도 서술어의 중요성과 서술어만의 문을 말했으며, 필자(1972, 유인본)에서는 국어의 기본문형으로 '서술어문'을 상정한 일이 있었다. 김종택(1973)에서는 최근 일본어에서도 주어의 필수성이 부정되고 있는 만큼 국어에서도 서술어문을 핵문으로 취급하여 '주어 생략문'과 '무주어문'으로 주장하여 기본문으로 '서술어문'을 인정하려는 의견의 접근도 찾아 볼 수 있다.

    특히 우리가 서술어문이라 칭하는 것은 주어를 재구할 필요가 없는 것이므로 언어 장면에서 나타나는 '얼마요?' '백원이요' 등은 주어의 재구가 너무나 분명하므로 예외로 하고, 주어없이 서술어만으로 완전한 문장이 되는 것만으로[11] 기본문형 책정에 삽입하고자 한다.

(6) 하나에 하나를 더하면 둘이다.

(7) 그 아버지에 그 자식이다.

이것이 표면상의 문제지 심층구조로 보아 구태여 주어를 재구시켜 보면, 서술어 문장의 간결성과 압축성은 사라진다. 또한 그 생략조건은 단독 문장에서 주어질 수 없어 변형 규칙상의 난점과 담화분석(discourse analysis)을 고려해야 하는 문제가 수반된다. (6), (7)은 언어의 기억 공간에서 생각할 때 복잡성보다는 간결성이 어학적 효과가 큰 것(박병수, 1973)으로 나타나기에 주어를 환원하여 언어의 간결성과 압축성을 파괴할 필요는 없다고 본다.

서술어만으로 구성되는 문을 문형으로 설정하고자 하며 서술어에 부수되는 부속 성분으로 문형의 변형과 확대에 속한 것으로 처리한다.

(8) S → PP(Predicate phrase)

　　　PP → (m/a)+P(m－수식어 / a－한정어)

3.3. '주어 + 서술어(S + P)' 문형은 언어학적인 면에서 가장 일반적인 문형으로 사용되는 대표적인 것으로 꼽을 수 있다. Robert(1954 : 292)에서 '문은 주어와 서술어를 포함하는 단어군'으로 정의하였다. 달리 말하자면 하나의 서술어와 한 개의 참여어(논항)로 구성된 문장을 의미한다(Stock- well, 1977 : 11). 국어의 경우 서술어는 명사(VnP), 형용사(VaP), 동사(VbP)가 되므로 이 세 가지의 자질과 의미특성을 각각 기술하여 문형으로 설정하여야 한다.

■**3.3.1.** 자동사문은 '주어 + 자동사 서술어(S → S + VbP)'로 구성된 문

---

11) 남기심(1968)은 주어가 생략된 경우 주어 재구가 가능한 경우, 애초부터 풀이말로 완전한 문장으로 주어를 재구할 수 없어 임자말이 생략된 것으로 볼 수 없는 경우임을 밝혔다.

형이다. 다음 예문을 살펴보기로 하자.

    (9) 말이 간다(S + VbP)   → 자동사문
    (10) 도둑이 잡혔다(S + VtP) → 타동사문

  (9)와 (10)의 문을 비교하면, (10)은 '잡다'가 '무엇을'이라는 목적어를 요구하지만, (9)는 직접 주어의 동작성을 동사가 서술하는 차이가 있다. 이것은 NP 자질이 [+animate]를 요구하는 문장이 된다.[12] (9)는 자동사이고, (10)은 타동사라는 동사적 특성을 심층구조에서 인지할 수 있어 문형 설정에서 구분할 필요가 있다. 이는 동사 서술어의 경우를 [+동작성]으로 설정되는 문형을 의미한다. 그러므로, (9)와 (10)의 서술어인 동사는 문을 달리하는 문형으로 설정하여 다루고자 한다.

  자동사문은 'S → NP + VbP'를 기본형으로 하여, 'S → aS + mVbP'로 변형과 확대가 가능하다.

  ■ **3.3.2.** 형용사문(상태문)은 '주어 + 형용사 서술어(S + VaP)'로 구성된 문형으로 상태를 서술하는 형용사를 서술어로 갖는 문형이다.

    (11) 비누 향기가 매우 상쾌하다.
    (12) 아침 이슬이 햇빛에 희다.

  위 예문에서 서술어들은 주어가 어떠하다는 성질이나 상태를 진술하고 있어 상태문이라 말할 수 있다.[13] 이 형용사문을 따로 설정하는 이유

---

12) 이 경우 '꽃이 피다', '집이 타다' 등은 표면구조상 '주어 + 서술어' 문이다. 심층구조에서 볼 때 '무엇이 + [꽃이 피다] + 하다 → 무엇이 + 꽃을 + 피우다 → 꽃이 피다'의 변형문으로 볼 수 있다. 그러나 '저절로 꽃이 피다'의 예문에서 행위자가 없이 인식되는 경우가 있어, 표면과 심층구조의 차이를 기술 방법이 모색되어야 할 것이다.

13) 김영배・신현숙(1987 : 134)에서 '형용사문은 주어−서술어 관계보다는 주제−평언(topic-comment)의 관계를 인지하게 된다'고 논의하였다.

는 동사와 직능은 같지만 특성상 [−동작성]으로 다른 점에 있다. 그러나 이 형용사문을 설정하지 않는 경우 하나의 주격만을 취하므로 자동사문과 하나의 문형으로 묶는 것이 유익하다는 논의도 있으나(배해수, 1977 : 473), 변형문의 명령·청유에서 차이가 나므로 달리 설정한다.

　그것은 형용사가 동사처럼 서술어도 되고, 형의 변화 등 용언의 기능을 하여도 동작의 이동으로 그 진술의 명제가 변이 형상이 없는 한, 형용사로 처리하여 구분하여야 한다. 상황의 진술인 상태로 문이 종결되는 형용사 서술어를 기본문으로 설정하기로 한다.

　형용사문의 확대·변형은 'S → aNP + VaP'로 자동사문과 같다.

■ **3.3.3.** 체언문은 'S → NP + VnP(N_1 + N_2이다)'의 문형으로 체언에 서술접미사인 '∼이다'가 결합하여 체언 서술어를 구성하는 문형이다. 그러나 'N_2이다'의 '∼이다'가 서술어이고, N_2가 보어냐는 문제는 '∼이다'를 지정 접미사로 처리하기로 하고, 우리는 주·술관계에 대해서만 규명할 필요가 있다.

　　(13) 그가 학생이다.
　　(14) 그가 학생이 아니다.

　(13)과 (14)의 문 구조는 상이하다. 'N_1(이) + N_2이다'는 지정을 나타내는 서술어로 처리하여 기본문형으로 다루고, 'N_2이다'를 주·술 관계로 보지는 않겠다. 그것은 '∼이다'만의 서술어로의 독립 자질을 주지 않는다는 의미다. 명제와 양상에서 문 구조를 보더라도 'S → P + M'에서 'S → 그가 학생이 (P) + 다(M)'로 된다.

　(14)는 '학생이 아니 + 이다'로 해체 분석하여 부정 변형으로 다루고 있거나 특수 부정문으로 취급한다. 그러나 '사람은 포유동물이다 Vs. 사람은 포유동물이 아니다'에서 후자는 이미 논리적인 거짓을 나타내기 때문에 긍정과 부정으로서의 '∼이냐 Vs. ∼아니냐'의 관계다. '아니다'는

N_1에 관계하기보다는 'N_2 + 이다'에 대한 부정으로만 나타난다고 보겠다(이환묵, 1974).

체언 서술어를 수식하는 수식어(부사어)가 올 수 있다는 점에서 [N_2 + 이다]로 분석하여 '～이다'를 형용사로 해석하여(임홍빈, 1994) 독립된 서술어의 자질을 주어서는 안 될 것이다.

이 체언문은 'S → aS + [a/m]VnP'로 확대·변형문을 구성할 수 있다.

∎3.3.4. 타동사문(목적어문)은 서술어가 목적어를 갖는 타동사로 구성된 문형이다(S → S + O + VtP). 목적어(object)는 서술어가 된 타동사의 목적물이 되어 그 지배를 받는 말이다. 변형문법의 'S → NP + NP + VtP' 구성관계로 보면 목적어는 VP에 속하는 성분이지만, 토 '～을/를'이 후속하고 타동사의 목적이 되는 문 요소라 하겠다. 이 이항술어의 목적어는 타동사와 관계된다는 점에서 단순히 '～을/를'의 목적격 표지를 지니는 NP와는 구분한다. 서술어 중 동사로 구성된 문장을 자동사와 타동사의 구별없이 동사문(동작문)으로 분류한 이을환·이철수(1978)와 김영배·신현숙(1987)을 들 수 있다. 동사구가 서술어로 쓰인 문장의 집합을 동사문 유형으로 설정한 경우도 있다.

그러나 우리가 타동사문을 따로 분류 설정하는 이유는 다음과 같다.

① 타동사가 서술어로 쓰인다. ② 참여어들을 가지는 서술어로 격토(～을/를)가 붙는 목적어를 필요로 한다. ③ 서술어가 된 타동사의 목적이 된다. ④ 목적어는 기본성분이므로 기본문형의 성분 자질을 갖추고 있고 다른 문에서 변형된 것이 아니다.

따라서 우리는 '주어 + 목적어 + 서술어(타동사)'의 타동사문을 기본문형으로 설정하는 것이다. 그 확대 변형은 'S → aS + aO + mP'로 가능하다.

    (15) 철수가 노래를 부른다.
    (16) 내 마음은 저 하늘을 벌써 난다.

■**3.3.5.** 수여동사문으로 논의되는 이 문형의 문제는 소위 객보문을 인정하여 수여동사를 따로 설정할 가능성 여부에 달려 있다. 서술어가 주어와 목적어 외에 또 다른 논항을 필요로 하는 소위 보어를 취하는 3항 서술어문에 대하여 살펴보기로 하자.

> (17) 철수가 순이에게 책을 주었다.
> (18) 철수가 총을 장난감을 샀다.
> (19) 철수가 순이를 아내를 삼았다.

(18), (19)는 보문으로 다룰 수 있다. (18)은 '철수가 [총이 + 장난감이다]s 샀다.'로, (19)는 '철수가 [순이가 + 아내이다]s를 삼았다.'로 보문 구성으로 다룰 수 있다. 또한 (18)과 (19)는 이중 목적어 구문으로 해석할 수 있다. 그러나 (17)의 경우는 '?철수가 순이를 책을 주다', '*철수가 + [영희가 + 책이다] s + 주다'로 구성되지 않는 [+수여성]을 띠고 있기 때문에 (18), (19)와는 다른 (x)(y)(z)P라는 3항 서술어가 된다. 다음 예문을 살펴보기로 하자.

> (20) ㄱ. 철수가 순이에게 물을 먹이다.
>   ㄴ. 철수가 순이에게 물을 먹게 하다.

(20)은 '[철수가 + [순이가 물을 먹다]s + 하다]]'의 복문 구성이므로 '~에게'는 [+수여성] 동사에 나타나는 자질이지만 선택적이다. 일부 수여동사를 기본 성분 서술어로 잡으면 문이 복잡하므로 3항 서술어문인 '객보어문'은 기본문형으로 따로 설정하지 않고 타동사문의 변형문이나 복문으로 다루기로 한다. 만약 이 문형을 인정한다면 Chomsky(1965)에 [+시간] [+장소] 등의 기본문형도 고려하여야 한다. '너는 가느냐? → 너는 (언제) (어디로) 가느냐?'는 부사어로의 확대이므로 '철수가 (순이에게/를) 책을 주다', '영희가 (철수[에게서, 한테서]) 책을 받다'의 타동사의 확대문으로 다루기로 한다. 또한 '순이와 철수가 안면이 있다', '아버지와 아

들이 닮았다' 등의 문형은 단문이지만 기본문형으로 다루지는 않는다.

■**3.3.6.** 기본문형 설정에 우리말의 특성을 감안하여 소위 중주어문으로 알려진 주제어문인 '주제어 + 주어 + 서술어(S → Topic + S + P)'의 구성을 설정하기로 한다. 이는 '주제어 + 문장 서술어'와 같은 유형의 문 구성을 보이기 때문이다.

변형문법 쪽에서 생각할 때 국어는 조사에 대한 구조 변형과 어순이 극히 자유롭기 때문에 본래의 의미가 변하지 않는다고 하여도 주어와 주제어화는 구분되어야 마땅하다. '~은/는'의 경우 이기용(1969), 박승윤(1981), 정연규(1982), 박영순(1985) 등에서는 주제어로 논의하였고, 박영순(1985), 박병수(1983)에서 '문장 술어' 또는 '문장 서술어'의 개념14)과 변형의 도입으로 이중주어의 개념은 부정된다(한영목·이금영, 1994). 주격조사 '~은/는'과 '~이/가'의 문제에서 '~은/는'은 '~이/가'의 변형으로 다루고 있으나, 엄격히 구분하면 문에서의 의미 차이가 있다.15)

국어는 어순 변화에 따른 이동 변형은 주제어의 조사 변화를 수반하면 성립되지 못한다. 천시권·김종택(1979 : 325)에서 "국어는 어순보다 조사 어미가 문법적인 기능을 훨씬 크게 부담한다"는 견해를 밝혔는데 이 점은 중주어문의 경우 고려할 만하다. 따라서 주제어(N_1)의 개념을 도입하여 '주제어 + (주어 + 서술어)'의 문형을 설정할 필요가 있다. 학교문법(1985)에서는 '주어 + 서술절'로 기술하고 있다.

    (21) 철수는 순이가 사랑한다
    (22) 철수가 순이는 사랑한다

---

14) 김두봉(1916 : 191-192)에서 "매암이는 소리가 맑다"를 겹월로 보고 있다. 따라서 '조각마디 풀이'라는 개념은 문장 서술어의 개념과 유사하고, 박승빈(1935)에서 문주(文主)도 거의 같은 의미다.

15) 남기심(1968 : 5~21)에서 '~은/는'이 임자 자리를 나타낼 때 그 기능이 '~이/가'에 대치된 것으로 본다. 그러나 김형기(1967)에서 '~은/는'은 선언토, '~이/가'는 지정토로 분리한다.

　　(21)과 (22)는 1장에서 잠깐 언급했듯이 완전히 다른 문 구성을 이루
고 있다. (21)은 Greenberg(1984 : 283-7)에서 논의한 S″ → Topic S′, S′ →
Comp [S″, S]로 (23)과 같은 구조를 보인다.

　　(23) [S″ [Topic 철수는i] [S′ [Comp] [S′ 순이가 t i사랑한다]]]

　　N$_1$의 주격 조사는 변형 과정에서 주어의 특성을 지닐 수 없는 경우가
있다.[16] 따라서, 주어는 문(특히 서술어)을 지배하는 것이 아니라 형식상으
로 문두에 오고, 내용상 서술어의 의미를 한정·제한·지정하는 직능을
하는 성분으로 파악되어야 하기 때문이다. 나아가 주제어는 강조에 의한
표현으로 문장서술어를 요구하는 문을 구성한다.

4. 맺음말

　　우리는 지금까지 국어의 기본문 구성에 대하여 논의하였다. 전체 문장
구성에 대한 고찰을 통하여 그 대표적인 문형을 추출함에도 불구하고,
지면상 기본문형에 대하여 간략히 살펴보았다. 본고에서 미진한 단문 구
성과 복문 구성 유형에 대한 논의는 다음 기회로 미루고, 지금까지 다룬
요지는 다음과 같다.
　　① 국어의 문 요소는 주어, 서술어, 목적어를 기본 성분으로 구성된
　　　문형을 기본문으로 다룬다.
　　② 기본문 구성에서 가장 핵심은 서술어로 보고, 서술어만으로 된 문

---

16) Fillmore(1968 : 57-60)에서 언급한 4.4 Topicalization난을 참조, 특히, "Lafon gives
　　up transtive sentence…, saying of transitive sentences that they have no subject"
　　물론 본고에서는 타동사문의 주어는 문형에서 주어로 다룬다.

형을 설정하였다.

③ 우리말 구조에서 특이하게 나타나는 중주어문을 주제어문으로 설정
하였다.

④ 따라서 기본문형은 다음과 같다.

- 서술어문
- 주어 + 서술어 : ㉠ 주어 + 자동사(동사문), ㉡ 주어 + 형용사(형용사문), ㉢ 주어 + 체언서술어(체언문)
- 주어 + 목적어 + 서술어(타동사문)
- 주제어문 : 주제어 + 주어 + 서술어

⑤ 수여동사문에 해당하는 객보문이나 이중목적어문은 설정하지 않기
로 한다.

「국어 기본문 구성 연구」, 학림 14, 1995. 12,
충남대학교 국어국문학과, pp. 99-112.

● ● ● **참 고 문 헌**

고영근(1969), 「국어의 문형 연구 시론」, 『언어교육 1-2』, 서울대학교 어학연구소.

고동혁(1994), 『조선어문형개론』, 사회과학출판사.

김민수(1971), 『국어문법론』, 일조각.

김형기(1993), 『국어학의 제문제』, 한국문화사.

이승욱(1977), 『국어문법체계의 사적 연구』, 일조각.

한영목(1976), 「국어의 기본문형론」, 『어문연구』 9, 어문연구회.

한영목 · 이금영(1994), 「중주어문에 관한 연구」, 『언어』 15, 충남대학교 어학연
　　　　구소.

1. 머리말

1.1. 본고는 우리말 구조에서 특이한 양상을 보이는 주어표지의 중복 현상에 대한 연구이다. 본고에서 의미하는 주어표지의 중복 현상은 기왕의 연구에서 '주격 중출'이나 '이중 주어', '중주어' 등으로 거론된 문장 개념이다.[1] 그러므로 한 문장 안에 두 개 이상의 주어표지를 가진 명사구가 나타나는 문장 구조의 성격에 대한 규명과 분석이 이 연구의 목적이다.

사실 이 주어표지의 중복 현상에 대한 논의는, 초창기 국어 문법에서부터 오늘에 이르기까지 여러 각도로 분석과 검토를 거쳐 다양하게 연구되었지만, 아직까지도 충분히 해명되었다고 볼 수는 없다. 그것은 통사론적으로 매우 다른 기능을 갖는 두 명사구가 동일 격표지를 지닌다는 점에서 문장에서 동일한 기능을 하는 것으로 파악한 데 기인한다. 이러한 논의는 형태−의미 가설에 따라 형태가 같으면 동일한 의미구조로 파악하려는 논의에서 출발하려는 관점일 것이다. 우리말에서 주어나 주제

---

1) 이 주어 중복에 대한 기왕의 용어는 '겹주어'(김영희, 1978), '이중주어'(서정수, 1971), '주격중출'(임홍빈, 1974), '주어중출'(최재희, 1981), '중주어'(윤만근, 1980) 등으로 거론되어 왔다.

어 표지가 붙을 수 있는 경우가 다양하다는 점도 바로 주어표지 중복문을 분석하는 데 장애가 되었다고 볼 수 있다.

  1) 체언류(명사, 대명사, 수사) + 이/가, 은/는

  2) 명사형(Vst + (으)ㅁ/기) + 이/가, 은/는

  3) 관형사형(Vst + ㄴ/ㄹ) + 것, 줄, 수, 바… + 이/가, 은/는

그러나 본고는 기왕의 논의를 통하여 검증된 문제들을 여러 면으로 고찰하여 같은 주어표지에도 불구하고, 이들이 서로 다른 통사 기능으로 분류될 수 있음을 보일 것이다.

1.2. 초창기 김규식(1909) 등의 문법에서는 국어의 기본구조를 '적신구어'인 '주어−술어'로 파악하였다. 주어가 없는 문장을 '은각'으로 해석하여, 주어와 술어는 문장의 기본으로 논의하였다(한영목, 1991). 그리하여 주어표지가 두 번 이상 나타나는 경우, 대소 주어 관계로 파악하려는 입장(김두봉, 1923 · 김윤경, 1946 · 홍기문, 1947 등)을 견지하였다. 물론 이러한 중주어에 대한 논의에서 다른 견해를 보인 유길준이나 박승빈, 정렬모 등도 있지만, 약간의 차이점만이 발견된다.

그러나 우리말 문장 구조에서 주어 문제를 달리 해석하려는 입장을 보인 것이 무주어문 설정이다(이승욱, 1969 · 김종택, 1973 · 한영목, 1976 등). 그리고 주제−평언구조(Topic-Comment Structure)를 수용하여 주제문으로 처리한 입장도 있는데(임홍빈, 1974), 이러한 논의는 중주어 표지에 따른 우리말 문장을 복문이나 변형으로 해석하려는 견해에 대한 문제점을 극복하려는 입장에서 출발하고 있다.

본고에서는 기존의 연구 성과를 고찰하고, 우리말 문장의 기본구조가 주제−평언구조라는 주장에 입각하여 주어표지의 중복을 보이는 다양한 문장들을 유형별로 분류하여 이를 일련의 주제문 유형으로 분석할 것이다. 그리하여 동일 격표지의 명사구는 사실상 주어의 중출이 아닌 주제어와 주어로 구분됨을 보이고, 아울러 그 문장구조의 특징을 살펴볼 것이다.

2. 기존 연구의 검토

2.1. 대소 주어설

전통문법에서는 중주어 문장을 대체로 대소 주어설로 논의한 바 있다. 유길준(1909)의 경우 총주어라는 개념으로 나타나는데, 이 때 총주어의 설정은 중주어 문제에 대하여 시사하는 바가 크고, 주제어와 관련하여 논의되어야 하는 개념이다. 또 유길준의 총주어는 두 개 이상의 절에 관계하고 있다. 이 총주어는 하나의 서술어에 대한 중주어이며, 중문에서는 여러 개의 절에 대한 총주어의 개념으로 쓰인다. 우리가 논의하고 있는 중주어문과는 다소 거리가 있는 경우도 있고, 예문도 하나밖에 없어 속단할 수 없지만, 박승빈(1931 · 1935), 박상준(1932), 김윤경(1946), 정렬모(1946), 홍기문(1947) 등에 영향을 미쳤을 것이다(한영목, 1990 참조).

    (1) "가을은 달이 밝소."(총주어 + 주어 + 설명어)
        "차이나는 쯘가 넓고, 사람이 만흐되……"

김윤경(1946)에서는 큰 임자와 작은 임자의 대소 주어의 개념으로 논의하고 있다. 물론 홍기문(1947)에서도 대주어와 소주어로 나타난다.

    (2) <u>그 사람이</u> <u>힘이</u> 세다.
       큰 임자   작은 임자

■ ■ ■ 김윤경

       <u>네가</u> <u>바둑이</u> 선수다.
       대주어   소주어

■ ■ ■ 홍기문

박승빈(1935)에서는 "문주(文主)"라는 개념의 도입으로 문은 "문주 + (주어 + 서술어)"의 구조로 파악될 수 있다. 이것은 어떤 면에서 본다면, "주제어 + 문장"의 개념으로 파악될 수도 있다.

(3) 코끼리는 코가 크다.
　　 문주　 주어

대소 주어설과 박승빈의 문주 개념을 포함하면서도 문장술어로 파악한 논의는 정렬모(1946 · 1948)에서 시도되었다.

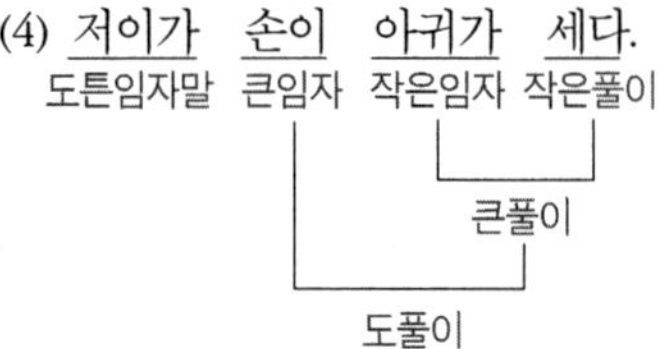

결국 정렬모의 논의는 중주어는 문장술어를 가질 수 있다는 가정을 제기한 셈이다.

2.2. 대소 관계설

양인석(1972)에서는 중주어문을 명사의 의미론적 대소 관계로 다루어 다음과 같이 분류하였다.

(5) 전체 / 부분(whole / part)　　　　　　순희가 얼굴이 예쁘다.
　　 부류 / 성원(class / member)　　　　　가방이 우주표가 비싸다.
　　 유형 / 표시(type / token)　　　　　　개가 짖는 개가 안 무섭다.
　　 총계 / 수량(total / quant)　　　　　　학생이 한 명이 나에게 왔다.
　　 피영향자 / 영향자(affected / affector) 내가 아버지가 아프십니다.

이 대소관계는 두 명사구의 의미론적 관계만을 기술하고 있을 뿐, 그 것들이 문장에서 어떤 통사론적 기능을 하고 있는지 밝히고 있지 않다.

2.3. 복문설

이는 중주어문을 'S → NP_1 + S_1(NP_2 + VP)'의 통사구조로 보고, 하위문 (S_1)의 종속절로서 상위문 NP_1의 서술어 역할을 하는 복문을 형성한다고 본다.

> (6) [[아이가]NP_1 [[얼굴이]NP_2 [예쁘다]VP]S_1]S

이러한 견해는 최현배(1937)에서 처음 제시된 것인데, 학자에 따라 S_1 을 '풀이마디', '문장술어', '문서술어', '서술절' 등으로 일컬으면서[2], 그 에 대한 타당성을 제시하고 있다. 그러나 S_1을 상위문의 내포절로 인정 할 경우, '−음/−기'나 '−는/−은' 등의 어미가 수반되는 명사절이나 관 형절과는 달리 절 표지의 결여라는 특수성을 인정해야 하는 문제점이 발 생된다.

2.4. 변형설

이는 중주어문을 부정하고, 그것을 기저의 단문구조에서 주제화 변형 에 의해 유도된 표면구조로 해석하는 제 견해를 말한다.[3]

---

2) 허웅(1981)에서는 '풀이마디'로, 박병수(1983)에서는 '문장술어'로 성기철(1987)에 서는 '문서술어'로, 임규홍(1990)에서는 '서술절'로 각각 그 이름을 달리하고 있다.

3) 박순함(1970), 서정수(1971), 임홍빈(1972), 성광수(1974), 김윤학(1978), 최재희(19 81) 등이 이에 속한다. 이들은 그 이론적 접근 방법만이 다를 뿐, 중주어문을 주제 화 변형에 의해 유도된 표면구조로 간주하는 것은 모두 공통된다.

    (7) ㄱ. 코끼리의 코가 길다. → 코끼리가 코가 길다.
        ㄴ. 김씨에게 돈이 많다. → 김씨가 돈이 많다.
        ㄷ. 나무로 책상이 된다. → 나무가 책상이 된다.

이 변형설은 중주어문을 기저구조를 바탕으로 해결하려는 한 시도로서 그 타당성이 인정된다. 그러나 (8)과 같이 기저구조의 의미가 표면구조의 의미와 완전히 일치하지 않는 경우가 있다.

    (8) ㄱ. 이광수의 소설이 더 유명하다.
   → ㄴ. 이광수가 소설이 더 유명하다.

이미 남기심(1987 : 5)에서 지적한 바 있듯이, (8)-ㄱ은 다른 인물의 소설에 비해서 이광수의 소설이 더 유명하다는 뜻이고, (8)-ㄴ은 이광수가 시나 소설, 희곡 등을 썼는데 그 중에서 소설이 더욱 유명하는 뜻을 나타낸다.

또한 (7)-ㄷ은 '나무가 책상으로 된다'와 같은 기저구조를 설정할 수 있겠는데, 이와 같이 문장에 따라 기저구조가 단일적으로 설정되지 않는 문제점이 있다. 그리고 중주어문에는 변형으로 유도된 표면구조로만 해석할 수 없는 문장들이 있다.

    (9) ㄱ. 꽃이 장미가 예쁘다.
        소나무가 해송이 푸르다.
        ㄴ. *꽃(의, 에, 으로) 장미가 예쁘다.
        *소나무(의, 에, 로) 해송이 푸르다.

결국 이러한 유형을 해결할 수 있는 방법은 이를 기저의 주제문으로 보는 것이다.

2.5. 기저 주제문설

이는 국어의 기본구조가 주술구조가 아닌 주제−평언구조(Topic-Comment Structure)라는 주장에 입각하여 표면구조에서의 주제어를 인정하는 변형설과 달리, 기저구조 자체에서부터 주제어를 인정한다.

국어에서 주제 문제가 연구되기 시작한 것은, Li & Tompson(1976)이 한국어를 주어 및 주제어가 현저한 언어로 분류한 데 근거한다.[4] 그리하여 신창순(1975), 양동휘(1975), 채완(1976), 손호민(1980), 최수영(1984) 등 많은 논저에 의해서 국어가 다음과 같이 주제−평언구조로서의 특성을 지니고 있는 것으로 활발히 논의되어 왔다.

> (10) ㄱ. 철수는 스파게티다.
>   영희는 암이다.
>   ㄴ. *Chelswu is / *are spagetti.
>   *Yenghi is / *are cancer.

(10)−ㄴ에서 보듯이, 주어란 개념은 술어와 통사적으로는 일치현상을 일으키며 또 의미론적으로는 선택제약을 반드시 요구한다. 그러나 이러한 속성을 결여한 (10)−ㄱ과 같은 문장이 국어에서 가능하다는 것을 설명하기 위해서는, 국어가 '주어−술어' 구조가 아닌 '주제−평언' 구조임을 인정해야 한다는 것이다(박승윤, 1986 : 12). 이러한 견해의 수용은 국어 문장구조의 정립에 도움이 될 뿐 아니라, 중주어문의 해명에 있어서 종

---

4) Li & Tompson(1970)은 주어와 주제가 문장 구조에 실현되는 강도에 의거하여 언어를 다음과 같이 분류하였다.
　① 주어가 현저한 언어(Subject-prominent Language) : 인구어
　② 주제가 현저한 언어(Topic-prominent Language) : 중국어
　③ 주어 및 주제가 현저한 언어(Subject-prominent and Topic-prominent Language) : 한국어, 일본어
　④ 주어 및 주제가 둘 다 현저하지 않은 언어(Neither Sp not Tp Language) : 필리핀어

래의 복문설이나 변형설로는 해결할 수 없는 문제점을 극복하는 데 유용
하리라 본다.

3. 중주어문의 유형별 분석

3.1. 주어 중복현상을 살펴보기 위하여 먼저, 다음 문장을 제시하기
로 한다.

    (11) 꽃이 장미가 예쁘다.
         시계가 오메가가 좋다.
         노래가 아리랑이 좋다.
         선풍기가 금성이 튼튼하다.
         인삼이 금산이 유명하다.

위 유형의 예문들은 지금까지 확대 변형(남기심, 1968)이나 대소관계(양
인석, 1972)로 논의되었고, 복문구조의 웅축(임홍빈, 1974)으로 처리하려는
견해도 있었다. 그러나 본고는 이를 주제문 유형으로 다루려 한다.

일반적으로 중주어문에 대한 논의는 궁극적으로 중출되는 주격성분들
중에서 무엇이 주어인가를 확인하는 작업인데, 주어를 검색해내는 1차적
인 작업은 술어동사와 단독적인 주술 관계를 맺고 있는 것이 어떤 것인
가를 밝히는 것이다. 주어는 서술어와 의미적 선택제약을 이루지만, 주
제어는 서술어와 의미적 선택관계를 갖지 않기 때문이다. 주어 확인 작
업에 적절한 통사적 기제로는 관계화 구문이 도입된다.

    (12) ㄱ. [장미가 예쁜]꽃   ㄴ. ?[꽃이 예쁜]장미
         [오메가가 좋은]시계   ?[시계가 좋은]오메가

[아리랑이 좋은]노래   ?[노래가 좋은]아리랑

[금성이 튼튼한]선풍   ?[선풍기가 튼튼한]금성

[금산이 유명한]인삼   ?[인삼이 유명한]금산

(12)-ㄱ은 자연스러운 관계화 구문을 이루는 반면, (12)-ㄴ은 자연스러운 관계화 구문을 이루지 못한다. (11)은 다음 (13)과 같이 두 명사구 사이에 '유(類)개념-종류[5]'의 의미론적 관계가 성립되는데, NP_2가 관계절의 표제 명사로 선택되면 관계절 속의 주어가 되는 NP_1은 본래의 총칭적 의미를 상실하게 되고 (14)와 같이 의미상의 변화를 갖게 되기 때문이다.[6] (14)는 (11)의 두 명사구의 어순을 도치시킨 결과인데, 주제화의 대상과 의미에 있어서 원문장과 차이가 있으므로 결국 주어인 NP_2는 문두로 이동시킬 수 없게 된다.

(13) 꽃이 장미(의 꽃이)가 예쁘다.
시계가 오메가(의 시계가)가 좋다.
노래가 아리랑(의 노래가)이 좋다.
선풍기가 금성(의 성풍기)이 튼튼하다.
인삼이 금산(의 인삼)이 유명하다.

(14) ?장미가 꽃이 예쁘다.
?오메가가 시계가 좋다.
?아리랑이 노래가 좋다.
?금성이 선풍기가 튼튼하다.

---

5) 일반적으로 주제의 의미적 특성으로 '대하여性(aboutness)'이나 '한정성(definiteness)' '총칭성(ge-nericness)'을 들고 있는데, 類 전체를 대표하는 것은 바로 총칭적 명사로 볼 수가 있다. 따라서 의미론적 면에서도 NP_1을 주제어로 보는 것이 타당하리라 본다.

6) (11)은 각각 '여러 꽃 중에서 장미가', '시계 종류 중에서 오메가가', '노래 중에서 아리랑이', '여러 선풍기 중에서 금성 선풍기가', '많은 인삼 중에서 금산 인삼이', '어떠하다'는 의미를 갖는다. 그러나 (14)는 각각 '장미를 구성하는 부분 중에서 꽃 부분이', '오메가제품의 시계가, 아리랑의 노래가, 금성제품 중에서 선풍기가, 금산의 여러 특산물 중 인삼이', '어떠하다'는 의미의 변화를 갖는다.

　?금산이 인삼이 유명하다.

　이는 곧 (11)의 NP₂가 NP₁보다 서술어와의 결속력이 크다는 것을 반영한다. 따라서 (12)와 같이 관계와 구문에서 서술어와 결합하는 NP₂가 주어가 되고 그렇지 못한 NP₁은 주제어가 된다.

　한편, 정인상(1980)은 (11)은 각 NP₁(주제어)는 격관계를 갖는 NP들과 동일한 차원이 문 내부적인 개념이 아니라 문장을 초월한 발화상의 개념으로서, 서술어와 직접 통합될 수도 없으며 서술어에 대하여 일정한 관계기능을 갖지 못하기 때문에 또한 관계화 변형에 있어서의 표제명사로도 선택될 수 없는 것으로 보았다. 그러나 이는 타당한 견해라 할 수 없다. 그에 따르면, 서술어에 대하여 주격관계의 기능을 갖는 주어 역시 당연히 (15)와 같이 관계절의 표제명사가 될 수 있는데, (12)-ㄴ에서는 주어(NP₂)가 왜 관계절의 표제 명사가 될 수 없는지 설명할 길이 없다.

　(15) 영희가 책을 읽었다.　　　　　→ [책을 읽은] 영희
　　　 아버지가 나에게 선물을 주셨다. → [나에게 선물을 주신] 아버지

　결국 (11)의 유형이 (12)-ㄴ과 같이 관계화 구문에서 제약을 보이는 이유는, 관형절 속에서 주제어가 서술어와의 통합을 이루지 못할 뿐 아니라, (16)과 같이 '어떤 성분이 다른 성분이 서술어 기능을 할 경우, 다른 어떤 성분에 의해서 서술되어져서는 안 된다(Rothstein, 1982 : 11-12)'[7]는 통사규칙을 어기고 있기 때문이다.

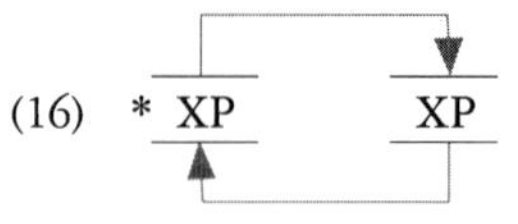

(16)　 * XP　　　 XP

　■ ■ ■ ▲ ⌐, ⌐ ▼ 표시는 서술관계를 나타냄.

---

7) 김귀화(1994 : 94) 참조.

즉, (11)의 문형은 '주제어 — 주어 + 서술어'의 구조를 보이는데, 이때 '주어 + 서술어'의 문이 주제어에 대한 평언으로서 주제어를 서술해 주는 기능을 가지고 있다. 따라서, 관계절의 표제명사는 관계절을 서술어로 갖는 주어라고 볼 수 있는데, 이렇게 본래 기저에서 서술기능을 하던 것이 관계문의 표제명사 즉, 주어기능을 갖게 되어 부자연스런 문장을 형성하게 되는 것이다. 그리고 (14) 역시 두 명사구의 어순이 도치되면서 본래의 '주제 — 서술관계'가 파괴되어 부자연스런 문장이 된 것으로 보인다.

이렇게 볼 때, 주제어가 서술어와 전혀 관계기능을 갖지 못하는 것으로만 볼 수 없다. (12)—ㄱ의 관형절에 부사어를 삽입하면 (17)과 같이 의미상 보다 적절한 문장을 이루게 되는데, 이는 (11)의 주제어 역시 서술어와 어떤 관계기능을 맺는 것으로 보게 한다. 즉, 관계절 속의 '주어 + 서술어'는 주제어에 대한 서술기능을 하기 때문에 의미상 주술관계를 이룸으로써 이 때 주제어가 관계절의 표제명사로 쓰일 수 있는 것으로 본다. 여기서 주제어는 서술어와 직접적인 통합관계는 이루지 못하지만, 그 서술어가 주어와 함께 관형절에서 미치는 의미적 영역을 공간적, 시간적으로 통합관계는 이루지 못하지만, 그 서술어가 주어와 함께 관형절에서 미치는 의미적 영역을 공간적, 시간적으로 한정시키고 그 대상을 지정해 주는 역할을 한다.

그러므로 우리는 (11)의 유형을 '주제—평언' 구조를 이루는 '주제어—주어 + 서술어' 구문으로 파악할 수 있다.

> (17) [장미가 제일 예쁜] 꽃
>   [오메가가 제일 좋은] 시계
>   [아리랑이 제일 좋은] 노래
>   [금성이 제일 튼튼한] 선풍기
>   [금산이 제일 유명한] 인삼

이들 유형의 NP_1에 '이/가' 대신 '은/는'을 삽입하면 문장의 의미가 더 자연스럽게 느껴진다.[8) 그러나 속격이나 처격 등의 표면형은 비문이 된다.

(18) 꽃은 장미가 예쁘다.
시계는 오메가가 좋다.
노래는 아리랑이 좋다.
선풍기는 금성이 튼튼하다.
임삼은 금산이 유명하다.

(19) *꽃(의, 에서) 장미가 예쁘다.
*시계(의, 에서) 오메가가 좋다.
*노래(의, 에서) 아리랑이 좋다.
*선풍기(의, 에서) 금성이 튼튼하다.
*인삼(의, 에서) 금산이 유명하다.

여기에서 확인할 수 있는 것은, 각 NP_2가 주어로 작용하고 NP_1은 변형에 의한 결과가 아닌 기저에서부터 인정되는 주제어라는 것이다.

3.2. 이제, 전형적인 중주어문으로 알려진 다음 문장을 검토해 보기로 한다.

(20) 코끼리가 코가 길다.
순이가 눈이 크다.
(21) 내가 영자가 밉다.
그 분이 병이 생겼다.

---

8) 종래 주제표지 조사로 대개는 '은/는'만을 인정해 왔다. 그러나 임홍빈(1974), 신창순(1975), 손호민(1980), 이남순(1985) 등에 의해서 '이/가'도 주제를 나타내는 경우가 있다는 주장이 대두되어 중주어문을 주제문으로 보는데 타당한 근거를 제시해 주고 있다. 본고는 이와 같은 연구 업적에 힘입어 '이/가' 주제어를 인정하되, 이것이 '은/는' 주제어와 어떤 의미적 차이를 갖는지는 다음 기회로 미루고 여기서는 상론하지 않기로 한다.

(22) 한국이 산이 많다.
     서울이 인구가 많다.

이들 문장의 두 NP와 서술어와의 결속관계를 살펴보면, 각 NP_2가 서술어와의 의미적 선택제약을 갖는 것으로 확인된다.

(23) ㄱ. *코끼리가 ……. 길다   ㄴ. 코가 …………… 길다
        *순이가 ………. 크다   눈이 …………… 크다
(24) ㄱ. *내가 ………… 밉다   ㄴ. 영자가 ………… 밉다
        *그 분이 ….. 생겼다   병이 ………… 생겼다
(25) ㄱ. *한국이 ……… 많다   ㄴ. 산이 …………… 많다
        *서울이 ……… 많다   인구가 ………… 많다

그리하여 관계화 변형에서 (11)유형과 같은 양상을 보인다.

(26) ㄱ. [코가 긴] 코끼리   ㄴ. *[코끼리가 긴] 코
        [눈이 큰] 순이   *[순이가 큰] 눈
(27) ㄱ. [영자가 미운] 나   ㄴ. *[내가 미운] 영자
        [병이 생긴] 그 분   *[그 분이 생긴] 병
(28) ㄱ. [산이 많은] 한국   ㄴ. *[한국이 많은] 산
        [인구가 많은] 서울   *[서울이 많은] 인구

따라서 이 구문 역시 '주제어 – 주어 + 서술어' 구문으로 봄이 타당하다. 그런데 이 구문 주제어 NP_1이 격어미를 취하면서 관계화 구문을 이루는 특성을 지닌다.

(29) [코끼리의 긴] 코   [순이의 큰] 눈
(30) [나에게 미운] 영자   [그분에게 생긴] 병
(31) [한국에 많은] 산   [서울에 많은] 인구

이것으로 볼 때, 위 유형의 문장은 NP_1이 본래 기저구조에서 주제어

로 작용한 것이 아니라, (32)~(34)와 같이 각각 속격과 여격, 처격의 기능을 하다가 주제화에 의해 표면구조에서 주제어가 된 것으로 파악된다.

> (32) 코끼리의 코가 길다.
> 순이의 눈이 크다.
> (33) 나에게 영자가 밉다.
> 그 분에게 병이 생겼다.
> (34) 한국에 산이 많다.
> 서울에 인구가 많다.

한편, 앞 절의 (14)는 (11)과는 다른 의미를 갖는 중주어문을 구성하는데, 이 역시 다음과 같이 NP_1이 기저구조의 속격에서 주제화된 것으로 보인다.

> (35) 장미의 꽃이 예쁘다.
> 오메가의 시계가 좋다.
> 아리랑의 노래가 좋다.
> 금성의 선풍기가 튼튼하다.
> 금산의 인삼이 유명하다.

그런데 (32), (35)와 같이 두 명사구가 속격관계로 이루어진 문장은 NP_1이 무표지로서 자연스러운 관형 변형을 이루는 특징을 갖는다.

> (36) 코끼리 코가 길다.
> 순이 눈이 크다.
> 장미꽃이 예쁘다.
> 오메가 시계가 좋다.
> 금성 선풍기가 튼튼하다.

따라서 NP_1이 무표격에서 주제화된 것으로 볼 수도 있다. 그러나 이와 같은 관형 변형은 두 명사구가 의미상 비분리 관계에 있을 때만 가능한 것으로 파악된다. (37)도 NP₁이 기저에서 속격의 기능을 하지만, 무표지로서의 관형 변형은 비문을 형성한다.

(37) ㄱ. 이 책상이 사과가 크다. → ㄴ. *이 책상 사과가 크다.

그러므로 NP₁이 무표격에서 주제화된다고 보기에는 그 성립 범위가 적은 것으로 보인다.

3.3. 다음은 수량사 구성으로 이루어진 중주어문을 살펴보기로 한다.

(38) 학생이 열 명이 왔다.
땅이 백 평이 팔렸다.
법이 두 가지가 있다.
값이 천 원이 싸다.

양인석(1972)은 이를 '총계/수량'을 나타내는 대소관계로 파악했고, 서정수(1971), 최재희(1981) 등은 심층구조에서 'Nom₂의 Nom₁'이라는 관계가 성립되는 관형어 또는 부사어로 처리했다. 그리고 임홍빈(1974), 김윤학(1978) 등에서는 '온 학생이 두 명이다.' 또는 '학생이 두 명의 학생이 왔다.'와 같은 복문구조로 보았으며, 정인상(1980)은 본래 '수량사 관형구 + NP'의 구조에서 수량사 후치라는 통사현상이 적용되어 유도된 것으로 보았다. 그러나 이 역시 주제문으로 처리할 수가 있다.

이들 수량사 구문은 NP₂가 관계화 변형에 있어서 주제문과 같은 제약을 보인다.

(39) ㄱ. [열 명이 온] 학생   ㄴ. *[학생이 온] 열 명
[백 평이 팔린] 땅   *[땅이 팔린] 백 평
[두 가지가 있는] 법   *[법이 있는] 두 가지
[천 원이 싼] 값   *[값이 싼] 천 원

그리고 다음과 같이 두 명사구의 어순을 재배치시킬 경우 비문이 형성된다.

> (40) *열 명이 학생이 왔다.
> *백 평이 땅이 팔렸다.
> *두 가지가 법이 있다.
> *천원이 값이 싸다.

앞에서도 살펴보았듯이, 통사론적인 면에서 주제어보다 주어가 서술어와 밀접한 관련을 맺기 때문에 서술어와의 결속력이 강한 주어가 서술어와 분리되어 주제어 앞으로 나올 수 없는 것이다. 따라서 NP$_1$은 주제어로, 수량을 나타내는 NP$_2$는 주어로 본다.

정인상(1980)은 이들 유형이 본래 (41)과 같이 '수량사 관형구 + NP'의 구조에서 수량사 후치라는 통사현상이 적용되고, 이때에 수량사 NP가 그 앞의 NP가 갖는 격어미 '−이/가'를 그대로 연결하면서 유도된 것으로 보았다. 그러나 이렇게 볼 때, 표면구조에서 주어의 중출을 인정해야 하는 어려움이 생긴다. 곧 수량사 관형구는 기저의 한정형으로부터 주격의 '이/가'를 취하게 되는 통사적 변화를 입는데, 이때 본래 주어 역할을 하던 NP와의 관계를 설명할 수가 없다.

> (41) 열 명의 학생이 왔다.
> 백 평의 땅이 팔렸다.
> 두 가지의 법이 있다.
> 천원의 값이 싸다.

이들 수량사 구문은 두 명사구 사이에 다음과 같은 '대상−수량'의 의미관계가 성립되는데, 이것은 (13)의 주제문 유형과 유사한 의미구조를 갖는다. 따라서 이를 주제문으로 처리하는 것이 보다 합리적인 논의가 될 것이다.

(42) 학생이 열 명(의 학생)이 왔다.

땅이 백 평(의 땅)이 팔렸다.

법이 두 가지(의 법)이 있다.

값이 천원(의 값)이 싸다.

그러나 이들 수량사 구문은 (11)의 유형과는 달리 다음과 같이 NP_1이 무표지로서 NP_2와 결합된 문장에서 주제화 된 것으로 파악된다.9)

(43) 학생 열 명이 왔다.

땅 백 평이 팔렸다.

법 두 가지가 있다.

값 천 원이 싸다.

3.4. 한편, 주어 중복을 보이는 문장 중에는 다음과 같은 문형이 있다.

(44)　　　　　ㄱ.　　　　　　　　　ㄴ.　　　　　　　　　ㄷ.

이마가 <u>빛이 난다.</u>　→ 이마가 <u>빛난다.</u>　*빛이 이마가 난다.

도자기가 <u>금이 갔다.</u>　→ 도자기가 <u>금갔다.</u>　*금이 도자기가 갔다.

나무가 <u>싹이 났다.</u>　→ 나무가 <u>싹났다.</u>　*싹이 나무가 났다.

무가 <u>바람이 들었다.</u>　→ 무가 <u>바람들었다.</u>　*바람이 무가 들었다.

이 문형에서 NP_2는 격표지가 생략되고 서술어와 결합하면서 앞의 NP_1에 대하여 서술어의 역할을 하는 자립서술어문을 구성하고 있다. 여기서 '자립서술어문'이란, 명사구가 동사와 함께 문장에서 기능하는 통사적 국면을 고려한 술어로서, 앞의 명사구에 대한 서술기능을 한다는 점에서 소위 '문장술어'나 '문서술어'의 개념과 유사하다. 그러나 그것이 격표지를 잃고 하나의 완전한 서술어로서 기능을 한다는 점에서는 차이

---

9) 서정수(1990 : 205)는 우리말에서 수량을 말할 때는 '쌀 두 말', '돈 5천 원', '종이 다섯 장' 따위와 같이 '사물명−수량사−셈 단위'와 같은 방식으로 나타내는 것이 상례임을 밝히고 있다.

점이 있다. 이러한 주술 구성, 즉 하나의 문이 다른 대상에 대한 서술어의 기능을 하는 것은, 문의 구성 및 의미가 하나의 단어로 축약되어 서술어로 작용하는 데서 확연하게 드러난다(성기철, 1987 : 370).

> (45) ㄱ. 너도 <u>배가 아프냐?</u>
> ㄴ. 너도 <u>배아프냐?</u>
> (46) ㄱ. 아이들은 <u>때가 묻지</u> 않았다.
> ㄴ. 아이들은 <u>때묻지</u> 않았다.

(44)의 자립서술어문은 위 (45), (46)과 똑같이 문장에서 앞의 명사구에 대한 서술어의 기능을 갖는 것으로 본다. 따라서 이 문형의 NP₁이 주어로 판단될 수 있다. 그러나 (44)에서 보듯이, 오직 NP₂만이 자립서술어를 구성한다. 이는 바로 NP₁보다 NP₂가 서술어와 더 밀접한 구성을 보임을 나타낸다. 더욱이 우리에게는 NP₁에 주격표지보다는 처격이 결합된 다음 문장이 더욱 자연스럽게 느껴진다.

> (47) 이마에 빛이 난다.
> 도자기에 금이 갔다.
> 나무에 싹이 났다.
> 무에 바람이 들었다.

이렇게 볼 때, (44)의 문장은 (47)과 같이 기저에서 처격의 기능을 하던 NP₁이 주제화 변형에 의해 표면구조에서 주제어가 되는 주제문으로 파악된다. 따라서 관계화 변형시 이들 유형은 다른 주제문과 같은 양상을 보인다.

> (48) ㄱ. [빛이 난] 이마　　　ㄴ. *[이마가 난] 빛
> 　　　[금이 간] 도자기　　　　*[도자기가 간] 금
> 　　　[싹이 난] 나무　　　　　*[나무가 난] 싹
> 　　　[바람이 든] 무　　　　　*[무가 든] 바람

결국 자립서술어문은 다음과 같은 과정을 보인다.

(49) ㄱ. <u>우정에</u>   <u>금이   갔다.</u> ──────▶ ㄴ. <u>우정이</u>   <u>금이   갔다.</u>
　　　　부사어　　　주어＋술어　　주제화변형　　　주제어　　　주어＋술어

　　──────▶ ㄷ. <u>우정이</u>   <u>금갔다.</u>
　　자립서술어화　　주제어　　　서술어

이 자립서술어문은 우리가 이제까지 중주어문을 주제문 유형으로 설명한 것이 타당한 것이었음을 입증해 주는 좋은 근거가 된다. 앞에서 살펴보았듯이, 주제문의 NP_2는 서술어와 함께 앞의 NP_1(주제어)에 대하여 서술기능을 하기 때문에 관계화 구문의 표제명사가 될 수 없었는데, 이 자립서술어는 실제로 그와 같은 'NP_2＋VP'가 주제어 NP_1에 대하여 서술기능을 하고 있음을 (49)과 같이 단적으로 보여주기 때문이다.

다음의 문장들도 자립서술어문을 구성하는 것으로 본다.

(50) 그가 힘이 세다.(그의 힘이 세다.)
　　→ 그가 힘세다.
　　우리가 사이가 좋다.(우리의 사이가 좋다.)
　　→ 우리가 사이좋다.

(51) 철수가 화가 났다.(*철수의 화가 났다. ?철수에게 화가 났다.)
　　→ 철수가 화났다.
　　철수가 철이 들었다.(*철수의 철이 들었다. ?철수에게 철이 들었다.)
　　→ 철수가 철들었다.

(50)은 형용사로 구성되는 자립서술어문인데, 기저에서 NP_1이 속격표지를 취하는 특성이 있는 것으로 보인다. 그러나 (51)과 같이 동사로 구성된 자립서술어문은 NP_1이 기저에서 격표지를 취하면 비문이 되거나, 어색한 문장이 된다. 이는 똑같이 동사로 구성된 자립서술어문 (44)이 (47)과 같이 기저에서 처격표지를 취하는 것과 대조된다. 따라서 (51)과

같은 자립서술어문은 NP₁이 기저에서부터 주제어 역할을 하는 것으로
본다.

한편, 이환묵(1972)은 (52)과 같은 NP₁과 NP₂의 위치변화에 대해 '명사
구 이동 변형'이라 하여 그에 대한 규칙과 제약을 논의하고 있는데, 이
역시 우리가 지금까지 논의한 자립서술어문의 범위를 벗어나지 않는다.

(52) 동네가 불이 났다. →*불이 동네가 났다.

3.5. 자립서술어로의 변형이 가능한 경우로, 서술어가 '되다'로 이루
어진 소위 보어문이 존재한다. 주어의 중복현상에서는 이들 문장을 대체
로 표면표지로 다루어 유사 중주어문으로 논의하여 왔다.

(53) ㄱ. 물이 얼음이 된다.　　　　ㄴ. →물이 얼음된다.
　　　밥이 죽이 된다.　　　　　　　→ 밥이 죽된다.
　　　철수가 부자가 된다.　　　　　→ 철수가 부자된다.

(53)-ㄴ은 앞 절에서 논의한 자립서술어문과 비교해 볼 때, 'NP₂ +
VP'가 하나의 완전한 서술어로 기능한다고 볼 수 없다. 종래 이러한 문
장의 NP₂는 동사와 결합하여 앞 명사구의 서술기능을 하는 점에서 '명
사 서술어'[10] 개념으로 다루어져 왔다. 그러나 NP₂가 격표지 없이 동사
와 함께 앞 명사구의 서술기능을 할 수 있다는 점에서 자립서술어문 유
형으로 분류할 수 있다.

한편, (53)-ㄱ의 문장은 (54)와 같이 NP₂가 기저에서 조격(造格)이었

---

10) 이 용어는 김윤학(1978), 김귀화(1994) 등에서 볼 수 있는데, 전통문법에서의 '불
　　완전 자동사문' 혹은 '불완전 타동사문'의 보어에 해당하는 술어로서, 명사가 서
　　술어 역할을 한다는 의미로 사용된다.
　　① 얼음이 <u>물이</u> 되었다.
　　② 철수가 영희를 <u>아내로</u> 삼았다.
　　③ 말이 <u>두 마리다</u>.

던 것이 '이/가' 주어화 된 것으로 파악된다.[11] 자립서술어문은 본래 주술구문으로서 'NP'이/가' + VP'의 구조를 갖는데, 위 조격의 NP 역시 동사와 함께 기저에서 자립서술어문과 같은 기능을 함으로써 자립서술어문과 동일한 구조 형태, 즉 표면구조에서 주격표지 '이/가'를 취하는 것으로 보이기 때문이다. 이는 주제문 유형에서 평언이 'NP'이/가' + VP' 구조로서 앞의 주제어를 서술해 주는 기능을 보이는 것과 같은 맥락으로 이해된다.

> (54) 물이 <u>얼음으로</u> 된다.
> 밥이 <u>죽으로</u> 된다.
> 철수가 <u>부자로</u> 된다.

이렇게 볼 때, 이 '되다' 유형의 중주어문도 '주제어 – 주어 + 서술어' 구조의 주제문 유형으로 분석할 수 있는데, 다음 (55)를 통해 서술어와 공기하는 성분인 NP_2는 주어로, 그렇지 못한 NP_1은 주제어로 본다.

> (55) ㄱ. ?물이 된다.　　　　ㄴ. 얼음이 된다.
> 　　　?밥이 된다.　　　　　　죽이 된다.
> 　　　*철수가 된다.　　　　　부자가 된다.

양정석(1987)에서는 '되다'가 두 개의 명사구항을 요구하는 서술어로서, 위 (55)와 같이 어느 하나의 명사구가 삭제되면 불완전문이 되는 것으로 보아, 이를 '주어 + 지정의 보어 + 동사'문으로 처리하고 있다. 또, 서정수(1990)는 "일이 잘 되었어. 그 일이 (잘) 안 되었어. 빨리 되어야 할 텐데." 따위에서 보듯이 '되다'가 "부사어와 필수적으로 어울리는 동사"라고 규정하여 이 유형의 NP_2가 부사어적 기능을 하고 있는 것으로

---

11) 성광수(1974 : 21)에서는 다음 예문을 들면서 달격(NP_2)의 수의적인 주어화에 의한 '서술주어'로 설명하였다.
　　올챙이가 개구리로 된다. → 올챙이가 개구리가 된다.

본다. 그러나 이러한 견해는 이 '되다' 구문의 NP₁을 주어라고 보는데, 이 NP₁은 다음과 같이 관계화 구문에서 관형절 속의 서술어와 통합되지 못한다. 이는 이 NP₁이 서술어와 의미적 선택제약을 이루는 주어가 아님을 나타낸다. (55)에서 살펴본 바와 같이, 서술어와의 결속력이 강한 것은 바로 NP₁이 아니고 NP₂인 것이다.

(56) ㄱ. [얼음이 된] 물   ㄴ. ?[물이 된] 얼음
　　　[죽이 된] 밥   ?[밥이 된] 죽
　　　[부자가 된] 철수   *[철수가 된] 부자

두 명사구의 어순 재배치에 있어서도 주제문 유형과 같은 제약을 보인다.

(57) ?얼음이 물이 된다.
　　 ?죽이 밥이 된다.
　　 *부자가 철수가 된다.

채완(1976)은 "불완전 용언은 보어와 결합하여 하나의 정보를 형성하므로 보어를 용언과 분리시켜 topic으로 만들면 비문이 되거나 의미가 전혀 달라져 버린다"고 하였는데, 여기서 '정보'는 자립서술어문의 서술 기능과 같은 것으로 해석된다. 즉, 불완전 용언은 바로 앞의 명사구(NP₂)와 함께 주제어(NP₁)에 대한 정보를 주는 서술기능을 하기 때문에, 이 NP₂가 주제화되면 본래의 주술관계가 파괴되어 비문이 되거나 의미가 달라지게 되는 것이다.

따라서, 이들 구문도 '주제어 – 주어 + 서술어' 구조의 주제문으로 분류되는 것으로 볼 수 있다. 다만 다른 주제문과는 달리, NP₂가 주어화되어 동사와 함께 앞의 기저 주제어를 서술해 주는 자립서술어문을 이루는 것으로 분석된다.

3.6. 다음은 종래 지정사문으로 다루어져 온 '-이다' 구문과 그것의 부정문인 '아니다' 구문을 살펴보기로 한다. 일부 학자들은 지정사문을 부정문 '아니다' 구문과 관련하여 중주어문으로 처리하기도 하였으나,[12] 대부분은 이를 중주어문과는 별개의 문장으로 다루었다. 그것은 이들 문장의 NP_2가 다음과 같이 무표지로 실현되기 때문이다.

> (58) 그가 학생이다.
> 사랑이 죄이다.
> 한국이 군주국이다.

그러나 이를 부정 변형시킬 경우에 NP_2는 주격표지 '이/가'를 취하게 된다.

> (59) 그가 학생이 아니다.
> 사랑이 죄가 아니다.
> 한국이 군주국이 아니다.

이것으로 보아 지정사문도 NP_2가 잠재적으로 격표지를 취하는 중주어문의 하나로 간주할 수가 있다. 그런데 이들 문장은 체언과 서술어 사이의 선택제약이 아닌 두 명사구 사이의 의미적 상관관계에 의해서 이루어지는 특성을 갖는다. 즉, 두 명사구 사이에는 '그 = 학생', '사랑 = 죄', '한국 = 군주국'과 같은 의미구조가 성립되는데, 이와 같이 NP_2가 형식적 서술기능 형태인 지정사 '-이다'와 결합하여 앞 명사구의 한 속성을 지정하는 구실을 하므로 이를 자립서술어문으로 볼 수가 있다.[13] 따라서

---

12) 대표적인 학자는 박순함(1970)인데, 그는 격문법을 바탕으로 다음 문장을 심층구조의 격범주가 주제화된 것으로 처리하였다. 즉 기저에서 '어머니'는 연관격, '성악가'는 논격으로서 각각 주제화된 것으로, 여기에서 서술어와 제일 가까운 주제가 주어 구실을 한다고 보았다.
    <u>어머니</u>가 <u>성악가</u>이다.
     주제   주제(주어)

이 구문 역시 비록 격표지는 실현되지 않았지만 NP₂는 주어로, NP₁은
주제어로 볼 수 있다. 관형변형 및 어순재배치에 있어서 다른 주제문과
같은 양상을 보임도 이 구문을 주제문으로 보게 하는 단서가 된다.

> (60) ㄱ. [학생인] 그   ㄴ. *[그인] 학생
>   [죄인] 사랑   *[사랑인] 죄
>   [군주국인] 한국   *[한국인] 군주국

> (61) *학생이 그이다.
>   *죄가 사랑이다.
>   *군주국이 한국이다.

그런데 '-이다' 구문과 달리 (59)의 '아니다' 구문은 자립서술어로의
변형이 불가능하다. NP₂는 격표지가 생략되면 서술어와의 결합을 이루
지 못하기 때문이다.[14)

> (62) *그가 학생 아니다.
>   *사랑이 죄 아니다.
>   *한국이 군주국 아니다.

그러나 이 구문 역시 주제문으로 보여진다. 먼저 서술어와의 의미적
선택제약 관계를 살펴볼 때, NP₂가 NP₁보다 서술어와의 결속력이 크다
는 것이 확인된다.

---

13) '이다' 앞의 명사구는 전통적으로 '주격 보어(최현배, 1973)' 또는 '서술명사(학교
  문법)'라 불려졌다.

14) 김재윤(1992)은 다음의 예에서 주격조사 '가'가 초첨화 기능에 의해 실현되는 것
  으로 '지칭'의 의미를 지니고 있음을 논의하고 있다.
  ① 기술자가 엉터리가 많다.
  ② 이것이 전부가 아니다.
  ③ 꽃이 곱지가 않다.

(63) ㄱ. ?그가 아니다.　　　ㄴ. 학생이 아니다.
　　　?사랑이 아니다.　　　　죄가 아니다.
　　　?한국이 아니다.　　　　군주국이 아니다.

　또한 NP$_1$은 관형절의 표제명사가 될 수 있는데 NP$_2$는 그렇지 못하다. 그리고 두 명사구의 어순재배치도 자유롭지 못한데, 이는 NP$_1$이 주어로서 서술어와 함께 '평언'을 이루어 앞의 주제어에 대하여 서술기능을 해 주기 때문이다.

(64) ㄱ. [학생이 아닌] 그　　　ㄴ. *[그가 아닌] 학생
　　　[죄가 아닌] 사랑　　　　*[사랑이 아닌] 죄
　　　[군주국이 아닌] 한국　　*[한국이 아닌] 군주국

(65) *학생이 그가 아니다.
　　 *죄가 사랑이 아니다.
　　 *군주국이 아니다.

　이상에서 볼 때, '이다' 구문과 '아니다' 구문 역시 '주제어 – 주어 + 서술어'의 구조로 설명되는데, 이때 주제어는 기저에서부터 인정되는 주제어로 분석된다.

4. 맺음말

　지금까지 본고는 우리말 문장의 기본구조가 주제–평언구조라는 주장에 입각하여 기왕에 거론된 중주어문을 유형별로 분류하여 일련의 주제문 유형으로 분석하고 그 특색을 살펴보았다. 그리하여 동일 격표지의 명사구는 사실상 주어의 중출이 아닌 주제어와 주어로 구분됨을 보였다.

　일반적으로 중주어문에 대한 논의는 궁극적으로 중출되는 주격성분들 중에서 무엇이 주어인가를 확인하는 작업인데, 주어를 검색해내는 통사적 기제로 서술어와의 의미적 선택제약을 확인할 수 있는 관계화구문을 도입하였다. 그래서 서술어와의 의미적 선택제약, 일치, 공기 현상 등, 통사론적인 면에서 주제어보다 주어가 서술어와 밀접한 관련을 맺기 때문에 관형절 속에서 서술어와 결합하는 명사구를 주어로 보고, 관형절의 표제명사가 되는 명사구는 주제어로 보았다. 이때 관형절 속의 '주어 + 서술어'는 '주제—평언' 구조의 '평언'을 이룸으로써 주제어의 속성을 서술해 주는 기능을 하는데, 이는 의미적 측면에서 일종의 주술관계로 해석된다. 따라서 주술관계의 술부를 이루는 평언 속의 주어는 서술어와 분리되어 주제화되거나 또는 관형절의 표제명사로 선택될 수 없었으며, 주제어는 서술의 대상이 되는 주어로서 이로 인해 술부 속의 서술어와 간접적인 관계기능을 맺게 되어 관형절의 표제명사로 선택될 수 있었다. 이와 같이 '주제어 — 주어 + 서술어' 구조에서 '주어 + 서술어'가 하나의 서술어 구실을 함은, 서술어 앞의 명사구가 격표지를 잃고 서술어와 결합하여 하나의 완전한 서술어로 기능하는 자립서술어문의 고찰을 통해 확인되었는데, 중주어문 중에는 이와 같은 자립서술어로의 변형을 이루는 유형들이 있었다.

　중주어문이 기본적으로 '주제어 — 주어 + 서술어'의 구조를 이루기는 하나 그것을 유형별로 살펴볼 때, 그 문장구조의 성격이 각기 다른 것으로 분석되었다. 전형적인 중주어구문은 대부분 기저구조에서 각각 속격과 여격, 처격의 기능을 하다가 주제화 변형에 의해 표면구조에서 주제어가 된 것으로 분석되었고, 수량사구문의 경우 기저에서 무표지로서 작용하던 NP_1이 주제화 된 것으로 분석되었다. 그러나 주제화 변형으로는 설명이 안 되는 중주어구문이 있는데, 이는 주제어가 이미 기저구조 자체에서 설정된 것으로 보았다. 그 중에 서술어가 '되다'인 구문은 특히 NP_2가 심층의 조격에서 주어화 변형되어 이루어진 것으로 파악되었다.

그리고 종래에 대체로 중주어문과는 별개로 다루었던 지정사문도 주제어와 주어가 함께 나타나는 기저주제어문으로 분석되었는데, 이와 같은 기저주제어의 설정은 복문이나 변형설의 단점을 극복하고 중주어문을 보다 합리적으로 설명하는 데 유리한 것으로 보인다.

이상에서 본고는 주제어를 담화 개념이 아닌, 서술어와 간접적인 관계 기능을 갖는 문법 개념으로 수용하여 중주어문을 기저에서 인정되는 주제어나 변형에 의한 주제어를 갖는 주제문으로 분석하였다. 그러나 문법 개념으로서의 주제어에 대한 개념 규정 및 그것의 기능에 관한 보다 체계적인 연구가 미흡한 바, 이는 우리말 문장구조의 정립뿐 아니라 중주어문의 해명을 위한 앞으로의 과제로 남는다.

● ● ● 참 고 문 헌

김귀화(1994), 『국어의 격 연구』, 한국문화사.

김규식(1909), 『대한문법』, 유인본.

김두봉(1923), 『깁더 조선말본』, 상해 : 새글집.

김영희(1978), 「겹주어론」, 『한글』162호, 한글학회.

김윤경(1946), 『조선문자급어학사』, 서울 : 진학 출판협회 3판.

김윤학(1978), 「현대 한국어 구문의 중주어에 관한 연구」, 『우리말 연구』 V, 홍문각.

김제윤(1992), 「국어 조사 [-이], [-을]의 초점화 기능」, 충북대학교 대학원 박
　　　　사학위논문.

김종택(1973), 「무주어문과 주어 생략문」, 『국어교육론지』 1, 대구교육대학 국어과.

남기심(1968), 「그림씨를 풀이말로 하는 문장의 몇 가지 특질」, 『한글』 142호.

박병수(1983), 「문장술어 의미론 : 중주어구문의 의미고찰」, 『말』 3, 연세대학교
　　　　한국어학당 8집.

박순함(1970), 「격문법에 입각한 국어의 '겹주어'에 대한 고찰」, 『어학연구』 6-2,
　　　　서울대학교어학연구소.

박승빈(1935), 『조선어학』, 조선어학 연구회.

박승윤(1986), 「담화 기능상으로 본 국어의 주제」, 『언어』 제11권 제1호.

서정수(1971), 「국어의 이중주어 문제」, 『국어국문학』 52호.

＿＿＿(1990), 「겹주격 문장의 새로운 고찰」, 『국어 문법의 연구 II』, 한국문화사.

성광수(1974), 「국어 격문법 시론(I)」, 『어문논집』 19, 고려대학교 국어국문학연
　　　　구회.

성기철(1987), 「문서술어 복합문」, 『국어학』 16, 국어학회.

손호민(1980), 『Theme-prominence in Korean Linguistics』 2.

신창순(1975), 「국어의 주제 문제 연구」, 『문법연구』 2집, 탑출판사.

양동휘(1975), 「Semantic Constraints I」, 『어학연구』 11-2, 서울대학교 어학연구소.

양인석(1972), 『Korean Syntax』, 백합사.

윤만근(1980), 「국어의 중주어는 어떻게 생성되나」, 『언어』 5-2, 한국언어학회.

이금영(1992), 「국어 주격중출문에 관한 연구」, 충남대학교 대학원 석사학위논문.

이남순(1985), 「주격중출문의 통사구조」, 『국어국문학』 93, 국어국문학회.

이승욱(1969), 「주어의 통사에 관한 고찰」, 『국어국문학논집』 3집.

이환묵(1972), 「국어 명사구 이동 변형」, 『어학교육』 4, 전남대학교 어학연구소.

임규홍(1990), 「겹주어월의 통사구조와 수용 가능성」, 『어문학』 51, 한국어문학회.

임홍빈(1974), 「주격 중출문을 찾아서」, 『문법연구』 1집, 문법연구회.

정렬모(1946), 『신편고등국어문법』, 서울 : 한글문화사.

______(1948), 『초급국어문법독복』, 서울 : 고려서적주식회사.

정인상(1980), 「현대 국어의 주어에 관한 연구」, 『국어연구』 44호, 국어연구회.

채 완(1976), 「조사 '는'의 의미」, 『국어학』 4, 국어학회.

최수영(1984), 「주제화와 주격조사 : 조사 '-는'과 '-가'를 중심으로」, 『어학연
구』 20권 3호, 서울대학교 어학연구소.

최재희(1981), 「주어 중출문의 문장 구조에 대하여」, 『한국어문학』 19집, 한국어
문학회.

최현배(1937), 『우리말본』, 경성 : 연희전문 출판부.

한영목(1976), 「국어의 기본 문형론」, 『어문연구』 제9집, 어문연구회.

______(1990), 「유길준 문법에서의 IC분석 고찰」, 『어문연구』 제20집, 어문연구회.

허 웅(1981), 『언어학』, 샘문화사.

홍기문(1947), 『조선문법연구』, 서울신문사.

Li & Thompson(1976), "Subject and Topic : A New Typology of Language,"
Subject and Topic. ed. Li, C. N.Y : Academic Press.

「중주어문에 관한 연구」, 언어 15, 1994. 12,
충남대 어학연구소, pp. 79-99.
*이금영 님과 공동 집필.

1. 머리말

문학에서 의사소통(communication)은 작자와 독자를 연결하는 언어를 매재로 성립되는 행위이다. 이러한 커뮤니케이션의 성립은 '개념, 글 쓰기, 표현, 독자'를 필요로 한다. 작자와 독자와의 관계에서 작품의 분위기(tone)가 형성된다. 문학 작품에 나타나는 분위기는 작자의 독자에 대한 태도와 작품 소재나 주제에 대한 작자의 태도를 언어를 매재로 반영한다. 그러므로 문학 작품에 쓰인 언어는 작자가 송신자로서 의미 내용의 전달을 통하여 수신자인 독자와 일치되는 효과를 얻을 때 충분한 의사소통이 이루어지고, 미적 효과를 얻을 수 있다.

작자의 표현 행위는 언어를 매재로 전달 과정을 통하여 송신되고, 그 내용 텍스트는 수신자인 독자의 해독을 거쳐 언어의 미적, 예술적, 환정적 기능을 수행하고 있다. 다분히 문학 작품은 동기 면에서 필자의 의도적 어휘 선택 행위와 관련되면서도 결과적인 면에서는 독자의 처지가 고려된다. 언어에서의 전달 행위는 작자의 내부에 무엇이 진행되어 어떻게 독자의 내부에 무엇이 진행되는가를 고찰한다. 그러므로 문학 작품은 작자가 전달 내용을 기호화하여 송신하여 전송한 것을 독자는 수신하여, 그 전달 내용을 해독하는 과정을 거치게 된다.

그러면서도 문학 작품은 내용 전달의 목적에서 볼 때, 필자의 표현적 기능이 강조된다. 그러한 표현을 독자는 언어 분석을 통하여 작자의 전달 내용을 이해하여 심미적 기능을 경험하게 된다. 그러나 응모나 백일장 같은 특수한 환경에서 나타난 문학 작품은 필자의 의도적 표현 행위의 강도는 심사자라는 수용자의 수용성과 맞물려 다소 낮아질 수밖에 없다.[1] 언어의 전달에서 언제, 어디서의 환경은 커뮤니케이션의 주요 변수로 작용하는 요인이 되는 것처럼 문학 작품에서도 등가성이 되기 때문이다.

우리는 이 글에서 백일장이나 응모라는 특수한 문학 작품, 중·고등학생의 창작과 수필의 대화에 사용된 '대화어(對話語)'를 분석하여, 대화어의 문체론적 접근을 시도하고자 한다. 그것은 대화는 지문보다는 일상 언어 표현과 보다 더 근접하기 때문이다.

어휘 구성의 분포에 대한 분석 측정은 사전적 어휘를 대상으로 하거나, 문학적 작품을 대상으로 다루거나, 또한 특정 작가의 작품에 집착하는 나머지 실제 사용 어휘 분포와는 상당한 차이가 있다. 그러므로 이 글에서 다룬 작품들의 어휘 사용의 빈도 역시 실제 언어 생활과는 다른 점이 많을 것이다. 그것은 백일장이나 작품 응모라는 특수한 환경과 분위기 아래 쓰여진 작품은 항상 필자의 의도보다 독자의 처지를 참작하려는 독자의 성격이 고려되기 때문에 어휘 선택상의 문제점은 있다.[2] 이러한 의도는 일상 언어 생활과의 차이를 얼마나 접근시키고, 투영할 수 있는가? 이런 대화어가 문장으로서 실제 언어와 얼마나 가깝게 접근했는가에 대한 문제 해결에 우리의 관심이 있다.

이 문제에 대한 출발은 학생 집단의 언어에 가장 근접한 문학어 중

---

1) 의도성과 수용성에 관한 논의는 Beaugrande·Dressler(1981)을 참조할 것.

2) 필자와 독자의 관계에서 분위기(tone)가 만들어지고 그 분위기는 주제와 소재, 독자에 대한 필자의 태도를 투영한다.

"Tone is function of style, and style amounts to the kinds of words and sentence patterns the writer has chosen as vehicle of his content."(Kane·Peters, 1966 : 5).

대화어의 어휘 구조를 살피는 데 있다. 그것은 일상 언어와 밀접한 문학 작품에 사용된 대화어를 분석하여 국어 교육의 연구 자료로서, 문장론의 기초 자료로서 도움이 되고자 한다.

2. 문학어(文學語)의 분석

2.1. 언어를 분석하고 그 구조에 대한 심리적 논의는 변형 생성 문법의 한 관심사로 등장하였다. 오늘날 언어 분석에 대한 관심은 단순히 일상 언어의 범주를 벗어나 언어 외적 사실과도 밀접한 관련을 맺고 있다. 그것은 또한 응용 언어학의 진전과 더불어 문학어(literary language)에 대한 적용과 분석에까지 응용되어 문체론적 범위의 확장과 심화를 기대할 수 있게 되었다.

물론, 이 문학어는 일상 언어와 횡설수설을 제외한 일체의 언어 자료로 문학가에 의하여 사용되어진 의도적 언어 행위로 어떤 미적 효과와 목적을 함유하는 것이다. 그 의도적 언어 행위가 설사 미적 목표 수행에 대한 가치를 상실했다 하여도 언어 전달이라는 과정을 거치는 한 언어 분석의 대상이 된다는 점이다.

Hayes(1969 : 200)에 의하면 문학은 언어이므로 텍스트로 그 분석이 가능함을 제시하였다. 특히 '문학에 대한 비평은 문학에 대한 연구로 언어적 기교(linguistic technique)의 적용에 의하여 공헌되어 있다'는 것이다.[3] 그러므로, 문학이 언어의 전달 체계를 사용하고 있는 한 언어학을 바탕

---

3) "I take as one premise that literature is language, and is thus amenable to linguistic analysis. I also believe that in corporating some of the techniques of linguistic analysis into the description of literary utterances will enhance the description of those texts."(Hayes, 1969 : 197~201).

으로 성립된다고 말할 수 있다. 이 점은 R. Kloepfer도 언어 과학이 통신 공학과의 유대에서 시학은 언어학에서 많은 것을 얻을 수 있다고 지적한 대목과 같은 시사를 던져준다.

결국 문학과 언어는 상호 불가분의 관련 속에 출발하고 있다. 문학어는 일상어가 아닌 인공어인 문학 문법(literary grammar)으로 작가의 의도적, 계획적 작업인 동시에 특정 독자와 특수한 장소와 시간을 의식했다 하더라도 언어라는 기호를 사용하는 이상 언어 분석의 대상이 되는 것이다. 그러나 지금까지 대부분의 문학어에 대한 평가는 언어학에서 기대하지 않았던 것도 사실이다. 이 점을 Elgin(1973 : 81)은 다음과 같이 요약하고 있다.

(1) 문학어는 분석을 초월한다.
(2) 그것은 문학어를 기술하기 위한 언어 능력이 미치지 못했다.

언어는 '자의적 음성 기호의 체계(system of arbitrary vocal symbols)'이기 때문에 문학어 역시 언어 능력과 그 수행을 매개로 하는 이중 기능을 지닌다. 그것은 독자에게 심층 구조의 회복과 감각적, 심미적 쾌락을 제공하는 언어 자료의 일체가 된다. 이 언어가 전달이라는 과정을 통하여 '필자의 심리적 상황을 독자에게 정직하고 명확하게 제시하기 위하여 단어를 성공적으로 사용할 때' 구체화되기 때문이다.

물론 Ohmann(1964)에서 논의한 것처럼 문학어는 정상 언어에서 일탈된 문학가 개개의 문체적 선택 행위가 나타난 수의적 변형이 될 수 있다. 이것은 글 쓰기 행위가 그 표현 성립 과정에서 선택을 포함하고 있다는 뜻이다. 정보 전달과 단어의 응용 방법으로 수사학을 제한다고 하면 거기서 문체라는 관념이 수반되기 때문에 문체적 선택 행위가 필수적이다. 따라서, 문학적 언어 표현은 문장에서 선택 제한이 보류된다. 이 선택 제한은 '변형이 의미를 바꾸지 않는 한' 문학적 변형 역시 의미를 바꾸지 않기 때문에 이 문학적 변형은 모든 비문학어 변형의 적용을 받아야 한다는 것이다.

그러나 문법 규칙 또한 심리적 실재에 속한다. 심리적 실재로서의 언어는 화자 개개인들이 생각하는 언어이므로 그 문학어의 표현 또한 인지 관습에 의존하는 습관의 형성과 이해라는 커뮤니케이션의 문제로 회귀되는 것이다. 독자 쪽에서 본다면 작자의 규칙이 지배하는 창조적 능력으로 나타난 문학어도 인지 감각에 의존하여 이해할 수밖에 없다.

Searles(1979 : 43)의 논의를 따른다면, 문학적 의사소통은 발신자로서의 작자가 수신자인 독자에게 그와 의사소통을 하려고 하는 무엇인가에 대한 의도를 깨닫게 해 줌으로써 수행될 수 있다. 이는 작자의 전달 목적이 대화를 구성하는 중요한 기제를 수행하는 것이다.

Ohmann(1964)에서 문학어의 분석은 '문체상의 이론에서 상당량의 안개를 제거해줄 뿐만 아니라, 문체 분석의 실제에 있어서 또 그에 상응하는 향상을 가능케 한다'고 주장하고 있다.

> "… first, to clear away good deal of the mist from stylistic theory, and second to make possible a corresponding refinement in the practice of stylistic analysis."
>
> ■ ■ ■ Ohmann, 1964 : 426

결국 변형 생성 문법이나 텍스트 언어학의 문학어에 대한 적용은 문학의 특성을 규명하여 문학 통신으로 말미암아 파생된 기호와 문학외적 사실과의 관계를 밝히는 데 그 의의가 있다. 따라서, 문학이 일상어를 받아들이는 한 그 언어적 분석은 가능하고, 그 분석을 통하여 문체상의 모호성을 해명할 수도 있다는 전제 아래 대화문에 나타나는 언어 현상에 대한 검증을 통하여 어휘의 문체론적 문제를 갖고 출발하고자 한다.

물론, 우리는 이러한 대화어의 분석이 갖는 한계점에 대하여도 잘 알고 있다. 이 대화어는 입말이나 글말의 과도기적인 것으로 작자에 의하여 생성된 독화나 대화일 수도 있기 때문에 텍스트로서의 대화 분석론의 한계일 수도 있다. 달리 말하자면, 문장 대화어는 말하기 행위나 행위 수행을 위한 환경과 조건이 제한적이고, 언어 수행의 목적이 지나치게 규제화될 수 있어, 일상어의 대화 분석과는 다른 결과를 초래할 수도 있다.4)

2.2. 문장에 사용된 단어는 단순한 기호의 나열이 아니다. 특히 대화어로 쓰인 단어는 의미를 가지고 문장에서 언어의 기능을 한정하고 있다.

> "Sentences have literal meaning. The literal meaning of a sentence is entirely determined by the meaning of its component words (or morphemes) and the syntactical rules according to these elements are combined."

■ ■ ■ Searles, 1979 : 117

특히, 한 편의 글 속에서 사용된 대화어의 경우는 진술문이나 설명문 이상으로 언어의 발화 행위에 가깝게 접근된다는 점이다. 물론 화자의 발화 의미가 여러 면에서 문장과는 다르고 구별되어야 한다. 그것은 단어의 모든 요소가 화자의 자의적이고 편의적 의미에 따라 사용되지만 대화어는 작자에 의해서 선택 행위 과정을 거쳐 성립되기 때문이다.

문장 대화어로 사용된 어휘들은 단순한 지문으로 사용된 어휘보다 작자의 마음의 세계를 강렬하게 나타내어 일상 언어에 가깝게 접근한다.5) 각 개인의 마음의 세계를 표현한 언어의 창조성을 일률적으로 어휘 빈도에 의해 고찰한다는 것은 어려운 일이다.

---

4) 텍스트의 대화 분석에 대하여는 박용익(2001)을 참조할 것.

5) 양인석(1972 : 18)에서는 "언어 기술 및 설명에 마음의 세계가 필요하다는 것도 이제는 이미 상식이 됐다. 언어는 실제 세계를 그대로 표현함을 이상으로 하겠지만 일단 화자의 마음의 세계에서 걸러서 표현되기 마련인 것으로" 논의한 바 있다.

　　또한, D. C. Freeman(1970 : 15)도 "…the study of style(defined in the restricted way proposed above) is in essence inspired mind-reading."이라고 한다.

또한, 개성적 표현으로서의 독창적인 개인적 문학어를 분석하는 '개인 문체론'적 방법을 벗어나, '표현의 문체론'적 방법을 원용하는 분석상의 어려운 문제점은 남아 있게 마련이다.[6] 그러한 난제에도 불구하고, Hough(1969 : 49)에 의하면 시대적 문체의 특성은 수량과 통계적 기초에서 조사, 분석할 수 있다는 것이다. 따라서 이 연구에서 우리가 짊어진 문학 작품의 대화에 나타난 대화어의 분석은 통계적 분석 방법에 따라 중·고교생들의 산문 작품에 사용된 대화어의 성격과 그 언어의 특색을 살피는 데 있다. 그러므로 여러 작자의 개인 문체에 대한 연구를 통한 비교 방법은 지양되고, 주로 단어, 문장 구조 관계 등의 표현 문체론에 입각하여 문법적 측면에 중점을 두고 분석·기술한다.

3. 대화어의 분석

3.1. 작품과 대화수

이 글에서는 '충청남도 국어교육연구회(1971)'에서 편집한 『뽑힌 글』을 대상으로 중·고교생의 수필이나 창작 중에서 사용된 '대화체'에 나타난 어휘만을 선정하여 분석하였다. 따라서 이 작업은 개인이 아닌 여러 학생들의 작품을 대상으로 분석하였기 때문에 일률적인 기술의 어려움 등으로 표현 문체론적 입장에서 고찰되었다. 그리고 특정 제목 아래 쓰여진 작품의 어휘만을 가지고 국어 전반에 나타난 어휘의 의미적 특성을 찾는다는 것은 더욱 힘든 일이었다. 그럼에도 불구하고, 우리는 중·고

---

6) 조병춘(1983 : 148)에서 표현 문체론은 형태와 사고의 관련을 연구하는 것으로 기술적이며, 개인 문체론은 개인 및 집단과의 관련을 연구하는 것으로 발생적 연구로 보고 있다.

교생들의 언어 사용의 일면을 고찰할 수 있는 계기를 마련하는 데 주안
점을 두었다.

〔표 1〕 작품들의 내용 및 대화수(對話數)

종 별	대 상	성 별	작품수	작 품 내 용			대화수
				백일장	응모작	기 타	
수 필	중	남	3	2		1	33회
		여	3	2		1	28회
	고	남	0	0	0	0	0
		여	7	6	1		28회
창 작	중	남	3		3		146회
		여	2	2			21회
	고	남	3	1	2		121회
		여	6	2	4		134회
계			27	15	10	2	511회

〔표 1〕에서 나타난 것처럼 분석에 언급된 작품 27편 가운데 무려 15
편이 백일장이라는 특수한 여건에서 쓰여졌고, 10편도 현상 모집에 응모
된 작품이라는 데 분석의 한계인 동시에, 또 절제된 수용자인 독자를 의
식하고 쓰여졌다는 데 의의가 있다. 남·여학생의 작품 비율도 중학교
'6 : 5', 고등학교 '3 : 13'으로 여학생이 많았다. 남·여학생들의 기호에
따라 남학생이 대체로 대화체의 사용을 선호하는 어휘 선택의 특성을 보
여주고 있다.

그 중요한 내용은 27편의 작품 중에 대화는 511번이 행해져 작품당
18.9회로 나타나며, 남학생이 여학생들보다 대화체를 선용했음이 보인
다. 남자 중학생은 6편에서 179회, 남자 고등학생은 3편에서 121회나 사
용한 데 비하여, 여자 중학생은 5편에서 49회, 여자 고등학생은 13편에
서 162회로 나타난다. 『뽑힌 글』에서 사용한 대화 단락은 남학생은 9편

에서 300회를 사용된 반면, 여학생은 18편에서 211회로 남학생보다 대화체의 표현이 적게 나타난다.

  이런 현상은 언어 동기로 보면, 작자의 '생각과 지식을 의식적으로 전달하려는' 의도가 작품을 통하여 강하게 반영된 것이다. 백일장 입선작의 경우 제한된 장소와 시간과 분량 등에서 오는 강박감으로 인하여 평소 지닌 어휘력을 구사하는 대신에 압축된 표현 때문에 조잡한 어휘 선택상의 문제점과 대화체 문장만이 지니는 미적 효과를 살리지 못한 채 지나치게 조작된 면이 보였다. 이런 점 때문에 우리는 중·고등학생들이 사용한 대화문에 나타나는 어휘 구조를 나름대로 기준을 세워 분석·기술할 수밖에 없었다.

3.2. 품사별 분류

■3.2.1. 분석 대상이 된 27편의 작품 중에서 대화 횟수는 511번 행해졌다. 여기에 사용된 어휘들을 1단어 1카드화하여 품사, 문장에서의 문법적 직능, 요소 등을 표시하여 체언, 용언, 수식언, 독립언 순으로 분류하였다. 총 어휘 분포 1,341어로 비교하면, 한 번의 대화에 2.62어가 사용되었다. [**표 2**]에서 보는 바와 같이 총 활용 어휘 빈도 3,775어와 비교해 보면 한 번의 대화에서는 7.39 단어를 사용한 것으로 평균을 잡을 수 있다.[7]

---

7) 박갑수(1977)에서는 현대 소설 문장에 쓰인 어휘를 품사별로 분석한 결과 한 문장에 평균 15개 단어로 구성되었다고 하였다.

【표 2】 품사별 어휘 수

품　　사	어 휘 수	%	어휘활용빈도
명　　사	543	40.49	1,113어 2.05번
대　명　사	53	3.95	350어 6.60번
수　　사	17	1.27	47어 2.76번
동　　사	328	24.46	993어 3.03번
형　용　사	148	11.04	407어 2.75번
부　　사	161	12.01	473어 2.94번
관　형　사	18	1.34	106어 5.88번
접　속　사	11	0.82	59어 5.36번
감　탄　사	62	4.62	227어 3.66번
계	1,341	100.00	3,775어 2.82번

이것은 산문체 문장에 나타나는 대화문에 7.39어로 사용되어 대화는 문체상 간결하였음을 알 수 있다. 또한 1,341어가 3,775어로 활용하여 한 단어 당 평균 상대 빈도는 2.815번만을 보여 어휘 선정의 다양성으로 객관적 어휘 사용을 들 수 있다. 이 점은 언어의 논리적 사고에서 볼 때 언어의 창조성이 뛰어남을 분석해 낼 수 있다. Carrol의 말대로 '문장은 창조된 인공 제품'이라 하더라도 문자 이상의 의미를 내포한 개인적 창조의 소산이기 때문에 Waisman(1968 : 140)의 말은 진지하다. 나아가 언어는 본질적으로 자의적이기에 언어 장면이 중시될 뿐만 아니라 문장의 분석이 무엇보다 선행되어야 한다.[8]

그러나 윤노빈(1972 : 89)이 '일상 언어 분석 이론은 언어의 충분한 설명에까지는 못 미친다'는 견해나, Wrenn(1964 : 116)에서도 언어의 분류는 수학적 현상과 같을 수 없어 바람직하지 못하다는 입장을 밝혔다. Wrenn의 지적에도 불구하고 이 글에서 우리가 시도한 분석 방법은 다음과 같다.

---

8) "The minimum Language unit that function as a full communicative utterance is the sentence."(Lado 1964 : 142)

■**3.2.2.** 품사 분류는 단어의 자격을 중심으로 하였으므로, 학교 문법과는 달리 명사, 대명사, 수사, 동사, 형용사, 부사, 관형사, 접속사, 감탄사로 처리하고, 불완전 명사나 조사류는 전체 단어의 분류에서는 제외하였으나, 그들의 쓰임은 따로 통계 처리하여 제시하였다.

문장에서의 직능을 중점으로 다룬 것은 문장은 단어 이상으로 중요하기 때문이다.[9] 우리가 주로 사용하는 '일상 언어는 문장이지 단어는 아니므로' 우리는 문장을 중심으로 어휘를 분류하여 품사별 처리를 시도하였다.[10] 따라서, 이 글에서는 사용된 체언에 쓰인 조사류 1,050개, 불완전 명사류 166개, 보조용언 151개와 용언에 쓰인 조사류 90개는 품사별 통계에서 제외하였다. 수사도 종래의 수관형사까지를 포함하였다. 수량을 나타내는 단위성 불완전 명사류는 복합어로 처리하여 수사에서 다룬 경우는 17번이 된다.

분석의 결과 품사별로 어휘 분포상의 순위는 다음과 같다.

① 명사(40.58%), ② 동사(24.25%), ③ 부사(12.03%), ④ 형용사(11.06%), ⑤ 감탄사(4.62%), ⑥ 대명사(3.96%), ⑦ 수사(1.27%), ⑧ 관형사(1.34%), ⑨ 접속사(0.82%)로 나타나 명사와 동사에 국어 어휘는 집중 분포를 보였다.

■**3.2.3.** 우리는 활용 어휘의 품사별 빈도를 살펴보기로 한다. 사용 어휘 1,341어가 3,775어로 활용하여 2.82번의 활용 빈도를 보였는데, 그 품사별 순위는 다음과 같다.

① 대명사(6.60번), ② 관형사(5.58번), ③ 접속사(3.56번), ④ 감탄사(3.66번), ⑤ 동사(3.03번), ⑥ 부사(2.94번), ⑦ 수사(2.76번), ⑧ 형용사(2.75번), ⑨ 명사(2.05번)

어휘 활용 빈도에서 '대명사가 가장 높은 것은 특수어 '나(92회), 너(34

---

9) "⋯the sentence is the most important unit of English speech. The sentence is the more important even than the word."(Potter 1948 : 90).

10) 이남덕(1963 : 143)은 "단어라는 단위보다 우리말을 분석하는 데 더 자연스럽고 정확한 단위로써 문법을 다루어야 한다."고 주장한 바 있다.

회), 무엇(45회)' 등의 활용 빈도가 높기 때문이다. 명사의 활용 빈도는 2.05 번 뿐으로 명사 사용의 다양화로 논리적 표현이 우세함을 보여 준다.[11]

그러면 1,341 어휘와 활용 어휘 3,775어와의 품사별 분포를 살펴보자. 백분율로 비교하면 명사와 형용사는 줄고, 대명사, 동사, 관형사, 접속사, 감탄사의 활용 빈도가 높음을 보이고, 수사와 부사는 차이가 없다.

품사별 활용순은 '① 명사 → ② 동사 → ③ 부사 → ④ 형용사 → ⑤ 대명사 → ⑥ 감탄사 → ⑦ 관형사 → ⑧ 접속사 → ⑨ 수사'로 낮아진다.

명사의 543어(40.49%)가 1,113어로 활용되어 29.48%의 빈도수가 낮아진 반면, 대명사 3.95% : 9.27%로의 상승은 빈도 6.6회로 사용되었기 때문이다.[12] 이런 언어 현상은 문장 대화어의 논리성과 객관성은 줄어들어 요약적, 상태적, 감각적, 정지적 문체의 특성을 지니고, 의문문이나 인칭 주어, 단문 등이 승한 것임을 뜻한다.

[표 3] 활용 어휘의 품사별 빈도

품	사	활용 어휘	%	계
명 사		1,113	29.48	1,510
대명사	체 언	350	9.27	
수 사		47	1.25	(40.00%)
동 사	용 언	993	26.30	1,400
형용사		407	10.78	(37.09%)
부 사	수식언	473	12.53	579
관형사		106	2.81	(15.34%)
접속사	독립언	59	1.56	286
감탄사		227	6.01	(7.58%)

11) 신익성(1972 : 142)에서는 주요한 구체적인 명사가 동사보다 안정성이 높아 많이 인용된다고 하였다.

12) 김대행(1979 : 112)에서는 명사는 자기 표출도가 적은 반면, 지시 표출은 매우 높은 것으로 보고 있다.

용언의 경우 동사 24.46% : 26.30%로 증가하였고, 형용사는 11.0
4% : 10.78%로 감소하였으나 그 폭은 상당히 적다. 이것은 문장 대화어
가 상태적 지시보다는 동작성에 역점을 둔 것으로 볼 수 있다. 관형사,
접속사, 감탄사의 활용빈도의 증가는 어휘의 부족과 자기 표출성이 높다
는 의미로도 해석된다. 부사의 경우 12.01% : 12.53%로 차이가 없어 용
언 수식어의 다양성을 보여준다. 그러나 부사는 용언에 부속하여 수식하
는 기능을 지니기 때문에 그것의 선용은 대화어를 요설적인 문장으로 만
들어 버릴 염려가 있다. 수사의 경우도 1.27% : 1.25%로 차등이 없어
수리적 언어 표현은 극히 저조한 양상을 노정하였다.

■**3.2.4.** 단어의 문장 직능별 활용 어휘의 빈도 측정은 체언과 용언에
국한하였다. 수식언의 관형사와 부사는 각각 그 직능이 다르고, 접속사
와 감탄사도 접속어로, 독립어로서의 자격이 다르므로 수식언과 독립언
의 통계는 제외하였다. 체언의 경우, 문장 성분을 주어, 서술어, 목적어,
관형어, 부사어, 독립어로만 분류하였다. 보어는 절의 주어가 된 경우는
주어로, 서술어의 보충인 경우는 부사어로 처리하였다. 용언은 명사형,
관형사형, 부사형, 서술형으로 어휘 사용의 빈도를 예시하였다.

그 결과, **〔표 3〕**에서 체언은 1,510어로 전체 어휘의 40%이고, 용언은
1,400어로 37.09%를 나타내 대화어는 '주어+서술어'의 단문 현상을 보
여 주었다.13) 또한 수식언 579어(15.34%)를 비교할 때 대화어는 꾸밈보
다는 단순한 대화체라는 재미있는 현상을 보인다. 체언을 한정하는 관형
사는 겨우 106어(2.81%)인데 비해, 용언을 수식하는 부사는 437어(12.
53%)라는 어휘 구성은 단적으로 용언에 대한 수식의 다양함과 정확한 표
현을 말해 준다.14)

---

13) 주어나 주제어로 쓰인 '이/가, 은/는'이 전체 격조사의 25.36%를 차지하고 있기
    때문이다.
14) 관형사의 경우, '이(30회), 그(30회), 저(8회), 무슨(10회)' 등으로 지시적 용법이 강
    하다. 부사의 경우 '안(아니)(30회), 왜(28회), 못(11회)' 등 부정과 의문에 그 표현

용언 서술어에 대한 수식어가 많다는 것은 주어보다는 서술어가 문장을 이루는 구조상 중요한 성분임을 보여주는 예가 된다. 또한 문장 성분상 핵심적인 부분이 문장 끝에 집결되는 현상을 제시한다고 볼 수 있다. 따라서 용언의 활용 빈도가 높게 나타나고, 그 수식도 용언의 양태에 깊이 관여하고 있다고 할 수 있다.

독립언은 256어로 7.57%의 분포를 보이는데, 이 점은 대화어의 한 특성을 보여주고 있다. 특히 감탄사는 227어(6.01%)는 문장 구성상 단문의 문제로 대두된다. 이 감탄사의 선용은 표현상 언어의 비논리성을 들 수 있다. 이 감탄사의 남용은 감정적이고 여성적이고, 자기 표출도가 높은 언어로 비논리적인 글이 된다.[15] 그 중에서 '－말이다' 형이 체언 아래 13번, 용언 아래서 17번이 사용되어, 부연 설명이 많고, 나아가 분열문의 양상을 보였다.

조사의 독립격으로 44번이나 나타나 대화어가 영탄적 표현을 즐겨 선용한 사실을 쉽게 찾을 수 있었다. 이 감탄어의 지나친 선용에 의한 영탄문은 언어 장면의 긴박성을 해치는 것이다. '언어의 기억 공간에서 생각할 때 복잡성보다는 간결성을 위한 생략이 가져오는 언어의 효과를 중시한다(박병수, 1973)'고 하더라도 지나친 생략에 의한 감탄어의 사용은 문장에서 고려될 필요가 있다.

접속사의 경우는 59어(1.56%)를 보인다. 이 점은 문장 접속어가 원인과 이유를 접속하는 논리성의 일면을 보이나, 구 접속어인 '와, 과, 하고' 등이 14번 밖에 없다는 점과는 대조적이다.

성이 수식 기능보다 앞선다.

15) 박갑수(1977 : 237)에서 제시된 감탄사의 빈도수와 비교할 때, 대화어가 훨씬 많이 선용되고 있다.

3.3. 조사의 쓰임

대화어 나타나는 비자립형인 조사의 쓰임을 살펴보기로 하자. 조사는 학교 문법에서 단어로 설정하고 있지만 단어라기보다는 접어적 성격을 지닌다. 형식어인 조사류만을 대상으로 살핀 결과 1,140어사로 나타나 실질어와의 구성 비율은 30.19%이다.[16] 달리 말하자면 우리가 텍스트로 다룬 『뽑힌 글』에 나타난 대화체는 대화어만이 가지는 조사 생략에 의한 긴장성이 뛰어나지 못하고, 연속성을 지닌 문장이라고 할 수 있다.

조사의 사용 빈도는 격조사 872개와 보조사 268개도 전체 1,140개로 나타난다. 이들을 합쳐 백분율로 나타내었다. 우선 격조사의 격을 중심으로 분류하면 아래 (1)과 같다.

(1) 주격(232, 20.35%) : -이(130), -가(99), 기타(3)
    부사격(237, 20.78%) : -에(77), -으로(33), -에게서(29)
    목적격(188, 16.49%) : -을(85), -를(54), -ㄹ(49)
    관형격(33, 2.89%) : -의(33)
    서술격(138, 12.11%) : -이다(138)
    호격(44, 3.86%) : -(이)야(28), -이여(9), 기타(7)

부사격은 ① 처소 : '-에'(77, 6.75%), ② 조격 : '-으로'형(33, 2.89%), ③ 유래 : '-에게서'(29, 2.54%), ④ 여격 : '-에게' 형(14), ⑤ 시발 : '-(으로)부터'(7), ⑥ 비교(11) : '-처럼'(9), ⑦ 동반(16) : '-과'(8), '-와'(5), '-하고'(3), ⑧ 탈격 : '-에게서'(1), ⑨ 등위(20) : '-(이)랑'(8), '-(이)나'(7), ⑩ 인용(29, 2.54%)로 나타난다.[17]

보조사로 쓰인 경우는, ① 차이(154, 13.51%) : '-(느)ㄴ'(110), '-은'(44), ② 동일(70, 6.14%) : '-도', ③ 단독(20. 1.75%) : '-만', ④ 도급 : '-까

---

16) 의존명사 활용빈도(160번)와 보조용언 활용빈도(151번)까지 합친다면 27.86%로, 박갑수(1977)의 현대 소설 문장에서 사용된 28.6%와 차이가 별로 없다.
17) 이 연구에서는 접속 조사는 따로 분류하지 않고, 부사격의 하위 분류로 다루었다.

지'(7), ⑤ 기타(17) : '-대로'(5), '-마다'(2), '-동안'(2) 등으로 쓰인다.

또한 격조사가 생략된 경우는 372회나 되어, 조사 1,140 어사와 비교하여 보면, 그 구성 비율이 32.63%로 나타나 조사가 격을 지닌다고 불 수 없고, 우리말에서 격조사의 생략은 자연스런 현상이 된다.

조사의 어형별 빈도 순위를 보면, 주격 '-이/-가' 229번 20.08%, 목적격 '-을/-를' 188번 16.49%, 보조사 '-은/-는' 154번 13.51% 순으로 나타난다.[18) 그 형태소별 순위는 ① 서술격 조사 '-이다'도 138번 12.11%, ② '-이'는 130번 11.40%, ③ '-ㄴ(는)'이 106번 9.30%, ④ '-가' 98번 8.60%, ⑤ '-을' 58번 7.46%, ⑥ '-도' 70번, 6.14%를 보인다.

3.4. 체언의 성분별 분류

■**3.4.1.** 체언이 문장에서의 어떤 직능을 가지고 어떻게 문을 구성하는가를 고찰하기로 한다. **[표 4]**에서 체언의 성분별 분석을 통하여 다음과 같은 대화어의 특성을 발견할 수 있다.

[표 4] 체언의 문장 성분에 의한 분류

주 어	목적어	관형어	부사어	서술어	독립어	계
475	210	223	330	166	106	1,510어
31.46	13.91	14.77	21.85	10.99	7.02	100%

첫째, 체언의 직능은 주어가 되는 것이 으뜸이다. 1,510 단어 가운데 475어가 주어로 직능을 실현하고 있다. 이것은 주제격이라 할 수 있는 '-은/-는'을 포함하여 광범위하게 주어와 주제어, 소위 중주어를 주어

---

18) 목적어로 쓰인 경우 15.48%는 타동사문의 이용도를 측정할 수 있는 좋은 예가 될 것이다. 체언 전체로 볼 때 15.48%(목적격 조사) : 13.91%(목적어)의 사용 비율을 보인다.

로 취급한 결과이다.[19)]

둘째, 부사어가 330어로 21.85%나 되는 것은 주목할 가치가 있다. 체언의 부사어는 서술어와의 관계를 맺기 때문에 서술어에 대한 표현상의 특징을 살필 수 있다. 반면에 체언의 관형어는 223어(14.77%)로 관형격 조사 '-의' 33번보다는 상당히 높은 빈도를 보인다. 이를 통해 관형격 조사의 생략이 많다는 사실을 지적할 수 있다.[20)] 관형어가 14.77%로 사용된 것으로 미루어 체언이 체언을 한정하는 $N_1 + N_2$의 직능이 적어 논리의 다원성 내지는 사고의 복잡성이 대화어는 적다고 하겠다. 이것은 관형어가 보다 큰 언어 형태를 구성하는 위치어로서 한정하는 직능만을 지니고 있기 때문이다.

셋째, 목적어가 210번, 13.91%로 사용된 것을 볼 때, 우리말 문형상 타동사문의 대화가 많음을 의미한다. 전체 동사 서술어 993어와 비교하면 타동사의 쓰임이 21.15%나 되고, 전체 동사 활용 어휘 1,400어 가운데 타동사는 15%가 사용된 것으로 볼 수 있다.

넷째, 체언 서술어가 166어로 10.99%나 차지한 것은 국어 문장의 '체언 + 이다' 형의 체언문이 비교적 높게 사용됨을 보여준다. 명사 체언문이 요약적 특성을 지니며, 그 문장은 동적이 되지 못하고, 정적으로 활기가 없다고 박갑수(1977)에서 지적한다. 장경희(2001)에서는 명사 종결형 발화에는 양태나 서법이 실현되는 일이 없는데 그것은 양태는 사건에 대한 화자의 인식 방법이나 인식의 양상, 인식의 시점 등을 나타내므로 양태가 결여된 명사 종결형 발화는 인식이 배제된 표현으로 객관적 표현으로 보고 있다. 통계상 서술격 조사 '-이다'가 생략된 경우(28회)도 체언 서술어에서 다루었다.

다섯째, 독립어로 106번, 7.02%나 사용된 것은 체언의 단문화 경향을

---

19) 중주어 문제는 논의의 대상이 될 것이고, '-이/-가'나 '-은/-는'의 의미 기능에 따라 차이는 있을 것이나, 이 글의 논지 전개상 일괄 주어로 다루었다.

20) Det + N(관형어 + 명사)의 구성 요소 중 $N_1 + (의) + N_2$의 구조를 말하고, 합성어는 제외하였다.

보이거나, 호격의 상승을 뜻한다. 이 글에서는 고유 대명사 중 인명은 제외하였기 때문에 인명까지 고려한다면 독립어의 활용 빈도는 더욱 높았을 것이다.

■**3.4.2.** 명사의 성분 분류는 문장 직능상의 문제만을 다루어 분석하였다. 그 결과 체언의 성분 분석과 큰 차이는 없고, 주어와 관형어의 비율이 감소한 대신 목적어, 부사어, 서술어, 독립어가 보다 높은 빈도를 보였다.

〔표 5〕 명사의 문장 성분별 활용 어휘

주어	목적어	관형어	부사어	서술어	독립어	계
321	176	126	261	137	92	1,113어
28.84	15.81	11.32	23.45	12.31	8.21	100%

대화어에 쓰인 명사 어휘에 대한 의미상의 특징을 살펴보면 다음과 같다.

첫째, 가족 관련어의 사용이 높은 편으로, '아버지(38회), 어머니(39회), 할아버지(30회), 할머니(12회)'에서 할아버지가 할머니보다 우세한 편이다.

둘째, 시간 표현어의 사용은 25회로 나타나는데, '오늘(12), 지금(3), 내일(3), 어제(2)' 등에서 오늘과 지금이 우세하여 대화어는 현실적 이야기가 많이 쓰였다. 또한 '저녁(6), 황혼(2), 노을(2)'에 비해 '아침'은 2회가 쓰여 밝음보다 어둠의 애상적 표현이 많았다.

셋째, '선생님' 계통어(23), '학생' 계통어(8), 친구(5)와 집(19), 학교(15)와 비교할 때, 선생님에 대한 관심이 많았고, '집과 학교'가 비교적 많이 쓰여 대화어에 쓰인 어휘는 공간의 제한성을 지적할 수 있다.

넷째, '탓(4), 팔자(4), 걱정(5), 병(15), 병신(3), 나병(17 중 미감아 11)'에서 기쁨, 희망보다는 운명적인 표현이 많았고, 병에 대한 관심도가 높게 표현되었다.

　다섯째, 동물에 대한 대화어의 쓰임은 '뻐꾹새(9), 고양이(7), 개(4)' 등으로 나타났다.

　■**3.4.3.** 대명사의 언어 특성은 명사와 같지만 대용어(代用語)와 인칭에 의한 지시성에 있다고 하겠다. 주어가 42.29%나 차지하는 그 까닭은 '나, 너, 우리' 등의 인칭어가 주로 주어로 기능한 데서 기인한다. 대화어는 의미상으로 '나(92), 저(20), 우리(36)'가 '너(34), 당신(9)' 보다 월등히 높은 빈도를 보여 '일인칭' 중심의 언어 특성을 보였다. 이것은 주관적 표현이 강함을 보여준 일례가 된다. 또한 삼인칭에서는 '무엇(45), 누구(19)' 등 부정칭 표현이 많아 주관적이라고 볼 수 있다.

　■**3.4.4.** 수사의 경우 17 단어가 47어로 활용을 보여 분석적 통계를 잡기가 곤란하다. 이 글에서는 한영목(1985)에서 시도한 논지대로 종래의 수관형사까지 포함하였다. 대화어는 관형어로의 기능이 수사의 주 기능이라 말할 수 있다. 수사의 사용이 저조한 것은 우리말 표현 형식상 숫자에 대한 개념의 희박함을 보이는 결과로 해석할 수 있다.

　■**3.4.5.** 의존 명사류의 사용 빈도는 166회나 나타난다. '-것 89회(-것 31, -거 33, -걸 16 등), -데(13), -수(11), -때문에(9), -터(5), -줄(2)' 등으로 나타나 '-것'이 월등하게 높은 분포를 보인다.

　'-것'이 많이 선용된 것은 '-것이다'라는 표현의 두 측면에서 고려된다. '-것이다'의 쓰임은 어떤 사실에 대하여 독자에게 자세한 내용을 깨우쳐 알리고자 설명할 때 쓰이는 문장 종결형이고, 계몽적 논설 어사로 정보의 전달에 역점을 둔 표현이 된다(이인모, 1975 : 222). 나아가 '-것이다' 문장은 분열문을 구성하면서 초점화하여 기능성을 갖는 문체에 나타나기 때문이다(박소영, 2001).

3.5. 용언의 성분별 분류

용언은 동사와 형용사로 문장 안에서 활용할 때 그 형(形)의 변화를 하는 직능은 거의 같다 하겠다. 또한 그 어미 활용으로 나타나는 양태의 차이가 거의 없으나 동사는 동작을, 형용사는 상태를 지닌다고 말할 수 있다.

우리는 김형기(1967)에서 논의한 바에 따라[21] 명사형[기, (으)ㅁ], 관형사형[ㄴ, ㄹ], 부사형['아, 게, 지, 고'와 접속법 어미], 서술형[서술, 의문, 명령, 청유, 감탄]별로 분석하여 고찰하기로 한다. 따라서, 보문 구성이나 내포문 등의 심층 구조는 별도로 기술하지 아니한다.

【표 6】 용언의 문장 성분별 활용 어휘

명 사 형	관형사형	부 사 형	서 술 형	계
26	258	460	656	1,400어
1.86	18.42	32.86	46.86	100%

■**3.5.1.** 【표 6】의 용언의 성분별 어휘 빈도를 분석하여 볼 때 몇 가지 문체상의 특징을 추출할 수가 있다.

첫째, 용언의 문장에서의 주 직능은 서술어에 있다. 이 서술 작용은 656번의 활용 빈도로 46.86%라는 높은 수치를 보인다. 이것은 문장의 성립 조건 가운데 문을 끝맺는다는 점에서 그 완결성에 역점을 두고 있다. 따라서 용언의 서술 작용은 체언의 그것과는 대조적으로 나타난다.

둘째, 단 명사형은 1.86%로 용언의 명사적 용법은 극히 저조하다. 이 점은 명사의 서술작용과 비하면 뚜렷한 대조를 이루고 있어 국어는 서술 작용이 승한 언어형임을 보인다.

---

21) 김형기(1967)에서는 '추상형(체언형), 한정형(관형사형), 수식형(부사형), 서술형(종결형)'으로 명칭을 달리하고 있다.

셋째, 관형사형에 18.42%나 쓰인 것은 Det+N의 구조상 기저에 안긴 문장을 설정할 수 있어 후행하는 체언을 한정하는 직능의 특성을 살필 수 있다.

넷째, 용언의 부사형이 32.86%로 분포율이 높은 것은 문장 대화어가 다분히 수식어로의 기능이 승한 글이라는 사실을 제시하여 준다. 또한 접속법의 복문상의 문제도 남아 있다.

▌3.5.2. 동사는 사물의 동작을 지시하는 유동적인 것으로 이해되고 있으나, 동작과 상태의 변화 과정이 시간상에 나타날 수 있는 어휘는 문맥의 직능과 형태에 따라 동사로 다루었다.

[표 7]에서 보는 바와 같이 동사의 관형사형의 감소는 행위자 주어문의 하강을 뜻한다. 반면에 부사형의 증가는 서술어에 대한 서술이라는 점에 주목을 끈다. 서술형은 별로 차이가 없이 45.62%를 점한다는 점에서 동사의 주 기능이 문장의 서술어에 있다고 하겠다. 전체 서술어로 쓰인 어휘 821어 중 체언 서술어 'N + (이다)'형 166회, 형용사 202회, 동사 453회로 쓰여 서술어 가운데 동사 서술어가 전체 서술형 가운데 55.18%나 된다는 점은 흥미를 시사해 준다.

[표 7] 동사의 문장 성분별 활용 어휘

명 사 형	관형사형	부 사 형	서 술 형	계
21	148	453	453	993 어
1.86	14.90	37.36	45.62	100%

이것은 문장 대화어가 동적인 표현을 나타낸다고 하겠다. Hough(1969)에 따르면 동사 중심의 문체는 명사 중심의 문체와는 차이가 있다는 사실에서 주목된다.

■**3.5.3.** 형용사는 고정적인 상태를 표출하고 사물을 상세하게 규정하는 단어가 된다. 양태에 대한 지속성보다는 정지성에서 형용사의 특성을 찾을 수 있다.

【표 8】 형용사의 문장 성분별 활용 어휘

명 사 형	관형사형	부 사 형	서 술 형	계
5	110	90	202	407 어
1.23	27.03	22.11	49.63	100%

【표 8】에서 나타난 결과로 미루어 대화어에서는 우리말 전체 어휘수와 비교할 때 형용사의 활용이 많았다는 점을 들 수 있다. 이것은 단적으로 감각 표상이 뛰어나고, 정지적이고, 고정적인 문체의 특성을 보여준 것이다. 그러나 이 형용사의 남용은 글의 품격을 떨어뜨린다고 할 때 문제가 된다.

문장에서의 직능 또한 동사와 마찬가지로 서술형이 49.63%로 제일 많다. 그러나 형용사의 관형사형이 27.03%로 동사의 그것보다 많은 것은 후행하는 체언류에 대한 한정에서 동작성보다 상태성에서 대화어의 특징이 발견된다. 부사형 22.11%, 명사형 1.23%라는 사실에서 형용사는 용언에 대한 수식보다 체언의 한정이 보다 긴밀하고, 체언적 직능은 매우 희박하다.

■**3.5.4.** 동사와 형용사에 나타난 어휘 빈도를 살펴, 그 의미 특성을 고찰하기로 한다.

대화어에 쓰인 몇 어휘를 비교해 보면, (2)와 같이 좋은 대조를 보인다.

(2) 하다(104) : 안하다(30)　　　있다(81) : 없다(46)

　가다(62) : 오다(45)　　　좋다(28) : 싫다(5)

　울다(14) : 웃다(3)　　　주다(28) : 받다(7)

죽다(30) : 살다(27)   알다(14) : 모르다(15)

보다(30) : 듣다(8)   아니다(26) : 그렇다(10)

‘-하다’ 어형의 우세에서 행동의 움직임을 보이고, ‘가다’와 ‘오다’에서 ‘가다’를 더 선용한 것은 지향적 표현이 된다. ‘좋다’가 ‘싫다’보다 더 선용된 것은 주관적 감정의 긍정적인 측면에서 고려될 수 있으나, ‘아니다’가 ‘그렇다’보다 그 빈도가 높은 것은 대화의 답변에 부정적인 면이 많다고 하겠다. 특히 ‘주다’와 ‘받다’를 비교해 보면 받는 것보다 주는 것이 많아 청소년의 보상적 심리의 일면을 고찰할 수 있다. ‘보다’와 ‘듣다’에서 청각보다는 시각적 표현이 우세하여, 시각적 언어 표현이 가지는 사물을 명백히 보아서 아는 것이 들어서 느끼는 것에 우선하였다고 할 수 있다.

기타 많이 사용된 어휘로는 ‘먹다(16)’, ‘생각하다(15)’ 등이 있다. 그러나 색채어에 대한 사용은 극히 저조하였다. 감각적 표현이 부진하여 대화어에서 형용사가 보여준 높은 빈도는 [±존재성]에 있었다.

■**3.5.5.** [표 6]의 분석에서 제외한 소위 보조용언의 빈도를 살펴보기로 한다. 수집된 보조용언의 활용 빈도는 151번으로 나타난다. 이를 어휘별로 분류해보면, ‘-보다(23회)’, ‘-주다(22회)’, ‘-오다(20회)’, ‘-가다(14회)’, ‘-버리다(11회)’, ‘-지다(10회)’, ‘-싶다(9회)’ 등의 분포율을 보인다. 이는 우리말 조어법과 관련하여 용언 복합어의 문제와 더불어 그 보조용언이 지니는 선행 용언과의 의미 배합 관계의 문제를 지닌다고 말할 수 있다. 따라서, 이 보조용언들이 언어 장면에서 지니는 의미 특성은 표현 기법상 고려해야 할 것이다.

4. 맺음말

우리의 관심은 '문학어는 분석이 가능한가'라는 물음에서 출발하였다. 따라서 문학어의 언어학적 분석은 가능하고, 그것은 문체 분석의 향상을 가져오며, 그 모호성을 해명할 수 있다는 데에 도달하였다. 문장 대화에 사용된 대화어를 분석한 것은 일상 언어와 많은 동질성을 가졌을 것이라는 점에서 그 언어의 특성을 살펴 우리말의 특성을 살펴보고, 국어 교육의 유용성에 두고자 하였다.

27편의 작품에서 수집된 단어는 1,341어이고, 활용 어휘는 3,775어로 상대 평균 빈도는 2.82번이었다. 대화 사용 횟수는 511번으로 대화어 문장 단락은 평균 7.32단어를 사용하여 대화어는 간결하고, 서술성에 역점을 두었다.

형식어인 조사의 활용은 1,140번으로 나타나 자립어와의 비율은 29.14%를 차지하고, 생략된 조사는 372회나 되었다. 의존명사류는 166번 가운데 '−것'이 89회로 대화어는 분열문 구성이 많고, 계몽적이라고 할 수 있다.

품사간 활용 비율은 '명사(29.48%), 동사(26.30%), 부사(12.53), 형용사(10.78%), 대명사(9.27%), 감탄사(6.01%), 관형사(2.81%), 접속사(1.56%), 수사(1.25%)'의 순으로 빈도 차이를 보였다. 따라서, 문장 대화어는 논리성과 객관성은 줄고, 상태보다 동작에 역점을 둔 동적 양상을 보인다. 조사의 활용 빈도는 '주격(20.08%), 목적격(16.49%), 보조사 '차이(13.51%)', 서술격(12.11%), 부사격 중 처소(6.75%), 동일(6.14%), 조격(2.89%), 인용격(2.54%)' 등의 순위를 보였다. 나아가 주어나 주제어를 구성하는 '−이/가, −는/은' 34.67%로 가장 높았다.

체언의 직능에 의한 문장 성분별로 살펴보면, '주어−부사어−관형어−목적어−서술어−독립어' 순으로 낮아졌다. 관형어보다 체인 부사어가 많다는 것은 문체론적인 면에서 대화체 문장이 꾸밈이 많고 부연적이라는 데에 흥미가 있다. 또한, 명사가 서술어로 쓰인 체언문은 문장 대화어가 정적이고, 활기가 없다는 점에서 고려되어야 한다. 독립어와 함께 감탄사가 선용된 점에서 감정적인 표현의 특징을 찾을 수 있다.

용언의 직능에 의한 성분별 분류는 '서술형－부사형－관형사형－명사형' 순으로 구성된다. 서술형의 선용은 대화어가 생기 있는 문체가 되고, 서술어 중심의 언어임을 보여준다. 특히 전체 서술어 중 동사 서술어는 58.18%를 점하고 있어 문장 대화어는 활동적인 양상을 보인다. 형용사의 경우 관형사형의 증가와 서술형의 선용의 특징을 들 수 있고 [±존재성]이 승한 반면 색채적 표현은 적었다.

수식언에서 부사의 높은 빈도는 국어 서술어의 만연성과 부정적 표현을 찾을 수 있고 관형사의 경우는 지시적 기능이 승한 면을 보였다. 독립언의 경우 감탄사의 지나친 선용으로 대화어가 지니는 문체상이 결함으로 지적된다. 이는 논리적 표현 대신에 감정적이고 주관적인 면을 보여주었다.

●●●**참 고 문 헌**

김대행(1976), 『한국 시가 구조 연구』, 삼영사.

김형기(1967), 「격과 형의 관계」, 논문집 제6집, 충남대학교 인문사회과학 편.

문교부(1956), 『우리말 말수 사용의 찾기 조사』, 문교부.

박갑수(1977), 『문체론의 이론과 실제』, 세운문화사.

박소영(2001), 「'-은 것이다' 구성의 텍스트 분석」, 고영근 외(2001), 『한국텍스트 과학의 제 과제』, 역락.

박용익(2001), 『대화분석론』, 역락.

이인모(1977), 『문체론』, 이우출판사.

장경희(1996), 「김광균의 '외인촌'에 나타난 회화성과 상징성」, 김완진 외(1996), 『문학과 언어의 만남』, 신구문화사.

조병춘(1983), 「문체와 문학」, 추강 황희영박사 송수기념논총 간행위원회(1983), 『한국문학 문체론·작품작가론 연구』, 집문당.

충청남도 국어교육회 엮음(1971), 『뽑힌 글-충청남도 중고등학생 문선』, 충청남도 국어교육회.

한영목(1977), 「국어 문장 대화어(對話語)의 분석시론(Ⅰ)」, 『한국언어문학』 제15집, 한국언어문학회.

한영목(1985), 「관형사와 접두사에 관한 연구」, 『논문집』 제10집, 목원대학.

한영목(1986), 「문장 대화어의 분석적 연구」, 『논문집』 제10집, 목원대학.

한영목 옮김(1995), 『형태·통사론의 이해』, 한국문화사.

한영목(2001), 「충남 방언의 격조사」, 『어문연구 35』, 어문연구학회.

한영목·이금영(1994), 「중주어문에 관한 연구」, 『언어』 15호, 충남대 어학연구소.

Beaugrande, R. de & Dressler, W.(1981), *Introduction to Text linguistics*, London : Lonman.

Chhibber, S.D.S.(1987), *Poetic Discourse : An Introduction to Stylistic Analysis*, Sterling Publishers Private Limited.

Halliday, M.A.K & Hasan, P.(1976), *Cohesion in English*, Longman.

Elgin, S.H.(1973 : 81), *What is Linguistics?*, Prentice-Hall, Inc.

Freeman, D.C.(1970), *Linguistics and Literary Style*, Holt, Rinehart & Winston, Inc.

Hayes, W.(1969), *Linguistics and Literature* : Prose and Poetry.

Hough, G.(1969), *Style and Stylistic*, Routledge & Kegan Paul.

Kane, J. S. & Peters, L. J.(1966), *A Practical Rhetoric of Expository Prose*, Oxford Univ. Press.

Ohman, R.(1964), Generative Grammar and the Concept of Literary Style, Word 20.

Lado, R.(1964), *Language Teaching : A Scientific Approach*, McGraw-Hill.

Searles, J. R.(1979), *Espression and Meaning : Studies in the Theory of Speech Acts*, Cambridge Univ. Press.

Sebeok, T.A.(1960), *Style in Language*, The M.I.T. Press.

「산문 대화어의 문체」, 우리말과 글의 이해, 2002. 5,
이경자교수 회갑기념논총, pp. 405-433.

1. 머리말

　방언 연구는 어떤 특정 지역 말에 대한 수집과 분석이라는 문제를 안고 있다. 방언 제보자는 그 지역 말에 대한 개별 말할이로서의 위치에 있을 뿐이다. 이 지역 말에 대한 말할이의 언어 변이는 접촉에 의하여 달라질 수 있다(한영목 옮김, 1993). 현대와 같은 대량 전달의 시대에는 교육·매스컴의 영향으로 토박이의 말은 빠르게 변화를 겪을 수밖에 없다. 실제 언어 생활에서 토박이들 사이에도 발음 차이가 심할 뿐만 아니라 형태 변이에 의한 생략 현상은 심하게 나타난다. 더구나 우리말은 그 특성상 굴절 어미의 생략과 융합 현상으로 같은 지역 안에서도 형태적 차이가 많아서 토박이마다 달리 나타나기도 한다. 그렇기 때문에 방언 연구는 토박이가 실제 쓰고 있는 말을 어떻게 수집하고, 그것을 얼마만큼 정밀하게 분석·기술해야 하는가에 대한 어려움이 뒤따른다. 그러므로 방언 기술은 생략과 융합으로 이루어진 형태소를 분석하고, 주어진 통사 구조를 확인하여, 그 의미를 파악해 내야 하는 어려운 문제점도 안고 있다.

　우리는 충남 방언의 자료를 입말이나 설화 등에서 모을 것이다.1) 우

---

1) 설화 자료는 한국정신문화원에서 출간한 『한국구비문학대계』 충남 편을 주로 다룬

리는 설화 자료와 입말을 바탕으로 충남 방언의 형태 변이나 통사, 의미
론적 특징을 분석·기술하려는 의도를 가지고 논의를 시도한 바 있다(한
영목, 1999ㄴ·2000ㄱ). 그 결과 우리가 논의하고자 하는 충남 방언에 쓰이
는 보조용언의 특징은 형태, 통사, 의미 등 다양한 기술이 필요하다는 사
실을 알게 되었다. 그러나 우리는 논의의 범위를 좁혀, 우선 보조용언
'-번지다'와 '-쌓다'에 나타나는 통사 구성과 의미 양상을 고찰하여,
충남 방언의 특성을 밝혀 보려고 한다.

우리말 문법에서 보조용언에 대한 연구는, 다양한 명칭만큼 설정 목록
이나 논의도 여러 측면에서 그 형태, 통사, 의미의 특성이 고찰되었다.
대체로 보조용언은 그 의미의 추상성과 형식적 의존성으로 본용언에 붙
어서 그 서술 기능을 도와주는 것으로 전통 문법에서 논의되어 왔다. 보
조용언을 형태론적 복합 동사 구성에서 복합 동사구로도 보려는 견해(김
기혁, 1995)도 있지만, 김영희(1993)에서는 통사론적 구성으로 논의한 바
있다. 손세모돌(1996)에서 보조용언은 통사론적 의존성, 대용형에 의한
비대치성, 두드러진 문법성 등을 들고, 문장의 논항 수와 관련성이 없는
독립된 범주로 잡고 있다. 또 다른 견해는 본용언과 보조용언의 연속체
를 별개로 보고, 보조용언이 본용언 절을 보문으로 가지며,[2] 그것은 두
개의 절로 두 번의 굴절이 가능하므로 내포문을 구성한다는 입장이다.
그러므로 보조용언 구문은 통사적인 층위에 따라 동사 보문을 가지고 있
기도 하고, 그렇지 않기도 하는 이중적 성격을 보이는 문장으로 논의한
바 있다(엄정호, 1999).[3]

다. 예를 들어, (대 34쪽)은 대덕군 편(현 대전시 34쪽), (공)은 공주시 편, (보)는 보
령시 편, (부)는 부여시 편, (아)는 아산시 편, (당)은 당진군 편, (뿌)는 『옛날엔 나
를 사공이라 혔지』(뿌리깊은나무) 등으로 표기는 그대로 두고, 띄어쓰기만 글쓴이
가 부분적으로 고쳤다. 글쓴이가 현지 답사에서 채록한 자료는 지역을 따로 밝히
지 아니한다.

2) 임홍빈·장소원(1995)에서는 동사 부사절로 보아 선행 동사는 동사 부사어로 논의
하였다.

3) 우리말의 '본용언 + 보조용언'의 통사 구성은 대체로 합성 용언으로, 보조용언을

이 보조용언의 분류에 대한 논의는, 최현배(1937)에서는 '도움 움직씨'와 '도움 그림씨'로 나눈 것을 비롯하여, 김석득(1986)은 '말본적 뜻'과 '사서적 뜻'의 기능으로 나눈 데 이어, 민현식(1999)에서 '상적 속성'과 '양태적 속성'으로, 김기혁(1995)의 '−아 계열'과 '−고 계열' 등으로 세분하기에 이르기까지 다양하게 고찰되었다.[4] 물론 이들 보조용언에 대한 기존의 논의가 지나치게 통사·의미 기능에 중점을 두고, 유형화한 것도 사실이다. 그리하여 우리말 보조용언의 목록은 연구자마다 달라서 적게는 손세모돌(1996)의 13개를 비롯하여, 최현배(1937)에서 38개, 고영근·남기심(1993)에서 33개, 민현식(1999)에서는 무려 58개나 설정하기에 이르렀다.

그러나 우리는 이 연구에서 충남 방언에 나타나는 보조용언의 목록 설정이나 음운, 형태, 통사, 의미론적 특성의 전반적인 문제를 다루려는 것은 아니다.[5] 충남 방언의 보조용언에 대한 전체적 윤곽은 형태, 통사, 의미 등을 종합적으로 고찰하여야 그 특징을 알 수 있지만, 표준어와 큰 차이를 보이지 않는다. 그럼에도 불구하고, 우리는 충남 방언에서 쓰고 있는 보조용언의 특징을 여러 각도에서 다양하게 기술할 수 있다. 따라서 이 연구에서는 표준어 '−버리다', '−대다'와 유사한 통사적 기능과 의미를 지니고 서로 뒤섞어 쓰이면서도 통사, 의미면에서 변별적 기능을 수행하는 충남 방언 '−번/−뻔지다', '−쌓다'에 대한 보조용언으로서의

독자적인 범주로 인정하여 문장 전체를 지배하는 상위 범주로, 보조용언을 모문의 서술어로 보아 내포문을 보문으로 하는 복문 구성으로 보고 있다(이선웅, 1995·엄정호, 1999).

4) 우리말의 보조용언은, 최현배(1937)에서는 대체로 '부정, 사동, 피동, 진행, 종결, 봉사, 시행, 강세, 당위, 시인, 가식, 과거 기회, 보유'와 '희망, 부정, 추측, 시인, 가치, 상태' 등으로, 민현식(1999)에서는 '피동화, 사동화, 부정화, 인용화, 상화(반복상, 습관상, 미실현 회상, 완료상, 진행상, 지속상, 완료 지속상, 예정상), 양태화(단위, 시행, 봉사, 가식, 가치(가능), 선택, 강조) 등으로 나누었다.

5) 이 연구에서 '보조용언'은 의존 용언, 도움 풀이씨 등과 같은 개념으로 보고, 보조 동사와 보조 형용사로 나누지 아니한다.

성격을 논의한다.[6] 우리는 이 논의를 거쳐, 앞으로 충남 방언의 보조용언에 관한 전반적 특성을 밝히는 계기를 마련하는 데 이 연구의 목적을 두기로 한다.

2. '－번지다'의 통사 구성

　2.1. 두루 낮춤에 주로 쓰이는 충남 방언의 '－번지다'는 '종결'의 의미를 지닌 보조용언 '－버리다'와 상응하는 통사적 기능과 의미를 지니고 있다. 물론 충남 방언에서 '－번지다'는 '－버리다'와 대응하는 통사 구성과 의미 양상을 보이지만, 그렇다고 완전히 똑같은 것은 아니다. '－버리다'는 형태소 삽입이 가능하고(순돌이가 고기를 잡아서 버리다), 합성 동사 구성으로도 쓰여 타동사 기능과 보조용언의 두 기능을 수행한다(김영희, 1993·손세모돌, 1996). 그러나 '－번지다'는 형태소 삽입이 불가능할 뿐만 아니라 분리성도 없어 보조용언으로서의 기능만을 수행한다(*순돌이가 고기를 잡아서 번지다.).

　충남 방언에서 '－버리다'도 보조용언의 기능을 수행할 때, '－번지다'와 크게 구분하여 쓰지는 않는다. 전북 접경 지역 말에서는 '－번지다'(1)가 '버리다'(2)보다는 더 생산적으로 폭넓게 쓰이고 있다. 충남의

---

6) 충남 방언에서 '－어 쓰다'는 '당위성' 보조용언 '－해야 된다'와 같은 의미로 쓰이고, '－버리다'와 같은 기능을 지닌 '－번/－뻔지다(앞으로 '－번지다'로 씀)'와 '－대다'와 혼용하여 쓰이는 '－쌓다' 등도 보조용언 목록으로 추가할 수 있다. 그러나 '－접/잡/젎시프다'는 '－싶다'의 변이형으로 나타난다(한영목, 2000ㄷ).
　또한 '－고 자빠지다'와 그 기능이 같은 '－어/－고 나자빠지다'도 쓰인다. '－어/－고 나자빠지다'는 '－나 + 자빠지다'의 복합 보조용언 구성으로 '강조' 표현으로 볼 수도 있지만, 그 통사, 의미에서 다른 특성을 지니고 있다. 그리고 '반복, 강조' 등의 '－어 재/제끼다'도 충남 방언에서 보조용언의 목록으로 설정할 수 있다.

그 밖의 지역 말에서도 방언 토박이에 따라서 꼭 그런 것은 아니지만, 대체로 '-번지다'의 쓰임이 훨씬 다양하게 나타난다.

> (1) ㄱ. 여수가 되 도망가 뻔져.
> ㄴ. 모가지가 쑥 빠져 뻔졌어.(공 34쪽)
> 놀음허던 거 다 집어쳐 뻔진 겨.(당 31쪽)
> 굴이서는 말여 그저 있는 대루다 죽어 번졌네.(부 542쪽)
> (2) ㄱ. 이 눔 당장이 목을 쳐 죽여 뻐릴라.(대 331쪽)
> ㄴ. 쪼꼼쪼꼼 짤룩게 해 뻐렸어.(부 565쪽)
> 시배 한 번 하구서 가 뻐렸네.(부 672쪽)
> 이젠 아주 그지가 되 버렸네.(당 58쪽)

충남 방언에서 보조용언의 기능을 담당하는 '-번지다'는 억양에 따라 말할이가 들을이의 행위를 요구하거나, 주어의 행동에 대한 질문으로, 상이나 양태 기능으로, 연속 용언 구를 구성하는 종결 형식으로 쓰인다. 연속 용언 구는 하나의 주어가 본용언이나 보조용언의 주어로 함께 쓰일 수 있음을 뜻한다.

그러나 의문형에서는 '-번지까?'나 '-번져?' 등으로 실현되지만, 그 속뜻에는 들을이에게 어떤 행위에 대하여 동의나 함께 하기를 요구하는 청유의 의미로도 쓰인다(우리 집에나 가 뻔지까?). 충남 방언에서 '-번져'는 명령형이나 종결형으로 비격식체 낮춤인 해체에 주로 나타나는데, 명령문 표현에 쓰이면서도, 이 경우는 부정 내용을 깔고 다소 원망스런 표현법으로 나타난다("그만 집어쳐 뻔져.", "거기서 얼씬대지 말고 도망이나 가 뻔져."). 이 '-번지다'는 문맥이나 억양에 따라 의문문과 청유문, 명령문으로도 쓸 수 있다. 또한 '-번지다'는 대체로 들을이의 대답을 요구하지 않는 수사 의문문 구성에도 쓰여 문맥에 따라 미묘한 차이를 드러내 보인다(그 망나니가 서당에나 가 뻔졌을라구/뻔진 겨?).

  2.2. 충남 방언에서 '-번지다'는 시제 형태소 '-었-'과 함께 하여

완료상이나 여러 가지 양태를 실현할 수도 있다. 그러므로 시제 형태소 '-었-'과의 통합에서는 완료상을 실현하면서((1)-ㄴ) 그 통사 의미는 '아쉬움, 의아함, 원망' 등으로 실현된다(아니 누구 맘대로 집에 가 뻔졌어.). 물론 '-겠'과 '-ㄹ'이 결합하면 주어의 의도나 예정성이 분명히 드러나지만((2)-ㄱ, "너 삭 죽여 번질라.), 이런 시제 형태소 없이도 '-번지다'는 앞으로 일어날 일에 대한 '의도'는 '예정성'의 의미 자질을 띤 문에서 실현된다(이 눔 모가지를 당장 잡아 빼 뻔져.). 미래 시제 형태소 '-겠-'과의 어울림은 잘 나타나지 않지만, 이 때는 주어의 행위에 대한 말할이의 '전망, 추정, 의도' 등 상적 기능도 수행한다("순돌이는/도 집에 가 뻔지겠네."). 그러나 이선웅(1995)에서는 '일인칭 행위주인 경우 예기치 못한 사건이나 기대에 어긋난 일에 대한 아쉬움이나 섭섭함은 없고, 반드시 부담의 제거로 해석되는 것'으로 보았다. 이 경우는 상황에 따른 것이 아닌 일인칭 행위주의 의도성에 달려 있으므로 그것이 꼭 '부담의 제거'로만 쓰이지는 않는다((3)ㄴ'·ㄷ'·ㄹ').

> (3) ㄱ. *그냥 산이 꽉 차 안/못 뻔졌단 말여, 사람이.
> ㄱ'. *그 사람 오머넌 나는 집에 가 안/못 뻔져.
> ㄴ. 그냥 산이 꽉 안/?못 차 뻔졌단 말여, 사람이.
> ㄴ'. 그 사람 오머넌 나는 집에 안/*못 가 뻔져.
> ㄷ. 그냥 산이 꽉 차지 안/*못해 뻔졌단 말여, 사람이.
> ㄷ'. 그 사람 오머넌 나는 집에 가지 안/*못해 뻔져.
> ㄹ. 그냥 산이 꽉 차 뻔지지 안/못했단 말여, 사람이.
> ㄹ'. 그 사람 오머넌 나는 집에 가 뻔지지(는) 안/못해.

이 '-번지다'는 부정문 구성에서는 상당한 제약성을 띠고 있다(3). '-번지다'는, '안' 부정문에서는 약간의 제약을 보이고, 특히 '못' 부정문은 형용사처럼 제약이 심하다(밥이 식어 번졌/버렸네. →?밥이 안 식어 번졌/버렸네. *밥이 못 식어 번졌네.). 그러나 '-지 아니/못하다'의 긴 부정문 구성에서는 성립된다(밥이 아직도 식지 안/*못해 번졌네 ; 밥이 아직도 식지 안/*못해 버렸네. 밥이 아직도 식어 번지/버리지 안/?못 했네.).7) 이러한 제약성은 '－번지다'보다 '－버리다'가 훨씬 크다. 이러한 현상은 충남 방언 토박이들에게 '－번지다'가 '－버리다'보다 더 친숙한 보조용언으로 쓰여지기 때문이다.

　(3)－ㄱ에서 '－번지다'는 부정의 범위가 '본용언 + 보조용언'의 용언구 전체와 결속되기 때문에 분리할 수 없어 보조용언의 기능을 지닌다. '－번지다' 구성의 용언 구는 상황 부정의 '못' 부정소와 어울림에 많은 제약이 따르지만, '안' 부정소와는 행위주의 의지와 관련되기 때문에 잘 호응한다((3)－ㄴ). 이런 특성은 (3)－ㄷ의 긴 부정문에서도 '못'과는 어울림에 제약을 보인다. '－번지다'는 행위주의 의지나 의도와 관련을 맺고 있기 때문에 상황 부정의 '못'보다는 의지 부정인 '안'과 어울림이 자연스럽다. 그러나 이 때도 긴 부정문에서 '－번지다'는 본용언과 결속되기보다는 '－지 아니하다'와 어울리기 때문에 문법적이다. (3)－ㄹ에서 보조용언을 본용언과 분리하지 않은 문장에서는 성립된다. 그러므로 충남 방언의 '－번지다'는 강한 의존성으로 분리성이 없어 부정문 구성에서 같은 용언구 안에서 결속되는 제약을 보여, 보조용언으로서의 기능을 수행한다.

　그러면 '－번지다'의 특성을 알아보기 위하여, '－버리다'의 성격을 먼저 살펴보기로 하자. 김지은(1998)에서 '－버리다'에는 '주어, 선행 용언 제약이 있어 행위 동사류만 올 수 있고, 지속적인 움직임을 나타내는 동사나, 어떤 행위나 사건이 진행중임을 나타내는 표현 뒤에서는 실현되지 않는 것'으로, 허철구(1991)에서는 앞 동사가 반드시 타동사이어야 한다고 논의한 바 있다. 나아가 김지은(1998)에서는 '－버리다'는 '형용사나 서술격 조사와는 결합할 수 없으나 선행 용언도 상태 변화를 동반한다면, 반드시 의도성 행위가 아니더라도 결합할 수 있다'고 하였다.

---

7) 김기혁(1995 : 431)에서는 "단순 부정과 복합 부정 모두는 보조용언 구성 전체에 대한 부정만 가능하다."고 논의하였다.

이러한 제약성은 충남 방언에서 '−번지다'도 거의 함께 나타나고 있다. 충남 방언의 보조용언 '−번지다'는 자동사와 어울릴 때는 주어의 행위 종결, 즉 '끝맺음'을 나타낸다. 타동사와의 결합에서 제약성은 거의 없다(그 사람 오머넌 때려 부셔 번질라구?). 대체로 '−번지다'는 동사와 어울려 주어의 행위나 상태 등에 대하여 다소 부정적 의미를 내포하고 있다. 그 속뜻은 그러한 사건이나 일이 이루어진 것에 대한 다소 의아함이나 놀람, 아쉬움 등을 함께 나타내고 있다.

> (4) ㄱ. 순이는 돼지처럼 살이 쪄 번졌어/버렸어.
> ㄴ. ?순이는 데/되게 기분이 좋아 번/뻔졌네!
> *순이는 데/되게 기분이 좋아 버렸네.
> ㄷ. ?인저 그만 니가 싫어 번/뻔졌어.
> *인저 그만 니가 싫어 버렸어.
> ㄹ. 서울 가더니 되루 콧대만 높아 번졌어.
> *서울 가더니 되루 콧대만 높아 버렸어.

그러나 '−번지다'와 '−버리다'는 형용사와의 결합에 많은 제약을 보이지만((4)ㄴ·ㄷ), 앞 절이 이유, 원인 등을 나타낼 때는 자연스럽고 문법적이다("만사가 귀찮아 세상살이가 싫어 뻔졌어."). 우리는 (4)에서 충남 방언 토박이들이 다소 원망스런 표현에서, '−버리다'와는 달리 형용사와 결합하는 '−번지다'를 더 사용하고 있음을 확인할 수 있다. 이에 대하여 손세모돌(1996)에서는 형용사와의 결합 가능성에서 '−버리다'가 동작의 '완료'로 의미 기능을 하지 못함을 드러내는 것으로 상태의 변화가 완전히 이루어진 '종결'로 설명하고 있다.[8]

그렇다면 '−번지다'가 '−버리다'보다는 사건의 종결 표현으로 더 쓰일 수 있기 때문에 명제에 대한 말할이의 강한 인식을 바탕으로 출발하

---

8) 손세모돌(1996 : 190)에서 "줘 버려"는 주는 행위를 마침으로써 어떤 일에 대하여 놓여나고자 하는 표현으로 '완료'와 '종결의 강조, 아쉬움과 부담의 제거' 등의 의미로 이루어졌다고 보았다.

는 것으로 보아야 할 것이다. 우리는 충남 방언 토박이들이 쓰고 있는 '−번지다'가 '−버리다'보다는 말할이의 더 강한 주관적 인식에서 출발하고 있어 행위의 종결이나, 의지, 원망 등의 표현으로 실현됨을 확인할 수 있다. 그러므로 '−번지다'는 '−버리다'보다 더 추상화, 문법화가 진행되어 상이나 양태 의미의 기능이 강해졌을 뿐만 아니라 주어의 행위에 대하여 낮추거나 다소 부정적, 냉소적, 낮춤의 비어 표현에서도 나타난다.

> (5) ㄱ. 알게되느니 만큼 알텐게 넘겨 버려 뻐렸어.(당 129쪽)
>   *알게되느니 만큼 알텐게 넘겨 번져 뻔졌어.
>   ㄴ. 그 집이 부자가 되 버렸기 때문에 큰 요릿집이 되어 버렸다는 겨.
>   (당 59쪽)
>   *그 집이 부자가 되 번졌기 때문에 큰 요릿집이 되어 번졌다는 겨.
>   ㄷ. 죽일 사람은 아주 죽여라 허면 죽여 뻐리고 죽여 뻐렸어.
>   죽일 사람은 아주 죽여라 허면 죽여 뻔지고 죽여 뻔졌어.

우리는 계속하여 충남 방언에서 '−번지다'와 '−버리다'가 어떻게 달리 쓰고 있는가를 통사 구성에서 더 살펴보기로 하자. (5)−ㄱ에서 '−버리다'는 낱말 겹침에 의한 표현으로 강조를 나타낼 수 있으나, '−번지다'는 그렇지 못하다. 손세모돌(1996)에서 예로 든, "그 사람이 미숙이를 완전히 버려 버렸어."는 문법적이지만, 충남 방언에서 '−번지다'는 겹침 표현이 불가능하기 때문에 "*그 사람이 미숙이를 완전히 번져 번졌어."는 비문이 된다.9) (5)−ㄴ에서 보조용언 '−번지다'는 용언 구의 겹침 표현에서는 비문으로 나타난다. 이것은 '−번지다'가 '−버리다'와 달리 주

---

9) 충남 방언에서도 겹침 표현은 강조로 낱말, 구, 절, 문장 등 입말에 나타난다.
   • 참 모두 인저 안방이다 모두 차려 채렸는디.(부 681쪽)
   • 하두 점을, 하두 잘 하신다구 해기 또래미 점을 하러 왔습니다.(대 51쪽)
   • 인제 갔다가 매달어 논 것이 어따 매달어 논 것이 버드나무가지에다 매달어 논 거여.(당 185쪽)
   • 호랑이가 되네, 호랑이가 댜, 억다구 늙은가 댜.(대 349쪽)

어의 행위에 대한 강조로 쓰고 있는 겹침의 경우, 본용언과 보조용언의 용언 구의 연속 이어짐에 의한 표현으로만 성립될 수 있다((5)-ㄷ). 따라서 충남 방언에서 보조용언 '-버리다'의 겹침 표현은 분리나 부분 이동 대신 용언 구 전체 구성 성분이 대등하게 이어진 겹침 현상으로 나타난다.

(6) ㄱ. 죽일 사람은 아주 죽여라 허면 죽여 뻐리고 그래 뻐렸어.
   ㄴ. *죽일 사람은 아주 죽여라 허면 죽여 뻔지고 그래 뻔졌어.
   ㄷ. *그 사람 오머넌 때려부셔 버리고 때려부셔 그랬어.
   ㄹ. *그 사람 오머넌 때려부셔 뻔지고 때려부셔 그랬어.
   ㅁ. 그래가지구서는 양국에 공주부마가 돼가지구서는 자알 살더라.(공 51쪽)

또한 (6)-ㄴ에서 '-번지다'는 선행 용언의 대용 표현을 꺼려하는 통사 특성을 보인다. 대용 표현의 경우도 '-버리다'가 '-번지다'보다 더 생산적이다. 겹침과 대용 표현에 '-번지다'보다 '-버리다'가 더 쓰임은, '-버리다'는 아직 어휘화 단계에 있고, '-번지다'는 추상화가 더 진척되어 어휘화 단계에서 문법화 과정에 있기 때문이다. 또한 이 대용 표현도 본용언은 가능하지만, 보조용언의 대용은 불가하다((6)-ㄷ·ㄹ). 그러나 충남 방언에서 이 대용은 이동이 가능하다((6)-ㄹ).

(7) ㄱ. *다행히/벌써/정말 너는 머리가 세 뻔졌네!
     아쉽게도 너는 머리가 세 뻔졌구나!
   ㄴ. ?당연히/*마땅히/정말 곰을 잡아 뻔져?/구나!
     당연히/*마땅히/정말 곰을 잡아 뻔졌어.
   ㄷ. 다행히/정말/벌써 눈이 녹아 뻔졌네.
   ㄹ. *설마/다행히/정말/벌써 나/너/그는 빚을 갚아 뻔졌어/구나!/뻔진겨?
   ㅁ. 설마/행여/정말/벌써 그 꼬맹이가 집에 가 뻔졌을라구/뻔진겨?

이제 우리는 '-번지다'가 부사와 어울리는 경우를 살펴보기로 한다.

(7)–ㄱ에서는 '머리가 벌써 희어 진' 사실에 대한 안타까움이나 아쉬움을 표현하고 있지만 대체로 그 상태는 '완료, 종결, 이루어짐'의 뜻으로 나타난다. 그렇지만 "그래도 너는 머리가 안 빠지고, (아쉽지만) 세 뻔져 다행이구나!"와 같은 이어진 문장에서는 앞 절의 상태보다 뒤 절의 그런 현상이 바람직하다고 말할이가 판단할 때, '다행히'를 어울려 쓸 수 있다. (7)–ㄴ에서 '–번지다'는 미래의 사건에 대한 주어의 의도를 표현하는 데 쓰이기 때문에 확실히 일어날 일에 대한 표현에는 소극적이어서 완료 표현에 주로 쓰인다. 그러나 원인이나 이유를 나타내는 앞 절이 올 때 완료 표지 '–었–'과 어울려 완료, 종결의 의미를 실현한다(총 맞구서 당연히 곰이 죽어 뻔졌지.). 나아가 말할이의 의도나 생각과는 다른 사건이나 행위가 일어나거나((7)–ㄷ), 기대하지 않은 일이 실현될 때도 사용된다((7)–ㄹ).[10] 이 때 말할이의 긍정적 입장은 '부담의 제거'뿐만 아니라 자신의 행위에 대한 확신적 '의도성(나는 담배를 먹어 번졌어.)'을 강조한다. 또한 '–번지다'는 거의 부정적 내용을 띠기 때문에 이, 삼인칭에서는 기대하지 않은 일이 이루어진 데 대한 '의외성'을 지닌다. 그러므로 '–번지다'는 형용사와의 어울림에서 제약성을 보이지만, 동사문에서 부사와의 어울림은 자연스럽고, 그 의미는 다소 의아함이나 놀람, 기대하지 않은 일이 이루어짐 등으로 '의외성'의 자질을 띠기도 한다((7)–ㄹ · ㅁ).

그러면 우리는 충남 방언에서 본용언이 형용사인 경우 피동과 사동 표현에서 '–번지다'와 어울리는 통사 구성에 대하여 살펴보기로 하자.

   (8) ㄱ. 인저 그만 니가 싫어져 번/뻔졌네.
       *인저 그만 니가 싫어 번/뻔졌네.
     ㄴ. 금새 날씨가 더워져 뻔졌어.
      *금새 날씨가 더워 뻔졌어.

---

10) 이기동(1976)에서 '–버리다'의 경우, 완료 이상의 '기대에 어긋남'이나 '부담의 제거'로 논의한 바 있으나, 김용석(1983)에서는 일인칭에 한하여 '부담의 제거'로 보았다.

(8)에서 '-어 지어'의 피동 구성에서 '-번지다'는 형용사와 잘 어울린다. (8)-ㄱ은 '싫어진 상황에 도달한' 주어의 의지(의도)가 더해져 어떤 상태가 종결되어 '끝맺음'을 나타내고 있다. 그러나 (8)-ㄴ은 상황에 의하여 어떤 상태에 이르게 되어, 그러한 것이 이루어짐을 말할이의 판단에 크게 기대어 표현한다. 이 때 더워진 상태의 완료라기보다는 그러한 상태에 이른 것에 대한 말할이의 부정적 견해를 반영한다. 그러므로 (8)에서는 말할이의 주관적 인식 판단에 크게 따르는 표현법이다.

> (9) ㄱ. 원님이 온다구 그 때두 질을 넓혀 뻔지구 그랴.
> ㄴ. 원님이 온다구 질을 넓게 해 뻔지구 그랴.
> ㄷ. 원님이 온다구 질을 넓게 만들어 뻔지구 그랴.
> ㄹ. 원님이 온다구 질을 넓도록 만들어 뻔지구 그랴.
> ㅁ. *그 때두 질이 넓어 번지구 그랴.

우리는 (9)의 사동 구성에서 형용사의 파생적 사동 구성 '(-이, -히, -리, -추) + 어 번지다'는 말할 것도 없고, 긴 사동(통사적 사동) '-게 해 + 번지다, -게 만들어 + 번지다' 등의 구성과도 잘 어울림을 알 수 있다. 충남 방언도 표준어와 마찬가지로 사동 표현의 경우 어떤 형용사는 어휘적 파생으로 사동사로 쓰이기 때문에 '-번지다'와 어울리는 데 제약은 거의 없다. '-번지다'는 사동사를 본용언으로 하는 보조용언 구를 구성하기 때문에 사동사와는 잘 어울린다고 말할 수 있다.

그러므로 충남 방언의 보조용언 '-번지다'는 형용사의 피동과 사동 구성과의 결합은 제약성이 완화된다(작아져/켜져/높아져/좋아져 번졌어 ; 높여/좁혀 번졌어).

2.3. 그러면 지금까지 논의한 내용을 바탕으로 '-번지다'의 통사 의미 특성에 대하여 유사한 기능을 나타내는 보조용언 '-버리다' 등과 비교하여 보기로 한다.[11) 보조용언 '-버리다'의 양상 의미는 '종결, 완료,

완결'을 나타내고, 그 의미는 '부담의 제거'(이기동, 1976)로, '소유 상태에서 비소유 상태로의 전이'(허철구, 1991)나 '성취성과 기대에 못 미침에 대한 단정'(강흥구, 1999) 등으로 논의된 바 있다.

종결은 어떤 사건이나 사태의 완전한 '끝남'에 대한 말할이의 인식에서 출발한다. 그러므로 '-번지다'는 '-버리다'처럼 평서문에서는 '완료, 종결, 완결'뿐만 아니라 '끝맺음, 이루어짐'의 의미도 나타내지만, 명령문에서는 말할이의 강한 원망과 의지를 표현하는 경우도 있다. "그만 집에나 가뻔져!"는 '우리 그만 집에나 가 버릴까/번지까'와 같은 표현으로 장차 일어날 일이나 사건, 사태 등에 대한 말할이의 의도에 대한 표현이다. 그러나 "돌쇠가 집에 가뻔졌네!"는 문맥에 따라서는 말할이가 기대하지 않은 '돌쇠가 집에 간' 행위가 일어난 데 대한 '아쉬움, 의아함, 원망' 등을 표현할 수 있다. 대체로 '-번지다'는 완료, 즉 끝맺음 표현이지만, 거의 지금 상황에서 벗어 나오고 싶은 속뜻과 함께 부정적인 내용을 담고 있다. 그러므로 '-번지다'는 기대하지 않은 일이 이루어지는 '의외성'의 자질을 띠기도 한다. 물론 함께 하면 거북스러운 인물이나 사태에 대한 '부담감'을 낮추거나 다소 냉소적으로 표현한 것일 수도 있다.

3. '-쌓다'의 통사 구성

3.1. 충남 방언에서 '-쌓다'는 '강세' 보조용언과 '반복상'으로 알려진 '-대다'와 공존하여 쓰고 있다.12) '-쌓다'는 '-대다'와 서로 바꾸

---

11) 민현식(1999 : 151)에서는 '완결'의 의미를 나타내는 '-어 빠지다', '완료의 강조'를 실현하는 '-어 치우다'에 대한 논의에서 '-어 빠지다'는 대개 부정적, 소극적 자질의 용언 뒤에, '비어적 강조'의 양태를 실현하는 것으로 보았다.
충남 방언에서 '완결'의 뜻을 지닌 '-어 재끼다'가 나타난다(놀아 재끼다, 먹어 재끼다). 이에 대한 논의는 다음에 다룬다.

어 쓸 수 있기 때문에 지금까지의 논의에서는 크게 이 '－쌓다'를 보조 용언으로 설정하는 입장(최현배, 1937)과 '－대다'의 방언으로 보아 제외하려는 견해(민현식, 1999)로 나타난다. 이러한 논의는 '－쌓다'와 '－대다'가 같은 통사·의미 기능을 갖는다는 전제가 깔려 있다.

'쌓다'는 타동사로, 본 의미는 물건을 겹겹이 포개 놓거나, 주로 추상적인 행위, 사건 등이 여러 번 거듭하는 반복적 의미를 지닌다. 이에 비하면, '대다'는 타동사로 물건을 이어 대거나, 연결하거나, 행동을 드러내는 등의 다양한 뜻을 지닌다. 이들 사이의 차이는 '대다'는 자립 서술어(한영목·이금영, 1994)가 될 수 있지만(매대다, 물대다, 줄대다, 뒤대다, 밑천대다 등), '쌓다'는 '모래쌓다, 담쌓다' 등의 수직적 포개짐에서는 자립 서술어가 되는데 추상 자질의 명사와는 자립 서술어를 구성할 수 없다(*핑계쌓다, *우정쌓다 등).[13]

충남 방언에서는 '－쌓다'와 '－대다'가 보조용언으로서의 기능을 할 때, 대체로 이 둘을 교체하여 쓰고 있다. (10)에서 보듯이 충남 방언에서 '강세' 보조용언 '－대다'는, 지역과 토박이에 따라 다르지만 거의 '－쌓다'로 바꾸어 표현할 수 있다.

(10) ㄱ. 일이 없어/*일이 있어 철수는 만화책만 읽어 쌓네/대네.
ㄴ. 다행히/정말/불행하게도 순이는 만화책만 읽어 싸/대.

---

12) '쌓느냐, 쌓니' 어형으로 분화를 보이는 지역어는 '서산, 당진, 아산, 예산, 청양, 연기, 보령, 서천, 논산' 등이고, '댄다, 대니' 어형으로 쓰는 지역어는 '천안, 예산, 홍성, 공주, 보령, 부여, 대전, 금산' 등이다. 예산과 보령 지역어는 '쌓느냐, 쌓니'를 우선적으로 사용하면서 그 둘을 혼용하여 사용하고 있다(정문연, 1990). 그러나 '－댄다'보다는 대부분 '－쌓다'를 쓰고 있다.

13) "ㄱ. 사랑을 쌓다. → 사랑이 *쌓다/쌓인다. → *사랑쌓다.
*핑계를 쌓다. → 핑계가 *쌓다/쌓인다. → *핑계쌓다.
ㄴ. 줄을 대다. → 줄이 *대다/대진다. → 줄대다.
핑계를 대다→ 핑계가 *대다/대진다. → 핑계대다."
이들 '대다'와 '쌓다'의 쓰임을 통하여, '쌓다'가 훨씬 반복 행위의 의미가 큼을 확인할 수 있다.

ㄷ. 아빠만 보면 반갑다고 꼬리를 흔들어 싸/대.

ㄹ. 인사두 잘 하구 하니까 머리를 쓰다듬어 쌈/댐서나 참 귀엽다구.

ㅁ. 막 득득 긁고 그래가면서 자기 아들 이름을 불러 싼단 말이지.
(당 34쪽)

자꾸 그 사람 같은디 귀퉁배기를 쌔려 쌌더랴.(부 582쪽)

여자가 나쁘구 자꾸 조사 쌓구 허머는 싸움이 될턴디.(뿌 24쪽)

(10)-ㄱ에서 말할이가 주어의 연속적 반복 행위가 지나친 행동으로 나타난 데에 대한 부정적 견해도 함께 표현하고 있다. 그러면서도 (10)-ㄴ)에서는 그러한 행위가 말할이나 사회가 원하는 행위는 아니지만, 그것보다 더 잘못된 사건을 일으키지 않아 어쩌면 다행스럽다는 전제가 깔린 경우에 표현하고 있다. 충남 방언에서 '-쌓다'는 '-대다'와는 달리, "*개가 울어 싸서 개 값을 톡톡히 한다."는 개의 울음이 지나친 것에 대한 말할이의 부정적 견해도 나타나기 때문에 뒤 절의 긍정적 표현에는 적합하지 못하므로 비문이 된다. 우리는 이러한 표현을 긍정이나 '고마움'으로 보아야 할지는 의문스럽다.[14] (10)-ㄷ에서 '-쌓다'나 '-대다'의 긍정적 표현은 말할이보다 낮은 위치에 있는 주어의 행동이 평균이나 기대 이상으로 수행될 때 쓰인다. 우리는 그것을 '고마움'이나 '긍정적 견해'로 보기보다는 다소 '의외성'이나 '기대하지 않은 일이 이루어짐'으로 보고자 한다.

그러나 (10)-ㄹ에서는 말할이보다 낮은 위치에 있는 어린이의 행동이 기대 이상으로 이루어진 것에 대한 '의외성'을 표현하지만, 그것이 원인이 되어 어른인 행위주의 행동이 연속적 반복 수행이라기보다는 쓰다듬는 행위의 강조 표현이다. 우리는 충남 설화 자료에 나타나는 (10)-ㅁ에

---

14) 손세모돌(1996)에서 '-대다'의 문맥 의미로 '강세, 짜증과 고마움'으로 보고 있다. 예를 들어, '개가 낯선 사람을 보면 언제까지고 짖어 대어 개 값을 톡톡히 하면' 고마움이고, '그것이 울어 대어 달랠 수 없으면' 짜증이 된다고 하였다. 그러나 충남 방언에서는 앞 절에 '-쌓다'가 쓰이면 뒤 절은 부정적 문맥으로 나타난다.

서 '-쌓다'는 행위주의 지나친 반복적인 행위에 대한 말할이의 주관적 태도를 표현하고 있다. 이러한 표현은 주어의 지나친 행위가 반복되는 데 대한 말할이의 부정적 심정을 주관적 인식을 통하여 나타낸 것이다.15)

사실 '-쌓다'와 '-대다'는 말할이가 행위주로 등장하는 문장에서는 잘 쓰이지 않고, 들을이나 삼인칭에 대한 행위를 말하는 통사 구성에서 적절하게 사용하고 있다. 그러므로 '-쌓다'는 이루어진 행위, 사건, 사태, 일 등이 계속 쌓여 가는 상태라기보다 지속적인 변화 과정이 뒤따를 때 쓰고 있다. '-쌓다'는 말할이의 주관적 판단을 어느 정도 객관화시켜, 행위주의 지나친 행위에 대한 연속적 반복이나 강조 표현에 초점을 두려는 의도가 내재하고 있기 때문에 말할이의 부정적, 긍정적 인식이 뒤섞여 상이나 양태적 의미로도 표현된다. 따라서 충남 방언에서 보조용언 '-쌓다'는 문법화로 본래의 의미를 상실하고, 본용언의 동작에 대한 지속적, 반복적 행위 과정을 강조하고 있다.

3.2. 충남 방언의 '-쌓다'의 통사 구성을 더 살펴보기로 한다. 우선 '명사+ 하다'와 어울림에 대하여 논의하기로 한다. 충남 방언에서 (11)-ㄱ은 '-쌓다'와 '-대다'가 같이 쓰일 수 있지만, '명사 + 하다'와 함께 나타나는 경우, '-쌓다'가 훨씬 자연스럽고, 생산적이다.16) 충남 방언에서는 '명사 + 하다'와의 어울림에서 거의 '-쌓다'로 실현된다. 그렇다고 '명사 + 하 + 었다' 구성이 문법적으로 비문으로 나타나는 것은 아니다. 충남 방언 토박이들의 언어 의식 속에서 '명사 + 하 + 대다' 구성이 '반복과 강조', 또는 '부정적 강조에서 오는 지나침'과는 다소 다르다

---

15) "너 삭 죽여 버린다구, 이 늠얼 을러밍개.(부 573쪽)"에서 '을러메다'는 '을러대다'와 대응하는 것으로 '-메다'는 접미사로 행위주의 행동에 대한 강세일 뿐, '반복, 강조, 지나침' 등과 같은 표현은 아니므로 보조용언으로 볼 수 없다.

16) '-쌓다'가 '-대다'보다는 [+ 추상성] 자질을 더 지니고 있어 지속적 변화 과정에 대한 반복 표현에 더 적합한 것으로 볼 수 있다.

는 거리감을 느끼게 된다. 이는 '-대다'가 '이어댐'의 의미이므로 보다 지속적 반복으로 '쌓여짐'과는 다르기 때문이다.[17) 따라서 충남 방언에서 보조용언 '-쌓다'는 '명사 + 하다' 구성과 잘 어울려 주어의 반복적 행위나 사태 등의 결과에 대한 지나침을 나타낸다.

> (11) ㄱ. 아 그래 들구 인제 그걸 또 팔으라구 사정해 쌌네.(부 577쪽)
>   그래 하아두 사정해 싸닝개는, "내 일러 주지이."(부426쪽)
>   ㄴ. 순이는 친정만 말해 쌓는다/댄다.
>   ㄷ. 즈도 걱정을 워치게나 많이 했 쌓는지/*대는지 몰라.
>   즈도 걱정을 워치게나 많이 해 쌌는지/댔는지 몰라.
>   ㄹ. *즈도 걱정을 워치게나 많이 했 쌌는지/댔는지 몰라.

그러면 충남 방언에서 과거 시제 형태소 '-었/았-'과 '-쌓다, -대다'의 어울림에 대하여 더 논의해 보기로 하자. 이선웅(1995 : 25)에서 '보조용언 구문은 시제 선어말 어미 '-았/었-'이 통합될 때, 뒤 용언에만 그 형태소가 표시되는 것'으로 논의한 바 있으나, (12)-ㄷ에서 '-쌓다'는 이런 제약 조건을 벗어나고 있다. 그러나 (11)-ㄹ에서 본용언과 보조용언 둘 다 완료상 어미(시제 형태소) '-었-'(한영목, 2000)이 오면 비문이 된다.

> (12) ㄱ. 천석거리가 다 올라 갔 싸.(당 86쪽)
>   *천석거리가 다 올라 갔 대.
>   ㄴ. 창꼿/참꽃이 산에 잔뜩 폈(피었) 싸도/*대도 그게 싫었네.[18)
>   ㄷ. 창꼿이 산에 잔뜩 펴 쌌지만/댔지만 그게 싫었네.

(12)-ㄱ에서 '-쌓다'는 자연스러운 문이지만, '-대다'는 비문 구성

---

17) "(ㄱ). 끈을 이어 대다.", "(ㄴ). 끈을 이어 쌓다."에서 (ㄱ)은 길게 계속 이어 연결한다는 의미를 강조하고, (ㄴ)은 잇는 행위의 지속적 반복을 의미한다.

18) 어린 시절 문둥이가 진달래꽃 속에 숨어 있었다는 이야기를 듣고, 그 때를 회상하는 문맥에서 토박이가 쓰고 있다.

이다. 이는 (12)-ㄴ에서 본용언의 시제 형태소 '-었'과의 결합에서 '-쌓다'는 비교적 자유롭지만, '-대다'는 상당한 제약을 보인다. 그러나 보조용언 구문 (12)-ㄷ에서 '-쌓다, -대다'는 완료상을 실현하는 통사 구성에서는 상 어미 '-었-'을 받아들일 수 있다. 그러므로 '밥을 먹었 쌓.'는 문법적인데 '밥을 먹었 쌓았다.'는 비문이다.

(13) ㄱ. 호랭이를 보자마자 빌어 쌓.19)
　　 ㄴ. 그 때 엥간히 키두 커 쌓더니 지금 봉게 별로여.
　　 ㄷ. 물두 끓어 쌓더니 인자 식었남?
　　 ㄹ. *집두 낡아 쌓았더니 인자 고쳤남?

이선웅(1995)에서 '-쌓다'는 '-대다'보다 문법화가 크기 때문에 의미의 추상화가 진척되어 반복적인 행위와 관련이 적은 독자적인 강조 표현에도 사용되고 있으나, '-대다'는 지속적, 반복적 행위를 하는 의미와 관련된 강조 표현에만 사용되므로 동사와 통합되고, 형용사와는 통합되지 못하는 것으로 논의한 바 있다. 그러나 이기동(1975)에서는 '-쌓다'는 형용사, 자동사와 같이 쓰일 수 있는데, 형용사와 같이 쓰인 복합 동사의 뜻은 통상 '강조'를 나타낸다고 하였다.20) 우리는 (13)-ㄱ·ㄴ에서 '-쌓다'는 타동사나 자동사와 어울림을 알 수 있다. 또한 (13)-ㄷ에서 형용사와도 호응이 가능함을 확인할 수 있다. 이는 상태의 변화를 수반하는 형용사로 종결 어미 '-(느)ㄴ다'의 경우는 '-쌓다'와 어울릴 수 있다. 충남 방언에서 반복 진행상의 의미로 쓰이는 '여우의 꼬리는 길어

---

19) 강흥구(1999)에서 앞 절이 순간적이거나, 비교적 짧은 시간을 나타내면 '-대다'는 반복보다는 강세가 분명해지고, '-쌓다'가 오면 어색한 내용이거나 부자연스런 문장으로 보았다("비가 오자마자 청개구리가 울어 댄다/?쌓는다."). 그러나 우리의 직관은 "그 도선이가 밥을 보자마자 허겁지겁 먹어 쌓/대."도 문법적이다.

20) 이기동(1975)에서 제시한 예들은 다음과 같다.
　• 그 물은 뜨거워 쌓았다.
　• 여우의 꼬리는 길어 쌓았다.
　• 이런 단편소설 하나 읽기에는 여름밤은 길어 쌓았다.

쌓는다/??쌓았다.'는 문법적이지만, 과거시제 형태소 '-았-'과의 통합은 부적합한 표현이다.

그러나 (13)-ㄴ·ㄷ에서 지난 일에 대한 회상 표현 '-더'와 '-쌓다'가 통합하여 연결 어미로 나타날 때 안은 문장은 긍정 표현보다는 부정에 쓰일 수 있다. (13)-ㄷ의 '-쌓다'의 경우는 상태 변화를 수반한 과정성 형용사 '-(느)ㄴ다'의 성격에 기인하고, '-더'가 보고적 성격을 보이는 상적 기능을 수행하기 때문에 안긴 문장에서 쓰이지만, (13)-ㄹ에서 '-았-'과의 통합은 비문으로 나타난다. 그러므로 본용언이 상태 변화를 수반한 과정성 '-(느)ㄴ다'이므로 '-쌓다'와 어느 정도 어울림을 보이지만(쌩동쌩동거려 쌓는다, 미워해 쌓는다), '*미워 쌓는다, *마음이 좁아 쌓는다'는 비문이다. 더구나 형용사에 뒤따르는 '-쌓았다'의 구성은 받아들이기 어려운 문장을 만들어 낸다(*예뻐 쌓았다 *미워 쌓았다, *마음이 좁아 쌓았다, *얼굴이 검어 쌓았다).[21] 그러나 '검다, 붉다, 희다' 등의 상태 변화를 수반하는 과정성 형용사와의 어울림에서는 '-쌓다'는 다소 생산적이다(얼굴이 검어/붉어 쌓는다.).

우리는 계속하여, (14)에서 상태 변화를 수반하는 상징어의 파생 형용사와 '쌓다'의 어울림에 대하여 살펴보기로 한다.

> (14) ㄱ. 너는 왜 순이한티 치근치근대니/굽신굽신대니?
>   ㄴ. *너는 왜 순이한티 치근치근싸니/굽신굽신싸니?
>   ㄷ. 출석이 들쑥날쑥해 쌓니?/대니?
>   생각이 왜 들쑥날쑥거려 쌓니?/대니?
>   ㄹ. 왜 순이한티 치근치근대 쌓니?/*치근치근싸 대니?
>   ㅁ. 입을 삐쭉삐쭉거려 대 싼다/??싸 댄다.
>   ㅂ. *왜 순이한티 치근치근대 대니/싸 쌓니?

(14)-ㄱ에서 상징어와 어울리는 낱말 만들기에서 볼 때, '-대다'는

---

21) 손세모돌(1996)에서는 [+ 정도성] 자질의 동사들이 '-대다'와 결합에 제약을 받는다고 논의한 바 있다.

'-거리다, -하다' 등처럼 접미사로서의 기능도 지니고 있다. '-대다'는 상징어와 어울려 낱말 만들기가 가능하지만(치근대다, 굽신대다, *들쑥날쑥대다), (14)-ㄴ에서 '-쌓다'는 그것과는 직접 어울려 낱말 만들기를 할 수 없다(*치근쌓다, *굽신쌓다, *들쑥날쑥쌓다). 그러나 (14)-ㄷ에서 '-쌓다'와 '-대다'는 '-거리다, -하다' 등에 의하여 만들어진 낱말과는 잘 어울린다. 또한 (14)-ㄹ에서와 같이 '-대다'에 의하여 만들어진 낱말과도 '-쌓다'는 잘 어울린다. (14)-ㅁ의 경우 '-거려 대 쌓다' 구성은 잘 쓰는데 비하여, '-거려 쌓 대다' 구성은 말할이가 의도적으로 표현하지 않고는 부자연스럽게 들린다. (14)-ㅂ에서 상징어와 어울려 만들어진 파생어는 겹침 표현에 따른 강조를 실현하지 못한다. 상징어와 어울린 '-쌓다'는 대체로 행위주의 행동 상태에 대하여 화자의 부정적, 냉소적, 빈정거림의 표현으로 나타난다.

(15) ㄱ. 아 워떤 상주가 내가 아니라구 해싸구 이래싸(보 671쪽)/그래
　　　 싸/저래싸.
　　　 *아 워떤 상주가 내가 아니라구 해대구 이래대/그래대/저래대.
　　 ㄴ. 그냥 참 디립대 해쌓구 이래쌓구 허질 않았어.
　　　 *그냥 참 디립대 해대구 이래대구 허질 않았어.
　　 ㄷ. *아 워떤 상주가 울어 쌓구/대구 울어 그랬어.

또한 충남 방언에서 반복 표현에 의한 강조 표현은 앞 용언을 대용하여 실현한다. (15)에서 대용적 접속어와의 어울림에서 '-쌓다'는 '-대다'보다 훨씬 더 생산적이다. '-쌓다'는 '-대다'보다 낱말 만들기의 기능은 없지만, 대용 표현을 더 실현할 수 있다. 이들 대용 표현은 본용언은 자연스럽지만, 보조용언의 대용은 잘 안 된다. 그것은 충남 방언에서 대용보다는 겹침 표현에 의한 강조를 즐겨 쓰기 때문이다.[22] 충남 방언

---

22) 예를 들어, "인제 갖다가 매달어 논 것이 어따 매달어 논 것이 버드나무가지에다 매달어 논 거여."를 대용한다면, 다음과 같이 나타날 것이다. "인제 갖다가 매달어 논 것이 어따 그렁 것이 버드나무가지에다 그렁 거여."

의 '—쌓다'는 상과 양태적 기능을 담당하는 보조용언으로 자리를 매김
하고 있어, 어휘화 과정에서 문법화 단계로 옮기는 과정에 놓여 있다. 따
라서 '—쌓다'는 대용에 따른 반복적 행위의 연속을 나타내면서 주어의
그러한 행위나 사태 등에 대한 빈정거림의 부정적 강조를 실현하는 기능
을 수행한다.

> (16) ㄱ. *사람들이 엥간히 모여 싸 쌓는다/네.23)
>   *사람들이 엥간히 모여 대 댄다/대네.
>   ㄴ. 사람들이 엥간히 모여 싸 대네.
>   사람들이 엥간히 모여 대 쌓네.
>   ㄷ. 사람들이 엥간히 모여 쌓구 싸네/대구 대네.
>   ㄹ. 사람들이 엥간히 모여 쌓구 또 쌓네/대구 또 대네.

우리말의 겹침 현상은 낱말, 구, 절, 문장에 이르기까지 강조에 초점을
두는 표현법이다. 충남 방언에서도 말할이가 의도적인 표현의 경우를 제
외하고, (14)—ㅁ에서 살펴본 바와 같이 (16)—ㄱ에서 '—싸 쌓다'나 '—
대 대다'의 겹침 현상은 잘 쓰지 않는다.24) (16)—ㄴ에서 충남 방언의 보
조용언 '—대 쌓다'와 '—싸 대다'가 서로 어울리는 구성에서는 문법적인
문장을 실현할 수 있다. (16)—ㄷ에서 '—쌓고 쌓다'로 대등하게 이어짐
을 실현하는 연결 어미에 의한 겹침 현상은 대체로 '강조'의 뜻으로 실
현된다. (16)—ㄹ에서 "모여 쌓구 또 모여 쌓네"는 선행 용언를 생략하
고, '또'가 본용언의 대용적 역할을 수행하는 경우이다.

이 '—쌓다'의 다른 낱말들과 어울림에 의한 강조 표현은, (14)—ㅁ에
서 '—거려 대 쌓다'는 문법적이고, 또 (15)의 대용에 의한 중복 표현의

---

23) "그 때두 시한이는 눈도 참 많이 쌔어 쌓더랴."에서 '쌔여'는 자동사로 씨 바꿈하
여 본용언으로 보조용언 '—쌓다'와 함께 쓰여 겹침 구성을 실현한다.

24) 김기혁(1995) 등에서는 보조용언의 중출 현상은 보조용언의 통사적 특성으로 '강
조의 의미' 실현으로 보고 있다. 강홍구(1999 : 59)에서 "웬 애들이 이렇게 떠들어
싸 쌓지?"는 적격문으로 기술하였다. 그러나 20대 이하의 젊은이들이 자주 쓰는
"엄마 엄마, 어디 어디 가 갔어?"를 강조의 의미 실현으로 보기는 어렵다.

‘-싸 그래 쌓다’는 적격한 문장을 만들어 낼 수 있다. 충남 방언의 ‘-싸 쌓다’는 보조용언의 반복 현상에 대하여 제약을 보인 반면, 접속 어미나 ‘또’로 겹침 구조를 만들 수 있다. 이들 ‘-쌓다’의 겹침과 어울림의 표현 의미는 중복에 의한 주어의 행위나 사태가 지나침에 대하여 말할이가 다소 부정적인 내용을 바탕으로 빈정거림이나 의외의 일이 일어남을 강조하는 데 있다.

우리는 충남 방언의 ‘-쌓다’가 다른 보조용언과 어울려 그 뜻을 강조하는 경우를 더 살펴보기로 한다. ‘-쌓다’는 ‘-대다’와 대응하는 보조용언으로 (17)에서 서로 뒤바꾸어 중복으로 나타난다. 이 둘이 함께 어울려 쓰는 경우를 보면, ‘-대 쌓다’의 구성이 ‘-싸 대다’보다 충남 방언에서 더 적극적으로 쓰이고 있다.

    (17) ㄱ. ?너는 지금도 꿈만 꿔 싸 대니?
        ㄴ. 너는 지금도 꿈만 꿔 대 쌓니?

또한 ‘-쌓다’는 ‘-대다’뿐만 아니라 충남 방언에서 보조용언의 기능을 나타내는 ‘-재끼다’와 어울려 주어의 행위가 지나침에 대한 반복 강조를 실현하기도 한다((18)-ㄱ). 이 때는 주어의 행위에 대한 반복 강조를 나타내지만, 그 속뜻은 그러한 행위나 사태 등이 말할이에게 못마땅하기 때문에 부정적 의미를 낮추어 표현한다. 그러나 (18)-ㄴ에서 ‘-대다’는 ‘-재끼다’와 어울려서 용언 구를 구성하지 못한다. (18)-ㄷ에서 ‘-쌓다’는 ‘-번지다’나 ‘-버리다’ 등과도 어울려 반복 강조, 완료, 끝맺음 등을 두루 낮춤으로 표현한다. 그러나 ‘-대다’는 (18)-ㄹ에서도 비문으로 나타난다. 우리는 ‘-쌓다’가 ‘-대다’보다 문법화가 더 진행되어 다른 보조용언들과 어울림에 제약이 덜 한 것으로 보고자 한다.

    (18) ㄱ. 사람들이 엥간히 모여 싸 재끼네.
        ㄴ. *사람들이 엥간히 모여 대 재끼네.

　　ㄷ. 사람들이 엥간히 모여 싸 뻔졌네/버렸네.
　　ㄹ. *사람들이 엥간히 모여 대 뻔졌네/버렸네.

　우리는 이제 피동 구성의 '-지다'와 '-쌓다', '-대다'의 어울림 관계를 확인하여, 그 통사 제약을 살펴보기로 하자. 박진호(1998)에서는 피동 보조용언 '-지다'는 형용사와 가장 자유롭게 어울리고, 타동사와의 어울림은 약간 제약되며, 자동사와는 매우 제약적으로 어울리는 것으로 보았다.

　(19)　ㄱ. 순이는 날로 예뻐지네.
　　　　ㄴ. 순이는 날로 예뻐*쌓네/*대네.
　　　　ㄷ. 순이는 날로 예뻐져 쌓네/*대네.
　　　　　　 책이 힘없이 찢어져 쌓는다/*댄다.
　　　　ㄹ. 순이는 날로 예뻐지게 된다.
　　　　ㅁ. 순이는 날로 예뻐져 쌓게/*대게 된다.

　(19)-ㄴ에서 '-대다'나 '-쌓다'는 형용사와의 결합에서 제약을 보인다. 그러나 (19)-ㄷ에서 '-어 지다'의 피동 구성과의 결합에서 '-쌓다'는 '-대다'보다 생산적이다. (19)-ㄹ처럼 내포문의 구성에서는 안은 문장의 서술어가 주어와 일치를 요구한다([순이는 [ei 날로 예뻐지게] 된다]). 그러나 (19)-ㅁ은 이들 동사 구성이 하나의 서술어가 되어 주어와 공유하므로 문법적이다([순이는 [ei 날로 예뻐져] 쌓게]] 된다]]). 이들 (19)-ㄷ의 피동 구성의 '-져 쌓다'의 의미 표현은 '순이가 예뻐져 쌓는 것'은 말할이가 볼 때는 부정적 의미보다는 '다소 의아함이나 놀람, 기대하지 않은 일이 이루어짐'을 나타내는 긍정적이면서 의외성을 나타낸다. (19)-ㄷ에서 '책이 찢어져 쌓는 것'은 말할이의 인식에서 '찢어지는 사태'의 반복 강조이지만, 그 양상 의미는 말할이의 부정적인 시각에서 '다소 의아함이나 놀람, 기대하지 않은 일이 이루어짐'을 표현한다.

(20) ㄱ. 지금이니께 불얼 밝혀 싸.
    ㄴ. 지금이니께 불얼 밝게/밝히게 혀 싸.
    ㄷ. 지금이니께 불얼 밝게/밝히게 만들어 싸.
    ㄹ. 지금이니께 불얼 밝도록/밝히도록 혀 싸.

우리는 (20)을 통하여 충남 방언에서 사동 구성에서 보조용언 '-쌓다'는 형용사와의 어울리는 데 별다른 제약을 보이지 않는 사실을 확인할 수 있다. 그리고 '-대다'도 사동 구성에서 제약성은 별로 없다.[25] '-쌓다'는 '-번지다'에서 살펴본 것처럼 파생적 사동과 통사적 사동 구성과도 잘 어울리고 있다. '-게 해 쌓다'가 하나의 서술어로 주어를 공유하는 경우는 주어의 반복적 행위가 지나침을 표현하고, '해 쌓다'가 하나의 서술어로 주어와 공유하는 사동 구성에서는 상위문 행위자의 행동에 대한 반복 강세로 실현된다.

3.3. 우리는 지금까지 논의한 충남 방언에서 보조용언으로 쓰이는 '-쌓다'와 '-대다'를 비교하여 보기로 한다. 대체로 이에 대한 견해로, '-대다'는 '반복과 강세' 또는 '지나침'으로, '-쌓다'에 대한 논의도 '반복과 강조' 나아가 '지나침'으로 기술하고 있다(강홍구, 1999). 결국 이들은 사건이나 행위, 일이 연속적 반복으로 나타나 그것이 정도를 지나친 데 대한 말할이의 부정적 시각을 반영하거나, 그 행위를 강조하는 표현에 쓰이지만, 이선웅(1995)에서는 '-쌓다'가 '-대다'보다 문법화가 진척되어 더 강조하는 것으로 보았다. 박덕유(1998 : 209)에서는 '이 둘은 연속적인 반복에 사용되는 것으로 '-어 대'는 정도가 지나친 경우에 사용되는데 말할이의 부정적 경우나 동정적 경우이거나 단순히 연속적 반복에 쓰이고, '-어 쌓다'는 말할이의 못마땅한 경우에 쓰이는 것'으로 논

---

25) "ㄱ. *담이 높아 대다 → 돌쇠가 담을 높여 댄다.
    ㄴ. 돌쇠가 옷을 입어 대다 → 순이가 돌쇠한티 옷을 입혀 대다/입게 혀 대다/입게 만들어 대다."
보조용언 '-대다'는 사동 구성에서 비교적 자유롭게 쓰인다.

의한 바 있다.

충남 방언에서 '-쌓다'는 문법화, 추상화로 처음 의미를 잃고, 본용언의 동작에 대한 지속적, 반복적 행위의 연속을 나타내기 때문에 그 행위의 강조를 실현한다. 보조용언 '-쌓다'는 다양한 통사적 환경에서 나타나고, 말할이의 주관적 인식을 전제로 표현한다. 그러므로 '-쌓다'는 '-대다'보다 문법화가 진척되어 보조용언으로서의 상과 양태 기능을 수행하므로 주어의 지나친 행위에 대하여, 적극적이고 강한 의미를 나타내는 것이다.

사실 충남 방언에서 '-쌓다'와 '-대다'는 말할이가 행위주로 등장하는 문장에서는 잘 쓰지 않고, 들을이나 삼인칭에 대한 행동을 말하는 통사 구성에서 적절하게 사용하고 있다. 충남 방언의 '-쌓다'는 이루어진 사건, 사태, 일 등이 계속 쌓여 가는 상태라기보다 지속적인 변화 과정이 뒤따를 때 쓰고 있다. 그러므로 보조용언 '-쌓다'는 주어의 행위에 대한 반복 강조를 나타내지만, 그 속뜻은 그러한 행위나 사태 등이 말할이에게 못마땅하기 때문에 부정적 의미를 실현한다. '-쌓다'는 대체로 행위주의 행동 상태에 대하여 말할이의 냉소적, 빈정거림의 부정적 강조 표현으로 나타나고, 다소 의아함이나 강조로 놀람, 기대하지 않은 일이 이루어짐에 대한 의외성도 지닌다. 나아가 '-쌓다'의 겹침 표현 의미는 중복에 의한 주어의 행위나 사태가 지나침에 대하여 말할이가 다소 부정적인 내용을 바탕으로 빈정거림이나 의외의 일이 일어남에 대한 반복 강조를 실현한다.

4. 맺음말

충남 방언에 나타나는 보조용언의 특징은 다양하다. 우리는 지금까지 표준어 '-버리다', '-대다'와 대응하여 같이 쓰면서도 변별적 특징을 보이는 충남 방언의 보조용언 '-번지다', '-쌓다'의 통사 구성과 의미론적 몇 문제를 논의하였다. 그 내용을 요약하여 맺음말에 갈음하면 다음과 같다.

충남 방언에서 두루 낮춤에 쓰는 '-번지다'는 보조용언 '-버리다'와 대응하는 '종결, 완료, 끝맺음, 이루어짐', '부담의 제거' 등의 의미로, 또한 다소 원망스런 표현이 의문형, 청유형과 명령형에서 실현된다. 나아가 주어의 행위에 대하여 낮추거나 다소 부정적, 냉소적, 비어적 표현에 쓰고, 그 속뜻은 그런 사건이나 과정이 이루어진 것에 대한 의아함, 아쉬움, 원망, 기대하지 않은 일이 이루어진 '의외성'을 표현한다. 충남 방언에서 '-번지다'는 '-버리다'와는 달리 문법화가 진행되어 '-었-', '안' 부정문, 과정성 형용사, 피동과 사동 구성 등과 어울리지만, 겹침 표현과 대용, 분리 등이 잘 이루어지지 않고 본용언과 결속되어 보조용언으로만 쓰인다. '-번지다'는 '-버리다'보다 더 추상화, 문법화로 상이나 양태 기능이 강화되어 주어의 행위나 의도에 대한 강세 표현에 더 쓰일 뿐만 아니라, 본용언과의 어울림에서도 자연스럽고 생산적이다. 그러므로 충남 방언에서 '-번지다'는 보조용언으로 설정할 수 있다.

충남 방언의 보조용언 '-쌓다'는 '강세' 보조용언 '-대다'와 함께 쓰고 있다. '-쌓다'는 '-대다'보다 문법화, 추상화로 '명사 + 하다', '-었-', 본용언의 대용, 형용사, 다른 보조용언 등과 더 어울리지만, 단순한 겹침과 상징어와 낱말 만들기는 제약을 보인다. 충남 방언에서는 '-쌓다'가 '-대다'보다 더 폭넓게 실현되어 생산적이다. 이는 '쌓다'가 더 강한 표현으로 행위주의 그 연속적 반복 행위가 지나친 것에 대한 말할이의 부정적 견해와 함께 말할이가 기대하지 않은 주어의 긍정적 행위에 대하여 주로 지속적, 반복적 행동에 대한 강조에 쓰인다. 이 경우는 대체로 주어는 말할이보다 낮은 위치에 있어야 한다. 그러므로 주어의 행위에 대한 불만이나 의아함, 놀람 등도 실현한다. '-쌓다'는 낮춤 표현에 더 쓰이고, 상징어와 낱말 만들기에는 관여하지 않아 보조용언으로서 상이나 양태 기능이 강화되어 반복상을 수행하고 있다. 나아가 '−쌓다'는 주어의 지나친 행위가 반복되는 데 대한 말할이의 주관적 인식 태도를 표현하는 문법화로 '−대다'보다 본용언과의 결합에 더 적극적이다.

충남 방언의 '−번지다'와 '−쌓다'는 '종결과 반복'이라는 양태적 의미가 서로 다름에도 불구하고, 강조 표현에 쓰이면서 주어의 행위가 일어난 데에 대한 '의아함, 기대하지 않은 일이 이루어짐' 등의 '의외성'을 나타내기도 한다.

우리는 앞으로 충남 방언의 자료를 수집·분석하고, 보조용언 연구에 관심을 기울여, 그 성격을 구명하는 일련의 작업을 계속하여, 그 모습을 그려낼 것이다. 우리는 충남 방언에 대한 면밀한 연구가 이루어져 이 방언의 특징이 밝혀지기를 기대한다.

● ● ● **참 고 문 헌**

강명순(1992), 「국어의 복합동사에 관한 연구」, 충남대학교 대학원 석사학위논문.

강홍구(1999), 「국어 보조동사의 통사·의미론적 연구」, 충남대학교 대학원 박사학위논문.

권재일(1986), 「의존동사의 문법적 성격」, 『한글』 제194호, 한글학회.

김기혁(1995), 『국어 문법 연구－형태·통어론－』, 박이정.

김동욱(1998), 「'것 같다' '듯 하다' 대 '가 보다' '모양이다'의 의미 차이」, 25회 연구발표논문집, 국어학회.

김석득(1986), 「도움풀이씨의 형태·통어론적 차원」, 『말』 11호, 연세대 한국어학당.

김영희(1993), 「의존 동사 구문의 통사 표상」, 『국어학』 23, 국어학회.

김용석(1983), 「한국어 보조 동사 연구」, 『배달말』 8, 배달말학회.

김지은(1998), 『우리말 양태용언 구문 연구』, 한국문화사.

김차균(1999), 『우리말의 시제 구조와 상 인식』, 태학사.

김청자(1983), 「보조동사 '보다'의 의미연구」, 『국어국문학 논문집』 18, 서울대 사범대학.

김형규(1974), 『한국방언연구』, 서울대학교 출판부.

남기심·고영근(1985, 1993), 『표준 국어문법론』, 탑출판사.

도수희(1987), 「충청도방언의 특징과 그 연구」, 『국어생활』 제9호, 국어연구소.

류구상(1996), 『천안지역어연구』, 한남대 출판부.

류시종(1995), 「한국어 보조용언 범주 연구」, 서울대학교 대학원 박사학위논문.

민현식(1999), 『국어 문법 연구』, 역락.

박광호(1983), 「서산지역어의 형태론적 연구」, 동악어문논집 17집, 동악어문학회.

박경래(1998), 「중부방언」, 『문법연구와 자료』, 태학사.

박덕유(1998), 『국어의 동사상 연구』, 한국문화사.

박미아 편(1992), 『옛날엔 날 사공이라 혔지』, 뿌리깊은나무.

박진호(1998), 「보조용언」, 『문법연구와 자료』, 태학사.

배주채(1998), 「서남방언」, 『문법연구와 자료』, 태학사.

성낙수(1977), 「충남 당진 지방 방언의 통사론적 연구」, 『말』 제2집, 연세대 한국어학당.

성낙수(1993), 『우리말 방언학』, 한국문화사.

손세모돌(1996), 『국어 보조용언 연구』, 한국문화사.

엄정호(1999), 「동사구 보문의 범위와 범주」, 『국어학』 33, 국어학회.

이기동(1976), 「조동사의 의미분석」, 『문법연구』 3, 문법연구회.

이기용(1998), 『시제와 양상 ; 가능세계 의미론』, 태학사.

이선웅(1995), 「현대국어 보조용언 연구」, 『국어연구』 제133호, 국어연구회.

이승재(1980), 「남부방언의 형식명사 '갑'의 문법 : 구례지역어를 중심으로」, 『방언』 4, 한국정신문화원.

임홍빈·장소원(1995), 『국어문법론·Ⅰ』, 한국방송통신대 출판부.

장경희(1985), 『현대국어의 양태범주 연구』, 탑출판사.

최재희(1996), 「국어 의존동사 구문의 통사론」, 『한글』 203, 한글학회.

최현배(1937/1980), 『우리말본』, 정음사.

한국정신문화원(1990), 『한국방언자료집 Ⅳ. 충청남도편』, 한국정신문화원.

한국정신문화원(1982), 『한국구비문학대계 : 대덕·공주·보령·부여·아산·당진군편』, 한국정신문화원.

한영목 옮김(1993) 『생성문법과 언어능력』, 태학사.

한영목 옮김(1995) 『형태·통사론의 이해』, 한국문화사.

한영목(1997), 「금산 지역어의 분화와 위치에 대한 연구」, 『한밭한글』 제2호, 한글학회 대전지회.

한영목(1998), 「충남 방언의 현상과 특징에 대한 연구」, 『방언학과 국어학』, 태학사.

한영목(1999ㄱ), 『충남 방언의 연구와 자료』, 이회문화사.

한영목(1999ㄴ), 「충남 방언의 통사론적 연구-어말 어미-」, 『어문연구』 32, 어문연구학회.

한영목(2000ㄱ), 「충남방언 통사론의 몇 문제」, 『학림』 17집, 충남대 국어국문학회.

한영목(2000ㄴ), 「충남방언의 보조용언 1」, 『제41회 전국 발표대회 논문집』, 한국언어문학.

한영목(2000ㄷ), 「충남방언의 보조용언과 상」, 『어문연구』 33, 어문연구학회.

한영목·이금영(1994), 「중주어문에 관한 연구」, 『언어』 15호, 충남대 어학연구소

한영목·정원수·류현미 옮김(1994), 『형태론-생성문법에서의 단어구조-』, 태학사.

한학성(1995), 『생성문법론』, 태학사.

허 웅(1995), 『20세기 우리말의 형태론』, 샘 문화사.

허철구(1991), 「국어 보조동사 연구」, 서강대학교 대학원 석사학위논문.

황인권(1999), 『한국 방언 연구―충남 편』, 국학자료원.

Comrie, B(1976), Aspect. Cambridge Univ. Press.

McMahon, April M. S(1994), Understanding Language Change. Cambridge Univ. Press.

Palmer, F. R(1986), Mood and Modality. Cambridge Univ. Press.

Peter W. Culicover(1997), Principle and Parameters ; Introduction to Syntactic Theory. Oxford Univ. Press.

Scalise, S(1984), Generative Morphology. Foris Publications.

「보조 용언 '―번지다, ―쌓다'와 충남 방언」, 한글 249, 2000. 9,
한글학회, pp. 209-240.

1. 머리말

1.1. 연구 목적

이 연구에서 주된 논의는 충남 방언에 나타나는 어말 어미 융합형 '-벼'와 연결형에 쓰이는 '-깨미'의 구문과 그 쓰임을 살펴보는 데 있다. 이들 융합형 어미는 중앙어 보조용언 '-(느)ㄴ가/나 보다'와 '(으)ㄹ까 보다'와 의미 기능을 같이 한다. 충남 방언에서 '-벼'는 'Vst(느)ㄴ가 + 보아'의 '-개벼'와 'Vst나 + 보아'의 '-내벼'로 종결형으로 구성되고, '-깨미'는 'Vstㄹ까 + 보아(서)'로 주로 연결형에 나타나 추정, 추측, 짐작 등의 의미를 실현한다. 물론 '-깨미'는 종결형에 나타나는 경우 수사 의문문을 구성하거나 행위주의 의도나 의지를 실현하여, 연결형에서의 쓰임과는 다르다.

충남 방언의 '-벼'와 '-깨미'는 중앙어 보조용언 '-보다'와 그 통사 구성과 의미가 밀접한 관련을 맺고 있다. 지금까지 보조용언에 대한 논의는 본용언에 후행하여 말하는 이나 서술 주체의 심리 상태를 나타내는 양태의 역할, 합성 동사의 기능, 나아가 내포문을 보문으로 갖는 상위문의 용언 등으로 크게 나눌 수 있다. 그러나 충남 방언의 '-벼'와 '-깨미'의 융합형은 이미 문법화로 하나의 어미로 융합되어, 그것을 의존 용언으로 보아 보조용언으로 다루어야 하는 데에 따른 문제점이 제기된다. 이는 충남 방언의 '-벼'와 '-깨미'는 문법화로 양태 기능만을 수행하고 있기 때문이다. 그럼에도 불구하고, 충남 방언의 '-벼'와 '-깨미'의 구문을 보조용언 구문의 성격을 적용하여, 그 쓰임을 논의하는 것 또한 문제점을 내재하고 있다. 따라서 우리는 충남 방언의 성격을 고려하여, '-벼'와 '-깨미'의 문법화에 따른 변이 형태나 통사 구성과 의미 기능에 대하여 논의를 진행하게 된다.

나아가 우리말의 통사론이나 의미론 연구가 중앙어나 문헌 자료 중심으로 이루어진 데 대한 반성과 더불어 입말에서 방언 자료를 수집하고, 분석·기술하는 작업은 더욱 뜻깊은 일이다. 그것은 연구자의 직관에서 만들어진 언어 자료보다는 언중의 실제 발화가 우리말 연구에서 의의가 더 크다는 사실을 전제로 한다. 그러므로 우리는 충남 방언 자료를 방언 화자들의 구어나 구전 설화 등에서 모을 것이다.[1] 그것은 실제 발화 자료에서 나타나는 충남 방언의 독특한 형태 변이나 통사·의미론적 특질뿐만 아니라, 그 쓰임의 영역을 구체적으로 밝힐 수 있기 때문이다. 이를 계기로 충남 방언의 연구가 구어 자료를 통하여 문장 중심으로 전환되어야 할 필요성과 함께 지금까지 연구 결과 드러난 문제로 음운, 어휘에 치우쳐 충남 방언의 성격 규명에 크게 기여하지 못한 것에 대한 반성도 포함된다. 그러므로 충남 방언의 연구도 입말에서 자료를 찾고, 그것을 형태, 통사, 의미 등 전반적으로 논의할 필요성이 제기된다.

---

1) 설화 자료는 한국정신문화원에서 출간한 『한국구비문학대계』 충남 편을 주로 다룬다. 예를 들어, (대 34쪽)은 대덕군 편(현 대전시 34쪽), (공)은 공주시 편, (보)는 보령시 편, (부)는 부여군 편, (아)는 아산시 편, (당)은 당진군 편이고, (서민)은 『서산 민속지 하권』, (홍민)은 『홍성의 민담』, (부설)은 『부여의 구비설화』, (대설)은 『대덕의 구전설화』이며, (뿌)는 『옛날엔 나를 사공이라 했지』(뿌리깊은나무), (관)은 『관촌수필』(이문구) 등으로 표기는 그대로 두고, 띄어쓰기만 글쓴이가 부분적으로 고쳤다.
글쓴이가 현지 답사에서 채록한 자료는 지역을 따로 밝히지 아니하였다.

따라서 통사론 연구의 일환으로 방언 어미 융합형 '-벼'와 '-깨미' 구문의 분석을 통하여, 충남 방언의 성격을 밝혀, 현대 국어의 보조용언의 문제 해결에 접근해야 할 까닭이 그것이다. 국어학 연구에서 보조용언에 대한 논의는 상당히 많이 진척되었지만, 주로 문어나 중앙어를 대상으로 논의되어, 그 성격이나 변별성을 밝히는 데 어려움 또한 노정하고 있는 실정이다. 그러므로 각 지역 방언에서 보조용언의 쓰임의 실례를 찾고 분석하여, 중앙어나 문어와의 변별성이 밝혀진다면, 이는 우리말 문장 구성에 대한 연구가 진전을 이룰 수 있는 계기를 마련하게 될 것이다.

이 연구의 목적은 보조용언 '-보다'의 융합형으로 충남 방언에 나타나는 '-벼'와 '-깨미'의 구문을 분석하고, 쓰임의 영역을 기술하여, 통사·의미론적 특성을 고찰함으로써 다른 방언권과 중앙어와의 변별성이 밝혀지는 계기를 마련하고, 우리말 보조용언의 또 다른 실상을 밝히는 데 있다. 또한 이러한 논의는 앞으로 충남 방언의 보조용언의 성격을 밝히는 계기를 마련하고, 통사 의미의 전반적 특징을 고찰하여 충남 방언의 통사 구성의 윤곽을 규명하는 데 이 연구의 목적이 있다. 나아가 이는 충남 방언의 구문에 대한 정밀한 분석과 기술을 통하여 우리말 발전에 기여하는 길도 될 것이다.

1.2. 연구 방법과 논의 구성

이 연구에서는 현장 연구 방법을 통하여, 충남의 시와 군 지역을 답사하여 제보자와 면담하고, 나아가 질문지를 제시하여 충남 방언의 구어체 문장을 채록하였다. 그리고 한국정신문화연구원에서 발간한 『한국구비문학대계: 충남 편-대덕군, 부여군, 공주군, 보령군, 아산군』과 충청남도 각 시군과 대전시 구 문화원에서 발간한 구전 설화집 등의 설화에서도 방언 자료를 모으고, 충남 출신 작가들의 소설에 나타나는 대화어 등에서도 구문 자료를 채록하였다. 이러한 방법으로 모은 이들 자료를 정밀하게 분석하고, 기술하게 된다. 따라서 이 연구에서는 현장 연구 방법을 통한 충남 방언의 자료 수집과 그것을 정밀하게 분석하고, 기술하는 두 측면에서 다루어질 것이다. 자료 수집은 일차적으로 자연 발화에서 녹취하고, 이차적으로 질문지와 문헌의 구술 설화 자료를 선용할 것이다. 이렇게 채록된 자료에 대한 정밀한 언어학적 분석과 기술에 대한 문제이다. 물론 기술은 공시적 기술이 된다. 그러나 방언 연구의 특성상 통시적으로 다루어야 하기 때문에 국어사적 정보도 활용하게 될 것이다.

이 연구에서는 보조용언 '-보다'의 전반적 논의에서 벗어나, 주로 추정의 의미를 지니는 종결형에 나타나는 '-ㄴ가/-나 보다'와 연결형에 쓰이는 '-ㄹ까 보아(서)'에 대응하여, 충남 방언에 나타나는 종결형 '-벼'와 연결형 '-깨미'의 구문을 고찰하여, 그 성격을 구명하려고 한다. 충남 방언의 '-벼'와 '-깨미'는 거의 하나의 융합 형태로 굳어졌는데, 이들의 형태, 통사, 의미에 대한 윤곽을 제시하고, 중앙어와의 상관성과 변별성을 밝히게 될 것이다. 이 연구를 효과적으로 수행하기 위하여, 남부 방언들과도 비교하여, 충남 방언과의 유사성과 차별성을 찾아 그 변별성이 드러날 것이다.

이 연구에서는 다음과 같이 논의를 구성한다.

1. 머리말
2. '-보다'의 통사 구성과 충남 방언
3. '-벼'의 통사·의미
4. '-깨미'의 통사·의미
5. 맺음말

2. '-보다'의 통사 구성과 충남 방언

충남 방언 '-(느)ㄴ개 + 벼'와 '-내 + 벼', 그리고 '-ㄹ깨미'는 보조
용언 '-(느)ㄴ가 + 보다'와 '-나 + 보다', 그리고 '-ㄹ까 + 보다'에 대
응하여 나타난다. 이 연구에서는 보조용언 '-보다'에서 실현되는, 추정
의미를 지니는 '-ㄴ가/-나 보다'와 '-ㄹ까 보다'에 대응하여 충남 방
언에 나타나는 종결형 '-벼'와 주로 연결형(종결형에도 나타남)에 나타나
는 '-깨미'의 구문을 고찰하여, 그 통사·의미론적 성격을 밝히려고 한
다. 충남 방언에 나타나는 '-벼'와 '-깨미'는 보조용언의 '-보다'가 문
법화 과정을 거쳐, 형태 변이로 다양한 융합형이 나타나지만, 그 통사 구
성에서 '-벼'는 말하는 이 중심의 양태를, '-깨미'는 말하는 이 중심·
주어 중심의 양태를 실현하고 있다.

　우리말 보조용언은 수도 많고, 그 쓰임 또한 다양하다.[2] 또 그 쓰임만
큼 형태 변이도 각 방언과 심지어 개인어에 따라 차이를 보인다. 특히
보조용언 '-보다'는 통사 의미는 물론 시제 선어말 어미와 융합되기 때
문에 형태 변이 또한 다양하게 실현된다. 우리가 논의하고자 하는 이 보
조용언 '-보다'는 우리말 통사 구성에서 아주 다양하게 실현될 뿐만 아
니라 구어에서는 문법화로 융합 형태 또한 여러 가지로 나타난다.

　우리는 우선 보조용언 '-보다'의 구성을 알아보기 위하여, 연속 동사
'-보다'가 쓰이는 통사적 환경을 살펴보기로 한다. '-보다'는 우리말
통사 구성에서 아주 다양하게 실현되는데 그 통사적 구성은 대체로 다음
과 같다.

　　　(1) ① V₁고 + 보다

---

2) 우리말 보조용언은 연구자마다 달라서 손세모돌(1996) 13개에서 남기심·고영근
(1993) 33개, 최현배(1937) 38개 등을 비롯하여, 민현식(1999)에서 58개나 설정하
고 있다.

② V₁어/아 + 보다
③ V₁나 + 보다
④ V₁어는/어만/어나 + 보다
⑤ V₁고나 + 보다
⑥ V₁다/다가 + 보다
⑦ V₁는가 + 보다
⑧ V₁던가 + 보다
⑨ V₁을까 + 보다
⑩ V₁었나 + 보다

(1)에서 '-보다'는 합성 동사로, 보조용언으로의 다양한 환경을 보이고 있다. (1)-①의 'V₁고 + 보다'는 연결형에서는, "앞말이 뜻하는 행동을 하고 난 뒤에 뒷말이 뜻하는 사실을 새로 깨닫게 되거나, 뒷말이 뜻하는 상태로 됨을 나타내는 말"(표준국어대사전)이지만, 종결형에서는 "시험삼아 해냄"으로 '일단 어떤 행위를 해둔다(박진호, 1998 : 158)'는 시행의 의미를 지닌다.

이와 비슷한 의미를 지니는 (1)-⑥의 'V₁다/다가 + 보다'는 '-보니, -보면' 등의 연결 어미로만 실현되는 경우로, 종결형으로도 나타나는 '-보다'와는 통사 의미면에서는 다름을 보인다("줄다 줄다 보니께 다 먹었다, 이 말여." 당 58쪽, "일본놈들이 한국을 넘어다 보구, 압제를 주구, 그래싸니께." 금 207쪽). 이 '-다/다가 보다'의 '-보니, -보면'은 일, 행위, 사건 등의 '결과, 원인' 등으로 쓰이지 상적 의미로는 잘 쓰이지 않는다("장이 가다(가)봉께 구신이 머리를 산발하구 막 쪼차 오는디." 금산 장동이).

또한, (1)-②는 전형적 보조용언으로 이기동(1988 : 135)에서 '어떤 행동을 시험삼아 해보거나("저거나 한 번 때려보구나 죽는다구…" 당 188쪽), 어떤 일을 경험("나무를 가서 팔구 오녀³⁾ 보니께…나무 한 지게가 없시유." 서민

---

3) 충남 방언에 나타나는 '오녀'는 중세국어의 '오ᄂᆞ다'의 잔영으로 보인다(한영목, 1999ㄴ : 67).
  • 이만한 뿌리가 하나 나오놔서…먹었덩가 보데?(부 581쪽)

362쪽)했음(우형식, 1986 : 47, 호광수, 1997 : 153)을 나타내는 수행의 의미'로, '어떤 움직임이나 상태를 실제로 겪음'(이상복, 1986 : 431)으로, 나아가 이기종(1996 : 180)에서는 '시행, 추정, 짐작' 등 여러 의미 기능을 수행하지만 문맥에 따라서는 '먹어 봐'처럼 말하는 이가 듣는 이의 행위가 일어나도록 강요하는 '시킴'의 기능도 나타난다. (1)-③과 (1)-⑦~⑩은 시제 형태소와 결합하여 시간 표현이나 상적 기능도 수행하고 있다. 물론 시간 표현 형태소 '-겠-'은 (1)-③과 (1)-⑦~⑩에서는 본용언에서도 나타나 상이나 양태 기능을 수행한다. 대체로 이들 '-보다'의 의미는 '해냄', '시도', '시킴', '의지', '추측', '짐작' 등을 나타내지만, (1)-④는 '마지못해 하다'는 의미를 지니는 것으로 논의되어 왔다.

우리가 논의하고자 하는 '-벼'의 출현 구문 중 (1)-③과 (1)-⑦을 그 기저형으로 잡는다면, 그 통사적 의미는 '앞말이 뜻하는 행동이나 상태를 추측하거나 어렴풋이 인식하고 있음을 나타내는 말(표준국어대사전)'로 폭넓게 쓰인다. 김석득(1986 : 25)에서는 이러한 추정을 나타내는 보조 형용사는 '듯하다, 듯싶다, 법하다, 성싶다, 싶다, 보다'로 잡고 있다. 그러나 충남 방언에서 '-(느)ㄴ개벼'와 '-내벼'는 말하는 이가 직접 체득하거나 경험하여, 또는 실제 확인하여 비교적 확실한 전제나 명제에서도 쓰이고 있어, 그 사용역이 넓다(이에 대한 논의는 3장을 참조하라). 시행의 의미를 포함하고 있는 (1)-②·④·⑤에서는 '-벼'가 안 쓰인다. 따라서 우리는 앞으로 '-ㄴ가 보다'와 '-나 보다'를 기저형으로 잡고, 다른 시간 표현 형태소와의 융합은 별도로 논의하지 않을 것이다('V1 + 었 + 었 + 겠 + 더 + (느) + ㄴ가#보다' / 'V1+었+었+겠+나#보다').

나아가 (1)-⑨는 종결형에 '-ㄹ까 보다/네/아요' 등으로 쓰여, 말하는 이의 미확정인 결심을 나타내는데[4] 비하여, 연결형에서는 '-ㄹ까보아/

- 그저 오놔서 보구서는 대뜸 '너는 내 사위다.(부 583쪽)
- 아, 인제 참 즈 집이 사는 디를 오놔 보닝깨 쑥대밭 된 줄 알았더니…(부 663쪽)
- 배가 많이 들어오느서 있구 허니깨 색시집이 많어.(뿌 86쪽)

봐서'로 활용형이 고정되고 경계·두려움을 나타낸다(박진호, 1998 : 159). (1)-⑨는 연결형에서는 선행절이 뜻하는, 상황이 될 것 같아 걱정하거나 두려워함을 나타내거나, 그와 같은 행동이나 행위를 할 의도가 있음을 말하는 이가 추정할 때 실현되는 표현이다. 이 '-ㄹ까 보다'는 충남 방언에서도 '-ㄹ까 봐/봐서'로 나타나지만, 이와 유사한 의미 기능을 수행하는 경우, 연결형에 쓰이는 '-ㄹ깨미'는 걱정, 두려움 등의 표현에 쓰이지만, 의문형에서는 수사 의문문을 구성하여, 전제나 상황에 대한 부정적 표현에 나타나기도 한다. 예를 들어, "너랑 놀깨미/깨비?"는 '나/그는 너랑 안 논다.'는 강한 부정을 내포한다. 그러나 부사와 공기하면, 그 의미는 약화되어 "설마 도깨비가 있을깨미."는 '도깨비가 없다.'는 강한 부정보다는 '도깨비가 있지 않다.'는 의미를 함의하고 있어, 서술 주체의 행위나 의지가 듣는 이와 다름을 말하는 이가 의지, 의도 나아가 확신하거나 추정하여 나타내는 말이다. 그러므로 이 '-ㄹ깨미'의 경우는 말하는 이 중심이나, 주어 중심의 구문 구성으로 말하는 이 중심의 '-벼'의 구문과는 다르다.

우리말 보조용언 '-보다'에 대한 통사·의미론적 논의는 다양하게 이루어졌다. 김청자(1983)에서 '-보다'가 시각적 의미가 주축을 이루는 경우는 '시행, 경험, 완곡'의 의미로, '가정, 추측, 의도'는 사고적 의미가 주축을 이루는 것으로 파악한 바 있다. 이런 면에서 충남 방언의 '-벼'와 '-깨미'는 시각적 의미와는 달리 말하는 이의 사고와 판단의 의미를 이루고 있어 보조용언 '-보다'의 기능을 수행한다. 따라서 이들은 1인칭과 2인칭에서 행위 주체로 실현되는 구문에는 거의 안 나타난다. 물론 김지은(1998)에서도 '-보다'는 '말하는 이의 어떤 사실을 근거한 직관이나 이성적 추리 등을 통해 어떤 사태의 조건이 되는 상황을 명제가 가리

---

4) 그러나 이기종(1996 : 180)에서는 "비가 많이 오네. 우산 써야할까 보다."의 예문을 제시하고, 이 '-ㄹ까 보다'는 '의향이나 짐작'의 중의적 해석이 가능함을 밝히고 있다.

키는 사태가 사실일 것이라고 추리하게 되었음을 나타내는 양태 용언'으로 보고 있다. 그러나 이상복(1986 : 431)에서는 '-보다'의 중심적인 뜻은 '시행, 꾀하기'가 아니라 주용언에 의하여 표현되는 어떤 움직임이나 상태를 '실제로 겪음'으로 보고 있다.

손세모돌(1996)에서는 '-보다'는 '경험, 가정, 공손' 등의 뜻으로 쓰이는데, '-어 보다'는 주어 중심, '-는가/ㄴ가/나 보다'는 말하는 이 중심의 양태 용언으로 파악하여, 그 활용 형태가 다르기 때문에 말하는 이 중심의 양태 용언은 문장 종결 어미에만 쓰이는 제약이 있다고 논의하였다. 그러므로 이들 '-ㄴ가 보다'나 '-나 보다', '-ㄹ까 보다'는 종결형으로 선행 보조적 연결 어미와 결합하는 보조용언이다. 이 '-ㄴ가 보다'나 '-나 보다'의 안긴 문장의 서법은 반드시 의문법을 실현하는 보조용언으로 다루어 왔다(권재일, 1986). 이기종(1996 : 186)에서 '-(나/ㄴ가/ㄹ까) 보다' 구문은 객관적인 원인 미룸 짐작의 상황에 쓰는데, '-ㄴ가 보다'는 직접 경험한 사실을 근거로 발화 현장과 밀접한 화맥에서 일반적인 사실을 짐작하는데, '-나 보다'는 '-ㄴ가 보다'의 응축형으로 즉각적인 판단 상황에 적합하여 외적 정보를 내적 정보로 수용하여 짐작 발화하는 데 잘 사용되므로 더 주관적이다. 그리고 '-ㄹ까 보다'는 '의향' 표현으로 살아 있고 문어에서 당위적인 상황에 대한 짐작 기능을 수행하는데, '-아서'와 융합하여 '지레짐작'이라고 보았다.

우리가 논의하고자 하는 '-ㄴ가 + 보다'와 '-나 + 보다' 구문은, 충남 방언의 종결형에서 '-벼'로 융합되는데 (1)-⑦의 '-는/능개벼'와 (1)-⑧의 '-던/딩개벼'로, (1)-③의 '-나/내벼'의 유형으로 나타나, 대체로 이는 말하는 이의 미확인 명제에 대한 추리와 인식 또는 감각을 통한 주관적 '앎'을 전제로 추정하거나 확인 명제에 대한 '앎'을 듣는 이에게 간접적 질문 형식을 빌어 추정한 것처럼 질문을 통하여 확인하여 정보를 공유하려는 양태적 기능을 한다. 그러나 충남 방언에서 '-ㄹ까 + 보다' 구문은 말하는 이가 행위주일 때는 '-ㄹ까 보다'로 종결형에서

의지, 의도로 실현되지만("나도 그만 갈까 바/봐/보다."), 연결형으로 쓰이는 경우 내포문의 주어는 1, 2, 3인칭 다 가능하다(호광수, 1977 : 160).5) 충남 보령시 오송 지역어에서 (1)-⑨이 종결형에 쓰이는 경우는 말하는 이의 의도나 의지가 나타난다('나도 갈까 보다.→ "나도 갈까벼."→ 나도 갈까 한다.'). 또한 이 '-ㄹ깨미'는 종결형에 나타날 때는 수사 의문형으로 실현되면서 대체로 전제 명제에 대한 부정적 의미로도 쓰인다('너랑 놀깨미/깨비?→ 너랑 놀까봐?→ 너랑 놀까봐(서) 그러니?/걱정/근심이니?→ (걱정 말아) 너와는 안 논다.').

우리는 이 연구에서 이들 '-보다'의 형태, 통사 구성, 의미 기능에 대하여 전반적으로 논의하려는 것은 아니다. 말하는 이 중심의 보조용언 '-ㄴ가 보다'나 '-나 보다'와 유사한 의미와 문법적 기능을 수행하는 충남 방언의 '-개벼'와 '-내벼'의 '-벼'의 구문을 중심으로 논의하되, 그 형태나 통사 의미에도 관심을 가질 것이다. 나아가 연결형에 나타나는 '-ㄹ까 보아'와 의미가 대응되면서도 변별성을 보이는 '-깨미'의 구문의 형태, 통사적 구성, 나아가 쓰임에 대하여도 논의하고자 한다.

3. '-벼'의 통사·의미

3.1. '-벼'의 형성과 통사·의미

■3.1.1. 충남 방언에서 보조용언 '-ㄴ가 + 보다'와 '-나 + 보다'는 특이한 융합 활용형 '-ㄴ개벼'와 '-내벼'로 실현된다. 충남 방언의 이 '-벼'는 선행 용언과의 결합에서 보조용언 '-보다'와 같이 제약이 없

---

5) "어머니는 [내가/니가/도깨비가 또 장난칠까봐/깨미] 걱정여."
  "나는/너는/ 어머니는 [내가/니가/도깨비가 또 장난칠까봐/깨미] 걱정여."

다. 이들 (1)-⑦과 (1)-⑧의 '-보다'의 통사 구성은 동사, 형용사, 서술격 조사와 어울리고, 시제 형태소('-느/-더, -었느/-었더' 등)와 다양하게 결합하므로 같은 구조(-ㄴ가 보다→-ㄴ개벼, -나 보다→-내벼)로 다루기로 한다. (2)에서 '-개벼'는 '-내벼'보다 동사, 형용사, 서술격 조사와 잘 연결되어 실현되고, 여러 시간 표현 형태소들과도 공기한다.

(2) ㄱ. 순이가 집에 갔(었)는/능개벼, 갔덩개벼/*갔더내벼.
　　ㄴ. 순이가 참 예쁜/뻥개벼, 예뻤덩개벼/*예뻤더내벼.
　　ㄷ. 그게 삼발한 귀신잉개벼. 그렁께 여름이덩개벼/*이더내벼.

그러나 '-나 보다' 구성은 (1)-③과 (1)-⑩ 환경에서 나타난다. (1)-④은 연결형 선행 보조적 연결 어미와 결합되는 보조용언이므로("야, 이놈의 궤짝이 무언가 뜯어나 본다." 당 188쪽) '-나/내벼'의 융합형은 나타나지 않는다(*먹어/는/만벼, *먹어내벼, *먹고나/내벼). 따라서 (1)-③의 통사 구성에서만 '-나/-내벼'의 융합형이 나타난다. 이 '-나 보다'의 경우, 충남 방언의 '-내벼'는 선행 용언과의 결합은 형용사나 서술격 조사와 (1)-⑩에서는 잘 결합하지만 (3), (1)-③에서는 현재 시간 표현에서는 제약을 보이는 통사 구성의 특성을 지닌다(*예쁘나/내벼, *아프내벼). 이는 서정목(1991 : 109)에서 '추측'의 보조용언 '보-'가 모문 동사로 쓰인 구성에서 '-나+보다'는 동사 어간 뒤에서만 가능한 것으로 논의한 바 있다.

(3) ㄱ. 그게 아마 사람이었내벼/*사람이내벼.
　　ㄴ. 괭이가 사람이 그리웠내벼/*그리우내벼.
　　ㄷ. 옛 날에 그래도 예뻤내벼./*예쁘내벼.

그러므로 충남 방언에서 이들 구성은 'V₁ + (었) + (었) + (겠) + (더) + (느) + ㄴ가/나#보다'는 'V₁ + (었) + (었) + (ø) + (더) + (느) + ㄴ가#보다', 'V₁ + (었) + (었) + (ø?겠) + (ø) + (ø)나#보다'로 실현된다. 충남 방언에서 추정의 '-겠 + 나보다'의 구성은 (6ㄷ. "즘신을 대접허야지 앙컸나베.")와 같이 부정의 '안 + 하 + 겠 + 나#보다'의 구성에서 일부 방언 화자들에게서만 나타난다.6) 충남 방언에서 이들 융합형은 '-가벼 : -개벼'와 '-나벼 : -내벼'로 실현되는데 움라우트를 실현한 후자가 적극적으로 쓰인다.7) 그리고 충남 방언에서는 '-내벼' 융합형보다는 '-개벼' 융합형을 주로 사용하고 있는데 비하여, '-내벼'는 주로 부정 표현에 적극적으로 실현된다.

    (4) ㄱ. 그 양반 집에 가셨는개뷰?

         ㄴ. 고연시리 븐다고 지집 색긔만 고상시키는개뷰.(관 66쪽)

충남 방언에서 이들 '-벼' 구성은 선어말 어미 '-시-'와의 결합에서는 거의 나타나지 않지만(?가시는/능개벼, *가시내벼), (4)에서와 같이 과거 시간 표현 형태소 '-었-'과의 결합에서는 비격식체에서 다소 쓰이고 있다.8) 높임의 경우도 '-시-'를 쓰지 않고, 두루 높임의 '-요/-유'와 융합형 '-뷰/-비유'를 쓰고 있다. 보조용언 '-보다'의 구성 중 '-어 보다, -어 보이다, -고 보다'는 높임 선어말 어미 '-시-'와 연결되지만('먹어 보시다, 젊어 보이신다, 쉬고 봅시다 등), 우리가 논의하고자 하는 '-벼'는 '-시'와 융합되는 경우가 없다. '-벼'는 선행 용언에만 '-시'가 출현하여 다른 구성을 이룬다. 특히 이 '-벼' 구문과 유사한 의미를 실

---

6) 당진 지역어에서 '안' 부정문에서 '-겠-'과 '-보다'의 융합형이 쓰이고 있다. 이 는 서정목(1991 : 111-115)에서 '먹-겠-나 + 보다'의 연결은 가능하고, '-ㄴ가 보다'는 '-느-, -더-'가 선행될 때만이 가능하여 다른 경우는 제약을 보이는 것으로 논의한 바 있다.
  • 인제 빈 지게만 지고 들어갔지 않았갔나베.(당 434쪽)
  • 그 아이를 이제 저런 궤짝에다 넣어설라무네 데리구 가쟎았겠나비.(당 443쪽)
7) '-가벼'와 '-나벼'는 '-개벼'와 '-내벼'의 흉내거나 조작된 사투리(예산문화원 사무국장 김문희)라고 말하고 있을 정도로 움라우트의 실현이 절대적으로 나타 난다.
8) 충남 방언 제보자들은 "이 '-벼'와 '-깨미'는 어른에게는 안 쓰고, 평교적 표현 에 쓰는 말"(대전시 중구 옥계동에 거주하는 한상오(70세), 송후영(83세), 차수옥(73 세) 등)이라고 하였다.

현하는 '-듯하다/싶다, -성싶다, -것 같다'는 시제 선어말 어미가 올 수 있지만, '-벼'는 그런 요소들을 후행할 수 없어 이제는 하나의 문법화를 거친 융합 어미로 기능을 수행한다. 그러므로 충남 방언에서 '-벼'는 '-ㄴ가 보아/어→-보+ㅣ(조음소)+어→비어→벼'로 융합되었다고 볼 수 있다.9)

충남 방언에서 '-벼'는 통사 구성의 분포에 있어 본용언 뒤에서 실현되고("그게 삼발한 귀신잉개벼.") 그 명제에 대한 양태나 상 기능으로 실현된다. 그러므로 충남 방언의 '-벼'는 보조용언 '-보다'와 같이 구조 의존성을 지니고 있어, 대용화('개가 들루 간나벼. →*개가 들루 간나 그렇다. →*개가 들루 간나 그래벼.'), 분열문 형성 등을 실현할 수 없는 제약을 지닌다. 나아가 '-벼'는 부정문 구성(*"그게 삼발한 귀신인가 안 벼."), 피동·사동문 구성 등을 실현할 수 없는 통사론적 제약을 지닌다.10)

충남 방언 '-벼'의 통사 구성상의 특성은 말하는 이 중심의 양태 용언 '-보다'의 융합형으로 문장 종결 어미로만 쓰이는 제약을 지니므로 분포상 선행 용언 뒤에서만 융합형 어미로 실현되기 때문에 결코 단독으로 생략될 수 없다.11) 예를 들어, "개가 들루 간나벼."에서 '개가 들로 갔나 보다'의 추정에 대한 의문을 내포하고 있어, '-벼'를 생략하고, "개가 들루 간나(?)↑"로 말하면 대체로 추정적 의혹에 대한 의문의 의미를 실현할 수 있지만, '-벼'와는 전혀 다른 통사적 구성이 된다.12)

---

9) 기세관 교수(2002 : 121)는 토론에서 '-벼'는 통시적으로 '보+이-(피동 접미사)>뵈->베>비'의 과정을 겪어 재구조화하여 형태론적 구성을 이룬 것으로 '보-'에 대응하는 '비-'를 기저 융합형으로 볼 수 있음을 지적하였다. 그리하여 '/-ㄴ가/나+비+어→-ㄴ가/나벼→-ㄴ개/내벼→[-ㄴ개/내벼]의 음운과정을 밟아 형성되었을 것으로 추정하였다.

10) 보조용언 통사 구성에 대하여는 손세모돌(1996)을, 양태 용언에 대한 논의는 김지은(1998)을 참고할 수 있다.

11) 김지은(1998 : 39-150)에서 양태 용언 구문의 통사적 특성을 참고할 수 있다.

12) "개가 들루 간나벼."에서 '-벼'가 생략된, "개가 들루 간나."는 '-벼'가 지닌 추정이나 짐작의 의미는 실현되지 않고, 간접 의문문을 구성하여, 다른 통사 구성을 실현한다.

(5) ㄱ. 그 때는 소백산두 아마 아랫녁이 있는가/나 보았다.

*그 때는 소백산두 아마 아랫녁이 있능개/내벼(았).

ㄴ. 그 때는 소백산두 아마 아랫녁이 있는가/나 보다 생각했다/짐작
했다/믿었다.

*그 때는 소백산두 아마 아랫녁이 있능개/내벼 생각했다/짐작했
다/믿었다/보았다.

나아가 '—ㄴ가/나 + 보다'의 구성에서 '—ㄴ가/나 + 보았다'의 시간 표현이 가능하지만, '—벼'는 어떤 시간 표현 문법 요소와 연결될 수 없다(5)—ㄱ. 또한 '—ㄴ가/나 + 보다 + 생각하다, 짐작하다, 믿다' 등과 결합하여 내포문을 구성할 수 있지만, (5)—ㄴ에서 '—벼'는 항상 종결 어미로 쓰여 내포문 구성에는 나타나지 않는 특성을 보인다(*'[—개/내 + 벼] + [생각하다, 짐작하다, 믿다]]').

(6) 그래 그 아들이 인저 나셨다능가/내벼.

(6)에서는 '[나 + 시 + 었 + 다] + 나/는가 보다'의 인용절에 나타난 명제 내용을 추정할 때에도 '—나/는/능가 보다'의 '—벼' 융합형 어미로 나타난다. 이 경우 우리는 결과에 대한 원인의 추정에도 '—벼'가 실현된다고 말할 수 있다.

▌**3.1.2.** 충남 방언에서 융합형 '—벼'의 변이형은 '—베'와 '—벼'로 실현된다. 충남 방언에서 [ㅕ]는 [+순음] 아래에서 [ㅔ]로 실현된다('yə → e/+bilabials—', 한영목, 1986). 그러나 충남 방언에서 '—벼'가 '—베'보다는 적극적으로 쓰이고 있다. 말하는 이가 추정한 내용을 서술하는 종결형에 '—벼'를, 의문형에는 변이형 '—베'를 구분하여 사용하려는 경향을 보이지만, 수의적이어서 꼭 그렇게 실현되지 않는다.[13] 충남 방언에서는

---

13) 성기철(1987)에 따르면 예산 지역어 등에서는 중앙어 '—보아'에 해당하는 '—벼'
는 서술형 종결형에, '—베'는 의문 종결형으로 두 어형이 나타나지만, 대체로

(6)과 같은 교체형이 보여, '-벼'와 '-베'의 음운 차이는 그리 중요한 것은 아니다. 그 변이형은 '-베, -뷰, -배, -뵈, -비다/오/네' 등으로 실현된다. 우리는 충남 방언에서 '-보다'의 융합 기저형을 '-벼'로 잡고 논의를 진행하기로 한다.

(6) ㄱ. 그게 삼발한 귀신잉개벼.
　　　장수 나온 것은 확실한게벼, 확실햐.(금 74쪽)
　　　그 사람두 아마 쌀말이나 먹능게벼.(대 80쪽)
　　　호랑이 보구설라무니 무슨 말을 헐 수가 있는가배.(당 235쪽)
　　　우리 아들이 겁나게 신경을 썬는개비드라구.(금산 장동 심경옥, 85세)
　　　그것이 내가 생각할 적에는 안개같이 나는게비더구먼.(금 15쪽)
　　　에이 저 놈의 지집아들이 숨는 개비다.(금 17쪽)
　　　저 왕탱이 집 근처께 가서 드러 누웠었던게뷰.(당 120쪽)
　　　모이를 쓰게 됬넌디 할아버진가뵈.(당 289쪽)
　　　난리 속에서두 서울이 좋기는 좋은가뵈.(관 52쪽)
　　ㄴ. 이불을, 옷을 그전 말루 명주이면 그만 아녔나베.(당 211쪽)
　　　인저 마누라보구서 어머니께 공경 잘 하라면서 워디를 갔나비여, 아마.(서민 331쪽)
　　　소백산두 아마 아랫녁이 있내벼.(대 324쪽)
　　　개가 들루 간나벼.
　　ㄷ. 즘신을 대접허야지 앙컸나베?(부 658쪽)

　　피동 용언 '-보이다'는 충남 방언에서는 '-비다'로도 실현된다.[14] 예를 들어, 충남 방언 제보자들은 '산이 보이냐? → 산이 비냐?'로 말하고 있다. 충남 방언의 '-비다'는 '보이다 → 뵈다 → 베다("도깨비는 베지(보이지) 않고, 사람으로 베지." 홍민 262쪽) → 비다("덤풀 구녁이 인제 잘 안 비는 디다가 설랑은 감춰놓구 있는 거여." 부 445쪽)'의 음운 변화 과정을 겪은 것으로

────────────────────

'-베'형이 더 쓰이는 것으로 논의하였다.

14) '보 + 이 + 다'의 피동 접미사와의 결합 관계로 '-비다'를 기저형으로 잡는 문제에 대하여 생각할 수 있지만, 충남 방언의 '-벼'는 통사 구성이나 의미 기능에서 피동 보조용언의 융합 어미로 잡기 어렵다.

볼 수 있다.

> (7) ㄱ. 아이구, 우리 어머니가 이냥 파났내비라구.(부 493쪽)
>   ㄴ. 집이 불났다구 지끔 급히 가는가비오.(부 564쪽)
> (8) ㄱ. 그 중이 아마 그거 알기는 아는개빈다.(대 719쪽)
>   ㄴ. 그 중이 확실히/틀림없이 그거 알기는 아는개빈다.
>   ㄷ. 그 중이 내 생각에/ 짐작에 확실히/틀림없이 그거 알기는 아는개
>   빈다.

(7)-ㄴ에서 '가는가비오'는 '가는갑이오'로 분석하기보다는 '가는가
보 + ㅣ(조음소) + 오'의 통사론적 구성으로 다루는 것이 (7)과 (8)의 기술
을 위해서도 합리적이다. 그것은 서술 주체의 행동이 말하는 이에게는
'그렇게 생각된다/ 추정된다/ 짐작된다/ 보인다'는 앎을 전제로 추정해서
표현하는 통사적 구성이기 때문이다. 그러므로 '-나/내벼'는 '-나 보
아'에 해당하는 '-나 + 보 + ㅣ + 어'의 어형이 '-나/-내비'로도 실현
된다. 따라서 '-ㄴ개벼'나 '-나/-내벼'는 보조용언 '-보다'의 '-보-'
가 재구조화를 겪은 '-비-'와 어미 '-어'의 융합형으로 볼 수 있다.
(7)에서 '-비'는 남부 방언의 형식 명사 '-갑'과 같이 '-ㄴ + 갑 + 이'
로 움라우트를 거쳐 '-ㄴ개비'의 융합형을 실현하는 것으로 볼 수 있지
만, (7)-ㄱ에서 '-나 보다'의 유형이 '-내비'로 나타나므로 의존명사
'-갑-'으로만 다룰 수 없다. 그러므로 이들 문법화에 대한 논의도 고려
되어야 하지만, 충남 방언에서 본용언으로 쓰인 '보다'의 '-보-'도 어
말 어미 '-어'와 '-아'의 교체형 '벼/뱌'로 실현되기도 한다는[15] 점에
서 생략과 융합에 대한 문제점도 제기될 수 있다.

> (9) ㄱ. 그것두 그 속도 빠르게 축지두 허덩가 보데.(공 292쪽)
>   ㄴ. 나보덤 더 훌륭한 사람을 맞어 오능가 보우.(공 276쪽)

---

15) 그래서 그(마누라)가 재주럴 다 벼췄다더먼그려.(부여군지 1117쪽)
   그거 쓰먼 안 뱌, 그거 쓰머언 안 뱌.(부여군지 1118쪽)

　　ㄷ. 그 옴마니란 사람 조금 고집스런 그런 분인가 봐유.(당 210쪽)

　　그러나 이 경우 또 다른 해석은 '-갑'의 생산성의 문제이다. 그것은 남부 방언에서 의존명사로 굳어진 '-갑'은 서술격 조사 '-이'와 결합하여 항상 종결형으로 나타난다는 논의이다. 나아가 그 중에서 관형사형 어미에 후행하여 나타나고 있는 경우 보문소로 다룰 수 있다(이승재, 1980). 또한 경북 방언의 경우, 김태엽(1996)에서 '-ㄴ갑네, -ㄴ갑세, -ㄴ갑데'는 '-ㄴ가#보 + 네/세/데'가 재구조화하여 형태론적 구성을 이루는 것으로 파악한 바 있다. 그러나 (9)에서는 '-ㄴ가 보데/우/아유' 등으로 나타나 (8)과 공존하고 있다. 그러므로 (8)의 경우는 '-갑 + 이-' 형으로 나타나지만, 이는 '-ㄴ가 보-'와 '-나 보-'에서 재구조화한 '-비'로도 실현되어 의미상으로 '-ㄴ가 보다'와 같은 보조용언의 의미 기능을 수행한다.16)

　　충남 방언에서 '-갑'의 형태로만 보이는 경우는 극히 드물어 남부 방언의 의존명사 '-갑'처럼 아직 구체화되지 않고 있다. (6)~(9)에서처럼 가급적 '-갑 + 다/데/네/세' 등의 어말 어미와 구성을 회피하기 때문이다. 충남 방언에서 '-갑-'은 전북 접경 금산 지역어에서 '-갑다'로 종결형에서 극히 일부 쓰이지만, 말하는 이의 강한 추정을 바탕으로 미확인 미래 표현에만 제한적으로 나타난다.("그게 도깨비불인갑다. 도깨비가 있기는 있는개벼.").17) 따라서 충남 방언의 '-ㄴ개벼'도 '-ㄴ가#보 + ㅣ +

---

16)　배주채(1998 : 13)에서는 서남 방언에서 이 '-응갑'의 의미는 추정인데 추정의 주체는 평서문에서는 말하는 이, 의문문에서는 듣는 이로 보고 있다.

17)　금산읍 장동이 심경옥(85세), 전옥림(70세), 한어래(67세) 등의 제보자들 중 한 분 만이 '-갑다'를 한번 썼고, 그 제보자도 "그게 도깨비였는개벼.", "구신이 있기는 있는개벼."와 같이 '-개벼' 융합형을 계속 사용했다.
　　　나아가 전북 무주군과 접경을 이루는 금산군 부리면 수통리 방언 제보자(한영복 (74세), 한영현(74세), 박찬문(72세) 등)들에게서 '-갑-'을 들을 수 없어, 혹시 "춘갑다"라는 말을 쓰냐고, 필자가 질문하자, "옛날 어른들이 쓰기는 써도 많이 안 쓰고, '추운개벼'를 많이 쓴다"고 하였다. 실제 발화에서도 "삭신이 아파서 날이 구질랭개비다.", "한 사(4)뱅년 되는 개벼."로 말하여, '-갑다'는 전혀 나타나

어’가 ‘-ㄴ가#뵈 + 어 → -ㄴ가#베 + 어 → -ㄴ가#비 + 어 → -ㄴ가
벼 → -ㄴ개벼 → [-ㄴ개벼]’로 재구조화를 겪은 융합형으로 분석할 수
있다.

충남 방언에서 ‘-벼’가 의존명사 ‘-갑 + 이다’ 구성일 수 없는 또
다른 이유는, 그것이 ‘-ㄴ가 + 보다’ 구성에서만 나타나고, ‘-나 + 보
다’ 구성에서는 실현되지 않는다는 점이다. ‘비가 오는가 보네 → 비가
오능개비네’로 ‘-갑-’은 ‘가 + ㅂ’의 융합형이다. ‘비가 오나보네 → 비
가 오내비네 → 비가 오내벼’로 ‘-갑’이 출현할 음운 환경이 없다. 따라
서 같은 융합형을 ‘-갑 + 이-’와 ‘-벼’로 다룰 수 없어 충남 방언에서
는 소위 의존명사 ‘-갑’을 따로 설정하여 논의할 이유는 없다.

3.1.3. 충남 방언의 ‘-벼’는 보조용언 ‘-보다’와 같은 말하는 이 중
심의 양태를 실현한다. 이 ‘-벼’와 연결된 문장의 명제가 말하는 이와
시간이나 공간적으로 단절된 상황에 대하여, 직접 경험하지 못한 사실에
대하여도 경험이나 추리를 통한 확신이나 믿음을 내세워 말하는 이의 판
단이나 가정, 나아가 생각을 표현한다(“장수 나온 것은 확실한게벼, 확실햐.”
금 74쪽). 예를 들어, “옛날엔 도깨비가 있는개벼.”에서 말하는 이는 도깨
비를 보지 못했지만, 여러 정황에 따라 도깨비가 있을 것이라는 판단이
나 생각을 통하여 말하고 있다. 그러나 이 믿음의 근거는 주관적이고 추
정적이다. 왜냐하면, 말하는 이는 자기가 말한 명제 내용이 참이기를 기
대하는 ‘믿음’의 내용을 가지고 말하기 때문에 그에 대한 객관적 근거는
그리 중요한 것은 아니다. 그러므로 (8)-ㄴ에서와 같이 “확실히/ 틀림없
이 옛날엔 도깨비가 있는개벼.”의 표현이 가능하지만 객관화된 것은 아
니다.

그러면서도 ‘-벼’ 구문이 지닌 다른 특성은 (8)-ㄱ에서와 같이 부사
‘아마’와 연결되어 말하는 이의 불확실성 추정에도 쓰인다. 이런 면에서

지 아니했다.

볼 때, '-벼'는 말하는 이가 듣는 이에게 어느 정도 자신의 심리적 상태를 표현하려는 의지에 따라 확신과 불확실한 근거로 추정한다는 사실이다. 충남 방언 '-벼' 구문은 말하는 이의 단순한 짐작에서부터 믿음을 바탕으로 확실한 명제에 이르기까지 다양하게 추정적 표현 양식으로 실현된다.

또한 '-벼'의 구문의 다른 의미는 말하는 이가 체험한 사실에 대하여도 쓰인다는 점이다. "밥이 설었내벼."에서 말하는 이는 '밥을 먹으면서, 밥이 설었다'는 사실을 알고도 추정의 '-벼'를 사용한다. 이는 말하는 이가 감각을 통하여 인지한 내용, 즉 감각적 앎에 대하여 듣는 이의 확인을 거쳐 객관화하려는 경우에 주로 사용된다. 달리 말하자면, 명제 내용에 대한 말하는 이의 주관적 판단을, 듣는 이와 정보를 공유하여, 객관화시키려는 추정 표현에 쓰일 수 있다.[18]

> (10) 참 어떻게 됐는갑지 사람을 죽였구나, 이렇게."(당 472쪽)

우리의 논의를 좀더 구체화시키기 위하여 예문 (10)을 보자. 이 경우는 '어떻게 됐는가 보지 → [어떠케 됐는개벼]'의 의미로 사건이 일어난 시간은 과거 일이고, 행위주가 실행한 사건으로 이미 체험하여, 체득한 앎에도 추정의 표현 '-벼'를 실현한다. 그러나 이 경우는 정보 공유나 객관화는 아니다. 말하는 이의 의식이나 의지의 실현에서 이루어진 것은 사실이나 사태에 대한 현재에 추정하여 '새로 인식함' 정도의 표현이다.

3.2. '-개벼'의 쓰임

충남 방언의 '-개벼'는 '-(느)ㄴ가 보다'로 본래 간접 의문문을 실현

---

18) 김지은(1998 : 157)에서 '보다' 구문의 범위가 객관적 사실을 근거로 추리된 생각이나 느낌에서부터 감각적 경험에 따른 직관적 생각과 느낌에 두루 걸쳐 있어, 일반 용언 '보다'의 어휘적 의미와 무관하지 않다고 논의하였다.

하는 종결 어미 '—가'와 보조용언 '—보다'가 융합 어미로 실현된다. 이 '—개벼'는 충남 방언에서 '—내벼'와는 달리, '—는/능게벼'와 '—는/능개벼' 변이형이((11)—ㄱ) 사용되어 [ㅔ]와 [ㅐ]는 변별성을 잃어가고 있지만, 대부분 '—ㄴ개벼' 어형이 발화에서 많이 선용되므로 [—ㄴ개벼]를 기저형으로 잡고, 논의를 진행한다.[19]

충남 방언에서 '—ㄹ랑개벼'는 짐작이나 추정 구문에 쓰여, '비가 올 것 같다/듯하다/모양이다/성싶다'와 유사한 통사적 의미를 실현한다. '비가 올라는가 보다 → 비가 올란가 보다 → 비가 올랑개벼'에서 '—ㄹ것 같다/듯하다/모양이다/—ㄹ 성싶다' 등도 '—ㄹ랑개벼'로 교체하여 쓰인다. 다만 충남 서북 지역어에서는 '—ㄹ라는 겨'를 쓰기도 한다.[20]

> (11) ㄱ. 장수 나온 것은 확실한게벼, 확실햐.(금 74쪽)
> 　　　 내 짐작에/생각에 살림이 째는개벼.
> 　　 ㄴ. ?장수 나온 것은 확실하내벼, 확실햐.
> 　　　 내 짐작에/생각에 살림이 째내벼.
> 　　 ㄷ. 야! 이거 암만 해두 뭐이 왔능개벼, 이상한데.(대 420쪽)
> 　　　 야! 이거 암만 해두 뭐이 왔내벼, 이상한데.

김동욱(2000 : 176)에서 '—ㄴ가 보다'는 '명제 내용에 대한 내면적 의심'과 '—보다'가 나타내는 판단의 의미가 결합하여, 전체로는 '객체 추측'의 의미를 실현하는 것으로 논의하고 있다. 따라서 이들 '—개벼'는 대체로 미확인된 추정을 보다 객관적 인식을 바탕으로 가벼운 판단을 나

---

19) 충남 방언에서 '—ㄴ가#보 + y(이) + 어 → —ㄴ가# 뵈어 → —ㄴ가# 베어 → [—ㄴ개벼/—ㄴ게벼]'로 움라우트와 축약으로 나타난다. 그리고 충남 방언에서 [ㅔ]와 [ㅐ]는 변별성을 잃어가고 있다.

20) 서산시, 태안군, 당진군 지역에서는 추정의 '—는가 보다'를 '—ㄹ라는 겨'로 쓰고 있다. 서산시 팔봉면 어송 3리 제보자들(양신만, 70세)과 회관에 오신 할아버지와 할머니들도 '—개벼/—내벼' 대신에 '—ㄹ라는 겨'로 쓴다고 주장하였다.
　　• 아이 비올라는 겨. 아이 또 비 올라는가 보다.(당 550쪽)
　　• 자식이 2—3 남매 되었던 겨.(서민 318쪽)

타낼 때 사용되며, '-나/-내벼'는 주관적, 상황적 추정의 표현 양상을 지니고 있다. 나아가 이 '-벼'는 '참'임을 기대하고, '앎'을 전제로 표현 되므로 보조용언 '-보다'의 통사적 의미와 거의 같게 쓰이고 있다.

달리 말하자면, (11)-ㄱ이 (11)-ㄴ보다 객관적 사건이나 상황을 추정 하여 표현할 때 좀더 선용하는 경향을 보인다. 그러므로 '-ㄴ개벼'는, '생각에/ 짐작에' 등과 잘 어울릴 뿐만 아니라, '확실히/ 틀림없이' 등과 호응한다. (11)-ㄴ은 말하는 이의 주관적 판단에 의지하여 사건이나 상 황을 추정할 때 더 사용된다. 그것은 '-어나/어는 보다'는 행위주가 '마 지못해 억지로 행한다'는 의미가 강한 것과 비교된다(나/너/그는 고기는 먹 어나/먹어는/먹어만 본다.). (11)-ㄷ에서 '-개/내벼'는 '이상한데, 아마' 등 과 공기하여, 미확인 추정에 쓰이고 있다. 그러므로 '-개벼'는 말하는 이의 다양한 판단이 전달할 내용에 대한 사실성의 확인과는 다소 거리를 나타내는 주관적 판단에 의한 추정이나 짐작을 실현한다.

(12) ㄱ. 아이구, 우리 어머니가 이냥 파났내비라구.(부 493쪽)
　　　ㄴ. 집이 불났다구 지끔 급히 가는가비오.(부 564쪽)

그러므로 (12)에서 '-개벼'나 '-내벼'는 삼인칭 주어의 사건, 행위, 사태에 대한 말하는 이의 추정을 나타내는 상이나 양태도 실현한다(*나/* 너/그는 고기를 먹내벼.). (12)-ㄱ은 말하는 이가 설화 속의 행위주의 주관 적 추정을 '앎'을 전제로 표현하고 있다. (12)-ㄴ에서 행위주가 지금 가 고 있는 상황에 대하여 언급하고 있으므로 객관적 추정을 통한 강한 '앎'을 전제로 표현하고 있다. 따라서 말하는 이가 좀더 확실한 서술 주 체의 행위나 사태 등에 대한 '앎'을 전제로 추정적 표현에 '-개벼'를 사 용한다.

(13) ㄱ. 날이 꾸물꾸물하믄 인자 '아이구!' 삭신이 아파서 뭐가 올랑개
　　　　　비다.

　　　ㄴ. 그 친환이 있는게비올시다.(대 726쪽)
　　　　하눌님이 아마 이걸 줌지하(점지하)셨능개비라.(대 629쪽)
　　　　그래 '독독독독' 하덩개비지.

　　김동욱(1998)에서 '-가 보다'는 '객체 추측'의 서술 태도를 보인다고 논의한 바 있다. 그러나 (13)-ㄱ에서 말하는 이는 이야기 형식을 빌어 '아픈 것'을 볼 때, 그 원인으로 일이 일어남을 추정하여 주관적 일반화 시키고 있다. (13)-ㄴ에서도 말하는 이는 옛 이야기를 빌어 이야기 속의 행위주의 행동이나, 사건, 사태 등에 대하여, '앎'을 전제로 상황적 판단 에 따라 사건 내용을 다소 객관적으로 추정하여 표현한다.

3.3. '-내벼'의 쓰임

　　충남 방언에서 '-나 보다'는 '-나벼'와 '-내벼'((6)-ㄴ) 어형으로 나 타나는데 움라우트를 실현한 후자가 더 선용된다. '-ㄴ개벼'는 말하는 이가 듣는 이에게 의문 형식을 통하여 자기가 추정·짐작한 전제나 내용 을 확인, 환기시켜 보다 객관화시키려고 할 때 쓰는 표현 양식이다. 그러 므로 '-ㄴ개벼'는 지난 일이나 행위의 완료적 표현에 주로 쓰인다. 나아 가 직접 경험한 사실에도 객관적 사실을 전제하지 않고 간접 의문의 형 식을 빌어 추정적 표현으로 실현하기도 한다. 그러므로 '-나 보다'의 '-내벼'는 주관적 느낌, 믿음, 생각 등을 표현하므로 전제 내용에 대한 객관적 정보나 사실은 그리 중요한 것은 아니다.

　　　(14) "벌써 (운동장을)도랜내비네.("벌써 돌았나봐." 대전시 중구 유천
　　　　　동 60대 후반 여자)."

　　학교 운동장 옆에서 걷기를 마치고, 맨손 체조를 하는 분들께 질문 겸 확인 인사로 말할 때 나타난 표현이다. 말하는 이는 이미 그분들이 운동

장을 돌고나서 맨손 체조나 쉬는 것을 보아 알고 있으면서, 즉 확인하고
도 추정적 표현으로 인사를 건넨다. 충남 방언 화자들은 이것을 "?벌써
도랜능개비네."라고 잘 사용하지 않는다. 이는 '−내벼'가 '−개벼'보다
실제 확인한 앎에 대한 추정적 표현에 더 적극적으로 쓰인다는 사실이
다. 달리 말하자면, '−나 보다'는 '−ㄴ가 보다'보다 행위나 사태에 대한
직접적이고 적극적인 관여(이기종, 1996 : 182)로 말하는 이의 주관화에 따
른 추정적 진술에 선용된다.

> (15) 그 저녁 셍묘허던 그 부인이 그 쥔양반에 메누리가 되나비다.(보
>   151쪽)
> (16) 내가 죄를 지어서 베락이 때릴게다, 때릴 겐가부다, 벼락을 때릴
>   려나 보다.(온양시지 1472쪽)

(15)에서 말하는 이는 성묘하던 부인이 주인의 며느리가 된다는 사실
을 알면서 '−나보다'의 추정적 표현으로 말하고 있다. (16)에서 '−ㄹ
것이다 → −ㄴ가 보다 → −나 보다' 순으로 추정의 강도를 나타내고 있
다. 그러면서도 알고 있는 사실 정보에 대하여 추정적 질문을 갖고 듣는
이를 통하여 확인하고자 하는 의문의 표현에도 사용한다. 예를 들어, 전
제 상황 : '아침에 비가 왔음', 말하는 이 : "오늘 비 완내벼."(오늘 비 왔나
보다)로 발화하여 듣는 이의 긍정적 대답을 원할 때에도 쓰는 표현이다.
이 때도 "오늘 비 완능개벼."는 말하는 이의 추정적 판단으로 듣는 이의
응답과는 관련 없이 표현할 때 나타난다.

> (17) ㄱ. 그렇게 말허니께 박씨야 돌아앉아서 웃을 일이지 할말이 있나
>   베.(홍민 492쪽)
>   ㄴ. *그렇게 말허니께 박씨야 돌아앉아서 웃을 일이지 할말이 있
>   능개벼.

또한 '−내벼'의 의미 기능에는 부정 형식소 없이 부정문의 의미를 실

현하는 경우도 있다. (17)-ㄱ은 박씨는 '할말이 없다'는 부정 의미를 실현한다. 그러나 (17)-ㄴ은 충남 방언에서 잘 실현되지 않는다. 설령 그것이 실현된다 하여도 '할 말이 있다'는 추정적 표현에 쓰이므로 차이를 보인다. 이런 면에서 볼 때, 충남 방언에서 '-나 보다'의 '-내벼'는 '-ㄴ가 보다'의 '-개벼'보다 그 쓰임이 다소 주관적·감각적 추정에 더 쓰인다.

(18) ㄱ. 그랑께 그게 업이던게벼, 그래 그게 가물치 업여.(금 124쪽)
     ㄴ. *그랑께 그게 업이더나/내벼, 그래 그게 가물치 업여.

(18)에서 '-더 + ㄴ가벼'와는 달리 '-더 + 나벼'의 구성은 나타나지 않는다. 이는 과거 경험에 대한 회상과의 어울림에 '-개벼'가 선용된다는 점이다. 말하는 이는 '업'에 대한 충분한 내적 정보나 지식 없이 짐작이나 추정한 사실을 회상이라는 형식을 빌어, 자신이 알고 있는 내적 판단이나 정보에 근거하여 그럴 것이라고 추측하여 말하고 있지만 거의 확신에 찬 경우에 쓰인다. 달리 말하자면, 주관적 정보를 어느 정도 객관적 정보로 바꾸어 말하는 경우이다. 충남 방언 화자들은 이런 표현에 (18)-ㄴ은 잘 안 쓴다. 그러므로 '-내벼'가 말하는 이의 주관적 사유를 바탕으로 추정적 표현이나 확인을 통한 정보 공유로 나타난다.

(19) 냄펜이 죽은 뒤 맴이 영 심난헜내벼.

나아가 (19)에서와 같이 어떤 사실에 대하여 확인하지 못한 경우, 주관화 표현에도 '-나/내벼'를 즐겨 쓴다. '-내벼'는 미확인 정보에 대하여 말하는 이가 지레짐작하거나 추정하거나, 다소 불확실한 명제에 대한 입장을 전달할 때 표현된다. 이 경우 '-내벼'는 '-ㄴ개벼'보다 주관적 표현에 쓰인다.

예를 들어, 전제 상황 : '솥에 물이 끓고 있음.', 말하는 이 : "소시서

물 *끄내벼*.(솥에서 물이 끓고 있나 보다)"로 표현한다. "소시서 물 *끄는개벼*"
도 가능한 표현이지만, 충남 방언 화자들은 전자를 선용하는 경향을 보
인다. 충남 방언 화자들은 감각 기관을 통하여 확인하거나 안 사실까지
도 추정하여 표현할 때는 '-개벼'보다는 '-내벼'를 즐겨 사용한다.

4. '-ㄹ깨미'의 통사·의미

4.1. '-깨미'의 형성과 통사 구성

충남 방언에서 중앙어 '-ㄹ까 보아(서)'와 대응하는 연결형에 융합형
'-ㄹ깨미(-ㄹ까 + ㅁ + 이)' 어형이 나타난다. 이 '-깨미'는 동사, 형용
사, 서술격 조사에 융합되어 접속어로서의 기능을 실현한다(20). 그러나
충남 방언에서 이 '-깨미'는 주로 동사에 융합되어, 앞 절의 명제가 후
행절의 내용에 대한 이유나 원인 등을 실현하는 접속어로의 의미를 나타
낸다(20). 충남 방언에서 이 '-깨미'의 쓰임은 '의도, 의지'를 나타내는
'-(으)ㄹ까'와 보조용언 '-보아(서)'와 결합하여 주로 연결 어미와 융합
형으로 쓰인다. 충남 방언에서 '-깨미'는 종결형으로 쓰이는 경우는 극
히 적고, '-ㄹ까 봐'가 종결형에서 수사 의문으로 '-ㄹ깨미'나 '-ㄹ깨
비'로 나타나 쓰이는 경우는 간혹 있다. 호남 방언에서도 의문의 억양을
지니는 경우 수사 의문문으로 쓰여 주어의 강한 의지를 표현하는 것으로
'-까마/-까마니/까미/' 등으로 실현된다(이기갑, 1998 : 106).

충남 방언 종결형에 실현되는 '-깨미/비'는 후행절이 생략된 경우를
제외하면, 대체로 전제 명제에 대한 부정으로 쓰여 수사 의문문을 구성
한다. 충남 방언의 종결형으로 나타나는 '-깨비'는 억양이 높아지고 길
어지면서 서술 주체의 강한 의도와 더불어 '의문'을 전제로 실현하는 구

문에 나타난다.21) 이 '-깨비'는 논산, 부여 지역어 등에서 주로 쓰인다. 충남 방언에서 '-깨미/비'가 종결형에 쓰이는 경우는 후행절의 생략에서 가능하다(21). 일부 말하는 이들은 연결형에 '-ㄹ깨비'로도 실현하지만(19)-ㄴ), 그 통사 의미는 '-ㄹ깨미'와 같다.

> (20) ㄱ. 즤 어머니 저 죽으면 호상이 물려 가먼은 속 썩여서 죽으깨미
>   가서 일번 가던절루.(대 338쪽)
>   ㄴ. 아버님! 걱정 들을께비 숨겼오.(부여구비 536쪽)
>   ㄷ. 주인이 싫어할깨미 조마조마했지.
>   ㄹ. 다정도 병일깨미 그라는가?
> (21) ㄱ. 놔두면 눈멀깨미?(관 231쪽)
>   ㄴ. 급살허네. 암시러면 제련년 같을깨미.(관 300쪽)

충남 방언에서 연결형에 나타나는 '-ㄹ깨미'의 변이형은 '까마, 까미, 깨비/께비, 개미22), 깜니, 깸니, 깸시,' 등으로 실현되는데 비하여, '-ㄴ개미' 어형은 나타나지 않는다.23) '-깜니'는 '-ㄹ까 + ㅁ + ㅣ → -ㄹ깜 + ㅣ → -ㄹ깜 + ㄴ+ㅣ → ㄹ깜 + 니'로 실현된 것이다. 그리고 "얼음이 녹을깨메/깨미 걱정여."(공주 우성 : 이 지역에서 '깨미'와 '깨메'의 두 유형이 쓰인다.)에서 '-ㄹ깨메'는 'ㄹ까 + ㅁ + ㅔ → ㄹ까 + ㅁ + ㅣ'의 변화를

---

21) "너랑 놀깨비?"는 수사 의문문 구성으로 '너랑 안 논다.'는 강한 의미를 나타낸다. 전북 방언에서 종결형에 나타나는 이 '-ㄹ깨미' 구문을 구종남(1999)에서도 수사 의문문으로 논의한 바 있다.

22) 2001년 12월 29일 대전시 가오동에 거주하는 송후영(83세), 한상오(70세), 차수옥(73세) 씨를 모시고 방언 조사에 임했는데, 차수옥 씨는 대전시 어부동에서 나고 성장한 분으로 '-ㄹ깨미' 대신에 '-ㄹ개미'를 쓰지만, '-ㄴ개미'는 못 들어보고, 말하지 않는다고 하였다.

23) 서천군의 경우 문산면에서 '까미, 깜니'가 나타나는데, 마서면에서는 '까미'는 안 쓰고 '깨미'로 쓰인다(나이균 씨). 또한 '깨비' 형에 대해서는 '쓴다'는 경우도 있지만(노진한 씨), 거의 '안 쓴다'고 말하였다. 그러나 전남 방언(이기갑, 1998)이나 전북 방언(구종남, 1999)에 나타나는 '-ㄴ개미'는 충남 방언에서는 나타나지 않는다. 따라서 우리는 충남 방언에서는 '-ㄴ개미' 융합형은 이미 사라진 것으로 보고, '-ㄹ깨미' 구문만 논의한다.

거친 고모음화로 설명할 수 있다. 그러면 이 '-에'는 원인을 나타내는 연결 어미로 설명할 수 있다. 또한, '-깸시'는 충남 방언에서 '때문에'에 '때미' '또래', '또래미' '땜시'24) 등의 변이형들이 나타나는 것과 같다. '때미'가 '땜시'로 나타난 것처럼 '-깨미'가 '-깸시'로 변이된 것으로 유추하여 설명이 가능하다. 나아가 충남 방언에서 이 '-ㄹ깨미'는 대전, 논산, 부여 등 지역어에서 '-ㄹ깨비'로도 나타난다. 이 '-깨비'는 '-ㄹ까 + 보다'로 '-ㄴ가+보다' 구성과 같은 변이 과정을 거쳐 융합된 것으로 볼 수 있다.

그러면 우리는 '-깨미'와 '-깨비'는 다른 구문 구성인가에 대한 의문이 남는다. 이 '-깨미' 구문에 대한 또 다른 논의는 'Vst ㄹ + 까' → 'Vst ㄱ까' → 'Vst까'로 변자음화와 동서열 자음 탈락을 거쳐, 충남 방언에서 종결 의문형에 쓰이는 어미 '-ㅁ'과 연결 어미 '-에 → -이'의 융합 구성으로 '-까 + ㅁ + 이 → -깜 + 이 → -깨미'로의 융합 가능성에 대한 문제이다. 이 경우 충남 방언의 종결 어미 뒤에서 의문문 구성의 '-감, -남, -담'의 논의에서 나타난 것처럼 이 '-ㅁ'을 의문형 접미사로 보아야(성낙수, 1977·1993) 하는 문제가 남듯이 보조용언 '-보다'의 의미에 가까운 '-ㅁ + 이'가 상이나 양태를 나타내는 접미사로의 기능에 대한 설명이 어렵다.25) 사실 파생 접사가 굴절 접사에 후행하는 것은 일반 낱말 배합 원리와는 차이를 보이기 때문이다(한영목 외 옮김, 1994). 파생 접사가 어근에 가까이 위치하기 때문에 굴절 어미에 의문형 파생 접사가 부가한다는 것에 대한 논의는 좀더 고찰할 과제이다.

또 다른 논의는 '-깨비'의 /ㅂ/이 같은 조음 위치의 순음 /ㅁ/으로의 변이에 대한 가능성이다. 이 점은 이기갑(1998 : 106)에서 호남 방언의 경

---

24) "수박 있는 줄은 모르고 눈비 와서 이렇게 서 있는디 실은 수박 땜시 이렇게 서 있는 거러구."(청양군지 1429쪽)

25) 성낙수(1993 : 382)에서 "[m]은 의문형에만 나타나는 것으로 말하는 이가 발화된 문장의 내용을 알고(믿고, 추측하고, 생각하고, 느끼고) 듣는 이에게 재확인(recon-firmative)하는 의미를 가지는 [Aux]"로 논의한 바 있다.

우 '-을까 봐'의 '봐→-바'가 콧소리인 '-마'로 바뀌어 '-으까마'로
쓰임을 들고 있다. 그러나 구종남(1999 : 254)에서는 이기갑(1998 : 106)에서
의 논의에 대하여, '보다'와 같은 보조용언의 /ㅂ/이 /ㅁ/으로 바뀔 수 있
는 음운론적, 의미론적 동기를 찾기 어렵고, 나아가 호남 방언에서 '으
까마'는 '-ㄹ까봐'뿐만 아니라 '-ㄹ까히서', '-ㄹ까 싶어(서)'에도 대
응되어, '-ㄹ까 봐'에서 왔다고 보기 어렵다는 부정적 견해를 밝히고
있다.

나아가 구종남(1999 : 252-254)에서는 '-ㄹ까/-ㄴ가 + 함에' 구성에서
융합에 의하여 간접 의문문 뒤에 오는 보조 동사 '하'가 생략되고 명사
형 어미 '-ㅁ'이 결합되어(-ㄹ까/-ㄴ가 + ㅁ + ㅔ), '-ㄹ깨미/-ㄴ개미'가
형성되었을 가능성을 제시하고 있다.[26] 아울러 구종남(1999 : 257)에서는
중앙어에서 '-ㄹ까 [보아(서), 해(서), 싶어(서)]'라는 통사 구성이 전라
방언에서는 문법 요소인 접속 어미 '-ㄹ깨미/-ㄴ개미'로 나타나는 것
으로 논의하였다. 이런 논의는 상당히 설득력을 가지고 있지만, '-깨미'
에 대한 설명은 될 지라도 '-깨비'에 대한 설명으로는 미흡하다. 충남
방언의 경우 이들을 각기 다른 두 융합형으로 다뤄야 한다는 모순이 나
타나 이에 선뜻 동의할 수 없게 된다.

충남 방언에서 '-깨미'의 쓰임이 우세하지만, '-깨비'의 쓰임도 확인
되므로 두 어형이 공존하고 있어 '-깨비→-깨미'로의 변이는 가능하다.
다만 '-깨비'가 '-깨미'로의 변이는 유추에 의하여 이루어졌을 가능성
만을 제시할 수 있을 뿐 이에 대한 명백한 설명은 어려움이 남는다. 그
리고 우리가 앞서 추정한 '[-ㄹ까 + ㅁ + 에]' → '[-ㄹ깜 + 에]' → '[-
ㄹ깜 + 이]' → '[-ㄹ깨미]'에서 파생되었을 가능성 또한 배제할 수 없
다.[27] 그것은 충남 방언에서 독특하게 의문형 어미와 공기하는 '-ㅁ'이

---

26) 실제 충남 방언에서 의문문 어미 '-ㄴ가'와 '-나'는 의문문 구성에서 명사형 어
    미 '-ㅁ'이 결합되지 않는다. 이필영(1993 : 129)에서도 '-음'은 대체로 융합이
    잘 이루어지지 않는 것으로 본 바 있다.

27) 그러나 '-ㄹ까'의 간접 의문문 구성에 다시 의문문에 부가하는 '-ㅁ'의 중복과

'말하는 이가 알고(믿고, 추측하고 생각하고, 느끼고) 듣는 이에게 재확인하는 의미를 가지는 것'이라는 성낙수(1993 : 382)에서의 논의에 따른다면 그 가능성은 충분하다. 다만 의문형 '-ㄴ가'와 '-나'에만 '-ㅁ'이 연결되어도 '*ㄴ가 + ㅁ → 개미, * - 나 + ㅁ → 내미'의 융합형이 쓰이지 않는 점을 설명할 수 없다. 이 또한 종결형으로 나타나는 '-ㅁ'에 연결 어미 '-에'와의 융합에 대한 설명이 어렵기 때문이다. 그러므로 충남 방언에서 '-깨미'와 '-깨비'의 두 유형이 공존하고 있는 현실 상황에서 우리의 견해는 '-깨비'에서 '-깨미'로의 유추적 변이라고 잠정적으로 보기로 한다.

그리고 충남 방언에서 '-ㄴ개미'는 거의 나타나지 않아 논의하지 않기로 한다. 이 '-ㄴ개미'는 충남 방언과는 달리, 호남 방언의 경우는 'Vst(으)ㄴ-' 구성에 나타난다. 이기갑(1998 : 107)에서는 "누가 온가미/온개미 나가 봤더니 암 : 도 없드라."로 '-은가마'보다 '-은가미/-은개미'의 쓰임이 높다고 하면서 그 의미는 과거의 사실에 대한 추정을 나타낼 때는 '-으깨미'와 서로 바꿔 쓰일 수 있지만, 과거 선어말 어미가 포함되지 않는 경우 '-은개미'는 '-는 것 같아'로 현재 상황에 대한 궁금함을 나타낸다. 구종남(1999 : 261)에서는 '-ㄴ개미'는 추정의 의미는 갖지 않고, 단순히 의심만을 나타내는 것으로 보고 있다. 그러나 충남 방언에서 이 '-(으)ㄴ + 개미' 구성은 나타나지 않아 '-ㄹ + 깨미' 구성으로 융합되었다고 볼 수 있다. 따라서 '-깨미'는 보조용언의 문법적 기능을 수행하기 때문에 어휘화 단계에서 문법화 과정을 거쳐, 양태나 상을 표현하는 기능 융합 어미로 작용한다.

원인이나 이유를 나타내는 어미 '-에'의 융합형에서 추정이나, 추측의 의미를 지닌다고 보기 어렵다.

4.2. '-깨미'의 의미

> (22) ㄱ. 집이 들어가서는 걱정이 돠, 만일 거시개서 알먼 또 큰 일 나깨미.(대 660쪽)
>
>   ㄴ. 무슨 소리 하깨미 고대하구 지둘럭거던.(공 53쪽)
>
>   아이가 소한테 밟혀 죽을깨미……(금 73쪽)
>
>   그래 인자 넘어갈깨미 그라는가, 하눌님이 넘어갈깨미 그라는가.(금 106쪽)
>
>   팍 가면 그것들 놀랬께미 요기서 저 차인디만치 와가지구……(금 17쪽)
>
>   즈이 종네집이럴 가면, 그, 저, 쌀되빡이라도 줄깨미 갔넌디.(홍민 373쪽)
>
>   좇두 나는 읍내 가면 아는 놈 만날깨미 피해댕겼다.(관 300쪽)
>
>   ㄷ. 참 부모님 속을 썩일개비[28] 누나 집이 간다고……(대 340쪽)
>
>   ㄹ. 급살허네. 암시러면 제련넌 같을깨미.(관 300쪽)
>
>   장바닥 삼 년 댕긴 늠이 여북헐깨미.(관 109쪽)
>
>   정치 싸움에 표깨낄깨미.
>
>   ㅁ. 백호야 소리하믄 저한테와 물어죽일까미 놀래서.(홍민 460쪽)

충남 방언에서 종결형 '-ㄹ까 보다'는 말하는 이의 의지나 의도를 나타내지만, '-깨미'는 '-(으)ㄹ'의 미래성이 약화되면서 선행절의 행위주의 '의도성'은 거의 나타나지 않고, 후행절 서술 주체의 행위나 사태에 대한 말하는 이의 의문을 전제로 주관적 '추정'을 더 강하게 표현하는 데 쓰인다((22)-ㄱ). 그러므로 '-깨미'는 미확인, 미지의 행위나 사태를 말하는 이의 '앎'을 전제로 추정할 때 주로 쓰인다. 다시 말하자면, 선행절의 행위나 사태가 일어나거나 실현될 수 있는 가능성에 대한 원인 추정에 나타난다.

민현식(1999 : 147)에서 '-ㄴ가 보다, -나 보다'는 '추측'의 의미지만

---

28) 이 설화의 구연자는 '-깨미, -께미'로도 말하고 있다. 따라서 오기이므로 이 구연자의 경우는 '-깨미'로 잡는다.

'-ㄹ까 보다'는 '-ㄹ까 하다, -ㄹ까 싶다'와 유사한 의미인 '의도'를 지니므로 문맥에 따라 미묘한 차이가 보여 구별되는 것으로 파악한 것처럼 '-벼'와 '-깨미'는 통사론적 구성과 그 의미가 다르다. (22)-ㄹ은 종결형에 말하는 이의 화제에 대한 추정적 판단을 통하여 전제와 같지 않음에 쓰이고 있다. 따라서 충남 방언 종결형에 쓰인 '-깨미'는 이기종 (1996)에서의 '의향'의 의미는 거의 없다("우산을 써야 할까벼/할랑개벼."). (22)-ㄹ에서는 수사 의문문 구성으로 "저런 년 같지 않다."로 전제에 대한 부정을 함의한다. 그러면서도 '저런 년 같을깨미(까 보아) 걱정이다, 생각된다, 염려된다.'는 의미도 지니고 있다. 따라서 종결형에 실현된 '깨미'는 추정의 의미도 지니고 있다.

    (23) ㄱ. 나/*너/*그는 일을 그만둘까 봐.
          나/*너/*그는 일을 그만둘까 혀.
          나/*너/*그는 일을 그만둘까 싶어.
      ㄴ. 나/너/그는 돌이가 일을 그만두깨미 걱정이다.
          나/너/그는 돌이가 일을 그만둘까 봐 걱정이다.

    (23)-ㄱ은 말하는 이와 주어 일치라는 제약을 띠기 때문에 '의지나 의도성'이 나타나지만, (23)-ㄴ은 선행절의 주어의 기대나 원하지 않은 행위가 일어남에 대한 추정'을 표현하기 때문에 후행절의 행위주에 의한 추측을 동반하면서도 그러한 상황이 일어날 가능성에 따른 말하는 이의 주관적 판단에 따른 해석이 가미될 수밖에 없다. 충남 방언의 '-깨미' 구문도 이기종(1996 : 186)에서는 '-ㄹ까 봐'는 후행절 사실에 대한 원인을 지레짐작으로 발화하는 것으로 파악하여, 기대하지 않은 가능성에 대한 미리 짐작하는 화맥에 적절하여, 걱정, 근심, 불안 등의 발화 내적 행위의 수행으로 본 것과 같은 의미를 실현한다. 그러므로 충남 방언의 '-깨미' 구문은 선행절에서 나타나는 불확실한 행위나 사태에 대한 추정을 통하여, 그러한 상황이 일어나거나 실현되지 않기를 기대하는 후행

절 서술 주체의 심리를 반영하기도 한다. 미정의 'Vst르-'에 나타나는
'-ㄹ깨미'29)는 선행절의 상황이 실현되지 않기를 기대하는 표현에 사용
되므로 후행절에서 걱정, 근심, 불안 등의 인지 동사와 공기될 수 있다.

(24) 쌀되빡이라도 줄까 [생각되, 하, *염려되, *걱정되]어(서) 갔넌디.
     (홍민 373쪽)
(25) 인재가 날까 [생각되, 하, 염려되, 걱정되]어(서) 혈을 끊었댜, 이
     여송이가.
     내가 혼자 장이 갈깨미 새복가치(새벽같이) 따라 왔냐?

그러나 "즈이 종네집이럴 가면, 그, 저, 쌀되빡이라도 줄깨미 갔넌디.
(홍민, 373쪽)"의 구문으로 (24)에서는 '생각, 추정'의 의미로 쓰여, 의심은
후행절의 서술 주체에서 나타나는 양태 구문이다. 구종남(1999 : 251)에서
는 이 '-ㄹ깨미'의 구문이 인지 동사나 '하다'와 같은 서술어와 같은 의
미로 해석될 수 있다. (24)에서 후행절 서술 주체의 추정이나 추측을 나
타낼 뿐이고, (25)에서 선행절과 후행절의 서술 주체가 같을 때, 추정이
나, 추측뿐만 아니라 걱정, 근심 등의 인지 동사와 공기할 수 있다. 그러
나 이 '-깨미' 구문은 항상 앞으로 일어날 행위나, 사태 등에 대한 추
정, 추측 등으로 객관적 사실이나 확인된 경우가 아닐 때 쓰이는 제약을
지닌다.

(26) ㄱ. 아버님 걱정 들을깨미 지가 숨겼오.
     ㄴ. 아버님 걱정 들을깨미 순이가 숨겼댜.

(26)에서 말하는 이 중심 양태 용언에서의 쓰임과는 다르다. (26)-ㄱ
에서는 말하는 이가 서술 주체인 경우로 '아버님의 걱정을 들을 것 같아

---

29) 충남 방언 제보자들도 *'-ㄴ개미/-ㄴ깨미'는 쓰이지 않고, 들어보지 않았다고
    말한다. 이는 충남 방언에서 '-ㄴ개미' 어형이 이른 시기에 소멸된 것으로 볼 수
    있다. 따라서 충남 방언의 경우 '-ㄹ깨미'는 중앙어의 '-ㄹ까 보다' 구문에 근
    접한 것으로 볼 수 있다.

숨겼다'는 추정이나 추측의 의미로 나타난다. (26)-ㄴ에서는 '아버님의 걱정을 들을까 보아 순이가 숨겼다고 하더라'[30)]로 말하는 이가 '순이'가 숨긴 행동을 추정하여 전달하고 있다. 따라서 선행절의 행위에 대하여 후행절의 서술 주체가 그러한 일이 일어나지 않기를 바라면서, 그러한 일이 일어남을 기대하지 않을 때, '-깨미'가 쓰일 수 있다.

> (27) ㄱ. 삭신이 쑤시는데 비가 올깨미 걱정여.
>   ㄴ. 비가 올깨미 걱정여, 삭신이 쑤셔서.

'-보다'의 구문이 어떤 경우는 선행 용언이 가르키는 행위의 수행과 관련된 서술 주체의 의도나 의지와는 관계없이 서술 주체가 선행 용언의 행위를 경험한 적이 있어 동반되는 사태를 알고 있음을 나타내는 경우도 있다(김지은, 1998 : 129). (27)에서 몸이 쑤시면, 그것이 원인은 아니지만, '비가 온다'는 사실을 말하는 이는 감각적 추리나 경험으로 잘 알고 있더라도 추정적 표현으로 발화하고 있다. '-깨미'는 선행절의 사건이 일어나지 않기를 바라는, 그것이 일어남에 대한 후행절 서술 주체의 걱정, 근심, 불안 등을 실현한다. 이는 '-깨미'가 간접 의문 '-ㄹ까'와 보조용언 '-보다'의 융합형 접속 어미의 통사적 의미를 수행하고 있음을 나타낸다.

5. 맺음말

우리는 지금까지 중앙어 '-(느)ㄴ가 보아', '-나 보아'와 변별적 특징을 보이면서 충남 방언의 보조용언에 상당하는 종결형 '-개벼'와 '-내

---

30) '-댜'에 대해서는 한영목(2001 ㄷ)을 참고하라.

벼'의 '-벼', 그리고 연결형 '-ㄹ까 보아(서)'와 대응하는 '-깨미'의 형태, 통사 구성과 의미 기능에 대하여 논의하였다. 지금까지 다룬 내용을 요약하여, 갈음하면 다음과 같다.

충남 방언에서의 '-벼'와 '-깨미'는 문법화로 융합 어미로 실현되지만 보조용언 '-보다'의 의미 기능을 수행한다. '-벼'는 앞으로 일어날, 이미 일어난 행위나 사건에 대한 말하는 이의 추정으로 '말하는 이가 말할 명제 내용에 대하여 불확실하나마 '참'으로 인정하는 추측의 서술 태도를 나타내는 '보다, 모양이다, 듯하다, 것 같다' 등과도 의미가 유사하지만 말하는 이가 인지한 사실이나 체득한 '앎'에도, 나아가 결과에 대한 원인 추정에도 '-벼'를 사용한다. '-깨미'도 미정의 행위나 사태에 추정이지만, 그러한 일이 일어나지 않기를 기대하는 표현에 쓰인다. 그러면서도 '-벼'는 말하는 이 중심의 종결형으로 쓰이고, '-깨미'는 말하는 이와 주어 중심이면서 연결형에 쓰이는 제약성을 지닌다.

'-벼'는 말하는 이가 듣는 이에게 얼마큼 자신의 심리적 상태를 표현하려는 의지에 따라 확신과 불확실한 근거로 추정하므로 말하는 이의 단순한 짐작에서부터 믿음을 바탕으로 확실한 명제에 이르기까지 다양하게 추정적 표현 양식으로 실현된다. 감각 기관을 통하여 확인하거나 안 사실을 추정하여 표현할 때는 '-개벼'보다는 '-내벼'를 즐겨 사용한다. '-개벼'는 '-내벼'보다 여러 시간 표현 형태소들과 공기한다. '-벼'는 종결형에서만 나타나 보조용언 '-보다'와는 다른 통사 구성을 보여, 문법화를 거쳐 융합 어미형으로 나타난다. 이 '-벼'는 말하는 이의 '앎'을 전제로 판단에 근거하여 표현한 것으로, 시행, 짐작, 추정의 의미를 지니고, 양태나 상으로도 쓰인다.

따라서 '-ㄴ가 보아'나 '-나 보아'에 상응하는 충남 방언의 '-개벼, -내벼'의 '-벼'는 문법화를 거쳐 통사·의미면에서 '시행, 짐작, 추정'의 의미뿐만 아니라 '의도'로도 쓰이고 있다. 충남 방언에서 '-ㄹ까 보아(서)'의 융합형 '-깨미'의 어형들은 '-ㄹ+깨미' 구성으로 미래성 연결형으로만 쓰여, 선행절의 명제 내용이 실현되지 않기를 바라면서, 그 것이 일어남에 대한 근심, 걱정, 두려움으로 불안하여 그것이 실현되지 않기를 기대하는 구문에 나타난다. 따라서 '-깨미'는 간접 의문문의 '-ㄹ까'와 보조용언 '-보아(서)'의 융합 어미의 통사적 의미를 실현한다. 종결형 '-깨미'는 수사 의문문을 구성하여, 명제와는 다름을 실현한다.

그리고 충남 방언에서는 호남 방언에서 쓰이는 '-ㄴ개미/-ㄴ깨미' 어형은 나타나지 않을 뿐만 아니라, 소위 의존명사 '-갑'의 형태도 아직 구체화되지 못하여 독립 형태로는 어미와 결합되지 아니한다.

우리는 충남 방언의 보조용언 연구에 관심을 기울여, 그 변별성을 찾고, 일련의 계기적인 작업을 시도하여, 충남 방언의 윤곽을 규명할 것이다.

● ● ● 참 고 문 헌

강명순(1992), 「국어의 복합동사에 관한 연구」, 충남대학교 대학원 석사학위논문.

강정희(1988), 『제주 방언 연구』, 한남대학교 출판부.

강현화(1998), 『국어의 동사연결 구성에 대한 연구』, 한국문화사.

강흥구(1999), 「국어 보조동사의 통사·의미론적 연구」, 충남대학교 대학원 박사
학위논문.

경희대 민속연구소 편(1991), 『서산 민속지 하』, 충남 : 서산문화원.

고영진(1996), 「국어 풀이씨의 문법화 과정에 관한 연구」, 연세대학교 대학원 박
사사학위논문.

구종남(1999), 「방언접속어미 '－ㄹ깨미', '－ㄴ개미'에 대하여」, 『언어학』 7-1,
대한언어학회.

국립국어원구원(2000), 『표준국어대사전』, 두산동아.

권재일(1986), 「의존동사의 문법적 성격」, 『한글』 제194호, 한글학회.

기세관(1990), 「국어 단어형성에서의 /ㄹ/탈락과 /ㄴ/첨가에 대한 음운론적 연구」,
원광대학교 대학원 박사학위논문.

기세관(2002), 「충남 방언 '－벼'와 '－깨미' 구문 연구(한영목)에 대한 토론문」,
『금강유역의 언어와 문학』, 어문연구학회.

김공칠(1977), 『방언학』, 정향출판사.

김균태·강현모(1996), 『부여의 구비설화 1. 2』, 충남 : 부여문화원.

김기혁(1995), 『국어 문법 연구－형태·통어론－』, 박이정.

김동욱(2000), 「한국어 추측표현의 의미차이에 관한 연구－'ㄴ것 같다', 'ㄴ듯하
다', 와 'ㄴ가 보다', 'ㄴ모양이다'의 의미차이를 중심으로」, 『국어
학』 35, 국어학회.

김미영(1996), 「국어 용언의 접어화에 관한 역사적 연구」, 동아대학교 대학원 박
사학위논문.

김석득(1986), 「도움풀이씨의 형태·통어론적 차원」, 『말』 11호, 연세대 한국어학
당, 33-64쪽.

김시중(1986), 「충남청양지역어의 조사연구」, 단국대학교 대학원 석사학위논문.

김시중(1996), 「충남청양지역어의 음운론적 연구」, 홍익대학교 대학원 박사학위
        논문.
김영배 편(1992), 『남북한의 방언연구』, 경운출판사.
김영욱(1997), 『문법형태의 연구방법』, 박이정.
김영태(1998), 「경남방언과 지명연구」, 경남대학교 출판부.
김영희(1993), 「의존 동사 구문의 통사 표상」, 『국어학』 23, 국어학회.
김용석(1983), 「한국어 보조 동사 연구」, 『배달말』 8, 배달말학회.
김웅배(1991), 『전라남도 방언연구』, 학고방.
김중진(1984), 「전북서남방언의 종결어미」, 『국어문학』 24, 전북대 국어국문학회.
김지은(1998), 『우리말 양태용언 구문 연구』, 한국문화사.
김차균(1999), 『우리말의 시제 구조와 상 인식』, 태학사.
김청자(1983), 「보조동사 '보다'의 의미연구」, 『국어국문학 논문집』 18, 서울대
        사범대학.
김태엽(1996), 『경북말의 높임법 연구』, 태학사.
김태엽(1999), 『경북말의 문법』, 도서출판 사람.
김하수(1979), 「'-ㄹ까'의 의미와 통사적 특징」, 『말』 제4집, 연세대학교 한국어
        학당.
김형규(1974), 『한국방언연구』, 서울대학교 출판부.
남기심·고영근(1985), 『표준 국어문법론』, 탑출판사.
도수희(1987), 「충청도 방언의 특징과 그 연구」, 『국어생활』 9, 국립국어연구원.
류구상(1996), 『천안지역어연구』, 한남대 출판부.
류시종(1995), 「한국어 보조용언 범주 연구」, 서울대학교 대학원 박사학위논문.
류현미(1999), 「국어 의문문의 연구」, 충남대학교 대학원 박사학위논문.
박경래(1998), 「중부방언」, 『문법연구와 자료』, 태학사.
박광호(1983), 「서산지역어의 형태론적 연구」, 『동악어문논집』 17집, 동악어문학회.
박덕유(1998), 『국어의 동사상 연구』, 한국문화사.
박미아 편(1992), 『옛날엔 날 사공이라 혔지』, 뿌리깊은나무.
박종익(2000), 『한국구전설화집 3』, 민속원.
박진호(1998), 「보조용언」, 『문법연구와 자료』, 태학사.
배주채(1998), 「서남방언」, 『문법연구와 자료』, 태학사.
서정목(1987), 『국어 의문문 연구』, 탑출판사.
서정목(1991), 「내포 의문 보문자 '-(으)ㄴ+가'의 확립」, 『석정이승욱선생회갑기

넘논총』.

서태룡(1988), 『국어 활용어미의 형태와 의미』, 태학사.

성기철(1987), 「예산의 방언」, 『예산군지』, 예산군지편.

성낙수(1973a), 「충남 당진지방 방언의 연구(1)-동사류 종지법에서의 접미사 배합법-」, 『우리말 방언학』, 한국문화사.

성낙수1973b), 「충남 당진지방방언의 동사류 접미사 연구(Ⅰ)-종지법에 쓰이는 접미사와 그 배합-」, 『국어국문학』 61, 국어국문학회.

성낙수(1977), 「충남 당진 지방 방언의 통사론적 연구」, 『말』 제2집, 연세대 한국어학당.

성낙수(1985), 「충청당진지방의 방언의 동사류 접미사 [-m], [-kan] 연구」, 『교수논총』 제1집, 한국교원대.

성낙수(1993), 『우리말 방언학』, 한국문화사.

소강춘(1989), 『방언분화의 음운론적 연구』, 한신문화사.

손세모돌(1996), 『국어 보조용언 연구』, 한국문화사.

송효빈(1999), 「'보다'의 관용구문에 대한 연구」, 『어문연구』 33, 어문연구학회.

신기상(1999), 『동부 경남방언의 고저장단 연구』, 월인.

안용산 엮음(1996), 『설화 속의 금산』, 충남 : 금산문화원.

엄정호(1999), 「동사구 보문의 범위와 범주」, 『국어학』 33, 국어학회.

우형식(1986), 「지각동사 '보다'의 경험과 추정」, 『연세어문학』 19집, 연세대 국어국문학회.

이관규(1999), 『학교문법론』, 월인.

이기갑(1993), 「한국어의 문법화」, 『언어와 문화』 8, 목포대 어학연구소.

이기갑 외(1998), 『호남의 언어와 문화』, 백산서당.

이기동(1988), 「조동사 '-보다'의 의미」, 『애산학보』 6, 애산학회.

이기용(1998), 『시제와 양상 ; 가능세계 의미론』, 태학사.

이기종(1996), 「국어의 짐작·추측 구문 연구」, 한남대학교 대학원 박사학위논문.

이돈주(1979), 『전남방언』, 형설출판사.

이문구(1977/1991), 『관촌수필』, 문학과지성사.

이상규(1999), 『경북방언 문법연구』, 박이정.

이상복(1986), 「보조동사 '보다'의 의미·통사론적 고찰」, 『국어학신연구』, 탑출판사.

이선웅(1995), 「현대국어 보조용언 연구」, 『국어연구』 제133호, 국어연구회(석사).

이성화(1998). 『문법화의 이해』, 한국문화사.

이승재(1980), 「남부방언의 형식명사 '갑'의 문법 : 구례지역어를 중심으로」, 『방언』 4, 한국정신문화연구원.

이유기(2002), 「[−가]계 의문 종결형식의 구조」, 『국어국문학』 131, 국어국문학회.

이익섭(1984), 『방언학』, 민음사.

이지양(1993), 「국어의 융합현상과 융합형식」, 서울대학교 대학원 박사학위논문.

이태영(1988), 『국어동사의 문법화 연구』, 한신문화사.

이필영(1993), 『국어 인용구문 연구』, 탑출판사.

임홍빈 · 장소원(1995), 『국어문법론 I 』, 한국방송통신대 출판부.

장경희(1985), 『현대국어의 양태범주 연구』, 탑출판사.

전병철(1997), 「금산지역어의 음운현상에 대한 사회언어학적 연구」, 충북대학교 대학원 박사학위논문.

정순기(1988), 『조선어의 보조적 단어에 대한 연구』, 사회과학출판사.

정승철(1995), 『제주도 방언의 통시 음운론』, 태학사.

정희정(1992), 「동사의 통사정보에 대한 고찰−'−보다'를 중심으로」, 『목원어문학』 11, 목원대 국어교육과.

천안문화원(1992), 『구비문학대관』, 충남 : 천안문화원.

최명옥(1982), 『한국어 방언연구의 실체』, 태학사.

최운식 편저(1996), 『홍성의 민담』, 충남 : 홍성문화원.

최재희(1996), 「국어 의존동사 구문의 통사론」, 『한글』 232, 한글학회.

최전승(2000), 「19세기후기 전라방언의 처소격조사 부류의 특질과 변화의 방향」, 『우리말글』 20, 우리말글학회.

최학근(1959), 『방언연구서설』, 동학사.

최현배(1937/1980), 『우리말본』, 정음사.

한국정신문화연구원(1982), 『한국구비문학대계 : 충남 편』, 한국정신문화연구원.

한국정신문화연구원(1987), 『한국방언자료집』, 한국정신문화연구원.

한글학회(1992), 『우리말 큰 사전』, (주)어문각.

한동완(1996), 『한국어의 시제연구』, 태학사.

한영목(1987), 「금산지방의 방언연구」, 『논문집』 24-1, 충남대 인문과학연구소.

한영목(1991), 「충남방언의 고찰」, 『김영배교수 화갑기념논총』, 경운출판사.

한영목(1997), 「금산 지역어의 분화와 위치에 대한 연구」, 『한밭한글』 2, 한글학회대전지회.

한영목(1998), 「충남방언의 현상과 특징에 대한 연구」, 『방언학과 국어학』, 태학사.

한영목(1999ㄱ), 『충남 방언의 연구와 자료』, 이회문화사.

한영목(1999ㄴ), 「충남 방언의 통사론적 연구-어말 어미-」, 『어문연구』 32, 어
문연구학회.

한영목(2000ㄱ), 「충남방언 통사론의 몇 문제」, 『학림』 17집, 충남대 국어국문학회.

한영목(2000ㄴ), 「충남방언의 보조용언과 상」, 『어문연구』 33, 어문연구학회.

한영목(2000ㄷ), 「보조용언 '-번지다', '-쌓다'와 충남 방언」, 『한글』 249, 한글
학회.

한영목(2000ㄹ), 『충남 금산 지역어 연구』, 한국문화사.

한영목(2001ㄱ), 「충남 방언의 격조사」, 『어문연구』 35, 어문연구학회.

한영목(2001ㄴ), 「충남 방언 보조용언(1)」, 『한밭한글』 6, 한글학회대전지회.

한영목(2001ㄷ), 「충남 방언 어미 '-데'와 '-다'의 연구」, 『한국언어문학』 47집,
한국언어문학회.

한영목(2002), 「산문 대화어의 문체」, 『우리말과 글의 이해』, 충남대학교출판부.

한영목 옮김(1993), 『생성문법과 언어능력』, 태학사.

한영목 옮김(1995), 『형태, 통사론의 이해』, 한국문화사.

한영목·정원수·류현미 옮김(1994), 『형태론-생성문법에서의 단어구조-』, 태
학사.

한학성(1995), 『생성문법론』, 태학사.

허 웅(1995), 『20세기 우리말의 형태론』, 샘 문화사.

허철구(1991), 「국어 보조동사 연구」, 서강대학교 대학원 석사학위논문.

호광수(1997), 「보조용언 '보다' 구성의 주어 실현양상」, 『인문과학연구』 19집,
조선대 인문과학연구소.

홍문각(1996), 『방언학 연구 논문집』, 홍문각 편집실.

홍사만(1995), 『국어어휘의미연구』, 학문사.

홍윤표(1987), 「전주방언의 격연구」, 『어학』 5, 전북대 어학연구소

황병순(1989), 「감각동사 '보다'와 행위동사 '보다'」, 『배달말』 14, 배달말학회.

황인권(1999), 『한국 방언 연구-충남 편』, 국학자료원.

황인덕 편저(2001), 『대덕의 구전설화』, 대전 : 대덕문화원.

小倉進平(1944), 『朝鮮語方言研究』, 岩波書店.

河野六郎(1945), 『朝鮮語方言學試攷』, 東都書籍.

鈴木潤(1995), 「대전지역 대학생의 방언의식」, 대전대학교 대학원 석사학위논문.

Chambers, J. K. & Trudgill, P.(1980), Dialectology, Cambridge Univ. Press.

Comrie, B.(1976), Aspect, Cambridge Univ. Press.

Hopper, P. & Tragott, E.(1993), Grammaticalizations, Cambridge Univ. Press.

Lyons, J.(1981), Language and Linguistics, Cambridge Univ. Press.

Palmer, F. R.(1986), Mood and Modality, Cambridge Univ. Press.

Palmer, F. R.(1994), Grammatical Role and Relations, Cambridge Univ. Press.

Peter, W. Culicover.(1997), Principle and Parameters ; Introduction to Syntactic Theory, Oxford Univ. Press.

Scalise, S.(1984), Generative Morphology, Foris Publications.

Smith, C. S.(1991), The Paraneter of Aspect, Boston : Kluwer Acdemic Publishers.

Traugott, E. C. & Heine, B. ed.(1991), Approaches to Grammaticalization, John Benjamin Publishing Co.

Wakelin, M. F.(1977), English Dialet ; An Introduction, London : Athlene Press.

「충남 방언 ‘-벼’와 ‘-깨미’ 구문 연구」, 어문연구 40, 2002. 12, 어문연구학회, pp. 171-209.

1. 머리말

우리말 문법에서 시제 분류상의 문제점이 제기된 것은 1960년대이다. 그 이후 우리말 문법에서 상을 시제나 서법과 분리하여 논의되기 시작하면서, 시간 표현의 다양성은 의미론적 접근으로 다루기도 하였다. 이 연구에서는 이들 시간 표현에 대한 구체적 논의 대신에 충남 방언에 나타나는 선어말 어미와 어말 어미의 통합형인 어미 '-데'와 '-댜'를 중심으로 그 통사 구성과 의미 기능을 모색하기로 한다. 대체로 충남 방언에 나타나는 시간 표현의 선어말 어미는 '-었/-았, -겠, -더, -느'와 나아가 '-겠'과 유사한 기능을 수행하는 '-리' 등이 그 변이 형태로 나타난다. 이들 시간 표현 형태소에 의하여 실현되는 통사 의미는 대체로 중앙어와 같다.

그러나 충남 방언의 일부 보조용언 구성에서도 양태와 상 기능을 수행하고, '-ㄹ 것', '-ㄹ 터/텨/쳐'와 '-ㄹ 리' 등은 시간 표현과 더불어 상의 역할도 수행하고 있다. 특히 우리가 논의하고자 하는 '-데'와 '-댜'는 상 어미로 기능을 수행하고 있다. 따라서 상이라는 용어를 사용한 것은 충남 방언의 구어에서 이들의 쓰임은 다른 어미와 융합되면서 단순한 시간 표현보다는 상이나 양태, 서법 등으로서의 복합적 기능을 보이고 있고, 나아가 '서법은 시제와 상이 분리된 구조는 아니고, 그것들이 단일 체계 안에서 배합되기' 때문이다(Elson · Pickett, 1983 · 한영목 옮김, 1995 : 45).

우리가 시제와 상, 서법 등을 구분하지 않고 상 어미라는 개념을 도입한 것은 이들 시간 표현 형태소들이 다른 어말 어미와 융합하거나, 보조 용언과 통합하여 시제와 상 개념이 혼합되어 있기 때문이다.[1] 이들 형태소들은 시간 표현보다는 상이나 양태와 서법 표현을 동시에 수행하거나, 어떤 경우는 그들 기능을 두드러지게 나타낸다. 따라서 충남 방언의 시제와 상, 나아가 양태 등을 표현하는 이들 융합 형태소들을 잠정적으로 상 어미라고 지칭한 바 있다(한영목, 2000ㄱ).

이 연구에서는 '-더 + 이다'의 융합형 '-데'와 인용 구문 '-다데('-다 + 고 + 하 + 데')'와 유사한 의미를 지닌 '-댜('-다 + 고 + 하 + 더 + 느냐/이아')'에 대하여 통사 · 의미의 특성을 주로 고찰할 것이므로, 이들의 상 기능에 대한 전반적인 논의는 접어두기로 한다. 다만 시간 표현 형태소 '-더-'와 유사한 통사 의미 기능을 수행하는 어미 융합형 '-데'와 '-댜'의 구문 성격을 고찰하기로 한다. 따라서 우리는 충남 방언의 구어 자료를 중심으로 '-데'와 '-댜'에 의해 실현되는 문장을 분석 · 고찰하여 통사 의미론적 특성을 확인하고, 문맥에 따라 다양한 상을 실현할 수 있음도 간략하게 논의할 것이다.

이 연구에서는 5장으로 논의를 구성한다. 1장 머리말에 이어, 2장에서는 시간과 언어의 상관성과 문제점을 고찰하여 우리말 시간 표현에 대하여 논의한다. 나아가 3장에서는 '-데'의 통사 구성과 쓰임을, 4장에서는 '-댜'의 통사와 의미 기능을 살펴보고, 5장은 맺음말로 구성하여, 충남

---

1) 상 범주는 많은 언어에서 시간의 범위와 대조하여 행위의 종류를 진술하는 접사, 특수한 어휘나 구의 집합을 의미한다(Elson · Pickett, 1983 : 25, 한영목 옮김, 1995). 그러므로 이 연구에서 상 개념은 넓은 범주로 사용하여, 상 어미는 시제나 서법, 양태 등을 동사와 통합하여 나타내는 어미라는 의미이지, 그것이 상을 실현하는 것은 아니다.

방언의 성격을 밝히고자 한다.

2. 언어와 시간의 문제

우리의 관점은 시간이 무엇이며, 언어에서의 시간이 어떻게 굴절되어 시간 표현으로, 상이나 양태와 관련되는가에 대한 문제에 있다. 특히 이 연구에서는 충남 방언의 어미 융합형 '-데'와 '-댜'의 통사 구성과 의미 기능에서 상 어미로 쓰이고 있음을 고찰하기로 한다. 그러므로 우리는 언어와 시간의 관련성, 나아가 그것이 어떻게 시간 표현으로 투영되어 나타나는가에 의문을 두지 않을 수 없다.

그럼 시간이란 무엇인가? 지금까지 논의된 시간의 이론을 종합하여 다음과 같은 시간으로 분류해 보자(이정, 1978). 첫째, 직선성, 영속성, 비분할성인 물리적 시간을 들 수 있다. 이러한 관점에서 본다면, 과거는 이미 흘러갔고, 미래는 아직 오지 않은 존재하지 않는 시간이다. 둘째, 역사적 시간으로 물리적 시간에 객관적 기준을 배열한 시간이다. 셋째, 언어학적 시간은 '실재와 이념의 전 영역을 자유롭게 행동하며', 각 언어마다 다르게 시제로 표현할 수 있는 시간이다. '모든 사건은 시간 속에 일어나고, 그것이 일어나려면 시간이 필요하기 때문에 시간은 인간이 시간의 질서 속에 표상된 감각을 통하여 지각하는 경험'이다. 따라서 한 사건이 또 하나의 사건에 선행하고 있기 때문에 시간의 질서는 인과 관계를 유지한다(Zwart, 1976 · 권의무 역, 1983). 이것은 '지속과 연속'이며, '인간이라는 관찰자에 의한 강제된 주관적 질서의 형식이며', 계시적일 수도 있다(Meyerhoff, 1955 · 김준오 역, 1979).

그러므로 언어에서의 시간은 관찰의 결과인 경험과 인지의 시간이다. 경험에는 인지가 필요하고, 인지된 정보는 전달이라는 과정을 거쳐 언어로 성립된다. 이때 우리가 경험하여 인지한 사실을 표출하는 시간적 질서는 언어에서 그대로 적용되지 않는다는 명제를 안고 있다. 질서와 객관적 검증에 의하여 분할되어지지 않는 시간의 흐름을 언어의 시간 속에 투영하여 일률적으로 강제화시킬 수도 없다. 그럼에도 불구하고, 인간은 그 시간의 질서 속에 공존하면서, 그것을 언어의 체계 안에 규제화를 시도한다. 언어의 시간은 인간이 경험하고, 인지한 지식을 바탕으로 형성된 관습과 문화의 상관성에 따라 언어적 양상으로 굴절되어 나타난다. 언어의 시간은 발화의 장면이나 말하는 이의 심리적 태도에 따라 주관화를 통하여 표출되고, 그것이 다시 듣는 이의 인지에 작용하여 의사소통이 이루어지므로 주관적 성격을 띨 수밖에 없다. 그럼에도 불구하고, 언어에서의 주관적 시간 표현은 모국어 화자들에 의하여 공유되는 일반화를 유지하고, 그것은 언어에서의 발화 시간과 관련해서 사건의 폭넓은 개념을 지시한다(한영목 옮김, 1995 : 33).

언어의 시간, 즉 시간 표현은 모든 사람이 공유하는 시간의 경과 과정(질서)을 주로 동사의 형태로 나타내려는 언어적 요소이다. 시간 표현은 각 언어에 따라 굴절되어 나타나기 때문에 이질성과 다양성으로 사뭇 다르다. 나아가 시간 표현 형태는 시간 관계 이외에 동작, 상태, 감정 등에도 쓰인다. 언어에서의 시간은 Bull의 '처음, 중간, 끝'의 시간의 길이뿐만 아니라 동작이나 그 상태를 지시하는 것(이정, 1978)으로, Comrie(1976)에서는 시제는 사건의 진행 순서에 의하고, 상은 사건의 내적 구조의 처음, 중간, 끝에 관심을 둔다는 견해를 밝혔다.

그러나 언어의 형태가 시간 표현으로 성립되려면 문법 범주로 실현되어야 한다. 우리말에서도 시간 표현은 문법 형태소인 시간 표현 형태소의 쓰임을 반드시 요구한다는 논의도 있으나(임홍빈·장소원, 1995 : 400), 시간 표현 형태소를 가지고, 발화시와 사건시를 중심으로 동시성·선시성·후시성과의 관계만으로 그 시간적 의미를 파악하는 것은 어려운 일이다. 그것은 전달 과정에서 표현된 시간 형태소들이 계기적인 흐름의 시간적 순서와 일치할 수 없기 때문이다. 다시 말하자면, '시제는 실제 언어 사용에서 항상 엄격하게 시간을 제한하는 것은 아니므로', 절대 시제로 해석할 수 없는 시간 표현이 우리말에 나타난다. 이것을 상대 시제의 개념을 도입하여(이익섭, 1978 · 남기심, 1978) 논의할 수 있지만, 상이나 양태를 실현하는 우리말 표현을 완전히 설명할 수도 없는 문제가 도사리고 있다.[2]

나아가 이러한 시간 표현 형태소들은 사건이 전개되는 과정이나 말하는 이의 심리적 상태를 진술하는 문법 범주로 나타난다. 이들이 상이나 양태를 실현하는 경우, 이미 시간적 질서는 우리의 언어 안에서 굴절되어 표출될 수밖에 없을 것이다. 이러한 논의는 우리말 문법 기술에서도 시간 표현의 다양성이 제기되었다. 지금까지 우리말 문법 연구에서 논의되어 온 시간과 시제의 관계는 대체로 다음과 같다(임홍빈 · 장소원, 1995).

'첫째, 발화시 중심의 1원적 체계로 3분법, 4분법, 2분법(과거 : 비과거 대립) 체계, 둘째, 발화시와 인식시(회상시)의 2원적 대립 체계, 셋째, 상만 존재한다는 무시제 체계, 넷째, 시상 체계'로 나타난다. 따라서 우리말 문법에서 시간 표현은 과거, 현재, 미래의 일차원적 시간관에 입각한 시제 체계와 과거, 현재, 미래의 시간이 공존한다는 3차원적 시간관[3]과 완전한 현재는 없고 어느 정도 현재에 포함된 완료, 추정을 인정하려는 시간관에서 상만 존재한다는 무시제 체계 등 다양하다.

그러나 우리는 현재시의 기준점(화자의 의도적, 경험적인 기준까지)을 설정하여, 존재하지 않지만, 인지 활동의 소산으로 기억 공간 안에 위치하는

---

2) 우리말에서 시제는 발화시에 대한 사건시의 시간적 위치를 나타내는 개념이고, 상은 발화시에 대한 사건이 일어나는 모습으로 논의되며, 양태는 일의 시간과 관련한 화자의 심리적 태도를 반영하는 것으로 보고 있다(장경희, 1985 · 박덕유, 1998 참조).

3) 이규호(1974 : 108)에서는 우리말의 시제는 3차원적인 원형의 시간으로 과거는 '이미' 없는 것이 아니고 기억과 전승으로 현재에 살아 있고, 미래도 '아직' 없는 것이 아니라 희망, 기대, 계획으로 현재에 살아 있으며, 현재는 과거와 미래에 의해 보호된 상태와 움직임으로 '살아 있는' 구체적인 시간으로 보았다.

‘과거’와 ‘미래’의 시간의 영역을 책정할 수 있다. 지금을 중심으로 말하는 이가 지난 일과 앞으로 일어날 사건이나 행위 등에 대하여 기억하고, 추정하여 사태를 진술하는 공간을 편의상 기억 공간으로 보고자 한다. 이것이 언어를 통하여 사건이나 동작의 시간적 모습으로 투영된다. 시간의 영역이 사건이나 동작을 어떻게 언어에 담고 있는가는 인지에 따른다. 물리적 시간의 질서 속에서, 인간이 인지하는 시간의 영역 안에서 사건이나 행위가 언어로 투영되기 때문에 전적으로 시제만으로 밝혀낼 수 없는 함정이 도사리고 있다. 우리는 이러한 시간의 질서와 인간의 인지와 언어적 성격 그 모두를 어우를 수 없는가에 대한 지속적인 문제에 직면하게 된다. 우리의 사고는 지난 시간의 일을 지각하여, 지금의 위치에서 다가올 시간 속에 이루어질 동작이나 사건의 가능성을 예측한다. 그러므로 그 시간 안에 규제된 언어에서의 동작이나 사건의 일어남은 주관적 일반화이다. 그것은 문맥에 따라 표현되지 않은, 말하는 이의 숨겨진 뜻도 함께 발화되어, 시간의 질서에 합류된다. 결국 언어에 있어서 보편적인 시간 기능은 행위나 관찰이 일어나는 (특정 혹은 관련) 시간을 한정하므로 문장 안에서 특정 시간어(temporal words)나 시간구에 의하여 표현될 수밖에 없을 것이다(한영목 옮김, 1995 : 108).

모국어 화자들의 기억 공간을 자유롭게 넘나드는 사건이나 동작은 개별 언어 안에서 하나의 모습으로 시간에 투영된다. 따라서 인간의 경험과 앎을 거쳐 인지를 통한 시간의 전후를 지금의 시간을 중심으로 어느 시점의 일어난, 일어날 사건 정보를 표출하는 것이다. 지금의 시간 영역은 거울에 재현된 하나의 영상처럼 가까운 시간 안에서 일어난 일들은 보다 구체적으로 표현된다. 그러므로 인지에 바탕을 두고 앞으로 일어날 시간에서의 사건이나 행위는 뚜렷한 영상을 보여주지 못하기 때문에 의미 해석에서의 다양성이 나타난다. ‘지금’을 축으로 기억 공간에서 먼 사건이나 행위, 상태 등은 그 시간적 위치가 모호해진다.

그러므로 종결 어미에 의해 실현되는 서법 표현과 선어말 어미에 의한 시간 표현은 다르고, 시간 표현 형태소와 어말 어미의 융합형은 서법이나 시제만으로 해결하기 어려운 과제이다. 그렇다면 우리가 논의하고자 하는 충남 방언의 '-데, -댜'에는 시간 표현 형태소들이 다른 어말 어미와 융합되거나 통합되어 있음을 전제로 한다. 특히 '-데'와 '-댜'는 이러한 융합 형태로 구성되었다. 따라서 이들을 단순히 시제나 서법으로만 볼 수 없고, 그렇다고 명제 아닌 양상의 개념으로 다루기도 어렵다. 따라서 우리는 이들 형태소들을 상 범주를 지시하는 상 어미로 부르기로 한다. 충남 방언에서 상은 동사로 실현되는 동작상과 형용사나 서술격 조사에서 실현되는 상태상으로 크게 분류하고, 문맥에 따라 지속상, 반복상, 완료상, 진행상, 비현실상, 가능상, 추정상, 미완상, 시점상, 기동상, 상태상 등이 나타난다.

(1) ㄱ. 순이가 많이 크데./컸데.
  ㄴ. 순이가 많이 크겠데.
  ㄷ. *순이가 많이 컸었데./컸겠데./컸었겠데.

(1)-ㄱ의 '크데'는 진행상이나 상태상으로, '컸데'는 완료상으로, (1)-ㄴ의 '크겠데'는 가능상을 실현할 수 있다. (1)-ㄷ의 '-데'는 '먼 과거'나 '완료의 완료', '과거/완료 추정'에서의 쓰임은 자연스런 표현은 아니다. 시간 표현 형태소들이 사건이 전개되는 과정이나 말하는 이의 심리적 상태를 진술하는 문법 요소와 융합하여, 상이나 양태를 실현할 때, 이미 시간적 질서는 언어로 굴절되어 표현될 수밖에 없다. 특히 '-데, -댜'는 '-더-'처럼 시간이나 행위 등에 대한 구체화가 약하다. 사건시(인식시)나 발화시(기준시)보다는 인식을 중심으로 이루어진 일이나 일어날 사태를 기억을 되살려 표현하는 한계로 해서 그 의미는 더욱 모호해질 수밖에 없다.

3. '-데'의 구성과 쓰임

충남 방언에서 '-데'는 동사, 형용사, 서술격 조사와 통합하여 쓰이고 (Vst + (었) + (었) + (겠) + (∅) + 데),[4] 그리고 인용 구문 구성에도 나타난다 ('-다데 → 다고 하데'). 충남 방언에서 '-데'는 이른바 '회상, 보고, 전달, 무의도성, 신빙성 없음, 새로 앎, 단절의 인식 양상' 등을 표현하는 선어말 어미 '-더'와 어말 어미의 통합형 '-더 + 이다/이라'를 실현하여 종결 어미에 나타난다. '-데'는 '드 + 이어 → 디어 → 데'로 문법화와 재구조화로 설명할 수 있으나 이에 대한 논의는 다음으로 미룬다. 이 '-데'는 "① 하게 할 자리(예사낮춤)에 쓰이어, 경험한 지난 일을 돌이켜 나타내는 베풂꼴 맺음씨, ② → -던가?"(한글학회, 1992 : 1035)로 풀이하고 있다. 물론 '-데'는 의문문 구성에서도 시간 표현 형태소와의 공기에는 제약이 따라 어간에 직접 결합하는 것이 자연스럽다(내가 쥐를 잡/?잡겠/*잡았었데? *네가 쥐를 잡/잡겠/잡았었데? 순돌이가 쥐를 잡/잡겠/잡았데/??잡았었데?). 이 '-데'는 선어말 어미 '-더-'와 시간 표현이나 통사 의미에서 상당히 밀접한 관계를 실현한다. 그러나 충남 방언의 '-데'는 '-는/-은데'와는 달리 같은 또래간의 낮춤말에 주로 쓰이면서 평서문과 의문문을 실현할 수 있다.[5]

시간 표현 형태소 '-더-'는 발화시에 선행하는 '과거 지각'[6]으로,

---

4) '-데'는 시간 표현 형태소가 없으면, 어간과 직접 결합한다("이 젖 먹고 크더이다."(가람), "멀고도 가까운 소식/ 자네만이 알데나!"(무애)).

5) 허웅(1995 : 599)에서 '-는/은데'는 "여운을 남기면서 감탄의 뜻을 풍기고, 뒷마디를 줄여 때로는 들을이 높임의 환경에서도 쓰이는 일이 있다."고 논의하였다. 우리가 논의하는 '-데'와는 통사 구성이 다르다.

6) 서태룡(1988 : 181-182)에서는 '-ㄴ-'이 '현재 지각'이고, '-더-'는 발화시를 기준으로 '과거 지각'이며, 단절이나 회상은 '과거 지각'을 발화시에 다시 '지각'하여 서술하는 주변 의미로 보고 있어, '-더-'는 지각시에 초점을 두면, 경험으로, 발화시에 초점을 맞추면 새로운 앎으로 인식되는 것으로 논의한 바 있다. 이 '지각'

'인식시의 선시성'을 의미하는 것으로 논의되었다(한동완, 1996 : 71). '더'는 지난 일에 대한 인식을 바탕으로 듣는 이에게 말하는 이의 뜻이나 정보를 전달하는 데 쓰인다.[7] 우리가 논의하고자 하는 '데'도 말하는 이가 하고 싶은 의지를 간접적으로 전달하는 경우, "나도 수학은 잘 풀겠데."는 과거에서 지금까지의 가능성을 추정하여, '수학 문제를 풀 수 있다.'는 의미를 함의하여, 가능상을 실현한다. 나아가 "순이야, 어제 우리 집에 도둑이 들었데(→ 순이야, 어제 우리 집에 도둑이 들었더라/*다고 하더라.)."와 같은 문장에서 정보 내용은 말하는 이가 과거에 일어난 사건을 뒤에 직접 확인, 또는 인지하여 알고 있다가 발화시인 지금에 전달하여 듣는 이와 그 내용을 공유하는 경우로, 인식시는 사건시에 후행하지만 발화시에 선행하므로, '나중에 앎'과 유사한 의미 기능을 보인다.

그러므로 충남 방언에서 '데'는 시간 표현이라기보다는 말하는 이가 지난 일을 돌이켜 인식에 바탕을 두고, 경험이나 앎을 근거로 추정하여 말할 때 쓰이는 양태적 표현에 주로 나타난다. 이 '데'는 말하는 이 중심의 양태와 상을 동시에 표현하는 종결 어미의 융합 형태로 나타난다. 충남 방언에서 이 '데'의 쓰임은 말하는 이가 경험한 사실이나 인지한 정보에 대하여 전달이나 보고 형식의 표현이므로 사건시나 인식 시점은 발화시에 선행하는 과거에 속한다. 그러면서도 '데'는 특정한 시간 표현 부사와 공기하지 않으면, 그 시간의 위치가 애매한 경우도 있다.

(2) ㄱ. 밤이는 궁동이 참 시끄럽데.
　　ㄴ. 순이가 말을 다하지 못하데.
(3) 그 것두 그 속도 빠르게 축지두 허덩가 보데.(공 492쪽)[8]

은 김영희(1981), '과거 지각'은 장경희(1985)를 참조.

7) 유동석(1981 : 226)에서는 '더'는 말하는 이의 의도와는 관계없는 무의도적인 사실을 발화 현장 밖에서 비로소 인지하여, 그것을 객관적으로 전달한다는 의미를 지닌다.

8) 한국정신문화원에서 출간한 『한국구비문학대계』로, (대 34쪽)은 대덕군 편(대전시 34쪽), (공)은 공주시 편, (보)는 보령시 편, (부)는 부여시 편, (아)는 아산시 편, (당)

(2)-ㄱ은 말하는 이가 '밤에는(마다) 궁동이 참 시끄럽더라.'는 반복적이고, 일상적 사태의 진행을 표현한다. 이는 행위나 사태의 반복적인 발생을 강조하는 반복상으로 볼 수 있다. 다시 말하자면, 시간상의 위치가 제약을 받지 않고, 상황에 대한 말하는 이의 내적 상태가 특정 시간의 영역에 한정되지 않는다. 그렇지만 (2)-ㄴ은 말하는 이가 순이를 만난 과거 시점에서 볼 때, 어떤 상황 때문에 '순이가 말을 다하지 못하더라.'는 뜻으로 직접 경험한 일이나 내용을 듣는 이에게 전달이나 보고적 형식을 빌어 말하는데 쓰인다.9) (2)-ㄴ에서 말하는 이는 순이의 행위에 대하여, 듣는 이에게 언어 장면이나 상황 맥락을 주관화시켜 표현하고 있기 때문이다. 그러므로 이 '-데'는 절대적 시간 표현에서 쓰이기보다는 말하는 이가 발화시를 중심으로 지난날 경험한 일이나 사태에 대한 내용을 돌이켜 진술하므로 시간을 제한한다고 보기 어려워 시제보다는 상에 가깝다.10) 나아가 말하는 이가 표현에 좀더 의도성을 띤다면, '-데'보다는 '-더라'를 쓰는데, 이는 더 주관적이고, 확신성을 나타낸다. 그러므로 '-데'는 '새로 앎'만을 표현하는 것은 아니다.

충남 방언에서 '-데'는 문장의 쓰임에서 볼 때, 두 유형으로 나타난다. (2)-ㄱ은 말하는 이가 인지하고, 감지한 사태나 사건에 대하여 듣는 이에게 단순히 전달이나 보고라고만 보기 어려운 진술이다. 이는 듣는 이를 의식하지 않고, 말하는 이의 주관적 감정이나 느낌을 반영하여 듣는 이에게 진술하고 있기 때문이다. 또한 (3)에서는 말하는 이가 행위주에 대한 행동을, 간접 경험으로 인지한 정보를 바탕으로 추정과 짐작을, 듣는 이에게 '보더라'라는 이야기 형식을 빌어, 주관적 인식을 함께 섞어 말하고 있다.11) 이는 행위주의 어떤 시점의 행위에 대하여, 말하는

은 당진군 편, (뿌)는 『옛날엔 나를 사공이라 혔지』(뿌리깊은나무) 등이다.

9) 보고는 윗사람에게 인지한 내용을 알린다는 의미가 더하므로, 이 연구에서는 정보나 명제 내용의 전달로 보지만, 유동석(1986)에서의 '객관적 전달'은 그대로 수용하지 않는다.

10) '과거 속의 시간의 연장은 완료상을 실현하는 것'이다(한영목 옮김, 1995 : 108).

이의 기억 공간에서 인지된 내용을 추정하여 전달하는 것으로 볼 수 있다. 따라서 이는 '새로 앎', '나중에 앎', '객관적 전달'과는 달리 쓰인다.

    (4) ㄱ. *지금/옛날에 나는 부자로 잘 살데/더라.
       ㄴ. 지금 너/순이는 부자로 잘 살데. → 너/순이는 부자로 잘 살데.
       ㄷ. 옛날에 너/순이는 부자로 잘 살데.
       ㄹ. *내일 나/너/순이는 부자로 잘 살데.
    (5) ㄱ. 지금(보니까) 너는 부자로 잘 살더라. → *너는 부자로 잘 살더라.
       ㄴ. 지금 순이는 부자로 잘 살더라.
       ㄷ. 옛날에 ?너/순이는 부자로 잘 살더라.
       ㄹ. *내일 나/너/순이는 부자로 잘 살더라.

   직접 표현에서 (4)-ㄱ은 이상문이다.[12] (4)-ㄱ에서 '-데'는 '-더'의 제약과 같이 행위주가 말하는 이 자신일 때는 비문으로 나타난다.[13] 그러나 (4)-ㄴ에서 '네가 부자로 잘 사는 것'을 인지한 시점이 발화시에 선행할 때 주로 나타나지만, 말하는 이가 확신을 갖는 경우에는 동시성을 진술할 때도 사용된다. 특히 부사어 '지금'이나 '옛날에'와는 달리 '내일'의 쓰임은 통사적 차이를 보인다. (4)-ㄱ에서 1인칭의 경우 '-데'와 '-더라'는 이상문이다. (5)-ㄱ에서 '-더라'는 '지금'과의 호응은 말하는 이가 듣는 이에 대하여 확실한 내용에 대한 것에는 나타나지만, 전제 부사어 없이는 비문이다. (5)-ㄷ의 듣는 이가 행위주인 경우, '옛날에'와의 어울림은 비문은 아니지만 기피하는 표현인데 비하여, (4)-ㄴ·

---

11) "참말로/틀림없이 축지법도 했던가 보데/했댜."는 말하는 이가 사실이라고 기대하고 말하지만, 실현될 수 없는 행위로 비실현상(unreal)이다.

12) 이남순(1981 : 27)에서는 "어제 밤 꿈에 내가/네가/순이가 학교에 가더라."는 정문인데, 이는 '그때-그곳'의 시점을 기준으로 일어나는 사건을 말하는 이가 '이때-이곳'에서 간접 서술하는 기능으로 '-더-'는 과거 표시도, 미완료상도, 회상법의 요소도 아니다.

13) 유동석(1981 : 214)에서는 "나는 그 술집에 자주 가게 되더라. 나는 순희보다 더 예쁘더라."가 성립되는 것은 '이행주의 의도 제거와 인지시가 분명해지면 제약이 해소되는 것'으로 보았다.

ㄷ의 '-데'는 자연스런 진술로 표현한다. (4)-ㄴ에서 2인칭에 대한 진술은 무관심한, 약간 비꼬는 듯한, 진실성이 결여된 언어 표현에 쓰인다. (4)-ㄷ은 지난날 어느 시점에서 '네가 부자로 잘 살았다.'는 인식에서 출발하므로 시점상으로 '재인식'에 대한 표현법에 쓰인다.14) '-더-'는 단순히 과거적인 일을 현재에 회상하는 것은 아니고, 현재에도 쓰일 수 있어, 말하는 이가 사건에 대한 추정과 인지를 동시에 표현한다고 볼 수 있다. (4)-ㄹ에서 '-데'는 미래 표현인 '내일'과의 호응은 자연스럽지 않다. 그럼에도 불구하고, '-데'는 생산적인 쓰임으로 볼 때, 단순히 과거의 일을 회상하여, 객관적으로 전달한다고 볼 수만은 없다. 적어도 '-데'는 시간 표현에서는 '-더-'보다는 자유롭다.

> (6) ㄱ. 나는 수박이 좋데/맛있데 : 좋더라/맛있더라.
>   ㄴ. 나는 수박이 좋아/맛있어 보이데.
> (7) ㄱ. 나는/도/만 계산은 잘 하겠데, 뭐!
>   ㄴ. 나도/?만 계산은 잘 할 수 있데, 뭐!
>   ㄷ. 나도/만 계산은 잘 하데, 뭐!
>   ㄹ. ??나는/도/만 계산은 잘 하더라, 뭐!

이중 주어 구문에서 1인칭이 주제어로 쓰이는 경우에는 '-더라'와 같이 '-데'가 쓰인다.15) 그러나 (6)의 예문을 '나는 수박을 좋아하데.'로 바꾸면 이상문이 된다. (6)-ㄱ은 이중 주어 구문에서 말하는 이 '나는'은 주제어이고, '수박이 좋다'는 평언이다. '수박이 좋다'는 주관적 범주를 실현한 표현으로 정문이다. 서정수(1977)에서는 심리 동사에서 1인칭과 의문문의 경우는 2인칭의 주어는 심층 구조에서 부사적 성분으로 진

---

14) 시간 부사어와 공기하여, '시간의 어느 한 순간을 강조하면, 시점상(punctual)'을 실현한다(한영목 옮김, 1995).

15) 한동완(1996 : 78)에서는 '혼자서, 꿈에, 그때'와 같은 상황과 말하는 이가 문장 주체로 등장할 경우 형용사 구문에서는 잘 성립되지만, 동사 구문에서는 잘 성립되지 않는다.

정한 주어는 보충된 성분이다("나는 간밤에 (몸이) 춥더라. 너는 그때 (마음이) 기쁘더냐?"). 그러나 김차균(1999)에서는 피동 구조와 부사어와 공기하는 몇몇 예문을 통하여, '비동일 주어 제약'이 불필요하다는 것이다.16) 임홍빈(1993)에서도 "내가 결핵을 앓더라." 등의 '인지 전 비의식 상태'인 '나중에 앎'은 비동일 주어 제약이 적용되지 않는다. 충남 방언에서 "나도 고뿔을 앓데."는 정문이다. 이는 말하는 이가 공동체와 함께 한 행위나 사건, 일에서 실현된다. 그리고 '나도/만/*는 집에 가데./책은 읽데.'는 '무의도성'으로 행위주의 행위를 한정하여 실현된 경우에 쓰인다. 예를 들어, "나도 이제 별 수 없데."도 집단에서 주어의 무의도적, 무의지적 행위가 전체에서 공동 행위일 때만 가능하다. 우리는 이러한 현상을 행위주의 부각을 통한 행위의 한정화라고 할 것이다.17)

(7)-ㄱ에서 '-겠데'는 '-겠-'의 시제보다는 앞으로 일어날 행위에 대한 '가능상' 실현으로 성립한다. (7)-ㄴ도 앞으로 '잘 할 수 있다.'는 가능성 때문에 '-데'가 실현된다. 그러면 우리는 '-데'는 미래 시간과는 관련성이 약하다고 말할 수 있다. 유동석(1981 : 210)에서 "기차는 한 시간 후에 출발하더라."는 정문으로 보았으나, '기차는 한 시간 후에 출발하데.'는 이상문이다.18) 그러나 인용 구문인 '기차는 한 시간 후에 출발한다데.'는 한 시간 후에 출발한다는 사실을 인지한 내용을 말하기 때

---

16) 김차균(1999 : 60)에서는 "세 사람 가운데서 내가 제일 춤을 잘 추더라. → *나는 춤을 추더라. 나도 모르게 (나는) 그의 집으로 가더라. → *나는 그의 집으로 가더라."와 같이 비동일 주어 제약이 불필요하다고 보았다. 그러나 '내가 춤을 잘 추데. → ??내가 춤을 잘 췄데.'는 무의지, 무의식 행위로 주로 현재 표현으로 나타나지만, '내가 일등을 했데. → ??내가 일등을 하데.'는 일등한 사실을 나중에 안 것이기 때문에 '-었-'과 공기할 수 있다.

17) 한동완(1996 : 78)에서는 "(주위를 둘러보니) 나만 담배를 피우더라."의 경우, 행동 수행과정에서 자신의 행동을 대상화시킬 경우, '-더-'의 출현은 아무런 제약이 없다는 것이다.

18) 한동완(1996 : 79)에서는 "나는 내일 떠나더라. 너는 내일 떠나더라."는 '객관적 전달', '무의도성'의 의미 산출이 가능하다고 보았다. 그러나 충남 방언에서 "*나/*너는 내일 떠나데."는 이상문이다.

문에 정문이다.19) 따라서 '-데'가 앞으로 일어날 사건이나 일에 쓰임은 그 가능성을 안 시간과 관련을 맺고 있다. 이 경우 발화시에 선행하여, '계산은 잘 할 수 있음'을 안 시간은 행위나 사건의 일어남과는 다르게 해석할 수 있다.

(7)-ㄷ은 '계산을 잘 할' 가능성에 대한 표현이다. 이는 지금에 와서 생각해보니, '내가 계산은 잘했다.'는 뜻을 함의하고 있지만, '내가 계산은 잘 하데? → *내가 계산은 잘 했데?'와 같은 완료 표현에 쓰임은 제약이 따른다. 이 '-데'는 시간 표현 형태소와 호응도 표현에 따라 제약이 나타나므로 '-더-'의 '나중에 앎'이나 '새로 앎'으로만 볼 수는 없다. 나아가 (7)에서 융합 어미로 실현되는 '-데'의 쓰임은 '-도,-만' 같은 보조사나 시간 부사어와 호응 없이는 제약 조건이 된다. (7)-ㄷ은 문맥으로 볼 때, 지난날에 있었던 사건이나 행위에 대하여 발화시인 지금에 말하는 시간적 제약이 따른다.

'-데'는 말하는 이의 문말 억양에 따라 의문문과 평서문을 구성할 뿐만 아니라, "말하는 이 : 순이가 국어는 잘 하데?↗ 듣는 이 : 순이가 국어는 잘 하데.↘"로 질문과 답변에서도 평서문과 의문문을 실현한다. 이 때문에(어제 밤 혼자서 내가 약을 잘 먹데/먹었데. : 먹데?/*먹었데?) 이미 완료된 사실에는 '-었-'과의 호응은 잘 안 된다. 이는 말하는 이가 인지한 사실을 평서문으로 진술하지만, 의문문의 경우 듣는 이의 앎을 전제로 현재를 중심으로 발화하려는 경향으로 보인다. 이 '-데'는 말하는 이가 재인식한 정보를 평서문으로 진술하기 때문에 완료적 표현에 쓰일 수 있다. 그러나 의문문의 경우 듣는 이의 앎을 전제로 진술하기 때문에 '-었-'과의 공기는 제약이 된다. 이 '-데'는 시간 표현 형태소와의 호응도 표현에 따라 제약이 나타난다. 그러나 '-다데'는 그런 제약에서는 벗어나 있다.

---

19) '기차는 한 시간 후에 출발한다데.'와 유사한 통사 의미를 지닌 '기차는 한 시간 후에 출발한댜.'가 쓰임은 '-다데'와 '-댜'의 관련성을 고려할 수 있다.

(8) 순이가 시집가 잘 산다데/살았다데 : 살더라데/살았더라데.
　　ㄱ. *순이가 지금 시집가 잘 산다데.
　　ㄴ. 순이가 시집가 지금 잘 산다데.

　(8)에서 '-데'의 구성은 간접 경험으로 인지한 내용을 전달이나 보고적 표현으로 나타날 때, 실현되는 문장이다. (8)에서 '순이가 잘 산다데.'는 '순이가 잘 산다고 하더라.'의 의미로 간접 경험의 사건이나 내용을 말하는 이가 자신의 주관적 인지를 바탕으로 미확인된 정보 내용을 보고 형식을 통하여, 전달하고 있다. 또한 문맥에 따라서는 말하는 이의 단순한 객관적 전달뿐만 추정적 판단이나 경험에 의하여 인식한 내용을 함께 전달하는 경우도 있다. 따라서 '-데'는 말하는 이의 진술 태도에 의지하기 때문에 문맥에 따라서는 단순히 시간적 표현이라기보다는 '-다/라고 하데'의 인용 구문의 어미와 융합되었다. '순이'가 시집간 것은 좀더 지난 일이고, 잘 사는 것은 지금에 더 가까운 기억 속에 내재한다. 그러므로 (8)-ㄱ은 이상문이고, (8)-ㄴ은 자연스러운 문법적인 문장이다. 이 경우 '기차는 한 시간 후에 출발한다데.'가 자연스런 문장인 것은 간접 경험이나 인지한 내용을 전달하는 표현 양식이다. 이런 '-다데' 표현은 충남 방언 '-댜'의 통사 구성이나 쓰임 기능과 맥을 같이 한다.

4. '-댜'의 구성과 쓰임

　충남 방언에서 약한 의문을 내포하면서 인지된 정보나 명제에 대한 확인과 동시에 물음을 통한 정보 내용을 공유하기 위하여 전달의 의미를 지니면서 말하는 이의 심적 상태를 표현하는 종결 어미의 통합형으로 인용 구문 '-다고 하더냐/이아(ㄷ + 이아 → 디아 → 댜)'에 상당하는

‘-댜’가 쓰인다. ‘-댜’는 중앙어의 ‘-ㄴ대’에 대응할 수 있지만, 그 통사적 구성과 의미는 다르다.[20) ‘-다데’는 선행절의 시간 표현 ‘-더-’와 공기하지만(잡더라데), ‘-댜’는 ‘-더-’와 공기하지 않는다(*잡더/았더랬댜). 따라서 ‘-더-’는 ‘-댜’ 구문에서는 중립 시제로 융합 어미 ‘-댜’에서 실현될 수밖에 없을 것이다. “순이가 사과는 시 개는 먹겠댜.”는 ‘세 개는 먹겠더라고 하더라’의 의미로 선행절의 ‘-더-’ 기능도 수행하고 있다. ‘-댜’는 음운 탈락과 융합에 대한 보상으로 대체로 장음화로 나타나 느린 어조를 이루기 때문에 다른 방언과 변별되는 충남 방언의 문장 특징으로 나타난다(한영목, 1999ㄴ). 물론 ‘-댜’는 서술형의 종결 어미(성낙수, 1972·류구상, 1996)라면, ‘-디+아’, ‘디+야’로 분석될 수 있어 (그 뒤에 누가 또 써 놨디야. 아 26쪽), ‘-댜’를 하나의 종결 어미로 볼 것인지, ‘-아’나 ‘-야’만을 종결 어미로 다룰 것인가(박경래, 1998)는 형태 분석을 통한 재구조화에 대한 문제를 수반하기 때문에 이 연구에서는 이에 대한 논의는 하지 않기로 한다. 다만 ‘-댜’는 ‘-데’와 마찬가지로 평서문뿐만 아니라 문말 억양에 따라 의문문을 구성하면서도 말하는 이의 주관적 판단이나 심리적 상태를 반영하고 있다는 점에서, 우선 융합 어미로 보기로 한다. 그리고 충남 방언 ‘-댜’는 ‘-데’와 달리 평서문이나 의문문 구성에서 시간 표현 선어말 어미와의 결합에 제약이 거의 없다 (순이가 간/겄/갔었댜(?)).

 (9) 말하는 이 : 으런들 철럽 잘 한/했댜?
    듣는 이 : ㄱ. 잘 한다데./했다데.[21)

---

20) ‘-댜(‘드 + 이아 → 디아 → 디야 → 댜’의 재구조화로 볼 수 있으나, 논의는 유보한다)’는 중앙어 ‘-다고 해’나, ‘-ㄴ대’와 관련되지만, ‘-다고 하더냐 → 다더냐 → 다데’에 가까운 표현이므로 ‘-더-’와 관련하여 논의할 수 있다. ‘온다고 한다 → 온단다’로 ‘고 하’의 탈락이지만, ‘??온단댜’는 ‘온다고 한다고 하더냐 → 온다(고) 한댜’의 융합형으로 가능하지만, 잘 안 쓴다.

21) 답변으로 ‘잘 하데/했데’도 가능한 대답으로 나타난다. 이는 ‘-데’가 직접 경험한 일에 대한 것이고, 간접 인지는 ‘-댜’로 표현된다. 충남 방언에서는 ‘-다데’는

ㄴ. 잘/못 한댜./했댜. 그렇댜.
ㄷ. 잘 해./했어.(확실히 잘 해.) *못 해/했어.(*아마 잘/
못 해/했어.)

충남 방언에서 '-댜'는 (9)에서 보듯이 '어른들께서 천렵을 잘 한다고 하더냐?'로, 대체로 중앙어의 '-다고 하더냐?'에 해당하는 의문문에 쓰인다. 그러나 '-댜'는 단순히 인용 구문의 특성만을 표현하는 것은 아니다. 말하는 이가 전제하고 있는 명제나 정보 내용을 듣는 이에게 확인하는 질문 기능도 수행한다. 나아가 듣는 이가 알고 있는 정보 내용이나 사실에 대한 확인을 간접 화법을 통하여 표현할 때도 쓰고 있다. '-댜'는 현재 진행의 지속이나 완료 표현에 나타난다. 또한 '-댜'는 미래적 시간 표현에도 잘 어울려 쓰인다(내일 철수가 학교 간댜?/다데?). '-댜'는 '-더-'가 지닌 제약을 벗어나, '-데'와는 다른 통사 구성을 지닌다. [너는 [내일 철수가 학교 간다]고 하더냐/(는 내용을)]]아느냐]]]. 그러므로 '-댜'는 앞으로 일어날 사태에 대하여 듣는 이의 앎을 전제로 의문 표현이 되기도 한다. 이것이 '-데'보다는 시간 표현에서 제약성을 덜 받는 요인이다.

(9)에서 말하는 이의 물음에 듣는 이는 세 가지의 답변이 가능하다. (9)-ㄱ은 '내가 들어 알기로는 확실히 모르긴 해도 잘 한다고 하더라.'는 듣는 이가 간접 경험하여 인지한 내용으로 '천렵을 잘 한다.'는 사실을 들었거나, 알았을 때 가능한 답변이다. (9)-ㄴ은 듣는 이가 간접 인지한 사실에 대한 대답이므로 "천렵을 잘 한댜(-다데). 그런디 잘 하는지는 나는 (자세히/정확히) 몰라."는 가능한 답변이다. "*천렵은/을 잘 한/했댜(-다데), 그런디 잘 하/했는지는 난 알아."는 답변으로 부적절하다. 예를 들어, 말하는 이 : "오늘 예식장에 누가 왔댜?", 듣는 이 : "순이가 왔댜. 그런디 난 안/못 봤어."로 간접 경험이나 인지한 명제에 대한 사실을

'-댜'와 교체하여 쓸 수 있다.

전제로 하기 때문에 듣는 이의 대답에서는 직접 경험이나 인지하지 못한 사건, 행위, 일 등에 대한 부정적 진술에도 나타난다.[22] (9)-ㄷ도 듣는 이가 '천렵은 잘 한/했다.'는 사실을 확신할 때, 가능한 답변이므로 직접 경험하여 인지한 내용이나 사실을 전제로 한다. 따라서 (9)-ㄷ에서는 '*(모르긴 해도) 아마 잘/못 해/했어.' 등의 애매한 대답을 단정하는 문체에서는 잘 쓰이지 않는다. 특히 충남 방언에서 긍정적 대답인 '잘 살아.'는 방언 토박이들이 잘 쓰지만, 부정의 단정 표현 '*못 살아.'는 잘 사용하지 않는다.

충남 방언에서 '-댜'는 '앎'을 전제로 한 말하는 이의 추정에 의한 인지적 표현에, 또한 듣는 이의 확인적 대답에도 나타나는 두 기능을 수행한다. 그러므로 '-댜'의 구성은 경험에 의한 인식을 전제로 말하는 이의 주관적 판단에 근거하여 안 내용을 전달이나 보고 형식으로 정보를 공유하는 의사소통에 표현되기 때문에 어미 융합으로 선행 용언류와 통합하여, 양태나 상 기능을 나타낸다.

  (10) ㄱ. 순돌이가 도깨비한테 가본댜?
      ㄴ. *내가/니가 도깨비한테 가본댜?

나아가 이런 의미 특성으로 해서, '-댜'는 인칭에 상당한 제약을 받고 있음을 (10)에서 확인할 수 있다. 어떤 사태, 행위의 내용에 대한 확인하기 위한 질문을 통하여 정보를 재인식하거나 공유하려는 의도가 강한 표현에도 쓰인다. 그러므로 1인칭이나 2인칭과는 공기하지 않는다. 따라서 이들은 주로 3인칭에 관한 질문에 쓰이는 '예/아니오' 의문문을 구성한다. "순돌이가 도깨비한테 갔댜?"는 '순돌이가 도깨비한테 가 보았다고 하더냐?'와 같은 질문 확인[23]의 의미 영역에 가깝게 쓰이므로 말

---

22) "고령 걸 누가 여기다 써 놨댜?"와 같은 예문에서, 말하는 이가 알지 못하는 내용을 듣는 이로부터 인지한 내용을 확인하려는 표현에 쓰이기도 한다.
23) 질문 확인은 말하는 이가 어느 정도 공유한 정보 내용을 질문을 통하여, 듣는 이

하는 이가 듣는 이에게 묻는 3인칭에 대한 간접 의문문의 형식을 띤다.

그러나 충남 방언에서 '-댜'는 쓰임과 의미 기능이 다양하지만, 1인칭이나 2인칭에서는 통사적 제약성을 보인다((10)-ㄴ). 이 점은 우리말의 시제 형태소 '-더-'는 주어가 말하는 이 자신일 경우나 2인칭에 대한 종결 어미 의문형에 쓰이지 않는 제약성과 맥을 같이 하고 있다.[24] 그러나 보조사와 통사 구성에서는 등은 가능하다(나/너도 간댜?, 나/너만 간댜?).

(11) ㄱ. 호랭이가 뛰면 하루 저녁이 만리 이 만리 간댜.(공 477쪽)
ㄴ. 지금두 물쪽 쓸 때면 뵌댜.(당 89쪽)
ㄷ. 무슨 병인지 모른댜/몰랐댜.
ㄹ. 옛날이두 서당이라구 핵교 댕겼(었)댜/*댕긴댜.

(11)에서 말하는 이가 들어서 알고 있는 내용을 듣는 이에게 전달하기 때문에 사실이나 경험한 내용에 대한 확인을 바탕으로 하지 않는다. 말하는 이나 듣는 이의 직접적인 사건이나 경험에 대하여 쓰이지 않는다. 이는 단순히 '이런 일이 있었다고 하더라.'는 전달 표현이다. (11)의 '-댜'는 전달 기능을 수행하지만, 말하는 이의 주관적 인식이나 '회상'은 아니다. 그러므로 '-댜'는 '-데'보다는 말하는 이의 인지한 사건이나 행위의 인식에 크게 의존하지 않기 때문에 덜 주관적이다. (11)-ㄴ에서 '지금도 보인다'는 명제를 담고 있지만 말하는 이가 그 내용을 확인한 것은 아니다. 어느 먼 시점에서 전달된 이야기를 지금 현장감을 살려 발화할 뿐이다.

'-댜'는 '-데'보다는 '객관적 전달'로서의 '-더-'의 의미 기능을

로부터 확인하거나 그 물음이 긍정으로 나타나기를 바라는 뜻이 담긴 문체에 나타난다.

24) "적벽강에 뱀장이가 다시 돌아왔다(?)"에서, 말하는 이가 듣는 이에게 대답을 전제로 한 의문이라기보다는 가벼운 질문 확인에 불과하므로 굳이 대답을 전제로 하지 않는 경우도 있다. 또 문맥에 따라서는 듣는 이에게 내용을 단순히 인식시켜 전달하는 표현으로도 나타난다.

아울러 수행하고 있지만, '-더-'의 구성에서 나타나는 '새로 앎'이나 '회상'의 의미는 산출되지 않는다.25) 왜냐하면, (11)에서는 말하는 이가 진술한 내용이 사실이 아닐 수 있기 때문에 의문과 긍정의 양면성을 가질 수 있는 표현 양식이다. 그러므로 '-댜'는 듣는 이가 간접적으로 인지한 사실이나 경험에 대한 답변과 말하는 이가 인지한 사실이나 경험을 아울러 진술하거나, 나아가 말한 내용에 대하여 듣는 이와 생각이 같음을 확인하고자 할 때 쓸 수 있는 양면성을 지닌다. 이러한 현상들이 긍정 서술문에서도 3인칭에서만 주로 쓰이는 제약을 지니고 있기 때문이다((10)-ㄴ, ㄷ).

또한 '-댜' 구성은 억양에 따라 긍정문에서는 사태나 일 등에 대한 전달이나 보고 형식에 쓰이기도 한다. 예문 (11)에서는 긍정 서술형으로 진술하고 있다. 이러한 문장은 '-더라고 한다'나 '-다고 하더라 → -다더라'에 해당한다. 즉, (11)-ㄷ에서 '무슨 병인지 모른다고 하더라./모른다더라./모른댜.'로 간접적으로 인지한 내용이나 정보에 대한 인용으로 일종의 간접 전달이나 보고 형태의 서술형 어미로도 쓰인다. 그러므로 '-댜'는 말하는 이의 자의적이고 주관적인 상황에 대한 해석은 피하고, 3인칭에 대한 객관적 상황만을 전달할 때 나타난다.

그런데 '-ㄴ댜'와 '-았댜'는 쓰임의 영역에 약간의 차이를 보인다. "무슨 병인지 몰랐댜."는 당시는 아무도 몰랐지만, 발화시인 지금은 알 수 있다는 의미를 함의하고 있어 완료상에 쓰일 수 있다. 그러나 '-ㄴ댜'는 발화시인 지금도 모름을 전제로 표현한다. 따라서 '-ㄴ댜'는 행위나 사건, 상태 등의 지속으로 지속상에 쓰인다. 그리고 (11)-ㄹ에서 '-댜'는 시간 부사어와 공기하면, 제약을 받아 '-댕긴댜'는 부자연스러운 문장이다(어제 했댜. 지금 한댜. 내일 하겠댜.).

따라서 '-댜'는 어미끼리의 융합 형태로 동사류와 통합하여, 상 범주

---

25) 이 경우, '-더라'는 이미 '-더-'의 기능을 상실하고, '지난 일을 돌이켜 생각하여 말할 때 쓰는 종결 어미'로 기능을 한다.

를 실현하는 문법 범주나 문맥에 의하여, 다양한 상을 나타내는 인용문을 구성하면서 전달이나 보고의 통사 의미를 실현한다.

5. 맺음말

우리가 지금까지 다룬 내용을 간략하게 마무리하면 다음과 같다.

언어의 시간 표현은 자연적 시간과는 달리 일률적으로 규제할 수 없고, 말하는 이의 주관적 일반화로 실현된다. 따라서 우리가 시제, 서법, 양태 등을 구분하지 않고 상이라고 말한 것은 시간 표현 형태소들이 어미와 융합하거나, 보조용언과 결합하여 나름대로 서법이나 시간과 상 표현이 융합되어 있기 때문이다. 이들 융합 형태소들이 시간 표현과 양태나 서법 등과 관련되면서 문맥에 따라서 다양한 상 범주로 기능을 나타내기 때문에 상 어미라고 하였다.

'-데'는 시간 표현 선어말 어미와 서법을 실현하는 어말 어미의 융합으로 구성되어, 행위나 사건의 정보 내용에 대한 전달·보고의 통사 의미를 실현하면서, 문맥에 따라서 반복적인 발생을 강조하는 반복상, 과거 속의 시간 연장인 완료상, 어느 한 순간을 강조하는 시점상, 비현실상 등으로 다양하게 나타난다. 다시 말하자면, 시간상의 위치가 제약을 받지 않고, 상황에 대한 말하는 이의 내적 상태가 특정 시간의 영역에 한정되지 않는다. '-더-'는 단순히 과거적인 일을 현재에 회상하는 것은 아니고, 현재에도 쓰일 수 있어, 말하는 이가 사건에 대한 추정과 인지를 동시에 표현한다고 볼 수 있다. 그러나 '-데'는 미래 표현인 '내일'과의 호응은 자연스럽지 않다. 그럼에도 불구하고, '-데'의 생산적인 쓰임으로 볼 때, 단순히 과거의 일을 회상하여, 전달한다고 볼 수만은 없다. 적어도 '-데'는 시간 표현에서는 '-더-'보다는 자유롭다. '-데'가 앞으로 일어날 사건이나 일에 쓰임은 그 가능성을 안 시간과 관련을 맺고 있다. 이 경우 발화시에 선행하여, 안 시간은 행위나 사건의 일어남과는 다르게 해석할 수 있어 가능성에 대한 표현이다. 이는 '나중에 앎'이나 '새로 앎'으로만 볼 수는 없다. 나아가 '-데'의 쓰임은 '-도, -만'과 같은 보조사나 시간 부사어와 호응 없이는 인칭 제약 조건이 된다.

'-댜'는 인용 구문 '-다데'와 유사한 통사 구성과 인지한 정보 내용에 대한 전달, 보고의 의미를 실현한다. '-댜'는 간접 경험이나 인지한 명제에 대한 사실을 전제로 하기 때문에 직접 경험이나 인지하지 못한 사건, 행위, 일 등에 대한 부정적 진술에 나타난다. 물음에 대한 긍정문의 '-댜'는 사실을 확신할 때 가능한 답변이므로 직접 경험한 사실을 전제로 한다. 그러므로 '-데, -댜'는 직·간접 경험에 대한 전달 기능으로 인칭에 제약을 갖는다. '-댜'는 '-데'보다는 말하는 이의 인지한 사건이나 행위의 인식에 크게 의존하지 않는다. 그러므로 '-댜'는 듣는 이가 간접적으로 인지한 사실이나 경험에 대한 답변과 말하는 이가 직접 인지한 사실이나 경험을 아울러 진술하여, 듣는 이와 생각이 같음을 확인하고자 할 때 쓸 수도 있다. '-댜'도 문맥에 따라 시간 표현 형태소와 통합하여, 다양한 상 기능을 나타내는데, '-었/았댜'는 행위나 사건, 상태 등의 완료상에, '-ㄴ댜'는 그 지속상에, '-겄댜'는 가능상에 쓰인다.

충남 방언 '-댜'는 '-데'보다는 '객관적 전달'로서의 '-더-'의 의미 기능을 아울러 수행하고 있지만, '-더-'가 지닌 '새로 앎'이나 '회상'의 의미는 크게 산출되지 않는다. 왜냐하면, 진술한 내용이 사실이 아닐 수 있기 때문에 의문과 긍정의 양면성을 가질 수 있는 표현 양식이다. 나아가 '-데'와 '-댜'는 억양에 따라 의문문과 평서문 구성에 나타나는데, 시간 표현 형태소와의 제약은 '-데'는 서법에 따라 달리 실현되지만, '-댜'는 인용 구문의 성격으로 그 제약성이 별로 없어 '-다데'와 유사한 통사·의미 기능을 실현한다. '-데'와 '-댜'는 말하는 이가 앎을 전제로 명제 내용을 확인하는 질문 확인 기능도 수행한다.

우리는 충남 방언에서 '-데'와 '-댜'의 통사 의미는 '-더-'와 관련되지만, 그 쓰임은 다름을 확인하였으나, 이들의 비교는 지면상 다음으로 미룬다. 그리고 충남 방언의 '-더래, -더랬, -ㄹ러' 등도 '-더-'와 관련성을 가지는데, 이에 대하여는 앞으로 구어체 자료를 수집·분석하여, 일련의 작업을 통한 면밀한 연구로 그 통사 특징을 밝히고자 한다.

● ● ● ● 참 고 문 헌

김성화(1989), 『현대국어의 상연구』, 한신문화사.

김영희(1981), 「회상문의 인칭제약과 책임성」, 『국어학』 10, 국어학회.

김웅배(1988), 「전남 방언의 서법 연구」, 전남대학교 대학원 박사학위논문.

김지은(1998), 『우리말 양태용언 구문 연구』, 한국문화사.

김차균(1999), 『우리말의 시제 구조와 상 인식』, 태학사.

남기심(1978), 『국어문법의 시제문제에 관한 연구』, 탑출판사.

류현미(1999), 「국어 의문문의 연구」, 충남대학교 대학원 박사학위논문.

박경래(1998), 「중부방언」, 『문법연구와 자료』, 태학사.

박덕유(1998), 『국어의 동사상 연구』, 한국문화사.

서태룡(1988), 『국어 활용어미의 형태와 의미』, 탑출판사.

서정수(1978), 「'더'는 회상의 기능을 가지는가?」, 『언어』 2-1, 한국언어학회.

성낙수(1975), 「한국어 회상문 연구」, 『문법 연구』 2, 문법학회.

유동석(1986), 「'더'의 의미에 대한 관견」, 『관악어문연구』 6, 서울대 국문과.

왕문용(1986), 「[-더-]와 관형절」, 『국어학신연구』 1, 탑출판사.

이규호(1974), 『말의 힘』, 제일출판사.

이기용(1998), 『시제와 양상 ; 가능세계 의미론』, 태학사.

이남순(1998), 『시제·상·서법』, 월인.

이익섭(1978), 「상대시제에 대하여」, 『관악어문연구』, 3, 서울대 국문과.

이 정(1978), 「시제와 시상」, 『눈뫼 허웅박사 환갑기념논문집』, 간행위원회.

임칠성(1991), 「현대 국어의 시제어미 연구」, 전남대학교 대학원 박사학위논문.

임홍빈(1993), 「다시 [더]를 찾아서」, 『국어학』 23, 국어학회.

임홍빈·장소원(1995), 『국어문법론·Ⅰ』, 한국방송통신대 출판부.

장경희(1985), 『현대국어의 양태범주 연구』, 탑출판사.

한국정신문화원(1982), 『한국구비문학대계』 : 충남 편(4-1,2,3,4,5,6), 한국정신문
          화원.

한글학회(1992), 『우리말 큰사전』, 어문각.

한동완(1996), 『국어의 시제 연구』, 태학사.

한영목(1999ㄱ), 『충남 방언의 연구와 자료』, 이회문화사.

한영목(1999ㄴ), 「충남 방언의 통사론적 연구」, 『어문연구』 32, 어문연구학회.

한영목(2000ㄱ), 「충남 방언의 보조용언과 상」, 『어문연구』 33, 어문연구학회.

한영목(2000ㄴ), 「보조용언 '-번지다, -쌓다'와 충남 방언」, 『한글』 249, 한글
　　　　　학회.

한영목(2000ㄷ), 『충남 금산 지역어 연구』, 한국문화사.

한영목(2001), 「충남 방언의 격조사」, 『어문연구』 35, 어문연구학회.

허 웅(1995), 『20세기 우리말의 형태론』, 샘문화사.

Comrie, B.(1976), Aspect, Cambridge Univ. Press.

Comrie, B.(1985), Tense, Cambridge Univ. Press.

Elson·Pickett(1983) / 한영목 옮김(1995), 『형태·통사론의 이해』, 한국문화사.

Meyerhoff, H.(1955) / 김준오 역(1979), 『문학과 시간현상학』, 심상사.

Palmer, F. R.(1986), Mood and Modality, Cambridge Univ. Press.

Zwart, P. J.(1976) / 권의무 역(1983), 『시간론』, 계명대 출판부.

「충남 방언 어미 '-데'와 '-댜'의 연구」, 한국언어 문학 47, 2001. 12,
한국언어문학회, pp. 705-723.

제 4 부

문법 교육

1. 머리말

　인간은 이 세상에 태어나 살아가면서 언어의 세계 속에 존재한다. 인간은 그 언어를 끊임없이 사용하면서 다른 사람들과 더불어 사상과 감정을 나누고, 경험과 지식을 공유하면서 문화 생활을 이룩해 나간다. 인간은 모국어를 습득하면서부터 그 언어를 통하여 사물의 세계를 이해하고, 언어에 있어서의 세계를 인식한다. 그러므로 인간은 새로운 말을 만드는 것이 아니라 모국어를 배우면서 주어진 언어의 세계에서 성장하고 문화를 꽃피우면서 일생을 보내는 것이다.

　우리들의 국어 교육 환경은 '가정에서 자연스럽게 이루어지는 모국어 습득 과정과 학교 교육을 통한 국가적인 차원에서 실시되는 계획적인 국어과 교육 과정과 사회 생활을 통하여 이루어지는 국어 생활 과정'으로 나누어진다. 그 중에서 교육을 통한 국어과 교육은 목적에 따른 체계적이고 의도적인 교육이라는 점에서 가장 중요하다. 우리 나라의 교육 과정에서도 국어 교육에 많은 시간을 제공하여 언어 기능의 신장을 중요한 목표로 제시하여 왔으나, 그 언어 기능의 신장이라는 목표를 달성하는 데는 크게 성공한 것 같지는 않다. 그것은 지금까지의 국어 교육이 국어 국문학에 대한 피상적이고, 단편적인 지식을 교수하는 데 열중하였다.

사실 국어 교육은 말하기, 듣기, 쓰기, 읽기 등 언어 전반적인 면을 다루지만 언어 기능의 신장 지도는 별로 고려하지 않았기 때문이다.[1] 언어의 제 구성 법칙을 이해하는 문법에 대한 정확한 이해야말로 언어 기능의 신장을 통한 언어 생활을 효과적으로 영위할 수 있다는 것은 명백하다.

그러나 오늘날 교양인들도 언어 생활에서 문법에 관심을 두지 않는 이유는 무엇인가를 우리는 심각하게 생각해 보아야 할 것이다. 그것은 학교 문법에서 제시되는 방법상에 문제가 있을 수 있다. 문법이 지나치게 사변화의 길을 걸어 실제 언어 생활과의 괴리 현상을 보이는 것인 지도 모른다. 아니면 현대 교양인에게 가장 중요한 언어 자체의 중요성을 망각한 채 살아가고 있는 것으로 보인다.

문법은 교육적인 측면에서 볼 때, '국어' 과목의 언어 영역을 심화시킨 교과목이다. 학교 교육에서의 문법 과목은 국어 사용의 의사 소통의 기능과 사고력 신장이라는 이중 목적이 있다. 그러므로 실용 문법에 속하는 '학교 문법'은 '규범 문법'의 성격을 지니게 되기 때문에 이론적 성격보다는 실용적인 면이 우선 고려되어야 한다. 그것은 고등학교 문법 과목이 언어의 본질과 국어의 특질에 대한 이해까지 요구하고 있는 실정에서 언어의 표현과 이해인 말하기와 쓰기(짓기), 듣기와 읽기까지 포함해야 하기 때문이다.

따라서 문법에 대한 정확한 이해와 지도를 위해 문법 교육에서는, '1) 성격, 2) 목표, 3) 내용, 4) 방법, 5) 평가' 등을 언어와 사고의 관계에 대한 고려가 있어야 할 것이다. 그러므로 우리는 학교 교육에서의 문법 과목의 성격을 이해하고, 문법 지도의 실제와 문제점을 제6차 고등학교 교

---

1) 제6차 교육 과정 국어 과목의 성격에서 다음과 같이 기술하고 있다.
　• "국어과는 언어 사용 기능을 신장시키고, 국어에 관한 기본이 되는 지식을 가지게 하며……(교육부, 1992 : 27)"
　• "'국어' 과목은 국어 생활을 바르게 하고, 국어와 우리 언어 문화를 계승, 발전시키기 위하여 언어 사용 기능, 언어, 문학의 세 영역으로 구성한다(교육부, 1992 : 29)."

육 과정에 나타난 '문법' 과목을 중심으로 분석, 고찰하고자 한다.

2. '성격'의 분석

2.1. 제6차 고등학교 문법 과목의 교육 과정에 나타난 '성격'은 목적과 내용에 관한 성격 규정으로 나누어진다. 문법 과목은 국어 과목의 언어 영역을 심화, 확충시킨 교과목으로 규정하고 있다. 제6차 교육 과정 국어 과목에서는 언어 영역의 목표를 '언어와 국어에 대한 일반적인 지식을 익히고, 국어를 정확하게 사용하고, 언어 현상에서 규칙을 발견할 수 있는 탐구 능력도 길러준다"고 규정하고 있다(교육부, 1992 : 29). 또한, 중·고등학교의 언어 지식에 대한 교육은 문법으로 다루어지므로 언어 영역을 문법 영역과 분리하여 다룰 수는 없다. 문법 과목은 학교 교육을 통하여 습득한 초등학교, 중학교, 고등학교 국어 교과목의 언어 영역과 관련되기 때문이다.

우리는 언어 교육이 가정, 사회, 그리고 학교 교육을 통하여 이루어지고 있음을 살펴보았다. 그런데 언어 습득과 교육은 획일적인 통제와 계획에 의하여 이루어지지 않는다. 언어 습득의 실제는 기억에 의하기보다는 지각, 행동, 느낌, 사고 등을 통하여 이루어진다. 언어 교육 또한 얼마나 많은 것을 기억하였느냐가 중요한 것이 아니라, 학생 개개인의 마음 속에 얼마나 많은 정신 활동이 이루어졌느냐 하는 것이 중시된다(김영숙, 1977 : 2). 그것은 언어에 의하여 새로운 상황을 이룩하고 현실을 창조하는 정신 활동이기 때문이다. 문법 과목의 성격도 언어와 국어에 대한 지식과 이해를 바탕으로 그것을 사용하는 능력을 배양하고, 국어의 발전에 이바지함을 목적으로 하기 때문에 지적인 정신 활동과 관련된다. 그러나 문법 교육에서는 순수 문법적인 언어 능력(문법성)과 사회 언어학적인 언어 수행의 수용성을 관련시켜야 한다.

제6차 교육 과정에서는 국어의 이해와 사용 능력, 언어와 사고 등의 관계를 중시하여 문법 과목의 목적과 성격을 다음과 같이 규정하고 있다.

> "고등학교 '문법' 과목은 국어 과목의 교육 성과를 바탕으로 언어의 본질과 국어의 특질에 대한 올바른 지식을 가지게 하고, 국어의 구조를 체계적으로 이해하게 함으로써 우리말을 정확하게 사용하는 능력과 함께, 국어를 소중히 여기는 습관과 민족의 언어인 국어를 발전시키는 데 이바지하려는 태도를 기르는 데에 목적이 있다."

■■■ 교육부, 1992 : 63

이러한 문법 과목의 성격과 목적을 통하여 확인할 수 있는 것은, 기존의 문법 교육에서는 대체로 기술의 방법과 목적이 언어 사용의 기능을 높이기보다는 언어와 국어의 여러 현상을 정확하게 기술하는 데 있었다 (충청남도 교육청, 1994 : 305). 그렇기 때문에 제6차 교육 과정의 고등학교 문법 과목의 특성은 단순히 국어 과목의 언어 영역에 대한 확충과 심화보다는 '국어학 및 언어학의 주요 연구 성과를 바탕으로 국어와 언어는 물론, 이를 사용하는 인간에 대한 이해 및 탐구의 경험을 가질 수 있도록 하는 데 있음'을 분명히 밝히었다(교육부, 1992 : 63).

2.2. 따라서 제6차 교육 과정에 나타난 문법 과목의 성격은 이론 문법의 성격과는 확연히 구분된다. 대체로 학교 문법이 가지고 있는 성격은 '규범성, 실용성, 통일성'으로 요약되어진다(충청남도 교육청, 1994 : 307-308). 그러면서도 언어와 사고의 관계를 중시하여 '인간에 대한 이해와 탐구의 경험을 공유할 수 있도록' 규정하고 있다. 또한 '국어학 및 언어학의 주요 연구 성과를 바탕'으로 기술되고 있다지만, 여러 학자들의 의견을 획일적으로 통일하여야 하는 데서 오는 문제점이 나타난다. 문법

은 책으로 기술된 문자 언어보다는 구두 언어에서 더 많은 가치를 발견
할 수 있다.[2] 물론 국어 교육의 관점에서 언어의 통일은 문법 이론의 혼
란보다는 바람직하지만, 개인차나 전국적인 지역차와 특성을 무시한 문
법 기술은 개선되어야 할 과제로 남는다.

　물론 제6차 고등학교 문법 과목의 성격은 '국어학 및 언어학의 주요
연구 성과를 바탕으로 국어와 언어는 물론, 이를 사용하는 인간에 대한
이해 및 탐구의 경험을 가질 수 있도록 하는 데' 있다(교육부, 1992 : 63).
이것은 문법의 개념을 포괄·확대하여 국어학과 언어학 영역의 전반적
인 내용을 다루겠다는 의도이다.[3] 국어 교과에서 다룬 언어 내용을 심
화, 확대하기 때문에 '문법' 과목은 성격과 지도상의 문제점을 안고 출
발하지 않으면 안 된다.

　제6차 '문법' 과목의 세 영역의 성격은, '1) 언어와 국어의 특질에 대
한 이해, 2) 국어의 음운, 형태, 통사, 의미, 담화 등에 대한 체계적인 이
해, 3) 국어 구조에 대한 이해를 바탕으로 국어를 정확하게 사용하는 능
력과 국어에 대한 올바른 습관과 태도를 기르기 위한 활동'이 교수·학
습의 중심을 이루기 때문이다(교육부, 1992 : 63).[4] 그러므로 문법 과목은
'국어 과목의 언어 영역을 심화, 확충시킨 과목으로서, 초등학교, 중학교,

---

2) Palmer(1971)에서 문법이란 무엇인가를 참조하라.
　"한 언어의 문법이란 그 언어에 관해서 써놓은 책만은 아니므로 문자 언어와 구두
　언어에서 찾을 수 있다. 나아가 문법이란 언어 현상을 옳고 그르며, 좋고 나쁜 것
　이란 견해는 잘못이고, 어떤 사람은 모국어의 문법을 알고, 또 어떤 사람은 그것을
　모르고 있다고 생각하는 것도 잘못이라"고 논의한 바 있다.
3) 제6차 교육 과정에 나타난 문법 과목은 성격상 사회 언어학, 심리 언어학, 언어 철
　학, 인류 언어학, 수리 언어학, 언어 교육, 문체론 등 응용 언어학까지 포함하는 언
　어학 전반을 문법에서 다루어야 하는 부담을 안고 있다.
4) 교육부(1992 : 63)에서는 문법 과목의 세 영역의 내용에 관한 성격으로 "'언어의 본
　질과 국어의 특질'에서는 언어와 국어의 특질에 대한 일반적인 이해가 교수·학습
　의 중심이 된다. '국어의 이해'에서는 국어의 음운, 형태, 통사, 의미, 담화 등에 대
　한 체계적인 이해를 교수·학습에서 주로 다룬다. '국어 사용의 실제'에서는 국어의
　구조에 대한 이해를 바탕으로 국어를 정확하게 사용하는 능력과 국어에 대한 올바
　른 습관 및 태도를 기르기 위한 활동이 교수·학습의 중심이 된다"고 제시하였다.

고등학교 국어 교과목의 언어 영역과 밀접한 관련을 가지기' 때문에 학교 교육의 언어 지도라는 중요한 특성을 지닌다.

2.3. 이러한 '문법' 과목의 성격상 교사는 문법에 대한 교육 과정의 목적을 이해하고, 그 내용을 선택하고, 생략하고, 재편집하고, 첨가하고, 보충하여야 할 것이다. 그리하여 교사는 '문법' 과목에 나타난 문제를 해결하는 지적 활동에 관한 한 잘 훈련된 전문가이어야 할 것이다. 따라서 '문법' 과목은 언어와 국어의 이해에서 사용의 실제와 국어에 대한 올바른 습관과 태도를 기르는 실천적인 행동의 변화까지를 포함하는 언어 생활의 일체에 대한 이해에서 출발하고 있음을 교사는 의식하고, 국어를 실천·시범하는 사람으로서 국어를 수호하고, 개선하는 선구자적 사명을 가지고, 문법 과목의 성격을 파악하고 학습에 임해야 할 것이다. 그리고 그러한 정신이 실제 문법 지도를 통하여 교수되어 학습자의 생활 태도로 실현되도록 하여야 한다.

3. '목표'의 검증

3.1. 우리는 학교 문법이 '규범성, 실용성, 통일성'이라는 문제와 만나고 있음을 고찰하였다. 그러면서도 문법 과목의 성격을 국어학과 언어학의 주요 연구 성과를 바탕에 두고 있다는 점도 살펴보았다. 이 점은 일반 문법에서 연구되는 새로운 언어에 대한 인식을 규범 문법에 받아들인 것으로 언어의 규범과 언어의 현실과의 사이를 좁히려고 한 점은 상당히 고무적인 현상이 아닐 수 없다. 더욱이 제6차 고등학교 교육 과정의 문법 과목에서 다룬 세 가지의 목표는 실용적인 언어 생활까지도 포괄하고 있다. 현대 국어의 체계적인 이해를 바탕으로 효과적인 언어 사

용을 통해 올바른 국어 생활을 영위케 하고, 바람직한 사회인을 양성하는 데 그 목표를 두고 있다. 나아가 문법 과목의 목표는 국어 순화를 통한 사고의 순화와도 관련이 된다.

언어는 사고와 불가분의 관계를 맺고 있다. Bruner(1973)에서 논의한 '직관적 사고와 분석적 사고'의 양면성을 문법은 고려하여야 한다는 것은 너무나 자명하다. 이러한 문법 과목의 목표는 단순한 언어 지식의 기억과 암기에서 벗어나 학생 개개인의 내재적 언어 지식을 계발하여 개념, 원리, 규칙의 발견 과정 및 문법 지식을 활용하자는 데 보다 더 큰 의의가 있다.

제6차 교육 과정에 나타난 문법 과목의 목표는 다음과 같다.

> 가. 현대 국어를 체계적으로 이해한다.
> 나. 국어와 국자에 대한 올바른 인식을 가지고 효과적인 국어 생활을
>   영위케 한다.
> 다. 국어의 순화와 발전에 이바지하려는 뜻을 세우게 한다.

■ ■ ■ 교육부, 1992 : 63

3.2. 국어 문법은 우리말에 대한 질서와 체계이다. 언어는 인간의 사고 작용과 의사 소통의 두 가지 기능을 수행한다. 정확한 언어 생활은 개개인의 사고 작용을 향상시켜 자신의 생각과 느낌을 정확하게 표현하고, 나아가 다른 사람의 뜻을 정확하게 이해할 수 있다(한영목, 1993 : 38). 그러므로 국어와 국자에 대한 올바른 인식은 문자 언어와 구두 언어의 양면에 대한 정확한 이해로 귀결된다. 언어 생활에서 의사 소통의 불일치에 대한 논의는 말하는 이의 이야기를 듣는 이가 주관에 의하여 해석하거나, 화자와 청자 사이의 지적인 차이, 의식 차이, 친소 관계, 표현되는 언어 형식에 대한 익숙도의 차이와 문화적 배경의 차이로 볼 수 있다 (이응백 외 3인, 1990 : 120-122).

우리는 이러한 문제에 대하여 국어 생활에서 강조하고 싶은 것은 문

법 과목의 목표 달성은 국어와 언어에 대한 전반적이고, 체계적인 이해 없이는 불가능하다는 사실이다. 따라서 문법 과목의 '목표, 가'에서 제시한 '현대 국어를 체계적으로 이해하여야 함'은 너무도 당연하다. 그러나 습득된 언어 지식과 학교 교육으로서의 문법 과목의 목표가 괴리 현상을 보인다면, 문법 교육은 소기의 목적을 달성할 수 없다는 점을 제기하고자 한다. 현실적인 관점에서 학교 교육을 보면, 입시 교육 때문에 문법 교육은 체계적으로 교수되지 않고 있다. 지나치게 일반 문법의 이론을 수용하려는 문법 과목의 목표 때문에 문법 교육이 획일화되거나 통제되어 경직되어서는 안 될 것이다. 그러므로 그것은 '방법, 나'에서 제시된 '문법 분야에 치중하지 말고, 국어 전반에 대해서 폭넓게 이해하도록 지도해야 한다'는 점을 강조하고자 한다.

더욱이 그러한 문법 과목을 담당하는 교사의 문법적 소양에 대한 검토와 재교육 없이 교과서만의 통일은 많은 문제점을 야기할 것이다. 실제로 일선 학교에서 문법 과목의 지도는 형식적이거나, 국어 교사들 사이에서도 기피하고 있는 실정이다. 그러다 보면, 국어학을 전공한 교사가 담당하기보다는 시간 배정에 따라 문법적 소양이 부족한 국어 교사가 가르칠 가능성은 충분하다.[5] 그 결과 새로운 이론에 대한 섭렵이 안 된 경우, 참고서나 교사용 지도서에 기댈 가능성이 농후하기 때문에 사고력을 중시한 원리나 규칙 체계의 이해 대신 암기, 설명 위주의 문법 학습이 진행될 수 있다.

문법 과목을 담당하는 교사야말로 문법 과목에 대한 교육 과정의 목표를 이해하고, 현대 국어와 옛말을 체계적으로 이해하고 교수하는 전문가로 국어 생활의 실천자이고, 소기의 문법 지도의 목적을 달성하는 잘 훈련된 사람이어야 한다. 달리 말하자면, 문법 교사는 국어를 실천, 시범

---

5) 물론 국어 교사는 국어 국문학 전반에 걸쳐 기본적인 소양을 가지고 있다. 나아가 국어 교사는 국어를 실천, 시범하는 사람이며, 국어를 수호하고 개선하며, 국어 정책과 교과 지도 문제에 대하여도 관심을 기울이지만, 새로운 이론의 문법 과목에 대한 부담을 가지고 있어 기피하는 실정이다.

하는 사람으로 국어를 수호하고 개선하는 선구자적 사명감으로 학습에 임하여야 문법 과목의 목표를 달성할 것이다.

문법 과목의 두 번째 목표는 "국어 국자에 대한 올바른 인식을 가지고 효과적인 국어 생활을 영위케 하도록 하는 데" 있다. 우리는 지금까지 한글 전용과 국한문 혼용이라는 이중 문자 교육에 시달려 왔다(한영목, 1992ㄱ 참조). 더욱이 문법에 관한 교육은 학자들의 이론보다는 살아 있는 언어 교육이 중요하다. 그러므로 우리말과 우리글에 대한 새로운 인식과 더불어 언어 공동체에서 옳다고 하는 국어 문법과 살아 있는 언어 교육의 필요성을 강조하고자 한다. 여기서 우리말과 글에 대한 올바른 이해와 인식을 바탕으로 언어 공동체가 옳다고 하는 국어 문법과 실제 살아 있는 언어 사용으로, 효과적인 국어 생활을 통해 행복한 삶을 누릴 수 있는, 살아 있는 문법 교육이 절실하게 요망되고 있다. 또한 효과적인 국어 생활은 이론 중심의, 단순한 문법 위주의 교육에서 '이야기'와 관련된 화용론이나 담화 등의 내용을 살리는 문법 교육이 이루어질 수 있도록 문법 내용을 기술하여 그 목표를 달성하는 것이 중요하다. 그것은 원만한 의사소통을 통하여 서로를 이해하는 바람직한 사회인을 양성해야 하기 때문이다.

문법 과목의 세 번째 목표는 "국어의 순화와 발전에 이바지하려는 뜻을 세우게 하는 데" 있다. 이것은 문법 교육의 목표가 언어와 국어에 대한 체계적인 이해와 효과적인 국어 생활, 나아가 국어 순화와 발전에 있는 만큼 학습자의 표현 활동과 독해 활동을 통하여 문법 감각을 체득시켜야 한다. 그것은 남의 말과 글을 정확히 이해하며, 내용을 분명히 파악할 수 있는 능력과 자기의 생각을 명석하고 바르게 표현할 수 있는 능력을 기르는 데 주안점을 두어 사고력의 신장과 결부시킬 때 '문법' 교육은 소기의 목적을 달성할 수 있을 것이다(문교부, 1988 : 321). 그것은 어떤 면에서 본다면, 순화된 언어의 사용은 윤리적 실천의 문제와 결부되어 결국은 문화적인 문제와도 연계된다.[6)

나아가 문법 교육의 목표는 현대 국어의 혼란상을 극복하여 계획적이고, 의도적으로 국어 사랑을 실천하도록 하는 데 있다. 현대 국어는 음운, 어휘, 문장 등에서 외래어의 간섭으로 몸살을 앓고 있다. 지나친 외래어와 외국어의 남용은 우리 민족의 정신적인 얼을 잃어 가게 한다. 여증동(1976 : 33)에서 '정신 세계에 해당하는 말들을 남의 나라 말로 쓰게 되면, 그 겨레의 "얼"은 서서히 사라지는 것'으로 논의한 바 있다. 그러므로 국어 순화도 한자어나 외래어뿐만 아니라 은어, 비어, 속어 등과 영어식 표현의 추방과 함께 대·내외적 순화 방법을 모색하여 국어 생활의 효율과 발전으로 정신적인 면의 순화도 고려해 봄 직하다. 그것은 국어의 순수성을 지키려는 우리 모두의 노력이 절실하고, 지식인의 각성과 선도적 역할이 중요하다(한영목, 1992). 나아가 그것은 민족의 주체성 함양과 동질성을 지키고, 조국 통일을 대비하는 미래의 국어 교육이기도 하다. 따라서 우리 국어에 대한 자긍심을 고취하는 국민 정신의 교육이 되도록 문법 과목의 목표에 따라 교재 내용을 기술하고, 교수·학습하여야 할 것이다.

4. '내용'의 분석

4.1. 머리글

제6차 고등학교 교육 과정의 적용은 1996년 3월부터 시행된다. 따라서 제6차 교육 과정에 따른 문법 과목의 학습은 아직 이루어지지 않고 있기 때문에 문법 교재가 없다. 본고는 아직 제6차 고등학교 문법 과목

---

6) 논어 자로(子路) 편에 있는 다음과 같은 말이 참고가 된다.
　　"名不正, 卽言不順, 言不順, 卽事不成, 事不成, 卽禮樂不興……"

교육 과정에 따라 집필된 교재가 없는 상태에서 교과서의 내용을 분석한
다는 것은 다소 무리가 있음을 알고 출발한다. 다만 우리가 교육 당국과
집필진들에게 바라고 싶은 것은, 언어와 사고 과정에 입각하여, 규칙과
원리 체계에 따라 언어 사용 기능의 실생활을 강조하는 문법 교과서의
내용이 새롭게 기술되기를 바라면서 제6차 교육 과정에 나타난 고등학
교 문법 과목의 '내용 체계'와 '내용'을 분석하기로 한다.

 문법 과목의 교육 내용은 그 교육 목표를 충분히 달성할 수 있는 교
재 내용을 선정하여야 한다. 학교 교육에서 교과서는 학습해야 할 학습
내용과 학습 사항을 여러 교재 중에서 가장 효과적으로 엄선하여 '문법'
교육 과정에 명시된 목표를 달성하도록 체계화한 기본적인 학습 자료일
것이다. 그러나 현행 문법 교과서가 안고 있는 맹점은 국정이면서 단일
종이라는 데 있다. 국정 교과서는 전국적 표준이 될지언정 학생의 개인
차나 지역적 특성 등을 무시한 일제 학습에 치우친다는 점을 간과해서는
안 된다. 통합 교재이기 때문에 여러 학자들의 견해를 수용하다 보면, 실
제 언어 생활과는 다른 괴리 현상을 보일지도 모른다. 그러나 문법 과목
은 사고 작용으로서의 언어 기능과 의사 소통으로서의 언어 사용 기능을
동시에 수용할 수 있는 내용으로 편찬되어야 할 것이다. 특히 문법 교과
서는 국어와 언어 활동을 다루는 기준적 교재이기 때문에 문학, 어학, 실
생활의 전 영역을 총체적으로 이해하고, 활용할 수 있어 학습자로 하여
금 중차대한 국어 교육 목표를 실현할 수 있도록 학습 내용을 선정해야
할 것이다.[7] 나아가 제6차 문법 과목의 내용은 문학, 철학 등의 문화적
이해를 도와줄 수 있는, 언어에 대한 체계적인 지식을 습득시킬 수 있는
내용의 선정이 무엇보다 중요하다. 또한 국어 과목 '방법, 마의 (6)' 항에
서 다룬 '바람직한 인간상과 도덕, 환경, 경제, 근로 정신 함양, 보건·안

---

7) 김민수 외(1973)에서 '① 인간성을 형성하며, ② 언어 표현을 통한 문화를 형성하
  며, ③ 창의적이고 합리적인 사고를 형성하며, ④ 언어를 통한 인간의 사회성을 형
  성하며, ⑤ 국어를 매개로 애국, 애족 등의 민족인을 형성하며, ⑥ 정서 형성'에 대
  하여 논의한 국어 교육의 목표를 참조하라.

전, 진로, 통일 교육 등을 반영할 수 있는 내용으로 구성된'(교육부, 1992 : 39) 문법 교재의 기술이 요구된다. 그러한 목표에 따라 지도할 수 있도록 문법 교재의 내용 기술에 대한 충분한 배려가 있어야 할 것이다.

따라서 문법 과목의 내용은 '단순한 지식의 전달이나 주입보다는, 원리나 규칙을 발견해 내는 사고와 탐구 과정을 중시하고, 언어 현상에 관한 흥미와 관심이 증진되도록'(교육부, 1992 : 66, 문법 과목 '방법, 가' 참조) 기술되어야 소기의 교육 목표를 달성할 수 있다. 왜냐하면, 언어 생활이 자기의 사상과 감정을 정확하게 표현하고, 다른 이의 말과 글을 정확히 이해하는 원만한 의사 소통에 있기 때문이다.

4.2. 내용 체계

제6차 고등학교 교육 과정에 제시된 '문법' 과목의 내용 체계는 세 영역으로 구성된다. 제5차 교육 과정에 따른 현행 '통합 문법' 과목의 내용은 '1) 언어의 본질과 국어의 특질, 2) 국어의 이해와 분석' 등 두 영역으로 구분한 것을, 제6차 교육 과정에서는 실제 국어 사용에 대한 언어 생활면을 강조하여, '1) 언어의 본질과 국어의 특질, 2) 국어의 이해, 3) 국어의 사용의 실제'를 추가하여 세 영역으로 구분하여 그 내용을 구체적으로 제시하였다. 이것은 단편적인 문법 지식보다는 개념, 원리, 규칙의 발견 과정 및 문법 지식의 활용 측면을 강조한 것으로 국어의 사용을 독립 범주로 설정하였다.

제5차 교육 과정 안에 따라 기술된 '통합 문법' 교재(1991)에서는 '부록' 편에서 '옛말의 문법'에 대한 논의가 있었으나, 제6차 안에서는 그에 관한 언급이 없다. 그러나 교재 내용의 배열은 제6차 안이 현행 '통합 문법'보다 훨씬 합리적으로 짜여졌다. 현행 '통합 문법' 교재에서는 '총설, 단어, 문장, 말소리, 의미, 부록'으로 내용을 기술하고 있으나, 제6차 교육 과정에 따른 문법 과목에서는 '총설, 음운, 단어, 문장, 의미, 담화, 국어 사용의 실제'로 구성되어 합리적이다.[8] 특히 제6차 문법 과목에서는 '국어의 이해' 영역에서 담화에 해당되는 '문장과 이야기'와 새로운 영역으로 '국어 사용의 실제'를 추가하여 실용성을 강조한 것이 특색이다. 이러한 내용 체계의 변화는 종래의 형식 문법(규범 문법)에서 언어 생활의 향상성을 강조한 기능 문법으로 전환될 것을 의미한다.

　제6차 고등학교 문법 과목의 교육 과정의 내용 체계는 다음 **[표 1]**과 같다.

[표 1] 내용 체계

영　역	내　　　　용
1) 언어의 본질과 국어의 특질	가) 언어의 본질 나) 언어와 인간 다) 국어의 특질과 변천
2) 국어의 이해	가) 음운의 체계와 변동 나) 단어의 갈래와 형성 다) 문장의 구성 요소와 짜임새 라) 단어의 의미 마) 문장과 이야기
3) 국어 사용의 실제	가) 단어와 문장의 올바른 구사 나) 표준어와 맞춤법 다) 국어를 정확하고 효과적으로 사용하는 습관 및 태도

---

8) 고영근·남기심(1993 : 433)에서는 제5차 교육 과정은 국어 교육사에서 두 가지 중요한 의미를 띤다고 기술하였다. 그것은 문법 체계가 국어 교육에서 확고한 자리를 잡은 것과 '옛말의 문법'이라는 통일된 단일 문법으로 편찬된 것을 들고, 이 모형의 골격을 그대로 지키는 범위 안에서 시대적 요구에 맞추도록 그때그때 손질하는 방법을 제시한 바 있다.

4.3. '내용'의 검토와 분석

아직 제6차 고등학교 교육 과정에 따라 집필된 문법 교과서가 없는 상태이기 때문에 그 내용 기술에 대한 정확한 검토와 분석을 시도하는 것은 쉽지 않다. 단지 현재 제6차 교육 과정의 문법 내용으로 볼 때, 현행 '통합 문법'(1991) 교과서와 그리 큰 차이가 나지 않을 것으로 보인다. 그러므로 본고에서는 제6차 교육 과정에 나타난 고등학교 문법 과목의 내용을 주로 소개하기로 한다.

제6차 교육 과정의 문법 과목의 내용은 세 영역, 11개 내용으로 구성된다. 1영역인 '언어의 본질과 특질'은 '가) 언어의 본질, 나) 언어와 인간, 다) 국어의 특질과 변천' 등 3개 내용을 다룬다. 2영역인 '국어의 이해'는 문법 과목의 핵심인데 '가) 음운 체계와 변동, 나) 단어의 갈래와 형성, 다) 문장의 구성 요소와 짜임새, 라) 단어의 의미, 마) 문장과 이야기' 등 5개의 내용으로 구성된다. 3영역인 '국어 사용의 실제'에서는 '가) 단어와 문장의 올바른 구사, 나) 표준어와 맞춤법, 다) 국어를 정확하고 효과적으로 사용하는 습관 및 태도' 등 3개의 내용을 다룬다. 이에 대한 자세한 논의는 한영목(1993)에서 다룬 바 있다.

▌4.3.1. 언어의 본질과 국어의 특질

언어의 본질과 국어의 특질에서는 그 내용을, '1) 언어의 본질, 2) 언어와 인간, 3) 국어의 특질과 변천' 등의 세 부분으로 나누어 제시하고 있다. 또한 그 내용에서 각각 3개씩 9개의 항을 다루고 있다. 제6차 교육 과정에 나타난 문법 과목에서는 일반 언어로서의 언어의 본질과 언어와 인간 관계를 다루고, 이에 대한 개별 언어로서 국어의 특질에 대하여 논의한다. 언어의 본질로 '음성, 자의성, 체계성, 창조성, 보편성, 변화' 등을 알아보고, 언어와 사회, 언어와 문화적 관계를 이해한다. 나아가 개

별 언어로서의 국어의 특질로 자유 어순, SOV 언어, 후치적 언어, 경어
법 발달, 의문문의 어순 등을 이해하도록 기술되어야 한다. 나아가 제5
차 교육 과정에 따라 기술된 '문법' 교과서에 부록으로 다룬 '옛말의 문
법'에 대한 고려가 상당히 감소되었다. 물론 '국어의 특질과 변천' (3)항
에서 "현대 국어와 그 이전의 국어를 개략적으로 이해하는 것"으로 제시
하고 있지만, 이러한 점이 가시적이고 구체적으로 기술되어야 할 것이다.

❶ 언어의 본질

언어의 본질에서 다룰 내용은, "(1) 언어의 기호적 특성에 대하여 이
해한다. (2) 언어의 규칙성과 체계성에 대하여 이해한다. (3) 음성 언어와
문자 언어의 관계를 이해한다"고 규정하였다(교육부, 1992).

사람들은 상징을 통하여 무한한 내용을 창조적으로 표현하여 나타낼
수 있다. 사람들은 의사 소통의 가장 기본적인 방법으로 '말, 쓰기, 몸
짓'을 사용한다. 언어의 정수는 말이지만, 문자 언어인 표기법은 시간과
공간을 초월하여 의사 소통을 보존하므로 인간의 역사와 복잡한 사회에
서 쓰기의 중요성은 높이 평가된다. 그리고 언어는 소리와 의미, 즉 형
식과 내용으로 구성된 기호이므로 그것을 이해하는 것은 언어학적 출발
이 된다.

사실 언어는 규칙이 지배하는 심리적 실재로서의 체계이다. 이러한 언
어의 복잡한 체계를 규칙화하는 내용이 서술되어야 한다. 또한 문법이
문자 언어인 교과서에만 있는 것이 아니고, 음성 언어에서 더 중요한 가
치가 있으므로 그들의 관계가 명백히 설정되어야 한다.

❷ 언어와 인간

'언어와 인간'에서는 '언어와 사고, 언어와 사회, 언어와 문화와의 관
계를 이해하는 것'이다.[9] 언어는 인간의 상호 작용, 문화, 행위 및 사고

---

9) 언어와 인간에 나타난 내용은 다음과 같다.

에 지대한 영향을 끼친다. 언어와 사회적 특성으로 언어 공동체에서의 수용성과 언어 변이도 기술되어야 한다. Whorf와 Sapir는 언어는 개념과 사상과 습관을 형성하여 하나의 세계관을 형성한다는 가설을 제안하였다. 언어란 문화 속에 깊이 뿌리박혀 있어 언어와 문화는 불가분의 관계이기 때문에 문화에 대한 이해의 필요성은 절대적이다.

❸ 국어의 특질과 변천

개별 언어로서의 국어의 일반적 특질과 그 통시적 변천을 통하여 현대 국어와 그 이전의 국어를 비교하여 차이점을 이해하고, 고전에 대한 소양을 높이기 위한 단원으로 그 내용은 다음과 같다.

> (1) 국어의 특질에 대하여 이해한다.
> (2) 민족어로서의 국어의 성격에 대하여 이해한다.
> (3) 현대 국어와 그 이전 국어의 차이점에 대하여 개략적으로 이해한다.

■ ■ ■ 교육부, 1992

국어의 특질과 변천에서는 개별 언어로서의 국어가 지닌 음운, 어휘, 문법상의 특질을 언어의 자의성에 따라 설명해야 할 것이고, 현대 국어와 그 이전의 국어와의 변화도 음운, 어휘, 문법 등의 내용과 표현의 변화를 다룬다. 현행 '통합 문법' 교과서의 부록에서 다룬 '옛말의 문법'이 개략적으로 서술되면, 고전 문학에 대한 감상과 이해라는 점에서 문제점으로 남는다. 또한 민족어로서의 국어 성격에 대한 이해도 중요한 과제이다. 우리는 발화(發話)에 의하여 상호작용하는 언어 공동체의 일원으로 문화, 전통, 관습 등에서 동질성을 띠고 있다(Bloomfield, 1993 : 44). 이러한 언어는 우리 민족과 사회를 결속, 단결시키는 힘이 있음을 이해한다.[10]

---

① 언어와 사고의 관계에 대하여 이해한다.
② 언어와 사회와의 관계에 대하여 이해한다.
③ 언어와 문화와의 관계에 대하여 이해한다. (교육부, 1992)

▮4.3.2. 국어의 이해

'국어의 이해'에서는, '(가) 음운의 체계와 변동, (나) 단어의 갈래와 형성, (다) 문장의 구성 요소와 짜임새, (라) 단어의 의미, (마) 문장과 이야기'로 내용을 구성한다. 국어의 이해에서 다룰 다섯 내용은 다시 22개의 항으로 제시된다. 이 시안은 현행 '통합 문법' 교과서가 '단어, 문장, 말소리, 의미'로 구성된 데 비하여, '음운, 형태, 문장, 의미, 담화' 순으로 짜여져 언어의 기본 영역에서 출발하여 보다 합리적이다. 따라서 이 영역에서는 국어의 언어학적 이해라는 측면에서 국어 문법의 원리와 규칙 체계를 학습자들이 스스로 발견하고, 언어를 통한 합리적이고 창의적인 사고 기능의 신장이 이루어지도록 그 내용을 기술해야 할 것이다.

❶ 음운의 체계와 변동

'음운의 체계와 변동'에서 다루어야 할 내용은 음성과 음운의 차이가 무엇이며, 국어의 음운 체계와 그 변동, 장단, 강약, 억양, 음절 구조 등에 대하여 이해한다. 음운의 변동에는 원리와 규칙을 설정하여 체계적으로 이해하도록 한다. 형태 음소론에 대한 논의 또한 필요하다.

제6차 고등학교 문법 과목에 나타난 음운 체계와 변동의 내용은 다음과 같다.

> (1) 음성과 음운에 대하여 이해한다.
> (2) 국어의 음운과 그 체계에 대하여 이해한다.
> (3) 국어의 음운 변동 규칙에 대하여 이해한다.

■ ■ ■ 교육부, 1992

---

10) 제6차 교육 과정의 문법 과목 '방법, 다'(교육부, 1992)에서 "언어로서의 국어를 잘 이해하여 우리 민족, 나아가서는 인간의 특성을 이해할 수 있도록 지도한다."고 제시하였다.

❷ 단어의 갈래와 형성

국어는 단어의 정의에 따라 다양한 품사 분류가 이루어진다. 그러므로 이 단원에서는 단어와 품사 기준에 대한 논의와 단어 형성 및 품사 분류에 관한 문제점 등이 구체적으로 기술, 논의되어야 할 것이다.

> (1) 품사 분류와 그 기준에 대하여 이해한다.
> (2) 단어를 형성하는 단위와 방법에 대하여 이해한다.

■ ■ ■ 교육부, 1992

우리가 다루어야 할 내용은 단어를 형성하는 형태소와 단어와의 관계, 단어의 형성에 따른 합성법과 파생법 등 어휘 확장법에 대하여 이해한다. 특히 단어의 생성 규칙인 '생성 단계 → 중간 단계 → 어휘화 단계'를 이해한다. 또한 서구어의 영향으로 나타나는 복합어의 특성인 혼성어(blend), 머리글자어(acronyms), 절단어(clipping) 등의 적용 가능성과 그 문제점도 고찰해 본다.

그리고 단어와 품사의 상관성, 품사 분류 기준, 품사의 종류, 조사 설정상의 문제점도 이해한다. 우리의 과거 문법이 지나치게 품사론 중심이었던 것은 고려해 볼 필요가 있다.

❸ 문장의 구성 요소와 짜임새

문장의 이해야말로 문법 교육에서 가장 핵심적인 내용이 될 것이다. 발화는 문장 중심으로 구성된다. 그러므로 제6차 교육 과정의 문법 과목에서는 다음과 같이 세 항목을 제시하여 문장의 특성을 기술한다.

> (1) 문장 성분과 구조에 대하여 이해한다.
> (2) 문법 요소들의 기능과 그 의미에 대하여 이해한다.
> (3) 문장의 여러 가지 짜임새에 대하여 이해한다.

■ ■ ■ 교육부, 1992

문장의 성분과 문장 요소를 이해하고, '어절, 구, 절' 등을 이해하여 바른 문장을 쓸 수 있게 한다. 서술어의 특성인 자리 서술어를 이해하도록 한다. 나아가 사동과 피동, 시간 표현의 문제, 경어법, 긍정과 부정, 문장의 종결 등에 대하여 체계적이고, 유기적으로 이해하여 올바른 표현을 하게 한다. 그러나 자칫 의미에 치중하다 보면 문법 지도는 난해한 이론이 되어 학생들로 하여금 사고 활동을 저해하는 요인이 되고, 흥미를 잃게 될 것이다. 특히 구조적 특이성과 관련하여 지나치게 변형 문법의 이론을 적용하는 것은 피하도록 한다. 문장의 짜임새로 홑문장과 겹문장, 문장의 내포와 접속, 주제어, 단어의 이어짐 등을 이해하여 국어의 특성을 파악한다. '싸우다, 결혼하다' 등의 이어짐과 성분 생략으로 이어진 경우를 변형적 방법으로 설명하여 이해를 높인다.

문장은 구성 요소로 그 성분을 분석하여 그 구조를 정확히 파악하고, 이해해야 한다. 그러기 위해서 현행 '통합 문법' 교과서에서 다루고 있지 않으나, 구문 도해를 통한 문장의 이해에도 유의하여야 한다(한영목, 1992ㄴ 참조).

❹ 단어의 의미

제6차 고등학교 문법 과목의 교육 과정에서 의미는, 통사 의미론은 다루지 않고, 단어 의미론에 관한 내용을 다음과 같이 두 개의 항목으로 기술한다.

> (1) 의미의 종류와 단어들 사이의 의미 관계에 대하여 이해한다.
> (2) 의미 변화 양상에 대하여 이해한다.

■ ■ ■ 교육부, 1992

단어의 의미로 다의어와 유의어, 동의어, 이의어, 반의어, 하의어를 이해하고, 의미 자질과 의미장에 대하여 고찰한다. 또한 어휘는 문맥을 통하여 이해되고, 표현함으로써 습득되기 때문에 의미 사용에 대한 중의적,

간접적, 관용적, 잉여적 표현에 대하여 이해토록 한다.

언어 변화 중에서 단어의 변화는 가장 두드러진 특징이 된다. 그러므로 단어 의미의 변화 요인을 설명하고, 그 변화 양상에 대한 이해의 폭을 넓히도록 한다. 예를 들어 '집'도 옛날의 집과 현재 아파트와는 많은 차이가 있다. 이처럼 단어는 사물에 알맞게 새로 만들어지기도 하지만 그 의미만을 확장하거나, 축소하거나, 이동하여(승격과 격하) 사용하는 것을 실제 예를 들어 이해한다.

❺ 문장과 이야기

지금까지 우리의 문법 교육은 언어 사용의 기능을 강조하는 국어의 실생활보다는 이론적인 측면을 더 중시해 왔다. 그러나 제6차 교육 과정에서는 문법 교육을 언어 사용 기능의 신장을 중시하여, 발화 행위와 맥락에 관한 담화 내용을 다음과 같이 3개의 항목을 설정한다.

(1) 발화 행위로서의 언어 현상들에 대하여 이해한다.
(2) 이야기의 표현 및 이해에 작용하는 요소들에 대하여 이해한다.
(3) 이야기의 구조를 이해한다.

■ ■ ■ 교육부, 1992

이 항목은 발화 행위로서의 언어 현상과 이야기의 구조 및 이야기의 표현 및 이해에 작용하는 요소들을 이해한다. 따라서 언어는 맥락과 밀접한 관련을 맺고 있으므로 이야기의 틀과 그 언어가 사용되는 사회적 맥락도 이해한다. 전제와 함의, 보조사의 의미, 보조 동사의 의미, 지시어의 기능 등을 이해하고, 표현의 다양화 및 사고의 심화 등 화자의 심리와 말이 쓰이는 장면 등을 고려하여 내용을 기술해야 한다.

▌4.3.3. 국어 사용의 실제

올바른 언어 구사는 단순한 의사 표현의 도구가 아니라 훌륭한 사람됨의 지름길이다. 그렇기 때문에 언어는 인간의 외적 이해의 세계로 구성되고, 내면적인 세계를 이룩하여 인간의 윤리적 실체를 창조한다(이규호, 1974 : 160). 우리 속담에 '말 한 마디로 천냥 빚을 갚는다'는 말이 있다. 그만큼 언어 사용의 기능은 중시될 수밖에 없다. 정확한 언어의 사용이야말로 인간이 인간답게 삶을 살아가는 가장 중요한 것이 된다. 정확한 언어 사용의 기능은 결국 문법 교육의 문제와 결부된다.

3영역인 '국어 사용의 실제'는, '가) 단어와 문장의 올바른 구사, 나) 표준어와 맞춤법, 다) 국어를 정확하고 효과적으로 사용하는 태도 및 습관' 등의 3개 내용으로 제시된다.

❶ 단어와 문장의 올바른 구사

발화에서 올바른 단어를 선택하고, 정확한 조사와 어미를 사용하는 것은 대단히 중요하다. 또한 문장 요소들 간의 호응 관계도 올바른 문장 사용에 있어서 유의해야 한다. 현재 학생들이 사용하는 글이나 말에서 비문법적인 문장이 상당히 발견된다. 화용적, 문법적, 통사적, 의미적인 면에서 비문법적인 문장을, 문법적으로 적격한 문장을 사용하도록 신중을 기한다. '단어와 문장의 올바른 구사'에서는 다음과 같이 4개 항목으로 제시된다.

(1) 단어를 올바르게 선택하고 사용한다.
(2) 조사와 어미를 정확하게 사용한다.
(3) 문장 요소들 사이의 호응 관계에 유의하여 바르게 표현한다.
(4) 문법에 맞는 문장을 만들고, 비문법적인 문장을 바르게 고친다.

■ ■ ■ 교육부, 1992

❷ 표준어와 맞춤법

'표준어와 맞춤법'에서는 언어의 권위관적인 입장에서 국어의 통일성, 획일성, 규범성을 실현하기 위한 내용으로 다음과 같이 3개 항목을 제시한다.

> (1) 표준 발음을 알고, 정확하게 발음한다.
> (2) 표준어와 방언에 대하여 이해하고, 이를 상황에 따라 바르게 사용한다.
> (3) 맞춤법의 원리와 규정을 이해하고, 그에 맞는 국어 생활을 한다.
>
> ■ ■ ■ 교육부, 1992

따라서 표준어와 방언의 성격을 이해하고, 변형 표준어에 대하여 검토해보며, 방언의 사용에 대한 특성을 이해하고, 언어 공동체에서의 언어 변이도 고려해 보아야 할 것이다.[11] 그리고 표준 발음에 따라 정확하게 발음하는 태도를 기른다. 또한 맞춤법 원리와 규정에 따라 정확하게 쓰는 습관을 생활화하도록 한다.

❸ 국어 사용의 태도 및 습관

효과적인 언어 생활을 위해서 국어를 정확하게 사용하는 태도와 습관을 가지고, 우리 모두 국어를 실천하는 사람으로서 국어의 순화와 발전에 이바지하는 태도를 가진다. 국어 교사는 말로 시작해서 말로 끝나야 하는 어려움이 있다. 교사 자신이 국어를 수호한다는 측면에서 표준어의 수련과 올바른 국어 사용의 태도를 가지고, 학생들에게 실천하도록 하는 일은 매우 중요한 의미를 지닌다. 그것은 민족어로서의 우리말과 우리글에 대한 사랑과 발전에 기여하는 것이다. 따라서 언어의 순화는 정신의 순화와 직결된다. 이 내용은 다음과 같은 2개 항목을 제시한다.

---

11) 언어 공동체에서의 변이에 대해서는 Matthews(1979), 한영목 옮김(1993, 제5장)을 참조할 것.

(1) 국어를 정확하고 효과적으로 사용하는 태도 및 습관을 가진다.
(2) 국어의 순화·발전에 이바지하려는 태도를 가진다.

■ ■ ■ 교육부, 1992

4.4. 마무리

문법 과목에서 가장 중요한 것은 그 내용이다. 내용은 학습해야 할 핵심 교재이다. 아무리 좋은 교육 과정이라 하더라도 그 알맹이가 잘못 기술된다면, 문제가 아닐 수 없다. 그러므로 제6차 교육 과정에 의거, 기술되는 문법 과목의 교과서는 '성격, 목표, 지도, 평가'에 부합되도록 그 내용을 기술하여 학교 문법으로서의 '규범성, 실용성, 통일성'을 살려야 한다. 우리는 '국어 사랑, 나라 사랑'을 실천하는 계기를 문법 내용에서 다루지 않으면 안 된다. 그러나 지나치게 교육 목적과 이념에 치우치지도, 일반 문법 이론이나, 실용성에도 경사되지 않는 문법 과목이 될 수 있도록 기술되어야 한다. 나아가 민족어로서의 국어의 특성을 부각하여, 국민 정신의 언어 교육이 될 수 있도록 민족의 주체성 함양과 동질성의 확대, 통일 교육을 대비하는 문법 과목으로서 교재의 내용을 선정, 기술하고, 아울러 세계화에 따른 재외 한국인과 외국인을 위한 한국어 교재로서의 체계적인 문법 내용을 기술하는 작업도 이루어져야 할 것이다.

5. 지도 '방법'의 검토

5.1. 문법 학습에서 교사의 지도 방법은 중요하다. 어떤 학습 지도 형태에 따라 문법 수업을 전개하는 것과 문법 과목에 대한 지식과 열성

또한 중요하다. 그것은 현재 문법 교육에 있어서 국어와 언어에 대한 지식은 국어학자들의 연구 결과에 크게 의존하고 있기 때문이다. 그러므로 교사는 국어의 음운이나 문법 구조 등에 대한 정확한 이해를 위하여 국어학에서 얻어진 연구 성과를 충분히 소화해야 한다. 국어의 기능과 쓰임에 관한 충분한 지식은 실생활에서 국어의 효능을 높이는 길이다(방법, 마).

나아가 문법 과목의 학습 지도의 방향을 어떻게 설정하느냐에 따라 언어 교육의 위치는 크게 달라진다. 문법 지도의 바람직한 방향은 언어를 통한 국민적 동질성을 확대하고, 민족의 주체성을 살리는, 국민 정신 교육을 통한 바람직한 한국인상을 실현하는 데 있다. 그러자면, 학습자의 흥미를 유발하고, 합리적이고 창의적인 사고를 살릴 수 있도록 지도의 효율성을 제고해야 할 것이다. 이러한 점을 감안하여, 지도 '방법'을, 제5차 교육 과정에서는 '지도 및 평가상의 유의점'에서 포괄적으로 제시한 것을 제6차 교육 과정 문법 과목에서는 10개 항에 걸쳐 구체적으로 제시되었다.

제6차 고등학교 교육 과정에 나타난 문법 과목의 '방법'은 다음과 같다.

> 가. '문법' 과목은 단순한 지식의 전달 및 주입이 아니라 원리나 법칙을 발견해 내는 탐구 과정을 중시하되, 언어 현상에 관한 흥미와 관심이 증진되도록 지도한다.
>
> 나. 문법 분야에만 치중하지 말고, 국어 전반에 대하여 폭넓게 이해하도록 지도한다.
>
> 다. 언어로서의 국어를 잘 이해하게 하여 우리 민족, 나아가서는 인간의 특성을 이해할 수 있도록 지도한다.
>
> 라. '문법' 과목은 현대 국어를 중심으로 지도하되, 그 이전 국어의 모습에 대해서도 개략적으로 이해할 수 있도록 지도한다.
>
> 마. 국어에 대한 지식은 실제적인 국어 생활에서 활용될 수 있도록 지도한다.
>
> 바. 한글 맞춤법, 표준어 규정, 표준 발음법 등 언어 생활의 통일성을 위하여 마련된 제반 규정들을 알고, 그것을 지켜 쓰려는 태도를 가

지도록 지도한다.
　사. 민족어로서의 우리말과 우리글에 대한 사랑과 발전 문제에 대하여
　　　생각해 보는 경험을 가지도록 지도한다.
　아. 교수·학습 방법에 관한 구체적인 사항은 '고등학교 국어 과목 교
　　　육 과정 4. 방법'에 제시된 내용을 참고한다.
　자. 교수·학습 자료에 관한 사항은 '고등학교 국어 과목 교육 과정 4.
　　　방법, 마의 (6)항12)과 바의 (1)항'13)에 따른다.
　차. '문법' 과목은 '국어' 과목의 '언어' 영역과 긴밀하게 관련을 맺어
　　　지도한다.

■ ■ ■ 교육부, 1992, 66–67

　5.2. 문법 과목에서 교사가 무엇을 어떻게 가르쳐야 할 것인가에 대
한 논의는 언어학 내지 국어학의 지식이 없이는 모호하고, 확고한 교육
방법도 기대할 수가 없다. 문법적 지식은 국어와 언어의 총체적이고 기
능적인 언어의 전 영역에 유기적으로 존재하는 요소들이다. 제6차 교육
과정의 '방법, 차'에서 논의한 것처럼 문법 과목은 국어 과목의 '언어'
영역과 긴밀한 관련을 맺도록 유기적인 계열화의 원리를 모색해 보아야
할 것이다. 그러자면 국어의 전반에 대한 폭넓은 이해야말로 문법 지도
에서 가장 중요한 지식이 될 것이다(방법, 나). 물론 문법 교육은 지식 이
상의 것이므로 과목의 이해와 더불어 교사의 성의와 이상적인 교수법의
적용이 중요하다. 그러므로 문법 지도는 언어 생활의 향상이라는 기능을
중시하는 교육이 바람직하다. 그것은 '방법, 마'에서 제시한 것처럼 국어

---

12) 고등학교 국어 과목 교육 과정 4. '방법 마의 (6)' 항은 다음과 같다.
　　"국어 교과서에서 다루게 될 제재는 가급적 교육 과정 구성 방침에 제시된 바람
　　직한 인간상과 편성 운영 지침에 제시된 도덕, 환경, 경제, 근로 정신 함양, 보
　　건·안전, 진로, 통일 교육 등을 반영할 수 있는 내용으로 구성하되, 과목 목표와
　　관련 법령 등에 알맞은 것이어야 한다."
13) 고등학교 국어 과목 교육 과정 4. '방법 바의 (1)' 항은 다음과 같다.
　　"국어과의 교수·학습을 위한 보충 자료는 가급적 학생들의 관심과 흥미, 경험
　　세계에 직결되는 내용으로 구성하되, 위에서 제시된 '마의 (6)항'에 따른다."(교육
　　부, 1992).

에 대한 지식이 실제 국어 생활에서 응용되도록 학습자 개개인의 문법적 소양의 개발, 개인과 사회와의 연계 교육이 바람직하기 때문이다.[14] 문법 지도의 방법은 학생이 흥미를 가지고 학습할 만한 기회, 언어 의식, 문법 의식을 환기할 만한 기회를 포착해야 하고, 유의적(有意的)이고 계획적일 때 그 효과는 크다.

문법 수업은 명확히 설정된 목표에 기반을 두어야 한다. 지도는 학생으로 하여금 피로와 방심과 지루함을 예방하기 위하여 교사는 자신의 학습 계획에 자신을 가지고, 시간의 낭비 없이 거침없이 이끌어 가며, 학생들이 학습 유형에 흥미를 나타낸다 하더라도 그 한 가지 학습 활동을 지나치게 지속해서는 안 된다(Rivers, 1968). 예를 들어, 교사는 너무 많은 읽기와 쓰기의 강조는 의사 전달 능력을 연습할 기회를 박탈하기 때문이다. 또한 단순히 언어에 대한 단편적인 지식을 전달하고 주입하는 엄격히 통제된 타율적인 문법 교육이어서도 안 될 것이다. 문법 학습은 학생이 주체적으로 생각하고, 스스로 물을 줄 알고, 스스로 자기에게 필요한 자료를 모으고 비판할 줄 아는 사고, 판단, 창의력을 기르도록 해야 한다. 문법 지도도 학생들이 학습 경험에 효과적으로 적응할 수 있도록 생활 경험으로서의 커리큘럼을 조직하여 종래의 교수에서 학습 지도가 되도록 바꿀 필요가 있다. 학습자의 지적, 정서적 행동이 연속적이고 진보적으로 변화하도록 하기 위하여 학생들의 언어 실태를 파악하고, 그에 합당한 지도 방법을 모색할 때 가장 효과적인 학습이 되기 때문이다.

문법 지도에서 '언어 현상에 관한 흥미와 관심의 증진'이 상당히 중요한 비중을 차지하고 있다.[15] 그러나 문법 교육은 너무 어렵고, 까다로운

---

14) 문영찬(1993)에서 조사한 문법 교육에 대한 인식 조사에 따르면, 대전 시내 고교생들의 경우 '약간 필요하다'는 대답이 우세하다. 그 이유로 '효과적인 언어 생활을 위해서'가 60.4%이고, '어려운 글을 잘 이해하기 위해서'가 14.4%로 나타나 있다.

15) de Sauzé는 "어떤 교실에서든 학생들의 흥미를 어떻게 자극해서 유지하느냐가 가장 중요하기 때문에 가르치는 기술은 다만 흥미, 즉 호기심의 유발에 관한 기술이고, 그 호기심은 즐거운 마음을 가질 때만 활발하다"(Diller, 1971에서 재인용)고 말한다. 문법은 난해하고, 흥미 없는 과목이기 때문에 교사는 새로운 수업 기

것으로 인식되어 교사나 학생 모두가 기피하고 있는 실정이다. 문영찬 (1993)에서 '문법이 어렵다면, 그 이유는 무엇이냐?'는 질문에, '문법 규칙이 복잡해서(50.4%)', '여러 원리를 이해할 수가 없어서(22.5%)' 등으로 대답한 데에서 알 수 있듯이 아직도 학교 문법의 이론이 체계화되지 못한 것과 교사가 그 문법 이론을 충분히 소화하지 못한 교수 방법상에 문제가 있다고 보고한 바 있다. 우리는 이러한 조사 결과에서 '교사는 교과서의 노예가 되어서는 안 된다'는 점을 다시 상기해야 한다. 예를 들어, 관형어에 대한 지도를 한다고 가정하자. 관형어의 문법 구조를, 시나 소설 등에서 예를 찾아오게 하거나, 예를 제시하여 원리를 이해하고, 그 규칙 체계를 발견하도록 하면, 학생들의 흥미와 관심은 증진될 것이다(한영목, 1993 참조).

'사고는 인간이 문제 상황에 직면하여 문제를 해결하는 과정에서 나타나는 지적 활동'이다. 그러므로 문제 상황에 대한 문제 발견에서 문제 해결과 문제 이해를 통한 문제 평가 단계에 이르게 된다. 이때 사고 활동은 지적 조작, 성향, 지식의 역동적 작용으로 일어난다(한국교육개발원, 1990 : 48-49 참조). 그러므로 문법 지도도 단편적인 지식보다는 개념, 원리, 규칙의 발견 과정과 문법 지식의 활용에 두어야 한다. 그러기 위하여 교사는 문법에 대한 정확한 이해와 흥미 있게 지도할 수 있는 수업 기술의 계발에 힘써야 한다(방법, 가).

따라서 문법 지도에서 가장 중요한 것은 국어 전반에 걸친 정확한 이해와 함께 왜 그런가에 대한 설명이 필요하다. 단순한 용어의 나열과 복잡한 문법 규칙의 제시는 문법 교육에서 지양되어야 한다(고영근·남기심, 1993 : 427). 노명완 외(1990 : 92-95)에서는 'Chomsky의 말대로 문법은 교육과는 직접적으로 관련되지 않기 때문에 언어 구조에 대한 문법적 지식 교육이 그대로 언어 수행으로 전이되기를 기대하기는 어려운 것'이므로 언어를 사회적 행위적 관점에서 보는 Halliday의 문법이 효과적임을 논

법을 꾸준히 개발하는 사명감이 필요하다.

의한 바 있고, 교사가 가르쳐야 할 것은 '언어의 구조와 기능에 대한 최
소한의 문법적 용어들'이라고 주장하였다.16) 그러므로 문법 지도는 문장
이상의 담화에 대한 논의와 더불어 실제 언어 사용의 생활 문법의 교육
이 필요하다.

　　5.3. 교사는 우리말과 글에 대한 국민 정신 교육을 강화하여 민족의
동질성의 확대와 주체성을 함양하고, 바람직한 한국인상을 실현하도록
학생들의 탐구 과정을 중시하여 흥미를 유발케 하고, 창의성을 고양하도
록 학습 목표를 수립하여, 지도의 효율성을 극대화하여 학습자 개개인을
사회와 연계시켜 바람직한 사회 생활로 행복스런 삶을 살아가게 지도해
야 한다. 그러면 제6차 고등학교 교육 과정의 문법 과목의 목표 실현에
부합되는 문법 교육은 무엇인가를 고찰하여 보기로 하자.

　　첫째, 문법 교육을 통하여 학생들의 국어에 대한 지적 능력을 계발시
켜, 사고력을 신장토록 해야 할 것이다. 이것은 학생들의 능동적 주체성
을 살리는, 학생 중심의 학습을 통하여 이루어져야 한다.17)

　　둘째, 교사는 학생들에게 국어가 어떠한 작용을 하는지에 대한 체계적
인 이해를 학습토록 도와 주어야 한다. 그것은 현대 국어에 대한 이해를
통하여 바람직한 언어 생활을 영위할 수 있기 때문이다. 문법은 음성 언
어에서 더 많은 것을 내재한다 하더라도 교육을 통한 체계적인 문법적
현상의 이해야말로 언어 생활과 밀접한 관련을 맺고 있기 때문이다. 또
한 그것은, 문법 교육이 인간 생활과 언어 지식을 결합시켜 삶의 향상을
도모하는 인간 중심의 교육이 되기 때문이다.

---

16) 일례로, 문영찬(1993)에서는 수의적(隨意的)이란 단어에 대한 인식이 '없다 92.4%
　　(369명)', '있다 7.6%(28명)'로 나타난다. 따라서 '수의적 동화'에 대한 질문은 그
　　용어에 대한 인식도 없기 때문에 판단, 사고력, 추리력은 말할 것도 없고 문제 해
　　결에 대한 접근도 어렵다.

17) 문법 교육에서는 교사는 평가자로서의 위치를 떠나 학생들의 내적 변화, 상태 등
　　을 살펴 필요한 도움을 주는(김영숙, 1977 : 3) 동안 학생 스스로 문제를 찾고 해
　　결하는 가운데 창의적인 사고력은 증진될 것이다.

　언어 교육에서 언어는 의미 있는 상황이 아니고서는 습득될 수 없는 것처럼 언어에 관한 것보다는 언어 그 자체를 교육해야 한다는 경험주의자보다는, 문법 규칙의 심리적 실재를 주장하는 이성주의적 언어 관점이 더 중시된다(Diller, 1971). 따라서 문법 교육은 학습자의 무의식적인 인식에 주의를 환기시켜 주고, 사고 활동을 모색하도록 하여 국어를 폭넓게 이해하여 실생활에 적용토록 하여야 할 것이다.

　셋째, 문법 교육의 목표가 언어와 국어에 대한 체계적인 이해와 효과적인 국어 생활, 나아가 국어 순화와 발전에 있는 만큼 학습자의 언어 표현 활동과 독해 활동을 통하여 문법 감각을 체득시켜야 한다(이응백 외, 1977). 그것은 남의 말과 글을 정확히 이해하며, 내용을 분명히 파악할 수 있는 능력과 자기의 생각을 명석하고 바르게 표현할 수 있는 능력을 기르는 데 주안점을 두어 사고력의 신장과 결부시킬 때 문법 교육은 소기의 목적을 달성할 수 있을 것이다(문교부, 1988 : 321 참조).

　넷째, 문법 교육의 또 하나의 목표는 현대 국어의 혼란상을 극복하여 계획적이고, 의도적으로 국어 사랑을 실천하도록 하는 데 있다. 현대 국어는 음운, 어휘, 문장 등에서 외래어의 간섭으로 국어의 고유한 특성을 잃고, 몸살을 앓고 있다. 그러므로 국어 순화도 한자어나 외래어의 대외적인 순화뿐만 아니라 은어, 비어, 속어 등과 영어식 표현의 추방과 함께 대내적 순화 방법을 모색하여, 국어 생활의 효율과 발전, 나아가 정신적인 면의 순화로 우리의 얼을 지켜 나가는 방안도 고려해봄 직하다. 그것은 국어의 순수성을 지키려는 우리 모두의 노력이 절실하고, 지식인의 각성과 선도적 역할이 중요하다(한영목, 1992ㄱ). 따라서 우리 것에 대한 자긍심을 고취하도록 문법 과목은 교수·학습하여야 할 것이다.

　다섯째, 언어 교육을 통한 국민 정신의 함양과 주체성의 확립 및 동질성의 확대가 이루어질 수 있도록 교재 내용을 선정하고, 문법 수업을 진행하여 국어의 발전에 기여하여야 할 것이다.

　여섯째, 문법 교사는 전문직으로 지적 소양과 광범한 준비 교육과 현장 교육을 통하여 자신의 학습 방법을 끊임없이 개선해 나가야 한다(Hugget & Stinnet, 1956). 노명완 외(1990 : 85)에서는 학교에서의 문법 교육이 학생들의 언어 수행에 효과적이지 못한 이유로, '(1) 너무 규범적이어서 현실 언어와 괴리, (2) 문법의 유형에 따라 언어 생활에의 효과가 달라짐, (3) 문법 지도 방법이 바르지 못하기 때문'이라고 논의한 바 있다. 교사는 문법 지도 방법에 대한 문제점을 깊게 인식하고, 문법 교육 목표에 부합되는 국어의 원리와 규칙 체계에 대한 이해와 사고력의 신장을 통한 창의적인 학습이 이루어지도록 학습 지도 방법의 개선에 노력해야 한다.[18)]

끝으로 '배움이 가르침보다 우선되어야 하고, 학생 스스로의 노력으로 이루어져야 한다'는 Gattegno(1972)의 주장은 의미가 있다. 학습의 3대 요인은 '학생, 교사, 교재'이므로 이 셋을 연계하는 학습 방법은 효과적이다. 따라서 교사는 학습의 관리자보다는 학습 보조자, 촉진자, 격려자로서 학생들의 언어 실태를 파악하고, 그들의 다양한 지적 욕구를 충족시킬 다양한 기회를 제공하여, 학생 스스로가 국어의 원리와 규칙을 익히고, 이해하도록 조언하여야 한다.

6. '평가'의 필요

6.1. 제6차 고등학교 교육 과정에 나타난 문법 과목의 평가는 5개 항에 걸쳐 구체적으로 제시되고 있다. 이 점은 제5차 고등학교 교육 과정에서 문법 과목의 평가를 '지도 및 평가상의 유의점'에서 포괄적으로 다룬 것과는 사뭇 다르다. 이런 교육 과정의 개정은 '지식의 변화, 사회 여

---

18) 문법 과목의 학습 지도에 대한 수업 설계와 교수 절차는 한영목(1993)을 참조하라.

건의 변화, 교육 이론의 발전, 교육 프로그램의 적절성에 대한 계속적인
평가 등 여러 가지 요인'에서 개정한 것으로 볼 수 있다(충청남도 교육청,
1994 : 95). 이제 교육부(1992)에서 제시한 '제6차 고등학교 문법 과목 교
육 과정 5. 평가'를 살펴보기로 하자.

> 가. '문법' 과목의 평가에서는 국어에 관한 단편적 지식보다는 언어와
> 국어에 관한 일반적 개념이나 국어의 주요 현상에 관한 지식에 중
> 점을 두며, 실제 언어 생활에 이 지식을 활용하여 문법에 어긋나는
> 것을 판별하는 능력을 평가하도록 한다. 나아가 교육 과정, 교재,
> 교사, 교수 방법 등의 평가에 목적을 두고, 다음 수업에 활용하도
> 록 한다.
> 나. '문법' 과목 학습이 규칙이나 원리의 탐구 과정 중심으로 전개되
> 어야 한다는 점을 고려하여 다음과 같은 능력을 평가하는 데 유의
> 한다.
> (1) 문법 규칙을 도출하는 데 적합한 언어 자료를 선정하는 능력
> (2) 합리적 과정에 따라 문법 규칙이나 원리를 찾아내는 능력
> (3) 도출된 문법 규칙이나 원리의 적절성을 확인하는 능력
> 다. 평가의 소재가 문법의 어느 일부 현상에만 치우치지 않도록 하여
> 전반적인 영역을 평가하도록 한다.
> 라. 평가의 결과는 학생들이 국어 생활을 바르게 영위하도록 지도하는
> 데 활용하고, 교사의 문법 수업에 활용한다.
> 마. 평가 방법에 관한 구체적인 사항은 '고등학교 국어 과목 교육 과정
> 5. 평가'에 제시된 내용을 참고한다.
>
> ■ ■ ■ 교육부, 1992

6.2. 학습 평가는 문법 과목의 학습 현장에서 일어나는 모든 학습 활
동의 효과를 판정하고, 그것에 대한 반성 활동이다. 동시에 문법 과목의
평가는 지도 목표의 확인이며, 학습 목표에 대한 검증이므로 학생들의
언어 능력 실태를 진단, 분석하여 개선해 나가는 것이다.[19) 그러므로 문

---

19) 신성철·박의재(1987 : 265)에서는 "학습 평가의 목적은 평가의 결과를 통하여 학

법 과목의 평가는 평가의 목적을 알고, 무엇을 어떤 방법으로 평가하고, 언제, 어떻게 평가하며, 교사와 학생들의 평가를 고려하여야 할 것이다.

그러므로 문법 과목의 평가는 국어 학습 전반에 걸친 언어 활동의 총체적이고, 유기적인 행동의 변화를 측정하고 개선하는 것이어야 한다(평가 가·다). 단순한 단편적인 지식을 묻는 평가여서는 안 된다. 언어인 국어를 유창하게 구사할 수 있는 국민을 양성하고, 개인의 인격 완성을 통한 행복스런 삶을 살도록 하는 데 국어 교육의 목적이 있음을 기억해야 한다(평가 가·라). 따라서 교사는 학생들에게 평가하는 목적이 무엇이고, 이 평가에서 기대하는 성과는 무엇이며, 실제 가르친 것을 평가하며, 학생들이 실제 알고 있는 내용을 알아내기 위한 평가인가를 고려해야 한다 (Rivers, 1968, 12장 참조). 그것은 문법 과목의 평가는 교육 과정, 교수 방법, 나아가 교사와 학생의 목적을 동시에 기술할 수 있는 평가의 방법과 교재의 범위를 포함시켜야 하기 때문이다(평가 가). 나아가 교사 자신의 학습 지도에 대한 반성의 자료로, 문법 학습에 활용할 평가의 소재를 국어의 전반적인 영역에 관한(평가 라) 종합적 평가를 계획해야 한다(평가 다). 그러기 위해서는 학생들이 자료를 선정하고, 합리적으로 문법의 원리를 찾고, 적절성을 확인하는 능력을 평가한다. 나아가 문법의 종합적 현상을 평가한다(평가 나).

국어의 언어 영역을 확대 심화한 문법 과목은 표현력과 이해면의 국어 활동과 밀접한 관련을 맺고 있다. 그러므로 문법 평가도 박붕배(1975 : 240)에서 제시된 모형을 참조할 수 있다.20) 또한 평가는 학생과 교사와의 상호 설정한 학습 목적을 확인하고, 수업 이해력을 평가해야 할 것이다. 즉, Tyler의 말대로 학생에게 일어난 변화를 판단하는 일련의 절차로 교사가 의도했던 학생의 변화를 평가하도록 계획한다(변영계, 1988 :

습상의 장점을 조장하고, 발견된 결함을 시정하여 다음 단계에서 완전한 학습을 기하는 데 있다.”고 논의한다.

20) 박붕배(1975 : 240)에서는 국어 생활에서 국어 교육이 적극적이고, 계획적으로 시행되는 학교에서의 국어 평가면을 다음과 같이 분석하였다.

308 참조). 그것은 문법 과목의 교육 목표에 따라 학습 내용을 선정하고, 교수하는 학습 경험을 통하여 이루어진 학습 내용의 성취도를 평가하는 데 그 목적이 있다.

따라서 문법 과목의 평가는 평가 그 자체에 있는 것은 아니다. 평가는 학생들의 지적 행동의 변화를 나타내도록 구성되어야 한다. '평가 나'에서 제시한 '문법 규칙을 도출하는 데 적합한 언어 재료를 선정하는 능력과 문법 규칙과 원리를 찾아내는 능력과 도출된 문법 규칙이나 원리를 찾아내는 능력' 등의 학생 개개인의 반응을 평가하고 해석하여, 문법 학습에 활용하여야 할 것이다.

7. 맺음말

지금까지 우리는 제6차 고등학교 교육 과정에 나타난 문법 과목의 '1) 성격, 2) 목표, 3) 내용, 4) 지도, 5) 평가'를 분석·고찰하였다. 아직 제6차 교육 과정에 의해 기술된 문법 교과서로 학습이 이루어지지 않은 상태에서 그 내용 체계에 대하여 분석하고, 그 문제점을 상세히 기술할 수 없다는 아쉬움이 남는다.

학교 문법은 1963년 '학교 문법 통일안'이 마련되어 각 문법 학자들이 저술한 교재를 사용하다가, 1985년 '통합 문법' 교재가 발간되어

```
표현력 → 말하기, 짓기, 쓰기 ┐  태도  ┌ 속도, 정확도, 미관, 심각도 ┐
                          ├  기능                              ├ →
이해력 → 듣기, 읽기 ────────┘  습관  └ 이해도, 정확도, 속도 ──────┘

지적 내용 ┐        ┌ 실천적, 행동, 학습, 효과 ┐  ┌ 관찰, 조사, 기록 ┐
사고력    ├ -을→                            →                    ├ → 평가
정적 내용 ┘        └ 주지적, 학습 효과 ──────┘  └ 시험, 테스트, 기술 ┘
```

1991년에 현행 '통합 문법' 교재로 보강된 것을, 1992년 교육부에서 고시한 제6차 교육 과정에 따라 1996년 3월부터 국어의 언어 영역을 확대·심화한 새로운 문법 교재로 기술하여 사용할 예정이다.[21]

제6차 고등학교 교육 과정에 의거하여 통합 문법으로 사용될 이 문법 교재는 지나치게 사변화된 이론을 지양하고, 실용 중심으로 기술되어야 할 것이다. 나아가 고등학교의 교육적 현실과 상황을 직시하여, 그에 합당한 내용으로 기술되어야 소기의 학습에 효과를 거둘 수 있을 것이다.

문법 과목은 학생들의 언어적 소양을 높이고, 폭넓은 사고력을 신장하기 위하여 주입식의 암기 위주의 학습에서 벗어나 언어의 원리와 규칙 체계에 대한 이해를 우선적으로 고려해야 한다. 그러자면, 지나치게 복잡한 문법 용어의 나열보다는 언어의 기저에 깔려 있는 현상을 찾아 논리적 사고와 정확한 언어의 사용으로 소망스러운 삶이 되도록 교재 단원을 구성하고, 그 목표에 부합된 교수·학습이 이루어지도록 하여야 할 것이다.

문법 과목의 학습 방법도 교사 위주에서 벗어나 학생들이 스스로 문제를 찾아 해결하는 방법을 찾고, 끊임없는 학습 지도 개선을 모색하여, 학습 효과를 신장해야 한다. 즉, 언어 지식과 교수법의 만남을 통한 문법 학습이 바람직하므로, 교사는 참신한 수업 전개에 열성을 쏟아야 한다. 특히 문법 지도를 통하여 언어의 통일과 함께 국민 정신의 교육을 강조하고, 민족의 주체성 함양과 동질성을 꾀하여 나라 사랑의 정신으로 이어져야 한다. 나아가 민족어에 대한 자긍심을 가지고, 통일을 대비하는 언어 교육이 되도록 내용을 선정한다.

문법의 평가는 학습 지도의 목표와 검증이므로 언어 활동 전반에 관한 총체적이고 유기적인 것이어야 한다. 나아가 언어 활동에 대한 평가로 학생들의 지적 행동의 변화를 측정하고 개선하여, 문법 학습에 활용하도록 한다.

---

21) 학교 문법의 교재와 이에 대한 자세한 논의는 고영근·남기심(1993)을 참조하라.

●●●● 참 고 문 헌

고영근·남기심(1993), 『표준국어문법론(개정판)』, 탑출판사.

교육부(1991), 『고등학교 문법 교사용 지도서』, 대한교과서 주식회사.

교육부(1992), 『고등학교 교육 과정(1)』, 교육부.

김민수 외((1973), 『국어교육론』, 일조각.

김석득(1983), 『우리말 연구사』, 정음문화사.

김성배(1957), 『신국어교육론』, 대한교과서주식회사.

김영숙(1977), 「The Silent Way 소고」, 『응용언어학』 9권 1호, 서울대학교 어학 연구소.

김태옥(1980), 「현대시의 언어, 기호학적 고찰」, 『어학연구』 16권 1호, 서울대학교 어학연구소.

김춘일(1984), 『미술교육론』, 홍성사.

김학수(1983), 『현대교수-학습론』, 교육과학사.

김호권(1974), 『현대교수이론』, 교육출판사.

노명완 외 3인(1990), 『언어와 교육』, 한국방송통신대학 출판부.

대동문화연구소(1985), 『문법』, 대동문화연구소.

대동문화연구소(1991), 『문법』, 대동문화연구소.

문교부(1988), 『국어 어문 규정집』, 대한교과서 주식회사.

문교부(1989), 『고등학교 국어과 교육 과정 해설』, 문교부.

문영찬(1993), 「고등학교 문법교육에 관한 연구」, 충남대학교 교육대학원 석사학위논문.

박붕배(1975), 『국어교육방법론』, 학문사.

변영계(1988), 『수업설계(개정증보판)』, 배영사.

서병국(1973), 『국어문법론고』, 학문사.

신성철·박의재(1987), 『영어교수법』, 한신문화사.

여증동(1976), 『국어교육론(수정 재판)』, 형설출판사.

이규호(1974), 『말의 힘(증보판)』, 제일출판사.

이길록(1974), 『국어문법연구』, 일신사.

이상태(1978), 『국어교육의 기본개념』, 한신문화사.

이응백 외 공저(1977), 『국어과교육』, 한국능력개발사.

이응백 외 3인(1990), 『국어교육』, 한국방송통신대학.

이익섭・임홍빈(1983), 『국어문법론』, 학연사.

이주호(1987), 『국어교육연구』, 학문사.

정동화 외 2인(1984), 『국어과교육론』, 선일문화사.

정렬모(1946), 『신편고등말본』, 한글문화사.

천시권・김종택(1977), 『국어의미론』, 형설출판사.

최창렬(1990), 『국어교수법』, 개문사.

한영목(1992ㄱ), 『언어와 사회』, 한신문화사.

한영목(1992ㄴ), 『국어 구문도해 문법론』, 한신문화사.

한영목(1993), 「효과적인 '문법' 지도에 대한 연구」, 『논문집』 20권 1호, 충남대
　　　학교 인문과학연구소.

한영목 옮김(1993), 『생성문법과 언어능력』, 태학사(Mathews,P.H.(1978) *Genera-
　　　tive Grammar and Linguistics Competnence*, George Allen & Unwin).

한영목(1994), 「문법 과목의 지도」, (충청남도 교육청 편(1994), 사고력을 기르는
　　　국어과 교육, 대한교과서 주) 소수.

한영목・정원수・류현미 옮김(1994), 『형태론』, 태학사(Jensen(1990), *Morphology*,
　　　John Benjamins Publishing Co).

한영목 옮김(1995), 『형태・통사론의 이해』, 한국문화사(B.Elson・V.Pickett(1983),
　　　Beginning Morphology and Syntax, Summer Institute of linguistics).

김형규(1980), 『한국방언연구』, 서울대학교 출판부.

Bauer,L.(1983), *English Word- Formation*, Cambridge Univ. Press.

Bloomfield,L.(1933), *Language*, Holt, Rinehart& Winston.

Chomsky,N.(1965), *Aspects of the Theory of Theory*, MIT Press.

Diller,K.C.(1971), *Generative Grammar, Structural Linguistics, and Language Tea-
　　　ching*, Newbury House Publishers(원경식 역(1978), 생성문법 구조
　　　언어학 언어교수법, 탑출판사).

Gattegno,C.(1972), *Teaching foregin languages in schools ; the Silent Way*, Educa-
　　　tional Solutions

Guiraud,P : *La Grammaire*(송정희・한장수 역(1988), 문법, 탐구당).

Lions,J.(1981), *Language and Linguistics*, Cambridge Univ. press.

Palmer,F.(1971), *Grammar*, Penguin.(박경수 역(1981), 문법론, 한신문화사).

Rivers,W.M.(1968), *Teaching Foregin- Language Skills*, The Univ. of Chicago press.(원경식 역(1977), 신외국어교수법, 탑출판사).

Scalise,C.(1984), *Generative Morphology*, Foris Publication(전상범 역(1987), 생성형태론, 한신문화사).

Sloat etc(1978), *An Introduction to Phonology*, Prentice Hall, Inc.

Radford,A.(1988), *Transformational Grammar*, Cambridge : Cambridge Univ. Press.

「제6차 교육 과정 '문법' 과목 연구」, 어문연구 제26집, 1995. 5,
어문연구회, pp. 187-210.

1. 머리말

인간은 언어의 세계 속에 태어나 자라면서, 그것을 배우고, 사용하면서 살아간다. 그러므로 언어 교육 환경은 가정, 사회, 학교를 통하여 이루어진다. 그 중에서도 학교 교육을 통하여 행해지는 국어과 교육 과정은 목적에 따른 체계적이고 의도적인 학습 수행이라는 점에서 가장 중요하다. 우리 나라에서도 국어 교육의 중요성을 감안하여, 2000년 3월 1일부터 제7차 국어과 교육 과정에 따라 국어 교육이 실시된다.

따라서 현재 시행되고 있는 제6차 국어과 교육 과정의 '언어 영역'에 대한 지도 실태를 분석하는 것도 교육적 관점에서 볼 때, 상당히 의의 있는 작업이라고 여겨진다. 이 연구는 제6차 교육 과정 중학교 1-2학년 국어 교과의 언어 영역에 나타나는 문법 지도의 실태 분석을 통해서 품사 지도의 문제점을 제시하고자 한다.[1] 문법은 언어의 규칙을 이해하여 바람직한 국어 생활을 도모하는 데 그 목적이 있다. 따라서 이 연구에서는 중학교 2학년생들의 품사에 대한 이해도를 측정하여, 언어 영역에 대

---

[1] 사실 중학교에서 문법 과목은 '제2차 통일 문법' 검인정 시대(1779-1984) 이전까지 독립 교과로 학습되었다. 1979년부터 문법은 중학교에서 국어 과목 '언어 영역'에 포함되게 되었다. 따라서 이 연구에서 문법은 언어 영역의 문법에 관한 내용을 의미한다. 제7차 교육 과정에서는 '언어 영역'은 '국어 지식 영역'으로 바뀌게 된다.

한 인지도와 지도 방법에 대한 실태분석이 될 것이다. 이러한 조사 분석
은 품사 지식이 제시되는 방법상의 문제를 해결하고, 언어 생활과 그 지
식의 활용에 대한 이해도와 친밀도를 제시하는 데 의의가 있다.

 그러므로 중학교 문법, 특히 품사 지도 방안을 제시하여 국어의 언어
지도에 직접 임하는 교사가 적용할 수 있고, 국어 학습을 통해 학생들이
국어의 규칙을 바르게 이해하고, 나아가 학습 결과를 학생들이 실제 언
어 생활에 활용할 수 있도록 하는 데 주안점을 두었다. 그리고 현대 교
양인에게 중요한 의사소통으로서의 문법 수업이 언어 생활로서 중요하
다는 인식의 전환을 가져오게 하는 방법을 모색하는 데 이 연구의 목적
을 둔다.

 이 연구에서 다룰 내용은 제6차 중학교 국어 교과서 1학년 1학기부터
2학년 2학기까지 총 4권에 들어 있는 언어 영역을 대상으로 한다.2) 이
연구에서는 품사 지도 방법을 중학교 국어 교과서 중 언어 영역 단어 부
분, 즉 중학교(1-2) '단어의 갈래'에서 찾아보기로 한다.3) 이는 단어가 언
어의 여러 층위 중에서 학생들이 구체적으로 인지할 수 있는 언어의 단
위(문교부, 1988 : 156)로서 사람의 생각을 표현하는 기본 단위로 문장을
구성하는 재료가 되기 때문이다.4) 문장에 대한 이해는 이들 단어, 즉 품
사의 구성과 배열을 이해하는 데 바탕이 된다는 점에서 분석과 지도 방
법의 연구 범위로 선정하였다.

---

2) 1992-11호 고시된 제6차 중학교 교육 과정은 1995년에 실시되어 2003년 2월 28일
 로 폐지된다. 나아가 제7차 교육 과정은 1997년 12월 30일 교육부 고시 제 1977-
 15호로 공포되었다. 이 개정안의 적용은 2000년 3월 1일부터 시행한다. 중학교 국
 어 7학년 2001년 3월, 8학년 2002년 3월, 9학년 2003년 3월부터 시행된다.

3) 제6차 중학교 국어 과목의 언어 영역 중 품사와 관련된 단원은 1학년 2학기 '단어
 의 갈래'와 2학년 1학기 '용언의 활용'이다. 또한 1학년 2학기 '단어의 형성' 단원
 은 '형태소, 단어 개념 알기, 형태소의 분석 방법 알기, 주어진 단어를 형태소로 분
 석하기' 등으로 제시되어(교육부, 1994), 품사와 관련된 단원이다.

4) 최현배(1994 : 73)에서 월론은 월에 관한 여러 가지의 말본을 가는(연구하는) 조각
 (부문)이니 : 낱말(단어)을 거리(재료)로 삼아서 생각을 나타내는 법을 닦는 것이 그
 주장되는 할 일(임무)이다.

이 연구는 대전광역시 소재 남녀 중학생 321명을 대상으로 언어 영역 교육의 실태와 품사 지도에 대한 이해도를 측정하기 위하여 기초 설문 조사 방법을 택하였다. 사실 문법 지도의 이론은 문법의 성격 및 의의, 목표, 내용, 지도의 방법과 필요성, 평가 등 문법의 전반적인 현상에 대한 고찰이 필수적이지만, 이 연구에서는 중학교 2학년들의 품사에 대한 이해도, 즉 학교 품사 지도와 중학생들의 이해 실태 파악 등에 국한하여 분석·기술하고자 한다.

따라서 중학교 언어 교육의 실태를 파악하기 위하여 대전 시내 남학교, 여학교, 남녀 공학교 중학생 2학년 321명(여학생 171명, 남학생 150명)을 대상으로 별지의 설문지(부록 참고)를 통해 '문법 일반 문항, 품사에 관한 문항, 품사 분류에 대한 문항, 학생들이 바라는 문법 교육에 관한 문항' 등을 작성하여 기술하였다(표본 조사 참조). 이러한 조사 분석에 의하여 품사 지도에 대한 바람직한 학습이 이루어질 수 있도록 국어의 언어 영역, 즉 문법 학습 방법의 새로운 방안을 제시하여 국어 교육, 특히 품사 지도 교육에 이바지하고자 한다.

2. 품사 지도의 실태 분석

2.1. 설문지 구성과 표본 조사

이 연구의 중요한 부분이 문법 지도에서 '품사'에 관련되는 일반 문항과, 중학교 언어 영역에서 쓰이는 기본 용어를 추출하여 그 이해에 대한 실태를 파악하고자 설문지를 구성하였다.

첫째, 문법 일반에 관한 사항을 알기 위하여 문법 교육의 필요성과 왜 필요한가에 대한 문항과 품사 지도의 실태를 분석하기 위하여 형태소·

단어·품사의 개념에 관한 문항으로 구성하였다(부록 참조).

둘째, 품사에 대한 전반적인 이해를 측정하기 위하여 '품사의 개념, 국어 품사의 수, 품사의 분류 기준 등으로 품사 개괄'에 관한 문항으로 구성하였다.

셋째, 각 품사의 구체적인 실태 분석을 위하여 '체언에 관한 문항, 용언에 관한 문항, 관계언에 관한 문항, 수식언에 관한 문항, 독립언에 관한 문항'으로 나누고, '개별 품사의 개념에 관한 문항, 각 품사의 특성을 묻는 문항, 품사를 구별해 내는 문항'으로 설문지를 구성하였다.

넷째, 바람직한 문법 교육에 관한 문항으로 품사 지도에 관한 학생들의 생각은 무엇인지 알기 위하여 학생들이 바라는 품사 교육에 관한 문항을 구성하였다.

문법 교육의 현황과 문제점을 추출하여 문법 지도 발전 방안을 마련하기 위해서 현행 학교 문법 체계에 입각하여 품사를 중심으로 [표 1]과 같이 표본 문항을 설정하였다.

조사 기간은 1996년 6월 20일부터 7월 18일까지 한 달 동안 평준화가 이루어진 대전 시내에서 세 곳의 중학교를 대상으로 실시하였다. 여학교인 대성여자중학교에서 116명, 남학교인 대전동중학교에서 105명, 남녀 공학인 월평 중학교에서 100명을 대상으로 설문을 실시하였다.[5] 그 중 여학생이 166명, 남학생이 155명으로 총 321명이 설문에 참여하였다.

---

5) 이 설문 조사는 대성여자중학교의 지윤경 선생님, 대전동중학교의 송라윤 선생님, 월평중학교의 서명희 선생님의 도움을 받아 이루어졌음을 밝힌다.

〔표 1〕 품사 지도의 실태에 대한 설문 구성

구 분	문 항 의 내 용	문항 번호	문항수
문법 일반에 관한 문항	문법 교육의 필요성, 형태소·단어·품사의 개념	1-3	3
품사에 관한 문항	품사의 개념·수·분류 기준·이해	4-10	7
체언에 관한 문항	명사·대명사·수사의 이해	11-14	4
용언에 관한 문항	동사·형용사의 이해	15-18	4
관계언에 관한 문항	조사의 이해	19-22	4
수식언에 관한 문항	관형사·수사의 이해	23-25	3
독립언에 관한 문항	감탄사의 이해	26-28	3
바람직한 문법 교육에 관한 문항	학생들의 의견	29-30	2

2.2. 문법 일반에 관한 문항

2.2.1. 문법 교육의 필요성과 이유

문법 교육의 필요는 국어에 대한 정확하고 바른 이해를 통하여 효과적인 언어 생활을 하는 데 있다. 나아가 그것은 국어의 체계와 본질을 이해하며 자기의 생각을 정확하게 표현하고 남의 말과 글을 이해하여 원만한 의사소통을 통하여 바람직한 국어 생활로 행복한 삶을 추구하는 데 있다. 문법의 필요성은 국어를 바르게 사용할 수 있는 효과적인 국어 생활을 영위하기 위한 정확한 국어 사용 능력과 국어에 대한 올바른 습관과 태도를 기르기 위한 기능을 기르는 데에 있다(교육부, 1992 : 63). '국어' 과목의 성격에서 언어 사용 기능 영역은 의사 교환 기능으로서의 표현 기능과 이해 기능을 신장시켜, 이를 통하여 합리적이고 창의적인 사고력을 길러 주는 것으로 논의하고 있다(교육부, 1992 : 29). 그러므로 제7차 교육 과정의 '국어 지식' 영역의 학습은 언어 현상에서 규칙을 찾아내는 탐구 학습을 중심으로 학습한 지식을 국어 사용 상황에 적용하는 활동에 두고 있다(교육부, 1998 : 29).

중학교 국어 과목에서 문법 지도를 해야 하는 필요성은 무엇인가에 대한 견해는 여러 가지 응답이 나올 수 있다. 언어를 사용해야 하는 사람이라면 당연히 언어가 어떻게 작용하는지를 알아야 하기 때문에 문법을 지도해야 한다는 입장과, 언어를 잘 사용하기 위해서는 언어에 대해, 즉 문법을 알아야 한다는 주장도 있다. 또 문법을 가르치는 것이 언어 교육에 아무런 도움이 되지 않는다는 논의도 있다. 이런 논의는 문법을 국어 생활과 관련지어 생각하지 않으려는 것에서 기인한다. 국어 생활의 '말하기, 듣기, 읽기, 쓰기' 등의 언어 영역 전반에 걸친 문법 지도는 단편적인 지식보다는 개념, 원리, 규칙의 발견 과정뿐만 아니라 설명적 타당성에 근거하여 문법 지식의 활용에 두어야 한다. 문법 지도는 학생들로 하여금 효과적인 언어 생활을 통하여 바람직한 사회 생활을 하도록 하는 데 그 목적이 있다(한영목, 1993). 그러므로 효과적인 언어 사용 능력을 신장하기 위한 바람직한 교수 방안의 모색이 문법 교육이 지향해야 할 점이기 때문에 문법 지도는 필요하다.

따라서 학생들에게 문법의 필요성과 그 이유는 무엇인가에 대하여 알아보기로 하였다. 학생들의 경우, 이 문법 지도에 대하여 얼마나 공감하는지를 측정하기 위하여 문법의 필요성과 관련된 문제를 설문 조사하였다.

문법 교육에 대한 기본적인 태도를 알아보기 위하여, "문법 교육의 필요성에 대하여 어떻게 생각하십니까"(설문지 1 참조)라는 설문에, '① 약간 필요하다(166명, 51.7%), ② 꼭 필요하다(68명, 21.2%), ③ 관심 없다(53명, 16.5%), ④ 필요 없다(34명, 10.6%)'로 나타난다.

이러한 사실은 문법 교육의 목적이 '언어 사용 기능의 신장'이라는 점에서 살펴볼 때, 문법 교육이 필요하다는 의견이 72.9%이고 관심과 필요가 없다는 견해가 27.1%로 나타낸 데에는 많은 문제점을 야기시켜 주고 있다. 중학생이라서 문법 교육에 대한 이해와 관심이 덜 한 탓도 있지만, 언어 구사에서 문법의 필요성이 적어지고 있음을 반증한다.

이에 비해 문영찬(1993)에서 대전시 소재 고등학생을 대상으로 문법 교육의 필요성에 대한 인식 조사에 따르면, '약간 필요(67.5%)', '꼭 필요(15.7%)', '필요 없다(7.6%)', '관심 없다(5,7%)'로 나타난다. 이에 문법 교육의 필요성에 관한 응답 중 '필요성이 있다'라는 응답자 수가 중학생에 비해 고등학생이 10% 이상이나 높게 나타났다. 이것은 아마도 고등학교에서는 문법 과목이 따로 설정이 되어 체계적인 문법 교육을 하고 있어 그 필요성에 공감하기 때문일 것이다.

나아가 문법이 필요하다는 의견이 주류를 이룰 것이라는 가정 아래, "문법 교육이 필요하다면 그 이유는 무엇입니까"(설문지 2 참조)라는 질문을 제시하였다. 이에 대한 응답은, '① 언어 생활에 도움을 받기 위해(125명, 38.9%), ② 글을 잘 이해하기 위해(100명, 31.2%), ③ 시험을 잘 보기 위해(51명, 15.9%), ④ 글을 잘 쓰기 위해(26명, 8.1%)'로 나타났으며, 무응답도 19명 5.9%를 보이고 있다.

이 결과는 문법 교육이 언어 사용 기능의 신장 능력을 기르는 데 중요한 구실을 하고 있다는 사실을 많은 학생들이 인식하고 있음을 반영하고 있다. 이에 비해 문영찬(1993)에서 조사한 고등학생의 문법 교육의 필요성과 비교해 보면, 중학생보다 고등학생들은 문법이 효과적인 언어 생활을 위하여 필요한 것임을 잘 인식하고 있다.[6] 이러한 논의에 의하면, 중·고등학생 모두 문법 교육, 즉 언어 지식 교육이 필요한 까닭은 잘 인식하고 있다고 볼 수 있다. 문제는 학생들이 문법 교육을 통해 얼마만큼 효과적인 언어 생활을 하고 있는가 하는 것이다.

---

6) 문영찬(1993)에서 고등학생을 대상으로 조사한 문법 교육의 필요성에 대한 이유를 보면 '효과적인 언어 생활을 위하여(60.4%)', '어려운 글을 잘 이해하기 위하여(14.4%)', '시험을 잘 보기 위하여(12.2%)', '작문을 잘 하기 위하여(7.0%)'로 나타난다.

2.2.2. 문법 기본 단위의 이해

중학교 국어 교과서에서는 형태소를 '의미를 지닌 최소의 단위', 단어를 '문장을 이루는 기본 단위', 품사를 '성질이 비슷한 단어끼리 모은 단어의 갈래'라고 정의하고 있다. 중학교 국어 언어 영역의 문법에서 배우는 기본적인 단위인 '형태소, 단어, 품사'의 개념에 대한 변별력과 이해도에 대해 알아보기 위해 이들 개념에 대해 질의하였다(설문지 3 참조).[7]

이 설문에 대한 결과는, '배운 기억이 있다(244명, 76.0%), 전혀 모르겠다(35명, 10.9%), 정확히 알고 있다(30명, 9.4%), 들어 본 적이 있다(11명, 3.4%), 무응답 1명'으로 나타난다. 문법의 기본 단위인 형태소와 단어의 관계, 나아가 품사 분류 등에 대하여 정확히 알고 있는 학생이 극히 저조하다. 배운 기억이나 들어본 적이 있다는 응답에 79.4%로 반응을 보인 것은 배우기는 배웠지만, 정확히 이해를 하지 못하고 있음을 뜻한다. 언어 교육에서 이런 개념에 대한 파악이 선행되지 않으면, 언어 생활에서 그 원리나 응용은 쉽지 않기 때문이다.

이 설문을 통하여 확인한 결과는 중학생들의 언어 영역의 문법 지도는 국어에 관한 기초적인 지식을 익히고, 국어를 정확히 사용하게 한다는 국어과 교육의 지도 목표에 도달하지 못함을 보여준다. 이것은 국어과 언어 교육에서 필수적으로 이루어져야 할 개념 파악이 잘 이루어지지 않음을 의미한다. 국어 과목의 언어 영역에서 개념 파악 여부의 문제는 학생은 말할 것도 없고 교사의 지도 책임도 함께 한다.

2.3. 품사에 관한 문항

품사는 단어를 기능, 형태, 의미 등이 같은 것끼리 분류한 것이다. 형

---

7) 1학년 2학기 국어 교과 단원 '단어의 형성'에서 형태소와 단어, 단어와 품사의 관계를 익혔을 것으로 보고, 설문을 하였다.

태에 따라 품사를 분류하면 불변어와 가변어로 나뉘고, 기능에 따라 나누면 체언, 수식언, 독립언, 관계언, 용언 등 다섯 개의 기능어로 나뉜다. 체언은 의미에 따라 명사, 대명사, 수사로 나뉘고, 용언은 동사와 형용사로 양분된다. 수식언은 기능에 따라 다시 관형사와 부사로 나뉜다. 그리고 독립언은 감탄사, 관계언은 조사라고 한다. 그리하여 학교 문법에서 국어의 품사는 명사, 대명사, 수사, 관형사, 부사, 감탄사, 조사, 동사, 형용사 등 모두 9개로 분류된다.[8] 제6차 중학교 국어 과목의 '단어의 갈래'에서는 '단어들을 품사 분류 기준에 따라 나누어 보고, 각 품사의 특성을 알아보는 데' 그 목표를 두고 있다. 따라서 품사의 개념, 품사의 분류 기준, 품사의 수와 변별력과 종류에 대한 실태를 파악하기로 한다.

▌2.3.1. '품사' 개념

품사라는 용어의 개념을 얼마나 알고 있는가를 파악하기 위해 '품사란 무엇입니까'(설문지 4 참조)라는 질문을 주었다. '① 성질이 비슷한 단어끼리 모은 단어의 갈래이다(156명, 48.6%), ② 문장의 의미가 잘 드러나도록 해 주는 글의 단위이다(73명, 22.0%), ③ 어근에 해당하는 형태소끼리 연결되어 이루어진 단위이다(48명, 15.0%), ④ 뜻을 가진 최소의 단위이다(40명, 12.5%)'로 나타났으며, 무응답은 4명이다.

품사에 대한 개념 설명으로 옳은 것은 '성질이 비슷한 단어끼리 모은 단어의 갈래'인데 48.6%만이 정확하게 품사에 대한 개념을 이해하고 있다고 볼 수 있다. 그러나 나머지 50% 이상이 품사에 대한 개념 정의가 확립되어 있지 못함을 보여 주고 있다. 따라서 문법 용어에 대한 이해 부족은 품사 각론에 대한 지도도 쉽지 않을 것이다.

---

8) 국어 문법 연구에 나타난 품사 분류는 5품사에서 13품사까지 다양하다. 나아가 조사는 자립성이 없는 의존 형태소로 보아 단어로 설정하지 않는 입장도 있다. 이 연구에서는 '학교 문법'의 체계에 따라 9품사로 분류한다.

2.3.2. 품사 분류 기준

품사 분류의 목적은 문법적 기술의 편의를 위한 것이며, 품사 분류 기준은 문법 범주에 의한다. 사실 국어 단어를 몇 개의 품사로 분류한다는 것은 상당히 어려운 문제이고, 이것이 절대적 보편성을 지닌 언어 표출 방법은 아니다. 그렇다고 하여, 품사 설정상의 어려움 때문에 품사에 대한 고찰이 필요 없는 것은 아니다. 품사 분류가 없는 국어 문법 교육은 많은 문제점을 내포하기 때문이다. 따라서 단어를 몇 개의 범주로 묶어 그 갈래를 품사라고 할 수 있다. 여기서 문법 범주란 기능 범주, 어휘 범주, 형태 범주 등을 아울러 말한다. 학교 문법에서 품사 분류의 기준은 단어의 형태, 기능, 의미를 중심으로 논의되어 왔다.

국어 품사의 분류 기준을 묻는 설문에서 '품사의 분류 기준은 무엇입니까'(설문지 6 참조)라는 설문에, '의미, 기능, 형태(79.1%)', '의미, 통사, 음운(9.0%)', '의미, 통사, 형태(5.6%)', '의미, 기능, 통사(5.4%)'로 나타났으며 **(표 2)**와 같다.

다른 설문과 비교해 볼 때 정답에 가장 높은 응답률을 보이고 있다. 이는 품사 분류의 기준을 잘 알고 있다는 것으로 문법 교육에 있어서 바람직한 현상이다. 이것은 품사 분류의 교육 목표를 '단어는 여러 기준에 의하여 분류할 수 있으나 품사와 관련된 활동을 하게 됨'을 밝히고 있다 (교육부 1994 : 74). 그러므로 그 교육 목표에 근접하여, 학생들이 품사 분류 기준을 잘 알고 있을 때 품사를 혼돈 없이 구별해 내고 각 품사의 특성을 알 가능성이 높음을 보여 주기 때문이다.

[표 2] 품사 분류 기준

항　목	응답자수	백분율(%)
① 의미, 기능, 형태	254 명	79.1 %
② 의미, 통사, 음운	29 명	9.0 %
③ 의미, 통사, 형태	18 명	5.6 %
④ 의미, 기능, 통사	17 명	5.4 %
⑤ 무응답	3 명	0.9 %
계	321 명	100 %

▌2.3.3. 품사의 수와 그 변별

품사의 수를 얼마로 정하느냐 하는 문제는 문의 구조성에 대한 견해와 품사의 하위 분류 기준을 어디에 두느냐에 따라서 다를 수 있다. 달리 말하자면, 무엇을 기준으로 몇 개의 품사를 인정하느냐에 대한 논의는 우리 문법계에서 지속적으로 논의되어 왔다. 국어에는 몇 개의 품사가 있을까? 이 문제를 둘러싸고 역대 문법가들은 적게는 5품사(정렬모, 1946)에서 크게는 13품사에 이르기까지 서로 다른 품사 분류론을 펼쳐 왔다. 그러므로 우리 문법에서 지정사, 존재사, 조용사 등의 명칭이 나타난다(이광정, 1987). 이렇게 의견이 구구했던 것은, 단어에 정의가 서로 다르기 때문이다. 그리고 품사 분류에 대한 기준의 차이 또한 커다란 원인으로 지적될 수 있다. 현행 국어 교과서에서는 1963년에 공포된 학교문법 통일안의 9개의 품사 체계를 따른다(고영근, 1985 : 57).

❶ 국어 품사에 대한 인식을 알아보기 위해 '국어의 품사 개수는 모두 몇 개입니까'(설문지 5 참조)라는 설문에 대한 응답률은 다음과 같다. '① 9개(158명, 49.2%), ② 8개(76명, 23.0%), ③ 7개(55명, 17.1%), ④ 6개(8.4%)'로 답변을 했고, 무응답도 5명(1.2%)으로 나타났다.

품사 분류 기준은 254명(79.1%)의 학생들이 알고 있지만 실제적으로 품사의 개수를 9개로 응답한 학생은 158명(49.2%)이다. 그러므로 품사의 분류 기준과 품사의 개수를 모두 정확히 응답한 학생은 모두 134(41.7%)명에 불과한 셈이다.

이 결과 분석을 통하여 우리가 확인할 수 있는 것은 품사의 분류 기준을 알고 있는 응답자 254명 중 국어 품사의 개수를 정확히 알고 있는 응답자는 134명에 불과하다. 따라서 품사 분류에 대한 교육이 피상적으로 진행되었다고 말할 수 있다. 그러므로 국어 품사의 분류 기준과 그에 따른 품사의 종류와 분류에 대한 교육이 연계성 있게 진행되지 못하고 단순히 암기를 통해 품사에 대한 지식을 갖고 있음을 알 수 있다.

❷ 중학교 2학년생들의 품사의 변별력에 대한 실태를 파악하고, 그들의 품사 분류의 기준과 그에 따른 품사 분류의 실제에 대한 인지도를 알아보기 위하여, 문장을 통하여 품사에 대한 이해도를 측정하였다. 김소월의 시 "엄마야 누나야 강변 살자"란 문장은 '몇 개의 품사로 이루어졌습니까'(설문지 8 참조)라는 설문에, '4개(180명, 56.1%), 3개(65명, 20.2%), 5개(57명, 17.8%), 2개(8명, 3.4%), 무응답(8명, 2.5%)'로 나타나 정답률이 저조하였다.

"엄마야 누나야 강변 살자"라는 문장에서 품사의 수는 '명사(엄마, 누나, 강변), 조사(-야), 동사(살자)'로 모두 3개인데, 정답자 수는 45명으로 20.2%뿐이다. 국어의 품사 분류 9품사를 정확히 대답한 사람 158명 중에 위 문장에 있는 품사의 개수까지 정확히 답한 사람은 32명뿐이다. 사실상 품사에 대해 개념을 알고 품사의 수를 정확히 구분해 낼 수 있는 사람은 겨우 321명 가운데 불과 32명으로 10.0%밖에 안 된다는 추정이 가능하다. 결국 대부분의 학생들이 품사에 대한 실제 적용에 대한 이해가 없는 것으로 나타난다. 언어 지식은 단순히 암기하는 것보다는 국어를 이해하고 문제의 해결을 위한 통찰력을 기르는 데 중점을 두어 지도해야 한다(교육부, 19998 : 143). 따라서 중학교 국어 과목의 '단어의 갈래'

인 품사 지도에 대한 탐구 학습과 원리나 규칙의 이해에 의한 사고력을 기르는 교육이 이루어지지 못했다고 말할 수 있다.

❸ 국어 품사의 종류에 대한 인식을 파악하기 위하여 '국어의 품사에 속하지 않는 것은 무엇입니까'(설문지 7 참조)라는 설문을 제시하였다. 이에 대한 응답은, '접속사(53.4%)', '감탄사(22.4%)', '조사(17.4%)', '명사(6.5%)'로 나타났으며 표로 보이면 다음과 같다.

【표 3】 품사의 종류

항　목	응답자수	백분율(%)
① 접속사	171 명	53.4 %
② 감탄사	72 명	22.4 %
③ 조 사	56 명	17.4 %
④ 명 사	21 명	6.5 %
⑤ 무응답	1 명	0.3 %
계	321 명	100 %

'접속사'는 부사의 하위 분류인 접속 부사에 속하므로 국어 품사 체계에 속하지 않는다고 정확히 응답한 학생이 가장 많은 것으로 보아 품사의 종류를 대체적으로 이해하고 있다고 볼 수 있다. 그러나 감탄사와 조사 등이 국어의 품사에 속하지 않는다는 응답이 의외로 많다. 이는 품사의 종류를 정확하게 알지 못한다고 볼 수밖에 없다.

품사에 대한 개괄 문항에 대한 응답을 통해 알 수 있는 사실은 그것에 대한 학생들의 이해가 상당히 낮다는 것이다. 단순히 암기식 지식으로 알 수 있는 문항에는 전체 학생 321명 중 50%에 가까운 정답률을 보이지만, 실제적으로 그에 따른 활용 문제(품사의 변별력)에 있어서는 아주 저조한 정답률(20.2%)을 보였다.

이러한 원인은 여러 가지가 있을 수 있다. 가장 큰 원인의 하나는 수업 시간수의 부족이다. '단어의 갈래' 4시간과 '용언의 활용' 7시간으로 제5차 교육 과정보다 제6차 교육 과정에서 3시간이 줄어든 것이다(송용배, 1999). 더구나 품사 분류에 해당하는 '단어의 갈래' 단원은 4시간이기 때문에 피상적인 품사 교육이 진행될 수밖에 없는 상황이다.

2.4. 품사 분류에 관한 문항

제6차 중학교 1학년 국어 과목 언어 영역의 '국어 이해와 사용의 실제'에서 제시한 품사와 관련된 목표는 '단어들을 품사 분류 기준에 따라 나누어 보고, 각 품사의 특성을 알고, 단어의 구성 요소와 단어의 종류 나누기, 조사의 쓰임과 다양한 의미의 문장 만들기'가 관련을 맺을 수 있다. 보다 구체적으로 제시된 '국어 교사용 지도서'(1-2, 6. 단어의 갈래)의 '지도상의 유의점'에서 품사에 대한 지도는 다음과 같이 제시되어 있다.

> 품사 공부의 의의를 학생들이 충분히 이해할 수 있도록 지도한다.
> 단순한 해설보다는 일상적인 언어 생활에서 예를 가능한 한 많이 찾아 제시하고 정리해 줌으로써 품사의 개념과 특성에 대한 이해가 이루어지도록 지도한다.
> 단순히 용어에 치중하는 지도는 바람직하지 않으나, 기본적인 용어의 의미는 확실히 이해하도록 지도한다.

그러나 이러한 지도상의 유의점에도 불구하고, 중학교 2학년생의 품사에 대한 실태 분석 결과는 만족스럽지 못한 결과를 보였다. 학생들이 '단어의 갈래'에 대한 품사 단원의 의의를 충분히 이해하지 못하고 있으며, 품사의 개념과 특성에 대한 이해가 부족한 것으로 나타났다.

▌2.4.1. 기능에 의한 품사 분류

기능에 따른 품사의 분류에 관한 설명은 교과서에 특별히 나와 있지 않다. 단지 교사용 지도서를 보면 한자 풀이를 해 놓았을 뿐이다.[9] 국어 교사용 지도서에 나타난 용어의 개념을 살펴보면 체언과 용언 외에는 이렇다 할 개념 설명이 없고 교과서에 전혀 언급되어 있지 않다. 국어 교사용 지도서에는 다만 체언과 용언의 개념만이 다음과 같이 제시되어 있다.

> 체언은 문장의 몸(주체), 곧 주어로서의 쓰임이 주된 기능이므로 '체언'이라 불린다. 용언은 문장의 주체에 대해 설명하는 데 쓰이는 말이라는 뜻이다. '동사', '형용사'가 의미를 염두에 둔 명칭이라면, '용언'은 기능에 바탕을 둔 이름이다.

❶ 각 품사에 대한 구체적인 기능어에 관한 이해도를 알기 위해, '체언·용언·관계언·수식언·독립언에 대하여 알고 있습니까'(설문지 11 체언, 15 용언, 19 관계언, 23 수식언, 26 독립언)라는 설문에 다음 **[표 4]**와 같은 응답을 보이고 있다

[표 4] 기능어의 이해

항 목	예	아니오	관심 없다	무응답	321명
체 언	117명, 36.4%	136명, 42.3%	67명, 21.0%	1명, 0.3%	100%
용 언	130명, 40.5%	127명, 39.6%	61명, 19.0%	3명, 0.9%	100%
관계언	46명, 14.3%	193명, 60.2%	72명, 22.4%	10명, 3.1%	100%
수식언	66명, 20.6%	184명, 57.3%	62명, 19.3%	9명, 2.8%	100%
독립언	89명, 27.8%	158명, 49.2%	64명, 19.9%	10명, 3.1%	100%

품사를 기능에 의해 분류한 체언, 용언, 관계언, 수식언, 독립언에 대

---

9) 교사용 지도서(1994 : 85-88)에 나오는 용어 개념 설명을 보면 다음과 같다.
   - 명사, 대명사, 수사를 체언이라 한다. 體 → 몸체('몸'은 여기서 '문장의 주체'의 뜻으로 이해될 수 있다.)
   - 동사, 형용사를 용언이라 한다. 用 → 쓸 용. '용언'은 문장의 주체에 대해 설명하는 데 쓰이는 말이라는 뜻이다.

해 대부분이 알지 못한다고 응답을 하였다.

[표 4]를 살펴보면, 용언에 대한 설문에서는 알고 있다는 사람이 다른 기능적 품사 분류보다 많다. 이것은 이미 용언의 활용을 배운 2학년을 대상으로 하였기 때문일 것이다.

❷ 개별 품사에 대한 개념을 잘 모르리라는 가정 아래 다음과 같은 질문을 하였다. '각 기능적 품사에 대한 개념을 만일 모른다면 그 까닭은 무엇입니까'(설문지 12 체언, 16 용언, 20 관계언, 24 수식언, 27 독립언)라는 질문에 '배웠으나 잊었다'는 응답이 '체언(41.7%), 용언(35.5%), 관계언(31.8 %), 수식언(39.2%), 독립언(33.3%)'으로 나타났다. 각 응답을 표로 보이면 다음과 같다.

[표 5] 각 품사의 개념 이해

항 목	배웠으나 잊었다	관심이 없다	정확히 배우지 못함	필요성을 느끼지 못함	무응답	계
체 언	134명 41.7%	67명 21.0%	21명 6.5%	27명 8.4%	87명 27.1%	321명 100%
용 언	114명 35.5%	43명 13.4%	22명 6.8%	30명 9.4%	112명 34.9%	321명 100%
관계언	102명 31.8%	71명 22.1%	75명 23.4%	22명 6.8%	51명 15.9%	321명 100%
수식언	126명 39.2%	58명 18.1%	56명 17.4%	17명 5.4%	64명 19.9%	321명 100%
독립언	107명 33.3%	59명 18.4%	59명 18.4%	15명 4.7%	81명 25.2%	321명 100%

'배웠으나 잊었다'라는 응답이 우세한 것은 '국어에 관한 기초 지식을 익혀야 한다'는 중학교 언어 영역에 관한 목표를 달성하는 품사 교육이 이루어지지 않았다고 볼 수 있다. 그것은 무응답도 용언의 경우 112명

(34.9%)으로 나타났기 때문이다. 또한 각 용어에 대한 개념 설명이 잘 이루어지지 않았음을 짐작케 한다. 개념 설명에 따른 이해가 이루어졌다면 배운 것을 잘 기억하였을 것이기 때문이다.

▌2.4.2. 체언의 분류

학교 문법에서는 명사, 대명사, 수사를 체언이라 한다. 이들이 체언으로 묶일 수 있는 것은 비슷한 특성을 지니고 있기 때문이다. 즉 개념을 가지고 문장의 몸, 곧 주체가 되는 자리에 나타나는 일이 많고, 형태가 바뀌지 않으며 조사와 결합해 쓰이거나 홀로 쓰이며, 관형어의 수식을 받는다.[10]

❶ 체언인 명사, 대명사, 수사에 대한 변별 능력을 알아보기 위하여 다섯 가지의 각기 다른 체언을 나열해 놓고 '각 해당 품사에 관련된 것을 찾아 쓰십시오'라는 설문을 하였다. 수사를 찾는 데 70.4%라는 가장 높은 응답률을 보이고 있다. 각 체언에 대한 품사 분류 설문 응답은 다음과 같다.

〔표 6〕 체언의 각 품사 분류

항 목	만큼	것	첫째	저기	우리	무응답
명 사	112명 34.9%	118명 36.8%	23명 7.2%	37명 11.5%	87명 27.8%	25명 7.8%
대명사	33명 10.3%	66명 20.6%	24명 7.5%	177명 55.1%	139명 43.3%	22명 6.8%
수 사	38명 11.8%	31명 9.7%	226명 70.4%	24명 7.5%	13명 4.0%	13명 4.0%

---

10) 그러나 관형사는 수사와 대명사와는 호응하지 못하고, 관형사형도 수사와는 수식 관계를 구성하지 못하는 제약성이 있다.

이들 각 품사 전체를 정확히 분류해 낸 사람은 모두 41명으로 12.8% 밖에 되지 않는다. 이것은 학생들이 체언에 해당하는 각 품사에 대한 이해가 거의 없고 부분적인 지식만을 가지고 있음을 나타내 준다. 위 표를 보면 '수사 → 대명사 → 명사'의 순서로 구별 능력이 있음을 알 수 있다.

❷ 생활 주변이나 일상에서 가장 자주 접하는 것이 명사다. 그래서 쉽게 명사를 찾아내리라는 생각으로 교과서에 실린 "태풍으로 집이 온 데 간 데 없다. 울타리나 담도 무너져서 한 자도 남지 않았다."라는 예문을 주고, '명사의 수가 모두 몇 개입니까'(설문지 14 참조)라는 설문에 '6개(116명, 36.1%), 7개(94명, 29.3%), 8개(47명, 14.6%), 9개(24명, 12.5%)'로 나타났으며 무응답도 24명(7.5%)이다.

설문지에 제시된 문장에는 7개(태풍, 집, 데(2개), 울타리, 담, 자)의 명사가 있는데 정확히 응답한 학생은 94명(29.3%) 뿐이다. 이와 같은 응답이 나온 것은 예문을 통해 명사를 찾는 연습이 수업 시간에 충분히 이루어지지 않은 채 진행되었기 때문이라고 생각되고 특히 불완전 명사인 '데'와 '자'에 대한 명사 인식의 결여로 보인다. 6개로 대답한 학생이 36.1%로 많은 것은 '자'를 명사 아닌 것으로 파악했거나 '데'가 2개인데 하나로 본 것으로 생각된다.

❸ 수사를 가장 잘 구별해 내는 데에는 그 용어와 해당 단어가 수와 밀접한 관련을 갖기 때문일 것이다. 그러므로 중학생들은 수사를 찾아내는데 그다지 어려움을 느끼지 않을 것이라 여겨 단순히 수사인 어휘만을 묻기보다는 다소 생각을 요하는 문제를 제시하였다. 그리하여 정말 학생들이 수사에 대한 특성을 잘 알고 있는지 알아보기 위하여 수사에 대한 특성을 나열하고 '어떤 품사에 대한 특성입니까'(설문지 9 참조)라는 설문을 하였다.

그 결과 의외로 부진한 답을 얻었다. '대명사(32.1%)', '동사(24.0%)',

‘수사(22.1%)’, ‘관형사(19.3%)’로 응답률을 나타내었다. 이를 표로 나타내 보이면 다음과 같다.

〔보기〕

여러 성분으로 쓰인다.
모양(형태)이 변하지 않는다.
관형어의 꾸밈을 받을 수 없다.
조사가 붙을 수 있다.

〔표 7〕 수사의 특성 알기

응답＼항목	대명사	동사	수사	관형사	무응답	계
응답자	103명	77명	71명	62명	8명	321명
백분율	32.1%	24.0%	22.1%	19.3%	2.5%	100%

위 보기와 같은 특성을 가진 품사는 수사이다. 각 항목에 대한 타 품사와의 변별도를 분석해 보면 다음과 같다. 여러 성분으로 쓰인다는 단서는 체언임을 나타내 준다. 그러므로 부사, 관형사는 제외된다. 모양이 변하지 않는다는 단서는 동사와 형용사(용언)가 아님을 변별해 준다. 관형어의 꾸밈을 받을 수 없다는 단서는 수사나 부사가 해당됨을 의미한다.11) 그리고 조사가 붙을 수 있다는 점은 체언이거나 부사지만, 부사는 여러 성분으로 쓰이지 않는다. 더욱이 부사는 문항에 제시하지도 않았기 때문에 쉽게 수사의 특성을 찾아 낼 수 있다.

그러나 단지 71명(22.1%)만이 정확한 답을 하고 대명사, 동사, 수사, 관형사에 대한 응답률이 32.1%, 24.0%, 22.1%, 19.3%로 비슷한 것으로

---

11) ‘웃는 너, 예쁜 그대’로 대명사는 관형어의 꾸밈을 일부 받지만 ‘*웃는 하나, *예쁜 제일’ 등에서 절대로 수사는 관형어의 수식을 받을 수 없다. 물론 관형사는 수사나 대명사도 호응할 수가 없다(*새 너, *새 제일).

보아 학생들이 각각의 품사 개념과 특성을 확실히 알지 못함을 나타내
준다. 이러한 정답이 부진한 요인은 대명사도 관형사의 꾸밈을 받지 못
하기 때문에 대명사를 정답으로 선택한 학생이 제일 많게 나타난 것으로
볼 수도 있다.

▌2.4.3. 용언의 분류

용언은 '문장의 주체에 대해 설명하는 데 쓰이는 말'이라는 뜻이다.
'동사', '형용사'는 의미에 따른 하위 분류라면, '용언'은 기능에 바탕을
둔 분류이다. 용언은 활용에 의하여 형태가 변한다. 또한 어간에 여러 다
른 어미가 붙어서 단어의 형태가 변하는 것이 활용이다. 특히 용언의 어
미는 선어말어미와 어말어미로, 어말어미는 종결어미와 비종결어미로 나
뉘고, 비종결어미는 연결어미와 전성어미로 복잡한 활용을 한다. 이런
변화에 대한 이해가 중학교 국어 교육에서 어떻게 이루어지고 있고, 학
생들의 이해도에 대한 실태를 파악해보기로 하였다.

❶ 이미 용언의 활용에 대해 배운 2학년 학생을 대상으로 하였기 때
문에 동사와 형용사에 대해서 잘 알고 있으리라는 전제를 가지고 설문을
해 보았다.12) 동사는 형용사와 함께 용언이므로, 형태가 변한다. 그러나
동사는 형용사와 달리 움직임을 나타내고, 문장의 종결에서 명령문과 청
유문이 될 수 있는 특성을 지닌다.

그러므로 '생각하다'나 '좋아하다'는 [생각N] + [하다V]]v, [좋다adj]
+ [하다V]]v로 동사가 되어, 명령문과 청유문이 가능하므로 상태 변화를
나타내는 형용사가 아니라 움직임을 나타내는 동사이기 때문에 학생들
이 쉽게 잘못된 문항을 구별할 수 있을 것으로 생각되어 설문지를 작성
하였다. 따라서 동사에 대한 것으로 옳지 않은 것은 무엇인가에 대한 설

---

12) 제6차 교육 과정에서 중학교 2학년 1학기 '용언의 활용'은 7시간으로 구성되어
　　학습이 이루어지고 있다.

문에 다음과 같은 응답률을 보이고 있다.

［표 8］ 동사의 특성

항　　　　　　　　　　　　　　목	응답자수	백 분 률
① 움직임을 나타내는 단어이다.	26 명	8.1 %
② 형용사와 함께 용언이라고 한다.	46 명	14.3 %
③ 생각하다, 좋아하다 등은 상태 변화를 나타내는 동사이다.	167 명	50.5 %
④ 문장에서 쓰일 때에 형태가 바뀐다.	66 명	20.6 %
무응답	21 명	6.5 %

　［표 8］의 분석에 따르면, 50.5%의 학생들이 동사와 형용사의 개념 차이를 알고 있음을 나타내 준다. 용언의 가장 큰 특징인 활용에 대해 이미 배웠음에도 불구하고 동사에 대한 설명으로 '문장에 쓰일 때 형태가 바뀐다'가 틀린 것이라고 66명(20.6%)나 응답을 하였다. 이것은 동사 어간에 전성어미가 붙어 형태가 바뀌어 명사형과 관형사형이 되는데 그것을 명사나 관형사 등으로 착각하여 품사를 구별할 수 있는 능력이 부족한 것으로 보인다. 나아가 동사는 움직임을 나타내는 단어인데도 8.1%가 잘못 알고 있고, 용언인데도 14.3%가 틀린 것으로 보았고, 무응답도 6.5%로 나타나 과반수가 정확하게 동사의 특성을 이해하지 못하였다.

　❷ 동사와 형용사에 대한 변별력을 알아보기 위하여 어미 형태가 변한 동사와 형용사 '봐, 예쁘니, 노란, 주려고'를 보기로 주고, '각 동사와 형용사에 관련된 것을 찾아 쓰시오'라는 문항에 대하여, 동사의 해당란에 '봐(57.0%)', '주려고(63.2%)', 형용사의 해당란에 '예쁘니(68.3%)', '노란(58.3%)'으로 정답을 나타났으며 **［표 9］**와 같다.

[표 9] 동사와 형용사 구별

항 목	봐	예쁘니	노 란	주려고	무응답
동 사	183명 57.0%	53명 16.5%	48명 14.9%	203명 63.2%	15명 4.7%
형용사	31명 9.7%	219명 68.2%	187명 58.3%	41명 12.8%	15명 4.7%

다른 품사와는 달리 동사와 형용사에 대해서는 1학년 2학기에 '단어의 갈래'를 배우고, 바로 2학년 1학기에 '용언의 활용'을 다시 배울 기회가 있어서 그런지 다른 품사보다는 잘 이해하고 있음을 알 수 있다.[13] 즉 반복 학습의 효과가 얼마나 큰 지 위 설문 응답을 통해 알 수 있다.

▌2.4.4. 관계언에 관한 인식

조사는 주로 체언 뒤에 붙어 문장에서 체언이 하는 역할을 나타냄으로써 문장의 의미를 잘 드러나게 해 주는 단어이다. 조사의 특성은 홀로 독립하여 쓰일 수 없으며, 다른 말에 붙어서 의존적으로 쓰인다. 따라서 조사의 특성과 변별력에 대하여 그 실태를 파악하였다.

조사는 그 특성상 국어 문법에서 오랫동안 단일 품사로 규정할 것인가에 대해 문법 학자들 사이에 논란이 되고 있는 품사이다. 학교 문법에 따라 '조사에 대한 설명으로 옳지 않은 것은 무엇입니까'라는 설문을 주었다. 물론 조사는 활용을 하지 않지만, 서술격 조사만은 활용하기 때문에 설문에 '전혀 활용이 되지 않는다'로 제시하였다. 그러나 활용에 대해 배웠는데도 불구하고, 조사에 대한 오답이 156명(48.6%)으로 나타났다. 이는 **[표 10]**과 같다.

---

13) 동사의 특성 이해에서 '좋아하다'를 '좋다'(형용사)로 파악하여 50.5%의 응답을 보인 것 같다. 따라서 품사 지도에서 우리말의 특성은 항상 뒤에 오는 어휘나 접미사의 특성에 따라 품사 변화가 나타난다는 것을 지도하는 것이 중요하다.

[표 10] 조사의 특성에 대한 인식

항 목	응답자수	비율(%)
① 조사도 품사의 하나로서 단어이다.	40 명	12.5 %
② 전혀 활용이 되지 않는다.	156 명	48.6 %
③ 홀로 쓸 수 없고 다른 말에 붙어서 쓰인다.	56 명	17.4 %
④ 문장의 의미가 잘 드러나도록 해 준다.	57 명	17.8 %
⑤ 무응답	12 명	3.7 %

위의 **[표 10]**에서 조사에 대한 성질을 잘 이해하지 못하는 학생(오답, 무응답자)이 52.3%나 되는데, 조사의 성질에 대한 학습이 구체적으로 이루어지지 않았음을 반증해 주는 사례이다.

그리고 조사에 대한 변별력에 대하여 이해하고, 문장 속에서 조사의 개수를 잘 찾아 낼 수 있는지 알아보기 위하여 '철수가 수학만 잘 하는 것이 아니라 영어까지 잘 한다'를 보기로 주고 '조사는 모두 몇 개입니까'라는 설문에, '5개 80명(24.9%), 4개 68명(21.2%), 6개 40명(12.5%), 3개 38명(11.9%)' 등으로 나타났으며, 극히 일부는 1개에서 15개까지 다양한 응답을 보였다.

학생들의 응답에서 조사의 개수가 4개라고 정확히 대답한 학생이 21.2%에 지나지 않는다. 이러한 국어 품사 지도의 현실에서 알 수 있는 것은 중학교 2학년들이 조사에 대한 인식이 다른 품사에 비해 가장 낮은 응답률을 보였다는 점이다. 이는 실제 여러 문장을 통해 찾아보기만 했어도 쉽게 이해가 될 수 있는 것을 이론으로만 짧은 시간에 피상적으로 수업이 진행되고 있기 때문인 것 같다.

▌2.4.5. 수식언의 이해

체언을 꾸며 주는 데 쓰이는 단어들을 관형사라 하고, 주로 용언과 부사를 꾸며 주는 단어들을 부사라고 한다. 관형사와 부사의 변별 능력을 알아보기 위하여, '헌, 새, 빨리, 매우, 갑자기, 툭'을 보기로 주고, '각 품사의 해당란에 관련된 것을 보기에서 찾아 쓰시오'라는 설문을 주었다. 이에 대한 응답은, 관형사란에 '헌(54.6%)', '새(37.7%)', 부사란에 '매우(42.1%)', '빨리(35.2%)', '갑자기(38.5%)', '툭(30.5%)'로 정답률이 저조하게 나타났다. 이는 다음 **[표 11]**과 같다.

[표 11] 관형사와 부사의 이해

항 목	헌	세	빨리	매우	갑자기	툭	무응답
관형사	156명 54.6%	121명 37.7%	67명 20.9%	52명 16.3%	43명 13.4%	34명 10.6%	56명 17.4%
부 사	37명 11.5%	63명 19.6%	113명 35.2%	135명 42.1%	124명 38.5%	98명 30.5%	54명 16.8%

중학교 2학년들은 관형사와 부사에 대한 이해가 매우 저조함을 알 수 있다. 관형사와 부사에 대한 구별은 꾸밈 말과 꾸밈받는 말의 관계 파악을 전제로 초등학교에서 실시하고 있는 것처럼 용어에 대한 설명과 함께 꾸며 주는 말 넣기 연습 기회가 주어진다면 어렵지 않게 잘 이해할 수 있는 부분이라고 생각한다.

2.4.6. 독립언의 이해

말하는 이의 놀람이나 느낌, 부름이나 대답 등을 나타내는 단어가 감탄사이다.

감탄사를 찾는 설문으로 '어머나, 꽃이 피었네!'를 제시하였다. 그 결과 '어머나(214명, 66.7%)', '피었네(79명, 24.6%)', '꽃이(1명, 0.3%)'로 나타났다.

지금까지의 설문 중에서 감탄사를 찾는 부분이 214명(66.7%)으로 가장 높은 정답률을 보이고 있다. '피었네!'라고 응답한 학생들 중에는 감탄형

어미의 느낌표(!)를 감탄사로 오인하여 응답한 학생이 대부분이다. 감탄사에 대한 학습은 몇 가지의 예만 들어주어도 충분히 소화해 낼 수 있는데 예시와 연습이 부족했던 것 같다.

2.5. 학생들이 바라는 품사 교육

마지막 설문으로 '품사에 대해 정확히 알려면 어떻게 공부하고 지도를 받는 것이 좋을까요'(설문지 29 참조)라는 문항에 학생 개개인의 의견을 적도록 하였다. 321명 중 155명만이 의견을 제시하였다. 학생들의 응답을 크게 학습자의 노력과 교사의 노력으로 나누어 기술하였다. 학습자의 노력으로 응답한 학생은 59명, 교사의 노력으로 응답한 학생은 96명이다. 이것으로 학생들은 자신들의 노력도 필요하지만 교사의 노력을 더 필요로 하고 있다는 것을 알 수 있다

학습자의 노력을 요구하는 응답 유형을 보면, '학습자 스스로 열심히 한다(25명, 42.4%), 예습·복습을 잘 한다(18명, 30.5%), 암기를 한다(10명, 16.9%), 수업 시간에 집중을 한다(6명, 10.2%)' 등으로 분석된다. '학습자 스스로 열심히 한다'가 가장 높은 응답률을 보였다. 이것은 학습자 자신들이 문법 공부를 잘 하지 않았다는 것을 말해 주며 자신들이 노력하면 된다는 교육의 영향인 것으로 볼 수 있다.

다음으로 교사의 노력을 요구하는 96명의 응답 유형을 보면, '기초부터 다시 배운다(28.2%)', '예를 많이 들어 준다(17.7%)', '정확하고 자세하게 설명해 준다(16.6%)', '쉽고 재미있게 수업을 한다(13.5%)' 등으로 다음 **(표 12)**와 같이 나타났다.

【표 12】 품사 이해를 위한 교사의 노력

응 답 내 용	응답 유형	응답자	백분율
• 기초부터 다시 배운다.		27 명	28.2 %
• 예를 많이 들어 준다.		17 명	17.7 %
• 정확하고 자세하게 설명해 준다.		16 명	16.6 %
• 쉽고 재미있게 수업을 한다.	교사의 노 력	13 명	13.5 %
• 문법 공부를 해야 하는 필요성을 설명해 준다.		9 명	9.4 %
• 문제를 많이 풀어 본다.		4 명	4.2 %
• 용어나 개념 설명을 정확히 해 준다.		5 명	5.2 %
• 한 눈에 알아 볼 수 있는 프린트를 해 준다.		5 명	5.2 %
계		96 명	100 %

　응답 유형 중 '기초부터 다시 배운다', '예를 많이 들어 준다', '정확하고 자세하게 설명해 준다', '쉽고 재미있게 수업을 한다'를 통해 알 수 있는 것은 언어 교육을 할 때 학생들이 지루함을 느낀다는 것과 많은 예를 다루어 보지 못하여, 언어 지식의 기초를 튼튼히 쌓아 가지 못한다는 것이다. 매 시간 이같은 반복이 계속되면 문법에 흥미를 잃게 되고 교육은 제대로 이루어지지 않게 되는 것이다. 결국 학생의 노력도 중요하지만 교사의 문법 교육 방법이 얼마나 중요한가를 알 수 있다. 이 같은 문제점을 해결하기 위하여 품사 지도의 새 방안을 제시하고자 한다.

3. 품사 지도의 현실 인식

　국어 과목의 언어 영역에 대한 교육은 단편적인 지식의 제공, 해설, 설명 중심의 학습에서 학생들의 사고력을 신장시키는 학습자 중심의 교육으로 전환하여야 한다. 학생들의 자율적인 인식을 통한 문제 해결력을 기르는 학습지도가 선행되어야 한다. 언어 영역의 지도는 학습자의 무의식적인 인식에 주의를 환기시켜 국어에 대한 기본 소양을 익히고, 원리와 개념을 선정하여 체계적으로 습득시켜 정확한 언어 생활을 통하여 언어 규칙과 원리를 스스로 발견해 나가는 능력을 길러주는 것이 효과적이다(교육부, 1991 : 3).

그러나 현행 중학교 품사 지도와 학생들의 이해도에 대한 실태 분석을 통하여, 국어 지식인 언어 지도의 문제점을 이미 지적한 바가 있다. '문법 일반에 관한 문항', '품사에 관한 문항', '각 품사에 관한 문항', '학생들이 바라는 문법 지도에 관한 문항'으로 구성한 설문을 통해 품사에 대한 중학교 2학년생들의 인식도와 문법 지도 실태를 분석한 결과 교육 목표 수행에 대한 만족스런 해답을 구하지 못하였다. 언어의 본질과 국어의 특성에 관한 기초적인 지식 및 국어의 구조에 대한 이해를 바탕으로 국어의 올바른 사용에 관한 학습 활동이 효과적으로 이루어질 수 있도록 하는 데 문법 교육의 목적이 있다고 할 때 설문 조사를 통해 나타난 결과는 기대치에도 훨씬 미치지 못하고 있다. 이런 결과가 나타나게 된 배경을 학생의 문법 의식과 관련된 문제와 교사의 수업 기술상의 문제로 기술하고자 한다.

문법 일반 문항에서 문법 교육의 필요성에 대하여 '약간 필요하다'가 51.7%로 나타난 것은 외국어를 포함한 현 국어 교육에서 문법을 배제하고 언어 사용 기능면을 지나치게 강조한 결과이다. 이에 대한 영향으로 학생들의 문법에 대한 필요성을 느끼지 못하며 문법을 몰라도 아무 지장이 없다는 의식이 팽배해 있기 때문이다.[14] 문법에 대한 이해는 국어 생활로서의 의사소통 기능과 사고력 신장이라는 이중 목적을 지니기 때문에 언어 생활을 효과적으로 수행할 수 있다.

---

14) 한영목(1994 : 453)에서는 오늘날 교양인들도 언어 생활에서 문법에 관심을 두지 않는 이유로 학교 문법에서 제시되는 방법상에 문제가 있음을 지적한 바 있다. 나아가 문법이 지나치게 사변화의 길을 걸어 실제 언어 생활과의 괴리 현상을 보이는 것도 한 요인으로 보았다.

그러므로 문법 교육이 국어의 올바른 사용을 위해서 필요한 것임에도 불구하고, '언어생활에 도움을 받기 위해 필요하다'고 응답한 학생은 겨우 38.9%로 나타난다. 이는 학생들이 문법의 필요성을 느끼지 못하고 있다고 볼 수 있다. 이런 중학생들의 저조한 문법 의식은 현재의 문법, 언어 영역 교육에 장애가 될 뿐 아니라 앞으로의 문법 교육에도 많은 문제로 대두될 것이다. 품사 지도는 국어의 언어 영역과 긴밀한 관련을 맺도록 유기적인 계열화의 원리를 모색하여 국어 전반에 걸친 폭넓은 이해를 바탕으로 수행해야 한다. 그러자면, 품사 지도는 언어 생활의 향상이라는 기능을 중시하는 교육이 바람직하다. 언어 지도는 학생들이 흥미를 가지고 학습할 만한 기회, 언어 의식, 문법 의식을 환기시켜 줄 만한 기회를 포착해야 하고, 유의적이고 계획적일 때 그 효과는 크다(한영목, 1993).

언어 영역에 대한 수업은 명확히 설정된 학습 목표에 기반을 두고 시작해야 한다. 이병호(1981 : 25)에서는 평상시 언어 운용에서 문법을 의식하지 않지만, 문법 학습은 무의식적에서 의식적인 행위로 시작되어야 함을 주장한 바 있다.[15] 사실 문법 교육은 국민 모두의 관심에서 출발해야 한다. 일례로 영어 철자를 틀리게 쓰면, 창피스럽게 생각하지만, 국어 맞춤법 틀린 것은 당연시하는 풍토를 개선해야 한다. 이런 교육 풍토에서는 당연히 문법 교육과 학생들의 문법 의식에 문제가 없을 리 없다.

그리고 언어 지식 영역을 수업할 때 학생들은 문법을 귀찮고 까다로우며 재미없는 것으로 여긴다. 이 같은 현상을 불러일으키는 것은 학생들의 태도에도 문제가 있지만 구태의연한 방법으로 흥미를 일으키지 못

---

15) 이병호(1981 : 26)에서 문법 의식의 필요성을 다음과 같이 말하고 있다.
"문법은 법칙성을 생명으로 하기 때문에 논리성이 중시돼야 한다. 따라서 문법 교육의 중심은 논리성의 습득에 있다고 할 수 있다. 언어의 논리성의 지도는 언어의 법칙을 통하여 논리적으로 사고하는 힘을 기름에 주안점을 두고 하여야 한다. 이를 위해서는 언어에 대한 자각을 가지게 하고, 언어 의식을 높이는 것이 최선의 방법이다."

하는 국어과 교사의 수업 기술상에도 문제가 있다. 국어과 교사는 전문직으로 국어 지도 방법에 대한 현실 문제를 깊이 인식하고, 국어 교육 목표에 부합되는 원리와 규칙 체계에 이해와 사고력 신장을 통한 창의적인 학습이 이루어지도록 언어 학습 지도 방법의 개선에 끊임없이 노력해야 한다(한영목, 1993·1995). 국어 교사는 다양한 국어 생활로서의 언어 교육이 이루어지도록 교재 연구와 학습 지도 개선에 노력해야 한다. 나아가 학생들도 문법 교육이 보다 나은 언어 생활을 영위할 수 있다는 중요성을 인식해야 한다.

언어의 규칙과 체계적인 원리에 대한 언어 영역의 지도는 국어 사용의 의사소통과 사고력 신장에 있다. 그러므로 학교 교육에서 문법, 언어 교육은 실용문법과 규범문법의 성격을 지닌다. 그러면서도 학생들의 탐구 과정을 중시하고, 창의성을 고양하도록 학습 목표를 수립하여 학습자 개개인을 사회 생활과 연계시켜 바람직한 언어 생활로 행복한 삶을 영위하도록 학습되어야 한다.

물론 언어 능력은 추상적인 문법 규칙을 이해하는 것이다. 문법은 언어 현상을 규칙과 원리에 따라 사고력을 기르는 학습 지도가 이루어져야 한다. 단순히 문법 현상을 정리한 주입식, 암기식 방법만으로는 효과적인 언어 영역의 학습 지도는 효과적으로 이루어지지 않는다. 따라서 중학생의 품사 지도도 국어 문법 규칙과 원리, 그 언어 운용상의 효과를 지도하여야 한다. 따라서 중학교 품사 지도를 통하여 학생들의 지적 능력을 계발시켜 우리말 어휘에 대한 적절한 사용을 신장토록 해야 할 것이다. 그리고 국어 교육의 목표가 언어와 국어에 대한 체계적인 이해와 효과적인 국어 생활, 국어 순화와 발전에 있으므로 학습자의 언어 표현 활동을 강화하여 문법 감각을 체득시키는 학습 기법을 개발하여야 할 것이다.

국어 교사용 지도서(중학교 1학년 2학기)에 나타난 '단어의 갈래'인 품사 지도 방법으로 다음과 같은 내용들을 제시하고 있다. '용어들의 의미를 한자를 이용하여 지도함으로써 학생들의 이해를 돕도록 한다. 개념과 특성 알기, 각 품사 찾기, 단원의 마무리 부분에서는 각 품사의 개념의 특성을 정리하며 복습하기, 문장 완성하기, 문장 만들기' 등이다. 이러한 지도 방법은 품사 지도에 상당히 효과적으로 수행할 수 있고, 많은 도움이 될 것이다. 그러나 이러한 방법은 단순히 언어 그 자체에 대한 지식을 습득하기보다는 언어에 관한 문법 지식만을 학습하는 문제점이 있다.

바람직한 중학교 언어 영역의 문법 학습에 더 효과적인 새 방안을 지도 원리 측면, 지도 기술 측면을 계발하여, 학생들의 문법 의식 변화와 교사의 기술상의 문제점을 제시하고자 한다. 중학생들의 우리말에 대한 언어 생활과 문법 의식에 변화를 주기 위해서는 언어 지식 교육, 즉 문법의 필요성을 강조해야 한다. 언어의 지식을 문법 이론이나 국어 지식의 체계화나 습득으로 인식시키기보다는 실제 언어 생활의 활용을 중심으로 인식시킬 때 학생들은 그 필요성을 알고 올바른 문법 의식을 갖게 될 것이다. 지금까지 논의한 품사 지도의 실태 분석에서 대부분의 학생들이 품사에 대한 용어의 개념 이해가 거의 없는 것으로 나타났다. 용어의 개념을 확실히 알고 있을 때 그와 관련된 여러 문법상의 문제들을 잘 이해할 수 있기 때문에 용어에 따른 개념 인식은 매우 중요하다. 문법을 효과적으로 지도하기 위해서는 용어에 대한 개념 파악이 잘 이루어지도록 교사의 학습지도에 대한 노력이 요구된다.

과거의 문법 지도에서는 연역적 방법이 선호되었고, 현재는 탐구 학습 등을 중심으로 한 귀납적 방법이 선호되고 있다. 각각의 방법에는 장단점이 있다. 그러므로 어느 한 가지 방법을 절대적으로 따를 것이 아니라 적절하게 복합적인 다양한 학습 방법의 개발도 고려해야 할 것이다. 문법 지도의 목표를 언어 활용에 두고 문법 요소간, 그리고 국어의 다른 영역간에 상호 연계성 있게 종합적으로 지도해야 한다.

1학년 2학기 '단어의 갈래'에서는 지도 형태 측면에서 다음과 같은 것을 제시하고 있다. '주어진 예문에서 밑줄 그은 단어들과 바꾸어 쓰일 수 있는 단어로 어떤 것이 있는지 생각하여 쓰게 하는 것, 주어진 문장에서 각 품사를 찾아내기, 빈칸에 들어갈 단어를 넣어 문장 완성하기, 밑줄 그은 품사에 다른 품사를 대체해 보기' 등이 있다. 교과서에 주어진 방법들은 품사를 지도하기에 적당한 방법들이다. 이같은 것을 다양하고 적절한 예문을 통하여 가려내고 분류하기, 문장에서 품사 성격 밝히기, 위치에 따라 품사 알기 등을 다양한 방법으로 밑줄긋기, 색칠하기, 빈칸 채우기와 대체해보기 등을 적용하여 본다면 품사 지도에 효과적일 것이다. 이러한 방법 외에 더 흥미 있게 문법 지도를 할 수 있는 방법을 모색하여야 한다. 언어 지식 교육에서 지금까지 기계화, 정보화 교육이 미흡한 것도 사실이다. 국어 지식 교육도 강의식 수업에서 탈피하여 기계화, 정보화 학습 교재 개발로 다양한 학습법을 모색하여야 할 것이다. 나아가 국어의 올바른 사용에 필요한 문법 지식을 학습하여야 한다. 현행 학교 교육에서는 지식 위주의 문법 용어의 교육, 전문적인 문법 사항에 대한 교육에 치우쳐 있다. 이러한 이론 중심의 교육은 중학교 언어 영역의 교육으로 적합하지 못하고, 다수의 학생들에게 실망감을 안겨준다. 위에서 제시한 방법을 사용하여 학생 스스로 품사를 분류하게 하고 최종적으로 그 품사의 성질과 특성을 정리하여 학생들의 이해를 돕도록 하고 적절한 발문을 통해 개개인의 이해 정도를 파악하는 것도 중요하다.

　학습 지도 기술을 효과적으로 수행하기 위해서는 학생들의 흥미를 끌 수 있는 도구를 이용하면 좋다. 지금 가장 많이 사용되는 판서와 인쇄물뿐만 아니라 교사가 조금만 노력하여 단어 카드를 만들어 사용하거나 학교의 여건이 마련된다면 괘도 대신에 컴퓨터, O.H.P. 등 기기를 사용하는 학습이 효과적일 것이다. 결국 교사의 창의적인 노력이 있을 때 문법 교육의 효과는 커질 것이다.

4. 맺음말

이 연구의 목적은 중학교 언어 영역 중 품사에 대한 학생들의 이해와 지도의 실태 분석을 통하여 언어 지도, 특히 품사 지도의 문제점을 제시하는 데 있다. 나아가 이러한 문제를 바탕으로 품사 지도의 새로운 방안을 제시하여 언어 학습 지도에 적용할 수 있고, 그러한 언어 영역의 학습을 통해 학생들이 국어 문법을 바르게 이해하고, 나아가 학습 결과를 실제 언어 생활에 활용할 수 있도록 하고, 학생들에게 흥미 있는 수업이라는 인식의 전환을 가져오게 하는 학습 방법을 모색하는 데 있다.

언어 영역의 학습 목표는 국어 교육을 통하여 학생들의 국어에 대한 지적 능력을 계발시켜 사고력을 신장하는 언어 생활 교육이어야 한다. 그러므로 언어 영역, 문법 지도는 국어의 타 영역과 유기적인 연계성을 가지고 여러 구체적인 방법을 모색하여 흥미 있게 지도되어야 효과적이다. 지금까지 제시되어 온 문법 지도의 방법들은 지나치게 피상적이어서 학교 문법 지도의 방법론에서 구체성이 약하고 현장성이 부족하였다.

따라서 중학교 학생들의 언어 실태를 파악하여 그에 합당한 지도 방안을 마련하기 위하여 설문 조사를 실시하였다. 이 연구를 위하여 대전 광역 시내 남녀 중학교 2학년 321명을 대상으로 품사에 대한 기초 설문 조사를 하여 그 응답 결과를 분석하였다.

중학생들의 효과적인 언어 생활을 위해 이 연구에서는 중학교 품사 지도에 관한 문제점을 살펴보고 문법 교육의 현실을 진단해 보았다. 문법 영역 중에서 품사 분야의 기본 용어를 중심으로 '문법 일반에 관한 문항', '품사에 관한 문항', '각 품사에 관한 문항', '학생들이 바라는 문법 교육'을 설문지를 통해서 학생들의 이해와 관심도를 알아보고 분석을 한 후, 그에 대한 문제점과 방안을 제시하였다.

단원 학습 목표가 "품사의 개념을 알고, 단어를 분류할 수 있다. 품사의 종류를 안다. 각 품사의 특성을 안다. 단어의 쓰임을 이해하고, 바르게 사용하는 능력을 기른다”인데 실태 분석을 통해 나타난 실제는 이 학습 목표에 충분히 도달했다고 볼 수 있는 항목이 없었다. 중학생들이 품사에 대한 기본적인 용어의 개념을 거의 알지 못하였다. 개념을 묻는 문항에서 관계언의 경우는 모른다는 응답이 60.2%나 되었다. 이렇듯 문법의 개념을 거의 알지 못하고 있어 품사 분류에 혼란을 겪는 학생들이 관형사의 경우 80.7%에 달한다. 그에 따라 품사의 특성과 단어의 쓰임을 제대로 이해하고 있지 못하고 있는 현행 중학교 언어 영역, 즉 문법 교육의 문제점이 드러났다.

이런 현실 인식을 학생의 문법 의식과 관련된 문제와 교사의 교수 기술상의 문제로 나누어 보고 이 문제를 해결하기 위한 방법으로 실제 교실에서 언어 교육−학습이 이루어질 수 있는 방안을 제시하였다. 문제점으로는 크게 학생의 문법 의식과 관련된 문제와 교사 기술상의 문제점으로 나누어 살펴보았다. 학생의 문법 의식의 문제점은 학생들이 문법 교육의 필요성을 느끼지 못한다는 점이다. 문법 의식이 저조하면 국어 교육에 장애가 되고 그로 인해 타 영역의 학습에도 지장을 끼쳐 바람직한 교육이 이루어지기가 어렵다. 나아가 그것이 언어 생활의 소홀로 전 교과에 대한 이해도와 성취도가 원만하지 못하게 될 것이다. 국어 교사의 교수법의 문제점으로는 학습자의 동기 부여와 흥미를 유발시키지 못한다는 것이다. 설문을 통해서 볼 때 학습자 자신들의 노력이 필요하다는 것을 말하고 있지만, 60% 이상의 학습자들이 교사의 학습 개선 노력을 요구하고 있다.

● ● ● ● 참 고 문 헌

고영근·남기심(1985·1993), 『표준 국어 문법론』, 탑출판사.

교육부(1991), 『고등학교 문법 교사용 지도서』, 대한교과서(주).

______(1992), 『중학교 교육 과정』, 대한교과서(주).

______(1994), 『중학교 교육 과정 해설』, 대한교과서(주).

______(1994), 『중학교 국어 교사용 지도서(1학년 2학기)』, 대한교과서(주).

______(1998), 『국어과 교육 과정(별책 5)』, 대한교과서(주).

김은주(1997), 「중학교 문법 지도에 관한 연구-품사 지도를 중심으로-」, 충남
　　　　대학교 교육대학원 석사학위논문.

문교부(1992), 『중학교 국어과 교육 과정 해설』, 대한교과서(주).

문영찬(1993), 「고등학교 문법 교육에 관한 연구」, 충남대학교 교육대학원 석사
　　　　학위논문.

송용배(1999), 「중학교 국어 과목 '언어 영역' 연구-제5차와 6차 교육 과정 비
　　　　교-」, 충남대학교 교육대학원 석사학위논문.

신진순(1992), 「중학교 문법 지도 방법의 한 연구」, 이화여자대학교 교육대학원
　　　　석사학위논문.

원진숙(1992), 「의사 소통 능력 계발을 위한 교수 요목 설계」, 『교육 한글』 5, 한
　　　　글학회.

이광정(1987), 『국어품사분류의 역사적 발전에 관한 연구』, 한신문화사.

이병호(1981), 「문법교육론」, 『논문집』 21, 한국국어교육연구회.

이응백 외 7(1977), 『국어과 교육』, 한국능력개발사.

이충우(1991), 「학교 문법의 교육에 대한 몇 문제」, 『국어교육학연구』 1, 국어교
　　　　육학회.

최영환(1992), 「국어 교육에서 문법지도의 위상」, 『국어교육학연구』 제2집, 국어
　　　　교육학연구회.

한국교육개발원, 『중학교 국어』, 1-1~2-2(전4권), 대한교과서(주).

한영목(1992), 『국어 구문도해 문법론』, 한신문화사.

______(1993), 「효과적인 '문법'지도에 대한 연구」, 논문집 22-1, 충남대 인문과

학연구소.

______(1994), 「'문법' 과목 지도」, 『사고력을 기르는 국어과 교육』, 충청남도교육청 편저, 대한교과서(주).

______(1995), 「제6차 교육 과정의 '문법' 과목 연구」, 『어문연구』 26, 어문연구회.

______(1997), 「국어 교육의 현실과 과제」, 『논문집』 24-2, 충남대 인문과학연구소.

______(1998), 「국어 교육의 바람직한 방향 모색」, 『한밭한글』 3, 한글학회 대전지회.

홍현수(1981), 「중학교 국어 문법 교육의 새로운 방향」, 동국대학교 교육대학원 석사학위논문.

설 문 지

중학생의 문법 학습 중에서 품사에 대한 실태 조사

● 문법 일반 문항

1. 문법 교육의 필요성에 대하여 어떻게 생각하십니까? (   )

　① 꼭 필요하다.　　　　　② 약간 필요하다.
　③ 필요 없다.　　　　　　④ 관심 없다.

2. 문법 교육이 필요하다면 그 까닭은 무엇입니까? (   )

　① 글을 잘 쓰기 위해　　　② 언어생활에 도움을 받기 위해
　③ 글을 잘 이해하기 위해　④ 국어 시험을 잘 보기 위해

3. 형태소, 단어, 품사의 개념을 알고 있습니까? (   )

　① 정확히 알고 있다.　　　② 배운 기억이 있다.
　③ 들어 본 적이 없다.　　　④ 전혀 모르겠다.

● 품사 개괄 문항

4. 품사란 무엇입니까? (   )

　① 성질이 비슷한 단어끼리 모은 단어의 갈래이다.
　② 뜻을 가지고 있는 최소의 단위이다.
　③ 문장의 의미가 잘 드러나도록 해 주는 글의 단위이다.
　④ 어근에 해당하는 형태소끼리 연결되어 이루어진 단위이다.

5. 국어 품사의 수는 모두 몇 개입니까? (   )

　① 6　　　　　　　　　　② 7
　③ 8　　　　　　　　　　④ 9

6. 품사의 분류 기준은 무엇입니까? (   )

　① 의미, 기능, 통사　　　　　② 의미, 통사, 음운
　③ 의미, 기능, 형태　　　　　④ 의미, 통사, 형태

7. 국어의 품사에 포함되지 않는 것은 무엇입니까? (   )

　① 명사　　　　　　　　　　② 조사
　③ 접속사　　　　　　　　　④ 감탄사

8. 다음 문장은 몇 개의 품사로 이루어졌습니까? (   )

엄마야 누나야 강변 살자.

　① 2　　　　　　　　　　　② 3
　③ 4　　　　　　　　　　　④ 5

9. 다음은 무엇에 대한 특징입니까? (   )

여러 성분으로 쓰이다. 모양(형태)이 변하지 않는다. 관형어의 꾸밈을 받을 수 없다. 조사가 붙을 수 있다.

　① 대명사　　　　　　　　　② 동사
　③ 관형사　　　　　　　　　④ 수사

10. 다음 밑줄 친 품사는 무엇입니까? (   )

소설책 <u>세</u> 권을 샀다.

　① 수사　　　　　　　　　　② 관형사
　③ 명사　　　　　　　　　　④ 대명사

● 체언에 관한 문항

11. 체언을 알고 있습니까? (   )

　① 예　　　　　　② 아니오　　　　　③ 관심 없다.

12. 만일 모른다면 그 까닭은 무엇입니까? (   )

  ① 정확히 배우지 못했다.   ② 배웠으나 잊었다.
  ③ 필요성을 못 느꼈다.   ④ 관심 없다.

13. 다음에 관련된 것을 보기에서 찾아 쓰세요.

【보기】	① 만큼 ② 것 ③ 첫째 ④ 저기 ⑤ 우리

  ① 명 사(　　　　　)   ② 대명사(　　　　　)
  ③ 수 사(　　　　　)

14. 명사의 수는 모두 몇 개입니까? (　　개)

> 태풍으로 집이 온 데 간 데 없다. 울타리나 담도
> 무너져서 한 자도 남지 않았다.

  ① 6   ② 7
  ③ 8   ④ 9

● 용언에 관한 문항

15. 용언을 알고 있습니까? (　　　)

  ① 예   ② 아니오   ③ 관심 없다.

16. 만일 모른다면 그 까닭은 무엇입니까? (　　　)

  ① 정확히 배우지 못했다.   ② 배웠으나 잊었다.
  ③ 필요성을 못 느꼈다.   ④ 관심 없다.

17. 다음에 관련된 것을 보기에서 찾아 쓰세요.

【보기】	① 봐 ② 예쁘니 ③ 노란 ④ 주려고

  ① 동 사(　　　　　)   ② 형용사(　　　　　)

18. 동사에 대한 것으로 옳지 못한 것은 무엇입니까? (　　　)

  ① 움직임을 나타내는 단어이다.

　　② 형용사와 함께 용언이라고 한다.
　　③ 생각하다, 좋아하다 등은 상태 변화를 나타내는 동사이다.
　　④ 문장에서 쓰일 때에 형태가 바뀐다.

● 관계언에 관한 문항

19. 관계언을 알고 있습니까? (　　)

　　① 예　　　　　　　　　　② 아니오
　　③ 관심 없다.

20. 만일 모른다면 그 까닭은 무엇입니까? (　　)

　　① 정확히 배우지 못했다.　　　② 배웠으나 잊었다.
　　③ 필요성을 못 느꼈다.　　　　④ 관심 없다.

21. 조사는 모두 몇 개입니까? (　　개)

> 철수가 수학만 잘 하는 것이 아니라 영어까지
> 잘 한다.

22. 조사에 대한 설명으로 옳지 않은 것은 무엇입니까? (　　)

　　① 조사도 품사의 하나로서 단어이다.
　　② 전혀 활용이 되지 않는다.
　　③ 홀로 쓸 수 없고 다른 말에 붙어서 쓰인다.
　　④ 문장의 의미를 잘 드러나도록 해 주는 단어이다.

● 수식언에 관한 문항

23. 수식언을 알고 있습니까? (　　)

　　① 예　　　　　　② 아니오　　　　　　③ 관심 없다.

24. 만일 모른다면 그 까닭은 무엇입니까? (　　)

　　① 정확히 배우지 못했다.　　　② 배웠으나 잊었다.
　　③ 필요성을 못 느꼈다.　　　　④ 관심 없다.

25. 다음에 관련된 것을 보기에서 찾아 쓰세요.

[보기]	① 헌 ② 세(학생) ③ 빨리 ④ 매우 ⑤ 갑자기 ⑥ 툭

　① 관형사(　　　　　）　　　　　　② 부　사(　　　　　）

● 독립언에 관한 문항

26. 독립언을 알고 있습니까? (　　)

　① 예　　　　　　　　　　　　② 아니오
　③ 관심 없다.

27. 만일 모른다면 그 까닭은 무엇입니까? (　　)

　① 정확히 배우지 못했다.　　　② 배웠으나 잊었다.
　③ 필요성을 못 느꼈다.　　　　④ 관심 없다.

28. 감탄사를 찾아 쓰세요. (　　　　　）

어머나, 꽃이 피었네!

● 바람직한 문법 교육에 관한 문항

29. 위와 같은 품사 문제에 관한 사실을 정확히 알려면 어떻게 공부하고 선생
　　님으로부터 지도를 받는 것이 좋을까요?

　　(　　　　　　　　　　　　　　　　　　　　　　　　　　　）

30. 국어 선생님께 건의할 말은 없습니까? 있다면 간단하게 쓰세요.

　　(　　　　　　　　　　　　　　　　　　　　　　　　　　　）

「중학교 품사 지도에 관한 실태 연구」, 한밭한글 제4호, 1999. 8,
한글학회 대전지회, pp. 157-200.
*김은주 님과 공동 집필.

인 · 명 · 찾 · 아 · 보 · 기

B

Baker　104
Bloomfield　98, 322
Bruner　313
Bull　282

C

Chomsky　98, 130, 333
Comrie　282

D

Diller　335

E

Elgin　180

F

Fowler　111
Francis　101

G

Gattegno　336
Gleason　14
Greenberg　28

H

Halliday　333
Hayes　179
Hockett　101
Hough　197
Hugget　336
Hugget & Stinnet　336

J

Jacobs & Rosenbaum　111

L

Lamb　107
Li & Tompson　153

O

Ohmann　180, 181

P

Palmer　130
Postal　130

R

Reed & Kellogg　13
Rivers　332, 338
Robert　138

S

Sapir　322
Searles　181
Stageberg　100, 129
Stockwell　103

T

Tyler　338

W

Waisman　186
Wardhaugh　131
Whorf　322
Wrenn　186

저자 한영목(韓永穆)

충남 금산에서 출생(1949)하여, 충남대학교 국어국문학과를 졸업하고, 같은 대학원에서 문학석사와 문학박사를 받았다. 중경공업전문대학 교양과(1973～1980)를 거쳐, 목원대학 국어교육과 조교수(1980～1986)로 근무했고, 현재 충남대학교 국어국문학과 교수(1986～)로 재직하면서, 인문대학장을 맡고 있다.

논저로는 『국어 구문도해 문법론』, 『충남 방언 연구와 자료』, 『충남 금산 방언 연구』 등 저서 14권과 「한국어 구문도해 연구」, 「이문구 소설의 방언 연구」 등 논문 77편이 있다.

우리말 문법의 양상 ■ ■ ■

인 쇄 2004년 8월 25일
발 행 2004년 9월 1일

저 자 한 영 목
펴낸이 이 대 현
편 집 권 분 옥
펴낸곳 도서출판 역락
　　　　서울 성동구 성수2가 3동 301-80 (주)지시코 별관 3층
　　　　전 화 : 3409-2058, 3409-2060 FAX : 3409-2059
　　　　이메일 : youkrack@hanmail.net
　　　　등 록 1999년 4월 19일 제2-2803호

정 가 20,000원
ISBN 89-5556-327-2-93710

■ 잘못된 책은 교환해 드립니다.